"十四五"时期国家重点出版物出版专项规划项目

城市地下空间出版工程·城市地下物流系统研究前沿

城市地下物流系统的发展模式
——国际案例和中国实践

◎ 董建军　胡万杰　梁承姬　编著

同济大学 出版社
TONGJI UNIVERSITY PRESS
·上海·

图书在版编目(CIP)数据

城市地下物流系统的发展模式：国际案例和中国实践/董建军，胡万杰，梁承姬编著. -- 上海：同济大学出版社，2024.12. -- ISBN 978-7-5765-1439-1

Ⅰ. F570.8

中国国家版本馆CIP数据核字第2024HC5485号

城市地下空间出版工程·城市地下物流系统研究前沿

城市地下物流系统的发展模式
——国际案例和中国实践

Development Patterns of Urban Underground Logistics Systems:
Global Cases and Chinese Practice

董建军　胡万杰　梁承姬　编著

策划编辑：　吕　炜　　胡晗欣
责任编辑：　吕　炜
责任校对：　徐逢乔
封面设计：　潘向蓁

出版发行	同济大学出版社　www.tongjipress.com.cn (地址：上海市四平路1239号　邮编：200092　电话：021-65985622)
经　　销	全国各地新华书店、建筑书店、网络书店
排版制作	南京文脉图文设计制作有限公司
印　　刷	上海安枫印务有限公司
开　　本	787mm×1092mm　1/16
印　　张	20.25
字　　数	505 000
版　　次	2024年12月第1版
印　　次	2024年12月第1次印刷
书　　号	ISBN 978-7-5765-1439-1
定　　价	168.00元

版权所有　　侵权必究　　印装问题　　负责调换

前 言

统筹地面与地下空间资源,构建城市地下物流系统,是全球自20世纪70年代以来提倡的一种以智能交通技术和地下空间技术革新为特色的运输及供应模式创新实践。国际地下物流学会(International Society for Underground Logistics Systems)将"城市地下物流"定义为一种封闭式、标准化、多渠道的实物分配过程,通过专用或已建立的地下交通网络,在枢纽、城市门户和社区网点之间实现批量货物的自动化运输。在过去30余年里,城市地下物流系统经历了从"概念探索"到"技术研发"再到"试点应用"的发展历程,引起了全球社会各界的广泛关注。作为新型综合交通体系的重要补充,城市地下物流系统不仅有助于缓解大城市日益加剧的交通拥堵、环境污染和能源消耗等问题,还能节约城市用地,促进城市可持续发展。从我国城市货运交通的现状来看,快速增长的货运量和交通压力对新型运输方式提出了巨大需求,而现代化新区发展战略和庞大的物流市场为地下物流的实施创造了有利条件。

近年来,我国政策为城市地下物流的发展提供了良好机遇。《交通强国建设纲要》明确提出要积极发展城市地下物流配送。《"十四五"现代流通体系建设规划》和《"十四五"交通领域科技创新规划》进一步指出,应在有条件的地区推广城市地下物流配送,探索合理、先进的地下货运方式。国家自然科学基金委也在2017年设立了地下物流领域的首个重点基金项目。此外,地下物流在北京城市副中心、雄安新区、上合经济示范区、上海临港新区等地的试点项目正在快速推进。"八一勋章"和国家最高科技奖获得者钱七虎院士在国家高端智库中评论道:"中国地下物流工程技术体系总体已趋于成熟,应以碳中和目标、综合交通运输体系建设、应急体系建设和新型城镇化等战略为依托,将地下物流的发展模式从'一种自动化货运工具'转变为以解决'大城市病'、促进城市绿色智慧发展为导向的基础设施系统载体,切实满足社会发展需求。"

城市地下物流系统作为城市交通、地下空间与物流融合发展的新兴方向,涉及城市规划、土木工程、交通运输管理、系统工程等多学科领域。其推广应用既依赖于理论体系的完善,也需要实践的积累。本书旨在系统梳理国内外城市地下物流系统工程实践的长期经验与知识成果,介绍其基本构成和发展模式,使相关专业的研究者与从业人员能够通过本书对城市地下物流系统的应用前景有较为全面的认识,为进一步的研究和实践提供有益参考。

本书汇编了国内外专家学者发表的相关论著以及作者团队在城市地下物流规划方面的部分研究成果,共分为四篇。系统概述篇概述了近半个世纪以来国内外城市地下物流系统的发展概况,主要介绍了地下物流系统的基本概念、应用领域、技术形式、开发理念和建造方式。

国际案例篇回顾了荷兰、德国、瑞士、英国、意大利、比利时等西方发达国家的地下物流工程项目实践。中国实践篇重点介绍了上海港地下集装箱运输线路以及北京城市副中心设施服务环地铁货运系统的相关规划设计研究工作。总结展望篇阐述了中国式现代化背景下城市地下物流的发展定位、系统开发技术体系及未来研究趋势，并提出了展望。

本书由本人与南京理工大学胡万杰博士、上海海事大学梁承姬教授合编完成，所属丛书"城市地下空间出版工程·城市地下物流系统研究前沿"有幸被列为"十四五"时期国家重点出版物出版专项规划项目，并得到了国内外同行专家的关注与支持。特别感谢钱七虎院士、中国人民解放军陆军工程大学陈志龙教授在本书写作过程中提供的指导与帮助。感谢中国岩石力学与工程学会地下空间分会的同仁，以及陆军工程大学任睿副教授、赵旭东副教授、孙苗苗、刘青、鲁世博、徐誉晴、田佳佳、杜舒仪、郭松、胡汇洋为本书出版所付出的辛勤工作。所引用的国内外相关论著和研究成果已在参考文献中列出，在此向这些文献的作者表示深深的谢意。

由于相关研究资料的收集与整理尚不够全面，加之编者水平有限，书中疏漏和不足之处在所难免，恳请同行专家和读者批评指正，以便再版时修正。

董建军

2024 年 10 月

目 录

系统概述篇

第 1 章　地下物流系统概述　003
1.1　地下物流系统的起源与发展　003
1.2　地下物流系统的基本概念　013
1.3　发展地下物流系统的动因　026
　　参考文献　033

第 2 章　地下物流系统技术形式　035
2.1　地下集疏运物流系统　035
2.2　城市地下物流配送系统　046
　　参考文献　073

国际案例篇

第 3 章　欧洲地下物流系统研究与实践　077
3.1　比利时地下集装箱运输系统研究　077
3.2　荷兰 OLS 史基浦地下物流系统研究　083
3.3　英国地下物流系统研究与实践　092
3.4　德国 CargoCap 系统研究　101
3.5　瑞士 Cargo Sous Terrain 项目　105
3.6　意大利 Pipe§net 系统　111
3.7　欧洲城市轨道交通货运实践　116
　　参考文献　125

第 4 章　日本地下物流系统研究　127
4.1　日本地下物流发展动因　127

4.2		项目规划与评估	129
		参考文献	132

第 5 章 　美国地下物流系统研究与实践　133
5.1 　芝加哥地下货运隧道　133
5.2 　纽约市地下输送系统研究　136
5.3 　洛杉矶阿拉米达走廊　141
5.4 　得克萨斯地下物流系统研究　143
　　参考文献　154

中国实践篇

第 6 章 　上海港地下物流系统规划案例研究　159
6.1 　上海港案例背景分析　159
6.2 　上海港地下物流系统建设思路　163
6.3 　基于港口集疏运的地下集装箱物流系统布局设计研究　172
6.4 　基于时间窗的地下集装箱物流系统自动导引车调度研究　188
6.5 　碳交易背景下港区地下物流系统集装箱运输网络分析　199
　　参考文献　209

第 7 章 　北京城市副中心地下物流系统规划案例研究　210
7.1 　案例背景分析　210
7.2 　地铁-地下物流共建系统形制分析　222
7.3 　地铁-地下物流共建网络结构优化设计研究　233
　　参考文献　268

总结展望篇

第 8 章 　中国式现代化背景下地下物流系统发展定位　273
8.1 　利用地下物流系统重塑城市空间格局　275
8.2 　地下物流系统赋能智慧韧性城市建设　277
8.3 　依托地下物流系统打造现代综合交通运输体系　279
8.4 　基于地下物流的绿色高效现代流通体系　281
8.5 　地下物流市场拓展与技术创新　283

第 9 章	地下物流系统开发技术体系	286
9.1	地下物流规划与协同开发技术	286
9.2	地下物流智能运载与控制技术	288
9.3	地下工程绿色智慧建造技术	289
9.4	高性能地下物流装备技术	290
9.5	地下物流智慧运维技术	290

第 10 章	地下物流系统研究现状	291
10.1	地下物流系统研究趋势	291
10.2	地下物流系统发展机理研究	296
10.3	地下物流系统设计研究	298
10.4	地下物流网络优化方法研究	302
10.5	当前研究的局限性	304
	参考文献	305

第 11 章	地下物流系统发展展望	311

系统概述篇

第1章
地下物流系统概述

随着城市化进程的加速,地下空间资源的开发备受重视。地下物流系统作为一种新型城市地下基础设施,依托先进的地下交通技术,可以实现高效运输。其具备全天候无干扰运输、低碳节能、降低社会物流成本以及节约地面空间等诸多优势。建设地下物流系统不仅能够缓解城市地区的交通问题,还能够提升物流服务的质量、安全性和可控性。随着国内外研究的不断推进,地下物流系统的实施方式呈现出多元化的趋势。它以地下空间为载体,实现了各类形式的地下通道、车辆载具和运输技术相互配合,能支持运输、储存、配送等各个物流环节的高效运转,为填补区域和城市物流的短板、解决交通困境提供了新的思路。本章主要阐述地下物流系统的发展概况,回顾全球范围内地下物流系统的项目实践,介绍地下物流系统的基本概念、应用领域、设施特征和发展动因。

1.1 地下物流系统的起源与发展

1.1.1 早期的地下货运

管道货运是一类无人运输系统,是一种利用管道进行长距离输送物资的方式。世界上第一条地下货运道路建设于公元前 700 年的耶路撒冷王国。两百年后,希腊萨摩斯岛(Samos Island)上建造了一条长约 1 km 的地下货运隧道。最早可追溯的管道货运系统概念来自文艺复兴时期,列奥纳多·达·芬奇(Leonardo da Vinci)提出了"理想城市"的概念,在他的设想中,整个城市的交通系统分为上、下两层,行人在顶层,马车等运输工具在底层通行。除此之外,"理想城市"的旁侧有一条河流,以便利用城中的地下水道带走生活垃圾,这也是水动管道运输系统的原型。

自动化地下货物运输技术的发展始于 19 世纪初。作为气动铁路技术的最早支持者之一,伦敦商人乔治·梅德赫斯特(George Medhurst)于 1810 年发表了关于管道货运的提案,并于 1827 年推出了一套全面的技术方案[1],目的是在城市街道下通过货运管道运输信件和电报,以缓解交通拥堵。早期管道货运的一项代表性应用是1853年在伦敦建造的"气动派送管道"(Pneumatic Dispatch Pipes)(图1-1),该系统使用直径为0.45 m、长约201 m的气动舱体管道在证券交易所和邮局之间运送邮件[2]。1860—1900年,类似的管道在柏林、巴黎、纽约等城市广泛建立。1881年,巴黎开始建立一个由直径为80 mm的管道组成的气动邮政网络,用于在市区范围内运输信封和小型邮包,该网络一直运行到1984年[3]。第二次世界大战期间,气动管道技术经常应用于在工业环境中运输原料和生产零部件,以及在城市地下运输信件和电报。这些系统普遍由直径为5~20 cm的管道制成,大多数仅面向私人用户,并不提供大众承运服务[1]。

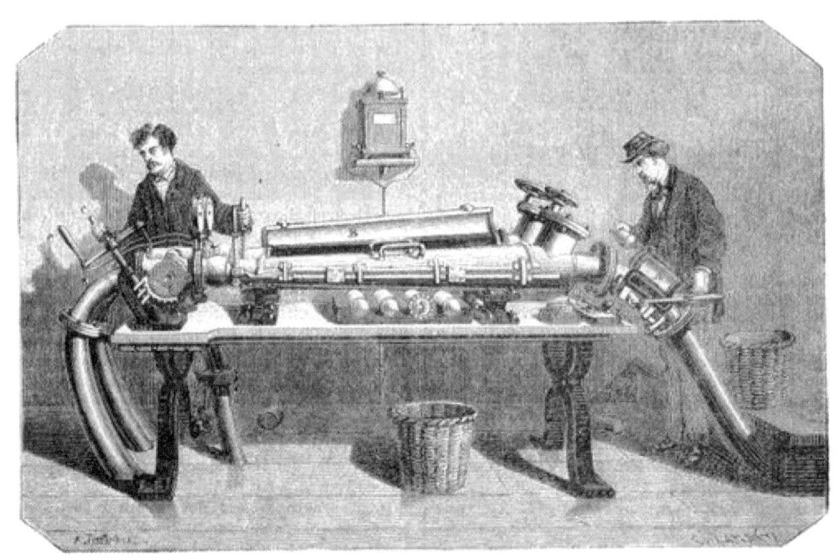

图1-1 早期的气动派送管道

美国芝加哥在1914年建成了世界上第一个成规模的地下铁路货物运输系统。该系统由芝加哥隧道公司建造运营,由一个长为90 km的隧道网络和十余个车站节点构成,沿中心城区街道布置,隧道横截面尺寸为2.3 m×1.83 m。共有132台人工驾驶机车在电气铁路隧道中运输煤炭、邮件、托盘商品等货物,并通过地下车站处的电梯实现货物由地面进出。该系统在运营的第一年就运输了超过55万t的货物。然而,由于公司破产,城市地下货运服务在1959年终止。该系统的隧道网络在1991年被洪水摧毁,修复后被重新用于埋放电力和通信设施。

1927年,伦敦地下电气铁路公司和当地邮局共同建造了著名的伦敦邮政铁路(London Mail Rail)(图1-2),这是一条轨距约为610 mm的地下铁路,用于跨越市中心运送信件和包裹,其主线为一条直径为2.7 m的双轨隧道。货运列车在9个分拣节点之间穿梭行驶,每年运送400万~1 200万件邮件[4]。该线路在运行了76年后退役,现保存于伦敦邮政博物馆。

第二次世界大战后,苏联和日本开发建造了更大的气动管道系统用于运输石灰石、垃圾等散装材料。日本住友大阪水泥株式会社建造了一些工地专用的地下管道,将石灰石从矿场运送至水泥厂,每条管道均配备若干节车厢的胶囊车,每年可运送220万t材料。苏联圣彼得堡安装了一些名为TRANSPROGRESS的管道运输系统(图1-3),将碎石和废料从建筑工地运送至郊区的处理厂。战后建成的其他地下运输系统还有联邦德国时期的柏林邮政管道网和美国纽瓦克自由国际机场的Subtrans系统,这些系统的直径普遍为0.9~1.2 m,具备较为可观的吞吐能力。直到20世纪70年代初,一些团体开始考虑将管道的直径增加至1.2~1.8 m,以满足更大尺寸货物的运输需求。

图1-2 伦敦邮政铁路

图1-3 苏联时期的TRANSPROGRESS管道运输系统

表1-1为早期管道货运系统发展概况。

表1-1 早期管道货运系统发展概况

编号	项目名称	国家/地区	项目时间	研发阶段	项目现状	主要制式	隧道直径	发起方	主要货品
1	Pneumatic Post	欧洲	1810s—1980s	应用	已废弃	PCP	0.3 m	企业	电报
			城市展开了气动管道系统的试点,通道长度为1~10 km,采取单线运输形式,运行速度约为64 km/h						
2	气动派送管道	英国伦敦	1853—1869年	应用	已废弃	PCP	0.45 m	企业	邮件
			通过气动管道在两个相距4 km的证券交易所之间传递邮件						
3	芝加哥货运隧道	美国芝加哥	1906—1959年	应用	已废弃	RT	1.83 m	企业	包裹/煤炭
			在工厂之间运送邮件、包裹和生产材料,部分线路运输生活垃圾,运行速度约为30 km/h						
4	伦敦邮政铁路	英国伦敦	1927—2003年	应用	已废弃	RT	2.7 m	企业	邮件
			主线是一条直径为2.7 m的双轨隧道,货运列车在9个分拣节点之间穿梭行驶,每年运送400万~1 200万件邮件						

（续表）

编号	项目名称	国家/地区	项目时间	研发阶段	项目现状	主要制式	隧道直径	发起方	主要货品
5	废料真空收集系统	瑞典	1961年至今	应用	运营	PCP	—	企业	废弃物
			通过风机将投入管道端头的垃圾输送到垃圾收集站中，极大地节省了人力成本						
6	TRANSPROGRESS	苏联	1960s—1983年	应用	已废弃	PCP	0.91 m	企业	废料/岩石
			规划用于战时城市物资供应，建成后用于运输矿石、砂砾等工业原材料						
7	住友水泥管道	日本	1970s—2000年	应用	已拆除	PCP	1 m	企业	矿石
			通过专用的地下管道，将石灰石从矿场运送至水泥厂，每条管道均配备若干节车厢的胶囊车，每年可运送220万t材料，运行速度约为21 km/h						
8	Freight Pipeline	美国	1976—1998年	概念	未采纳	PCP	1.05 m	政府	商品托盘
			服务于快递业长距离包裹运输，每个舱体规划容载80 kg货物，运行速度约为100 km/h，管道最大通行能力为每小时1 875个舱体						

注：PCP—Pneumatic Capsule Pipeline，气动舱体管道；RT—Railway Tunnelling，电气铁路隧道。

1.1.2 现代地下物流探索

现代地下物流系统（图1-4）的发展始于美国交通部发起的"通过货运管道运输固体商品"项目[5]，该项目研究了在纽约和芝加哥之间建立一条长距离地下货运走廊以实现批量货物高速自动化运输的可行性。这是第一个从政府视角出发对地下物流系统进行全局策划的项目。以该项目为起点，一些当时先进的技术理念，如直线感应电机（Linear Induction Motor，LIM）、液压舱体管道（Hydraulic Capsule Pipeline，HCP）和地下自动道路等，被考虑用于功能更为全面、形式更为多样的现代地下物流系统[6]。

图1-4 现代地下物流系统概念

20世纪80年代,日本学者尾岛俊雄在其著作《东京大改造》中构想了一个集成批量集疏运、居民生活物品配送和市政垃圾回收功能的大规模地下物流网络(图1-5)。随后,东京大学的 Masaki Koshi 教授提出了名为 Tokyo L-net 和 Logistics LAN 的城市地下物流概念方案[7],他设想了一个覆盖全市范围的多级隧道网络,连接码头堆场、物流园区和东京都市区的主要街道,采用两用卡车(Dual Mode Truck,DMT)在隧道专用导向车道上行驶,将入境货物直接分配到市区地下仓库,再"出地"完成"最后一公里"配送。相关提案得到了日本政府的重视。随后开展的研究表明,在城市地区建立大规模地下物流网络的总体效费比预计为3.5∶1,且有望显著缓解城市交通拥堵[8]。然而,由于启动资金过高,该计划最终未能实施。

图 1-5　集成地下物流网络的城市立体空间概念(日本:尾岛俊雄)

20世纪90年代至21世纪初,世界各国针对现代地下物流概念进行了广泛的探索,提出了一批具有代表性的系统倡议。荷兰的 OLS 史基浦项目旨在建立一个专用地下物流通道连接阿姆斯特丹史基浦机场、世界最大的阿尔斯梅尔(Aalsmeer)花卉市场和附近的铁路枢纽,用于在地下快速转运飞机托盘、花卉托盘和其他时间敏感型货物。该系统被设计为一条长约25 km 的分岔隧道,配备5~20个地下物流终端以及200台自动导向车(Automated Guided Vehicle,AGV)。当地政府、大学和铁路公司一起完成了原型开发和样机测试,并进一步提议建设一个全国性的地下物流网络[9]。然而,由于财政和市场原因,相关规划未能落地[10]。

与荷兰项目同时期的是德国 CargoCap 项目,由波鸿鲁尔大学的学者提出[11]。该项目旨在城市地区建立一个连接社区、工业区、商业中心、物流园区和机场的综合地下配送网络,以解决城市道路扩建和交通拥堵问题。CargoCap 系统配备了中小直径货运管道和独立控制的胶囊车辆,以30 km/h 的速度实现托盘在地下运输。该项目得到德国通用电气公司赞助并完成了1/2 原型测试。然而,尽管 CargoCap 有望获得立法支持和土地许可,但它无法说服足够的供应商和物流公司参与运营,且在运输经济上与传统方式相比不占优势,因此该计划被搁置。

位于美国洛杉矶的阿拉米达走廊(Alameda Corridor)是一条长约 32 km 的货物转运铁路,该铁路连接洛杉矶港和长滩铁路终端,于 2002 年由美国加利福尼亚州政府采用 PPP(Public-Private-Partnership)合同模式建造而成。该走廊没有采用全埋式隧道设计,而是在街道之下 10 m 深处修建了一条明挖沟,以节省建设投资。该线路每年可运输 450 万个标准集装箱。阿拉米达走廊是一个成功的地下集疏运系统开发案例,解决了腹地和港口之间的集装箱转运问题,通过该系统货物的集疏运效率提高了 4 倍,进出港延误减少了 90%。

为了应对北美自由贸易协定伙伴国之间的跨境物流问题,自 1999 年以来,由得克萨斯州政府主持的地下集装箱运输项目一直在评估中。美国联邦公路管理局将该项目作为《面向 21 世纪的交通平衡法案》(TEA-21, *Transportation Equity Act for the 21st Century*)的一部分,并为研发提供配套资金。第一个五年研究计划(1999—2004 年)提出了安全货物机车系统(Safe Freight Shuttle)[12]。该系统采用地面地下相结合的轨道,搭载单轨列车以 50~110 km/h 的速度在得克萨斯州的主要城市与港口之间运输货物。根据设计,该系统旨在缓解交通拥堵,减少公路维护成本,每年最大吞吐量为 200 万个标准集装箱。第二阶段的研究项目由得克萨斯大学阿灵顿分校的 Mohammed Najafi 教授团队承担,他们提出了休斯敦港、拉雷多市和达拉斯市的三条地下集装箱线路建设方案[13]。

在比利时安特卫普市,每年有 450 万个集装箱需要用船从左岸码头转移到右岸堆场进行储存。为了提高港内搬运效率,当局考虑了一条连接两岸码头的水下集装箱环线隧道[14]。2006 年,比利时国家铁路公司进行了可行性研究,并报告了方案的几项缺点。其一,地质条件不能满足地下铁路的坡度要求;其二,该系统运营成本过高,每个集装箱需要花费 40 欧元进行额外的提升作业。因此,该方案没有被采纳。

Pipe§net 系统由意大利佩鲁贾大学的 Franco Cotana 教授于 2008 年提出。该系统设想了一个 200 km 长的真空密封磁力管道网络,以实现城镇间轻型货物(如食品和衣服)的高速管道运输[15]。每个胶囊容器的容载为 50 kg,可承载一个欧洲托盘,管道建设成本估计为 200 万欧元/km。在意大利国家军事研究计划的支持下,该系统已经通过了可行性评估和原型测试。

利用地铁系统开展货物运输是城市地下物流的一种特殊形式。其中,轨道交通客货一体化被认为是地铁货运的雏形[16]。欧洲城市最早提出城市轨道交通货运概念,即 Freight-on-Transit。早期的运输载体以有轨电车为主,用于在拥挤城市地区运输生活垃圾、散件货物和小批量商品[17]。例如,大众公司在德国德累斯顿市建造了 Cargo Tram 系统,旨在利用一辆 60 m 长的货运列车在 5.5 km 长的轨道段上运送汽车零部件。巴黎的 TramFret 项目将电车货运范围从单线扩展至网络[18],证明了乘客服务不会受到货运业务的影响,该项目赢得了当地政府的批准,并与 2017 年成功实施。此外,还有一些基于地铁的地下货运实践,例如:纽约地铁 6 号线从 1998 年开始就在夜间收集城市垃圾;巴黎大区快铁 D 线每天会派出一列 20 节的货运列车,将 MONOPRIX 仓库(属于一家法国零售公司)的商品运送到市内配送站。尽管这类电车货运项目并不完全属于现代地下物流系统的范畴,但它们展示了通过设施改造和运营手段将地铁、市域铁路等基础设施用于城市物流的潜力,为在新式地铁线路中实现大规模地下客货协同运输提供了思路。

地下垃圾收集也是城市地下物流的一种特殊应用。世界各地已普遍安装气动垃圾收集管道,代表性的如恩华特(Envac)系统,该系统连接垃圾箱,通过气动管道在一定区域(如商业区和公园)将固体垃圾收集至地下收集站。目前,这项技术已展现出良好的商业前景和可靠性。

表 1-2 所列为现代地下物流系统发展概况。

表 1-2　　　　　　　　　　现代地下物流系统发展概况

编号	项目名称	国家/地区(城市)	项目时间	研发阶段	项目现状	主要制式	隧道直径	发起方	主要货品
1	Tokyo L-net	日本(东京)	1980s—2000 年	概念	未采纳	DMT	5.5 m	政府	快递/托盘
			通过无人驾驶的两用卡车(DMT)在专用地下道路中运输货物,每辆 DMT 容载 2 t,主要承运零售商品、食物和城市垃圾,运行速度约 30 km/h						
2	OLS 史基浦	荷兰(阿姆斯特丹)	1994—2005 年	试点	未采纳	AGV	4 m	政府	托盘
			利用 200~400 辆轮制自动导向车(AGV)往复行驶于三个物流终端组成之间的隧道来运输花卉托盘,运行速度约为 25 km/h						
3	英法海底隧道	欧洲	1996 年至今	应用	在运行	CVT	10 m	政府	托盘
			跨境运输,通道规格为 50 km,运行速度约为 90 km/h						
4	CargoCap	德国(鲁尔地区)	1996—2008 年	试点	未采纳	RV	2 m	院校	托盘
			由直线电机驱动的轮制胶囊小车(RV)在高密度地下配送网络中编组运行,小车承载两个标准欧洲托盘,最小行驶间距为 2 m						
5	纽约地铁 6 号线	美国(纽约)	1998 年至今	应用	在运行	ME	8.5 m	未知	生活垃圾
			通过地铁列车(ME)运输城市的生活垃圾,运行速度约为 65 km/h						
6	安全货物机车	美国(得克萨斯)	1999 年至今	试点	规划中	CT	7.6 m	政府	集装箱
			通道连接码头和园区,全长 434 km,以集装箱列车(CT)的形式进行货运,运行速度约为 72 km/h						
7	PCP-Container	美国(纽约)	2000—2008 年	概念	未采纳	PCP	10 m	企业	集装箱
			通过矩形气动舱体管道(PCP)实现纽约港与周围 5 个城市的集装箱转移,通道全长 320 km,以集装箱列车的形式进行货运,运行速度约为 56 km/h,每小时发送 270 个集装箱舱体						

（续表）

编号	项目名称	国家/地区（城市）	项目时间	研发阶段	项目现状	主要制式	隧道直径	发起方	主要货品
8	阿拉米达走廊	美国（洛杉矶）	2002年至今	应用	在运行	CT	10 m	政府	集装箱
			连接海港和铁路终端的渠道式地下集装箱铁路运输线路，全长32 km，每天运行60列班次，有效缓解港城矛盾						
9	UCM	比利时（安特卫普）	2002—2006年	概念	未采纳	CT	8 m	政府	集装箱
			在港区内部建立地下集装箱运输环线连接海岸两侧的不同码头，系统与场桥直接对接，每年规划转运450万个标准集装箱						

注：CVT—Car Vehicle Train，子母列车；RV—Reereational Vehicle，轨制胶囊车；ME—地铁列车；CT—Container Train，集装箱列车。

1.1.3 当代地下物流系统

在过去10年中，随着政府计划和市场兴趣的进一步增加，一批面向更大规模应用的新项目被提出并付诸实践。上海考虑建立一条连接外高桥港与嘉定物流园区的30 km长的地下集装箱运输专线，减少过量重型集装箱卡车运输对上海外环线造成严重的拥堵和安全问题[19]。根据相关系统设计，货运列车可以进入港口堆场直接运输集装箱并带走入境集装箱。业内专家认为，"端到端"的地下集装箱运输专线在盈利能力和社会效益方面有相当大的优势。与阿拉米达走廊不同的是，上海项目位于中心城区，因此，需要市政部门和港口集团就土地使用和路权达成协议。

北京城市副中心项目正在推行地铁货运系统试点，相关控制性规划指出，"在城市副中心内结合轨道交通车辆基地预留2个城市配送中心，利用设施服务环地铁线路建立地下物流配送干线系统，形成地下地上互为补充、规范有序、高效集约、绿色智慧的配送网络"。国内地下物流系统的另一项试点是河北雄安新区项目。在雄安容东片区，新建地下综合管廊中预留了货运专用廊道，沿街道铺设，以向周边住宅区提供物资配送服务。雄安的实践为地下物流系统开发验证了两条见解：其一，面向新区建设的地下物流系统规划不受既有地下设施对系统布局的空间约束，相比于老城区更加易于实施地下物流项目；其二，依托其他地下基础设施系统（如地铁、综合管廊等）构建地下物流有利于显著降低系统建设成本。

由业界主导的地下物流系统开发项目也值得注意。美国Hyperloop公司推出的超高速真空管道技术和配套系统已完成了试点测试。系统采用最新的磁悬浮和真空管道技术驱动子弹头货运胶囊列车以1 200 km/h的速度在城市之间行驶。沙特当局表示希望在港口城市吉达和首都利雅得之间安装这一系统。

2020年，瑞士联邦委员会通过了"国家地下货物运输"法案[20]。对口的Cargo Sous

Terrain(CST)项目计划在 2050 年前建成一个连接瑞士主要城市的长达 450 km 的地下货运网络,预算为 300 亿欧元。系统位于地下 20~40 m 深处,能够以 60 km/h 的速度编组运输货物。CST 一期的线路长度为 67 km,连通苏黎世与周边交通枢纽,设计运输能力为 9 300 万 t/a。目前,该项目已进入融资和建设阶段。CST 项目标志着由业界推动的大规模地下物流系统项目能够获得立法与政策支持,也表明了地下物流正在交通运输、物流、基础设施、制造、环境和能源等领域受到越来越多的关注。

此外,国内外当前正在开展的一批新型地下物流系统项目还包括我国上合经济示范区(青岛)枢纽港地下物流系统、新加坡裕廊地区规划的 UGMS 地下货物运输系统[21]、迪拜世界港口集团(DP World)设计的 Cargo Speed 系统以及英国公司推出的 Magway 轻型商品磁悬浮运输系统等。当代地下物流系统概念图如图 1-6 所示。

图 1-6 当代地下物流系统概念图

表 1-3 呈现了国内外当前地下物流系统项目的开发现状。随着政府关注度和市场吸引力的提升,地下物流的发展与实践呈现新的趋势。在最近 10 年的地下物流系统项目中,一批新的系统发展模式被提出,包括地下多式联运及集疏运系统、地铁货运系统、基于既有基础设施改扩建的地下物流系统以及末端智能管道配送系统等。相关制式设计从中小型胶囊管道向更大规模的隧道和轨道转变,地下物流网络的服务范围也从局部区域扩展到整个城市甚至城际。系统的运能和效率也有了显著提升,部分项目所规划的系统地下货运能力能够达到千万吨级。可见,当代地下物流系统的开发已将其定位为一种能够引导未来城市发展和物流运输体系升级的综合基础设施系统,而不再是传统货运方式的替代品。

表 1-3　　国内外当前地下物流系统项目开发现状

编号	项目名称	国家（城市/地区）	项目时间	研发阶段	项目现状	主要制式	隧道直径	发起方	主要货品
1	Pipe§net	意大利	2008年至今	试点	开发中	MVT	1 m	院校	散件产品
			在地下真空管内发射超高速、高频次胶囊舱体，通道总长 200 km，每个舱体尺寸约为 0.6 m×3.5 m，承载 50 kg 货物或一个标准欧洲托盘，运行速度约为 1 500 km/h						
2	摩尔机车	英国	2012年至今	概念	规划中	RV	2.6 m	企业	快递/托盘
			利用由直线电机驱动的地下轨道机车实现城市配送，系统设计每年处理 100 万件包裹，运行速度约为 36 km/h						
3	地下集装箱运输系统	中国（上海）	2013年至今	概念	规划中	CT	5~8 m	企业	集装箱
			建立地下集装箱专线连接外高桥港与嘉定物流园区，每班列车搭载 2 个标准集装箱，分摊港区约 35% 的集装箱转运量，通道长约 30 km，运行速度约为 80 km/h						
4	UGMS	新加坡	2014年至今	试点	规划中	RV	未知	企业	快递/托盘
			以轨制胶囊小车的形式在市区局部运行						
5	地下集装箱运输系统	美国（得克萨斯）	2014年至今	可行性论证	研发中	CT	7.6 m	企业	集装箱
			将休斯敦港的集装箱通过地下线路分配至周边城市，系统每年发车 1 334 班次，每天运输 2 880 个标准集装箱，运行速度为 72 km/h						
6	Cargo Sous Terrain(CST)	瑞士	2016年至今	试点	建设中	AGV	6 m	企业	快递/托盘
			建立地下线路连接苏黎世与周边交通枢纽，通过悬挂式及无人车辆运输托盘和小型货物，通道规格为 450 km，运行速度为 60 km/h						
7	雄安启动区智慧邮政管廊	中国（雄安新区）	2017年至今	试点	建设中	AGV	8~12 m	政府	快递/托盘
			面向未来城市，利用预留于雄安新区容东片区地下空间的货运廊道实现物流园区到城内客户的自动化配送						
8	北京城市副中心设施服务环	中国（北京）	2018年至今	试点	开发中	ME	8~10 m	政府	快递/托盘
			依托新区地铁网络环线段开发地铁-货运系统，实现客货地下协同运输。环线同时集成管廊及人防功能，形成断面 7 层布局。线路总长约为 38 km，运行速度为 80 km/h						

（续表）

编号	项目名称	国家（城市/地区）	项目时间	研发阶段	项目现状	主要制式	隧道直径	发起方	主要货品
9	Hyperloop	美国	2018年至今	试点	开发中	MVT	4 m	企业	快递/托盘
			通过地下真空管道和磁悬浮运输技术，实现货物在城际间的集中高速运输，运行速度可达到1 200 km/h						
10	Cargo Speed	阿联酋	2019年至今	试点	规划中	AGV	未知	企业	快递/托盘
			利用AGV在全市区域内运输						
11	Magway	英国	2019年至今	概念	规划中	RV	2 m	企业	食品/快递
			开发地下磁悬浮胶囊运输技术，服务于伦敦地区每年600万件的包裹配送						
12	ARUP-JTC	新加坡	2019年至今	筹资	研发中	MVT	未知	未知	包裹
			初步考虑在新加坡港附近建立地下仓储中心，后期考虑在社区内建立末端地下配送网络，实现"门到门"运输						
13	上合国际枢纽港地下物流系统	中国（青岛）	2022年至今	试点	开发中	CT	8～12 m	政府	集装箱/托盘
			近期利用核心城区既有人防廊道改造为小管径地下物流网络，远期考虑建设大体量地下集装箱线路连通公、铁、空、海、港口物流园，并与主城管网对接，形成青岛"一带一路"地下物流发展轴						

注：MVT—Maglev Vacuum Tube，磁浮真空管。

1.2 地下物流系统的基本概念

地下物流系统在不同的地区和年代拥有不同的名称和定义。美国最早将地下物流系统称为货运管道（Freight Pipeline或者Freight Tube），Vance和Mills[1]认为地下物流系统是一类无人驾驶的运输系统，它通过紧密贴合的胶囊车辆在管道中往返运输货物，出于经济考虑，货运管道直径一般不超过2 m，宜采用气动或直线电机方式驱动。美国土木工程师协会（American Society of Civil Engineers，ASCE）将地下货物运输定义为包括运输、仓储和其他活动的综合过程，而不仅仅指代从货物提取到交付的简单运输[6]。Binsbergen和Bovy[22]认为连通城外配送中心与市中心购物区的"地下链路"（Underground Link）是地下物流网络的基础形式。这种链路能够布置专用车道并为标准道路车辆提供通行，也能够使用新的车辆和转运设施将货物分发给收件人，特点是地下装卸、运输和派送一体化。国际地下物流学会的学者们进一步将这一概念定义为一种独立的、多模式的、智能的物理配送形式，通过多级连通的管道和隧道在国家/区域枢纽、城市门户和社区网点之间实现批量自动化货物运输[13]。德国认为地下物流系统是除海、空、公、铁之外的第五类物流及供应系统，这种系统可用于城市派送、区域物流和接驳运输，具有广泛的应用潜力。在国内，随着城镇化进程的推进，货物需求呈现爆发式增长，传统的监管手段（如货车限行）已无法适应城市发展需求，因此，地下物流系统也被认为是破解"大城市病"的有效途径[23]。它不占用道路资源，能够缓解交通拥堵；无需人工作业，运行成本更低；采用清洁动力，能有效减轻城市污染；不受外界条件干扰，运输更加可靠、高效。本节将围绕地下物流系统的主要应用领域对地下物流系统相关设施进行介绍。

1.2.1 地下物流系统应用领域

1. 集疏运与区域地下多式联运

1）集疏运的定义

集疏运体系是连接多种运输方式的平台和纽带，是进行一体化运输组织的关键。集疏运系统包括集疏运设施、集疏运方式及集疏运管理，其中集疏运设施通常指公路货运站、铁路场站、港口、机场和大型仓库等；集疏运方式主要指水路、铁路、公路和航空四类干线运输方式；集疏运管理指运输计划的制订、组织与协调等。区域集疏运（也称为区域多式联运）是指以集装箱为运输单元，用两种或两种以上的运输方式在干线物流节点之间运输货物。我国作为全球第一贸易大国，绝大部分的进出口贸易通过海运完成，港口作为连接国内外贸易的中心，也是区域集疏运的重要枢纽节点。集疏运枢纽一方面连接对外航运线路，另一方面连接国内公路、铁路和内陆航运等交通网，是实现货物高效周转的重要纽带。集疏运枢纽要求快速高效，能够在短时间内完成大批量货物的转运和换装，同时提供充足的场站空间并具备一定的自动化作业能力。

2）集疏运的特点

（1）规模经济性。

集疏运的规模经济性是指在运输、处理、存储等环节中，随着运输量的增加，单位成本逐渐减少的趋势。规模经济性是由多种因素共同作用而产生的。首先，规模经济性可以通过运输成本的分摊来实现。在集疏运过程中，大量货物集中在一起运输，可以采用更大型、更高效的运输工具，将运输成本分摊到更多货物上，从而降低单位货物的运输成本。其次，规模经济性也体现在处理和存储环节上。集疏运体系中，多个来源的货物集中到枢纽节点进行统一处理，能够充分利用物流设施设备的作业能力，降低单位货物的操作成本。最后，规模经济性还体现在采购和管理方面，大规模的集疏运活动可以吸引更多供应商参与，使货主获得更有竞争力的报价。与此同时，集中化管理也降低了物流活动的管理成本，提高了资源配置效率。

（2）高效性。

集疏运的高效性是指在整个物流过程中，以更少的时间和资源投入完成货物的运输、处理和分发。集疏运的高效性体现在多个方面，包括优化运输路线和运输模式、自动化设备和信息技术的合理利用等。此外,集疏运通过制订统一的库存管理和运输计划,能够有效降低库存成本和风险。总之,集疏运的高效性体现在整个供应链的各个环节中。

(3) 多种运输方式衔接。

运输方式衔接即在集疏运过程中根据下一阶段的运输需求,灵活选择不同的运载工具,以更流畅、更经济的方式完成货物运输与分发。首先,多种运输方式衔接是集疏运体系的一大特色,它提高了运输的灵活性和适应性。可以根据货物类型、时间紧迫性和运输距离选择最合适的运输方式。其次,多种运输方式的衔接优化了运输网络的结构,打通了从国际物流到长途运输再到"最后一公里"配送的全链条,使得来自不同生产地的货物能够整合运往消费地,降低了分散运输的成本。最后,货运过程的上下游衔接也提高了物流系统的稳定性和韧性。总的来说,集疏运体系通过不同运输方式的组合与衔接能够满足现代物流业务的多样化需求。

3) 地下物流与区域集疏运的结合形式

(1) 港口地下集装箱运输。

随着全球贸易的持续推进,集装箱运输业务长期保持高增长态势。港口通常依城而建,港口物流与城市物流之间存在强烈的依存关系。面对日趋增长的港口建设需求,依赖道路交通的传统集疏运体系已成为阻碍港城发展的因素之一,许多大型港口面临用地紧张、疏港交通拥堵、运力不足、联运衔接不畅等问题。为了解决以上问题,亟须发展一种新型、绿色、高效的港口集疏运模式。将地下物流系统纳入港城物流体系,使其成为衔接港口与国家、区域及城市层面物流枢纽的高效媒介,从根本上破除"港城矛盾",提升港口集疏运效率。

港口地下集装箱运输是指在港口与内陆终端之间通过地下通道运输集装箱的过程。它利用地下专用通道,将码头堆场(或船只装卸区)与内陆的物流园区、铁路场站或公路中转站连接起来,实现货物在港口与各类终端之间的"点对点"地下运输。基于地下物流的港口集装箱运输流程示意如图 1-7 所示。集装货物通过公路、水路或铁路等运输方式到达港城货运终端,放入地下通道入口,通过集装箱列车或自动导向车(AGV)沿隧道进入港口装卸区或港区堆场,最后通过场桥和港口 AGV 等搬运设备装入船舶。港口地下集装箱运输系统不仅有助于实现货物进港/出港自动化作业,提升港口流通效率,也能够解决港口堆场容量不足的问题。相关研究表明,港口地下集装箱运输专线的经济效益明显,货运需求稳定,适合作为地下物流系统前期发展的试点线路。

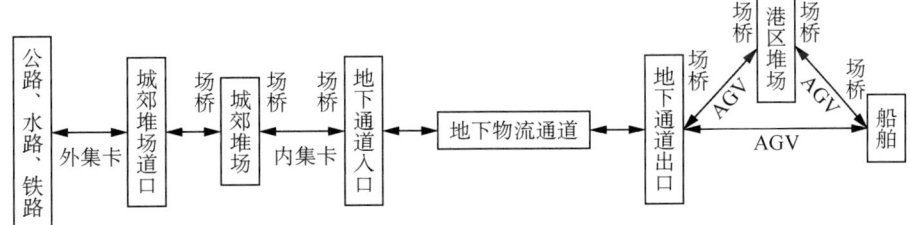

图 1-7　基于地下物流的港口集装箱运输流程示意

（2）城际地下物流运输。

在区域物流中，公路运输和航空运输是碳排放量最高的两种运输方式。根据2022年我国干线物流数据，卡车运输碳排放量位列第一，达到1874万t；货运飞机碳排放量位列第二，达到1376万t。随着干线物流需求的增加，我国的交通环境面临严峻挑战，部分地区氮化物浓度严重超标。与此同时，高速公路货车事故造成的经济损失也逐年攀升。地下物流系统具有绿色、智能、全天候运营等特点，因此可考虑在一定区域内围绕物流园区、港口终端、铁路场站和工业区构建干线地下物流节点，从而形成连接多个城市或物流枢纽的城际地下物流运输通道，实现区域物资的快速调配与供应，促进区域物流可持续发展。

城际地下物流运输是指城市与城市之间的地下货运过程。它通过构建地下隧道连接不同城市地区的物流门户以及区域与外部地区的中转枢纽，实现区域多式联运。其中，地下中转枢纽可选建于城市物流园区、工业园区、干线仓库、高速公路堆场等位置，集成仓储、分拣、转运等功能，依托地下节点及周边路网的辐射能力满足周围地区的物流需求。围绕一个城市可设置多个中转枢纽，通过地下隧道实现货物在各枢纽间的快速转运。城际地下物流运输流程示意如图1-8所示。该运输方式采用清洁动力，可显著缓解货运交通污染，并且运输过程不受外界条件干扰，能够大幅缩短城市与城市之间的运输时间。依托城际地下物流线路连接城市与周边产业布局，可以提升区域经济流通效率。一般情况下，城际地下物流系统的工程量大、周期长、建设复杂，属于地下物流系统的远期发展形态之一。

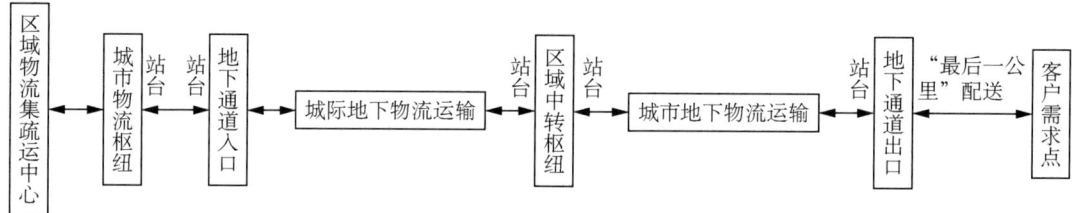

图1-8　城际地下物流运输流程示意

4）局部货物地下转运

随着城市物流配送需求增加，城市道路交通拥堵、环境污染等问题越发凸显。针对货运量大、拥堵严重的路段（如机场区域和进出城道路），可考虑将局部货物运输过程转入地下，建立"点对点"的地下货运通道以解决部分路段货运不畅的问题。局部货物地下转运流程示意如图1-9所示。运输过程起始于任意地面物流终端节点，通过货车运送至地下中转枢纽，货物在此处进行归集和包装，随地面车辆进入地下通道，随后沿地下通道行驶至出口。针对这一运输模式，可选择城市物流中转站作为地下中转枢纽，实现地面地下一体化运输，从而缓解地面交通拥堵，提高交通效率。一般情况下，局部货物的类型较为固定，运输模式简单，因此，地下通道的建设和运行难度相对较小。

图 1-9　局部货物地下转运流程示意

2. 城市地下物流配送

1) 城市物流配送的定义

城市物流配送是在某一城市范围内,按照客户的要求对物品进行集货、分拣、配货、运输、信息服务等一系列活动,采用高度集约化和规模化的模式将物品按时送至指定地点的物流活动。其主要对象为商品,主体活动重视"配"和"送",即分拣配货和运输过程,配送工具多为中小型卡车、厢式货车。随着电子商务的发展,以电瓶车、快递三轮车为主要配送工具的城市末端物流活动显著增加,"门到门"的城市物流服务需求也快速增加。城市物流配送模式是配送活动采取的基本策略与方法,目前主要采用自营配送、共同配送、互用配送和第三方配送四种模式。

(1) 自营配送模式。

自营配送模式是指企业组建和管理物流配送团队,通过企业内部资源和渠道完成产品配送。这种模式下,企业自行管理物流活动(包括车辆、司机、配送员和路线等),根据自身业务需求和客户需求定制配送方案,提供个性化服务。此外,企业还可以通过自营配送模式更好地控制物流配送的各个环节(包括配送时间、货物状态等),降低运营风险。

(2) 共同配送模式。

共同配送的概念目前还没有统一的定义,总体上包括两种模式:一种是在城市范围内,多个货主联合起来由其中一家企业提供配送服务;另一种是多个配送企业联合起来由第三方物流服务公司统一执行配送计划。开展共同配送服务需要集中管理和运营配送业务的物流设施和信息共享平台,对物流专业化、信息化、现代化的要求较高。共同配送模式示意如图 1-10 所示。

图 1-10　共同配送模式示意

(3) 互用配送模式。

互用配送模式是指若干企业出于自身利益的考虑,以契约的方式达成某种协议,共享配送过程中的资源(如车辆、人员和订单系统等),如图1-11所示。

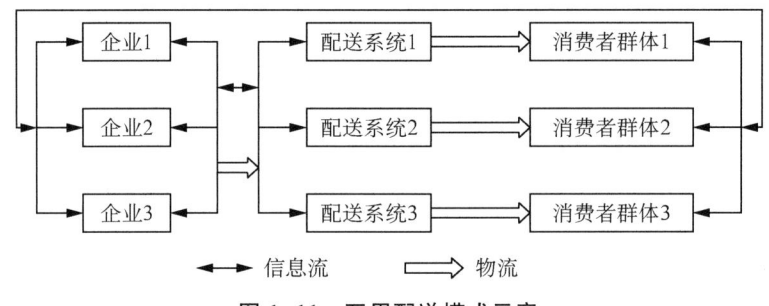

图1-11 互用配送模式示意

(4) 第三方配送模式。

第三方配送模式是指交易双方把自己需要完成的部分或者全部配送业务委托给独立的第三方物流企业,从而获得专业化、定制化的物流服务,如图1-12所示。

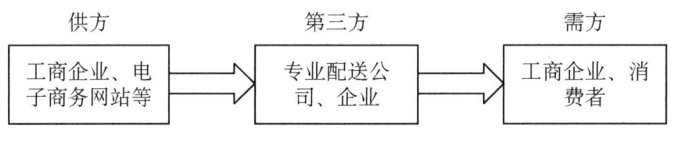

图1-12 第三方配送模式示意

2) 城市物流的特点

城市物流是现代综合交通运输体系的重要组成部分,具有以下特点。

(1) 是面向城市末端开展的配送活动。

城市物流是与国际物流、干线物流和区域物流相对的,发生在城市地区的物流活动的统称。城市物流包括从仓库、配送中心或集散地点到城市街道或社区的货物运输活动。总的来说,城市物流活动组织需要考虑城市交通环境和运输条件,通过制订合理的运营计划,确保货物准时、高效地送至客户手中。

(2) 流向复杂性。

城市物流与公路运输的主要区别在于其流向复杂多变,公路运输主要处理批量化货物的集中运发,城市物流则面向城市消费者的定制化交付需求。受到城市规划、地理特征、人口流动等因素的影响,城市物流网络呈现配送节点分布不均、配送路线交错复杂的特点。城市配送中心不仅需要处理包裹的分拨与派送,还要为商贸主体提供定期的供货服务。

(3) 高度集约化和规模化。

城市物流的参与方包括生产商、政府、销售商和消费者等,其服务对象涵盖城市居民的衣食住行,涉及各行各业。由于需要在短时间内响应小批量、多频次、短距离的订单需求,并快速形成配送方案,城市货物运输活动呈现出密集型、规模化等特征。此外,城市物流是一个有组织、有规划的统一体系,依赖智能设备和信息技术来提升物流服务质量。

3) 地下物流与城市物流配送的结合形式

(1) 进出城地下货运。

进出城地下货运(也称城市地下物流配送)是指在城市边界与城市中心地区构建地下通道,实现货物通过地下方式快速进出城区。进出城地下货运系统一端连接上游物流设施(如城市物流园区),另一端连接城市内部高需求区域(如批发市场、商业区等),适用于实行日间货运交通管制的特大和超大城市,能够有效解决"卡车进出城难"的问题。如图1-13所示,进出城地下货运系统利用城市地下空间分层构建地下物流网络,在市域范围内高效运输快递包裹、零售商品等日常货物。作为城市物流的整体解决方案,进出城地下货运系统虽工程规模较大、建设周期长、投资强度高,但社会环境效益显著,对于提升城市物流潜力和整体竞争力、改善城市拥堵、带动周边地区发展有着积极作用。

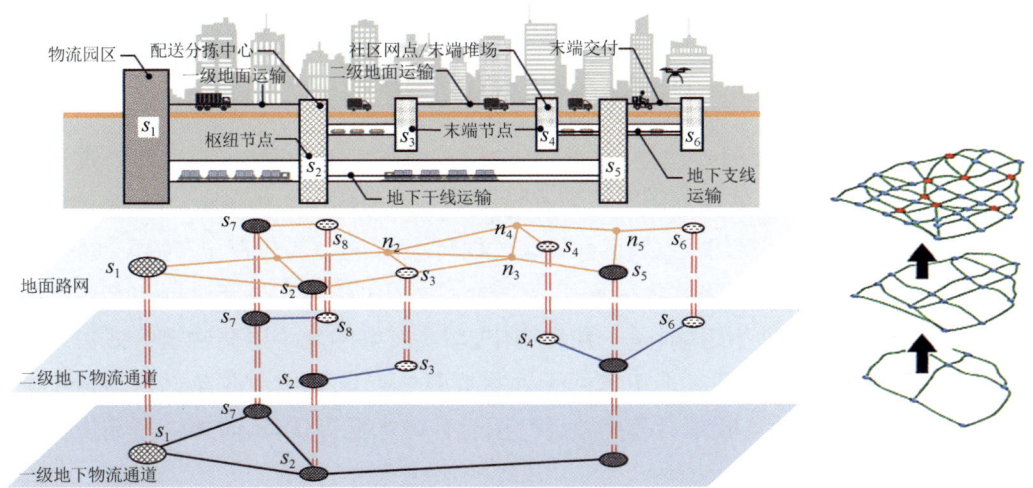

图1-13 进出城地下货运系统示意

(2) 社区末端地下配送。

社区末端地下配送是指将地下物流配送活动延伸至城市社区层面,通过直径较小、可达性高的地下管道形成本地地下配送网络,将货物送往距离客户更近的社区网点、商场或小区。末端地下配送设施形式多样,能够根据周边居民和商户的需求灵活设置,从而提升城市"最后一公里"的运输效率和安全性。社区末端地下配送流程如图1-14所示。

3. 地下物流的其他用途

1) 城市废料地下收集

城市废料是城市地区产生的生活垃圾、包装垃圾、工业垃圾和建筑垃圾的总称。据统计,2020年我国城市废料产生总量已超2.8亿t,且每年以大于10%的速度持续增长。然而,城市废料处理的能力却严重不足,固体废料的处理率仅为50%左右,有些城市的废料

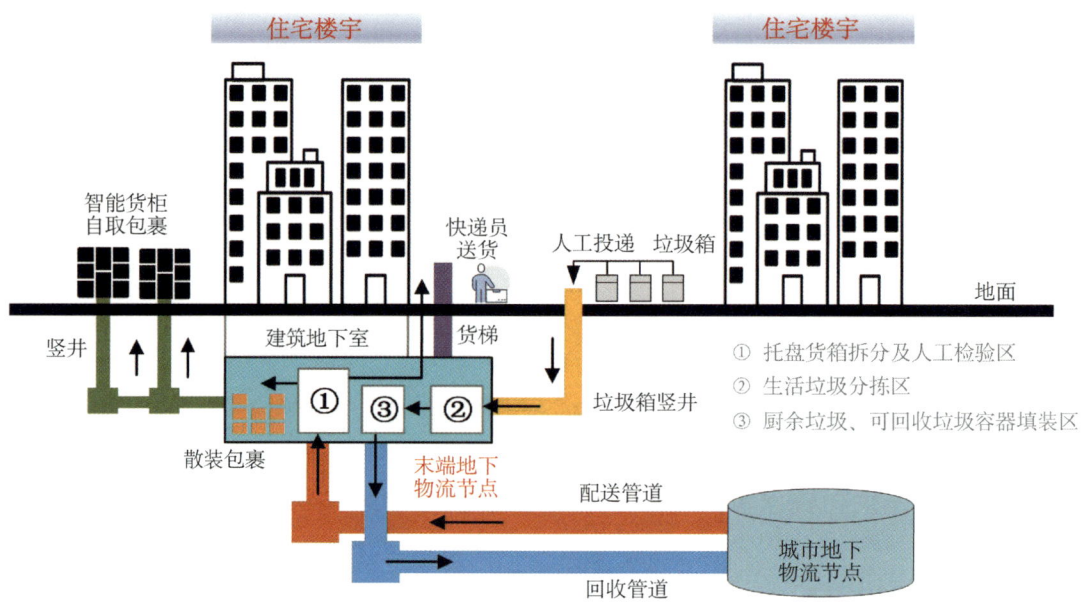

图 1-14　社区末端地下配送流程示意

处理率甚至低于 20%。未及时处理的废料严重占用了城市土地。同时，在废料处理过程中所排放的废气和废水也对城市环境造成了严重污染。为了解决这些问题，我们需要探索城市废料处置的新模式，将垃圾清运、转运和处理过程转入地下，以减少对城市的负面影响。

城市废料地下收集系统利用收集装置和地下管道对居民生活和生产过程中产生的固体废料进行自动化打包和地下运输，是一种集约化、环境友好的城市逆向物流方式。地下收集系统一般以空气为动力，经过地下管网运输将弃置物回收至中央收集站。与传统的收集方式相比，城市废料地下收集具有高效、稳定、运营成本低等优势，收集过程无人员接触，能够减少疾病传播。

2）厂区/园区货物地下搬运

随着各类园区的兴建，如何实现厂区和园区内部货物的高效流通已成为一个重要问题。园区内部通常道路受限，地面车辆可能因交通问题而无法顺畅通行。将园区货物转入地下能够有效解决这类问题。通过地下物流系统连接园区厂房、仓库和出入口，可以实现货物的自动化分配与搬运，从而提升园区货物周转效率。此外，货物"入地"还能有效缓解园区用地紧张，提高空间利用效率。

3）应急物资地下仓储与运输

近年来，城市受灾数量和损失呈现增长趋势。城市应急体系要求对各类突发事件中的人员、财物、物资提供有效保障。然而，在城市物流方面，现有物流运作模式难以在突发事件大规模暴发时支撑应急物流机制高效运转。一方面，干线运输与城市配送环节存在"脱节"，货物频繁换装，导致应急物资难以第一时间送达受灾地点；另一方面，由于缺乏保障市民日常需求的物流基础设施网络，以货车司机为主的城市物流模式在突发事件下面临巨大压力，容易出现功能重叠、服务冲突等问题。这些瓶颈已成为当前城市应急物流的"短板"。利用地下物流系统为灾时应急物资提供地下仓储与运输，为提升城市应急物流能力提供了新的思路。

1.2.2 地下物流设施

1. 地下物流节点

1）按照设施类型划分

（1）新建城市地下物流节点。

新建城市地下物流节点是指在城市规划和物流发展战略下，针对城市物流运输需求，利用城市地下空间进行规划和建设的一类物流专项设施。新建节点形式包括地下仓库、地下分拣中心、地下货物处理站等，一方面与城市道路交通系统衔接，作为货物进出地下的接口；另一方面与城市地下物流通道连接，接收从城市外围发来的货物。新建城市地下物流节点是城市地面地下一体化综合物流网络的重要组成部分，节点选址与建设需要综合考虑城市用地、环境保护、地下空间分层开发等因素，确保地下物流的社会经济效益发挥最大化。

（2）地铁客货共享车站。

地铁客货共享车站是指通过新建或设施改造对地铁车站内部空间进行重新布局，从而形成一类能够提供乘客通勤和地下货物运输的新型车站。地铁客货共享车站可围绕地铁客货联运线路进行建设，作为货物在地铁网络中运输的目的地。该类车站一般具备专门的货运站台和站厅，能够对到站货物进行装卸、拆分、转运等操作。地铁客货共享车站同时也是城市末端配送的中心节点，站点处理完毕的货物可以就近派送给车站周围客户，也可以设置货物自提柜，供地铁通勤者到站自取。在车站设计过程中，需要综合考虑乘客和货物需求，合理划分车站功能区，以确保安全、高效、有序地开展地铁客货联运。

2）按照节点层级划分

（1）地下物流终端节点。

地下物流终端节点是干线运输过程的终端节点，也是城市物流过程的起始节点，通常位于城市周边地区，与物流园区、多式联运堆场、仓库等主要区域物流枢纽设施共同建设。地下物流终端节点根据枢纽设施类型进一步分为转运型节点、储运型节点、集散型节点、配送型节点和综合型节点，节点承担功能包括大宗货物的地下仓储、转运、运输协调和分发，以确保外部货物能够流畅地进入地下物流通道。

（2）城市地下物流枢纽节点。

城市地下物流枢纽节点是城市地下物流网络的核心设施，位于城市内部，与地下物流终端节点之间存在地下连接。一个城市地下物流枢纽节点的服务范围通常为一个城市板块或市辖区，主要负责对城外发来的货物进行集中处理和分拨，将货物通过地下或地面方式发送至分布在本区域内的下一级物流设施（如社区配送网点或末端地下物流节点等）。不同板块的城市地下物流枢纽节点彼此之间可通过地下物流通道相连，形成城市一级地下物流网络,实现资源共享与协调。

(3) 城市地下物流辐条节点。

对于服务范围较大的市辖区,可围绕枢纽节点构建城市地下物流辐条节点,对地下货物运输进行进一步分流,缓解枢纽节点的运营压力。辐条节点与枢纽节点之间可建立二级地下物流通道,形成轴辐式网络布局。每个辐条节点按照自身容量和服务半径为周围提供地下物流配送服务。

(4) 城市地下物流末端节点。

城市地下物流末端节点是组成城市地下物流网络最基本的单元,末端节点一端连接辐条节点或枢纽节点,另一端连接城市物流的最终目的地,可依托商场、超市、企业楼宇、快递网点或社区中心地下空间建立。末端节点的覆盖半径通常不超过 2 km,设置规则与快递网点类似,负责城市小宗物资的日常派送、管理和寄递服务。

3) 按照节点功能划分

(1) 地下仓储节点。

地下仓储节点是地下物流系统的重要组成部分,主要功能是为城市及周边地区提供安全、统一的货物存储场地。地下仓储节点的适用性较强,能够容纳不同规格和存储要求的货物(如冷链货物),也能够在必要时提供应急物资和战略物资的储备和供应。地下仓储节点的规模一般较大,内部配备自动化物流转储系统,满足大宗物资的处理效率要求。

(2) 地下多式联运节点。

地下多式联运节点是围绕区域物流枢纽设置的干线地下物流设施,也可以作为城市地下物流终端节点进行统一布局。地下多式联运节点的作用是为货物在高速公路、铁路堆场、机场和港口之间的高效转运提供便利,货物在节点处进行流通和换装,但不进行长时间存储。通过设置地下多式联运节点与地下专用通道,整合不同的运输模式,提升枢纽货物转运的效率。对于地下多式联运节点,需要重点考虑不同类型载具进出节点的方式以及节点内部货物装卸转运流程。

(3) 城市地下物流配送节点。

城市地下物流配送节点主要面向满足城市居民的日常配送需求,以提高城市物流效率、缓解交通拥堵、改善空气质量为目标,通过利用不同层级的城市地下空间建设多级配送节点,实现高效、可持续地下物流配送服务。根据节点层级,需配备完整的货物处理模块,实现集散、分拣、拆箱、理货、配送等地下一体化作业。此外,节点布局需要考虑地下物流与其他城市货运业务的横向协作(例如邮政运输、电商配送和逆向物流等),共同形成高效立体的城市物流配送网络。

2. 地下物流通道形式

1) 地下铁路隧道

地下铁路隧道是一种适用于大体量、长距离货物(如集装箱货物)地下运输的通道形式,如图 1-15(a)所示。隧道内铺设轨道,货运车辆以独立或编组运行的方式沿电气化铁路行驶。地下铁路隧道一般用于港口集疏运和区域多式联运,具有运力大、速度快、运行稳定等优势。

2)地下AGV隧道

地下AGV隧道是一种通过配备轮制车辆和引导系统实现自动化运输的通道形式,如图1-15(b)所示。隧道内部布置智能化传感器和导航设备,以确保AGV能够准确、高效地执行各类运输操作(如分离、变道、折返等)。地下AGV隧道适合用于满足城市内部或局部区域的标准化托盘运输需求,隧道直径适中,运输速度较慢。

3)地下气动舱体管道

地下气动舱体管道是一种基于空气动力学原理的通道形式,它通过在管道内产生气流来推动舱体移动,如图1-15(c)所示。气动舱体管道具有摩擦小、能源利用率高等特点,可降低地下货物的运输成本。气动舱体管道的尺寸设计较为灵活,舱体根据实际需求可承载集装箱、托盘、包装盒等不同类型的货物,适用于中、短距离货物地下运输。

4)地下胶囊管道

地下胶囊管道是一种以无人胶囊车辆为运载单元的通道形式,如图1-15(d)所示。胶囊小车能够携带各式货物,通过电力驱动在轨道上编队运行。地下胶囊管道具有能耗低、速度快、运行灵活等特点,管道直径较小,适用于开展城市地下物流配送活动。

5)地下输送管道

地下输送管道是一种通过输送装置带动货物运输的短途通道形式,它通过在管道内部安装输送带、辊轴或悬臂导轨来实现运输。地下输送管道主要适用于城市末端地下配送和工业物流场景,其设计考虑输送带的耐磨性、速度和稳定性等因素,以满足不同尺寸物件的输送需求。

(a) 地下铁路隧道

(b) 地下AGV隧道

(c) 地下气动舱体管道

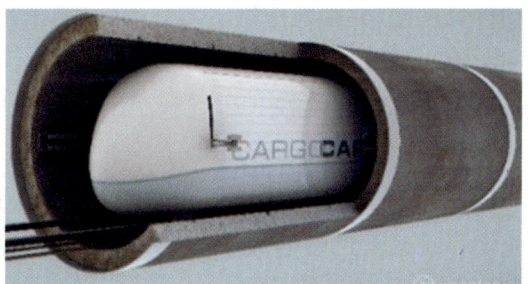

(d) 地下胶囊管道

图1-15 地下物流通道形式示意

3. 地下物流网络

1) 地下物流网络布局模式

地下物流网络是指不同形式地下物流节点、通道和运载工具组成的地下基础设施网络，可根据实际需要和规划条件采取不同的布局设计，以下列举了几种典型的地下物流网络布局模式。

（1）集中式布局模式。

集中式布局模式是将地下物流活动集中在网络中的一个或少数几个中心节点，其他节点仅作为网络的延伸，承担次要功能（如地下分拨、停车或出入口等），构建地下隧道或管道将次要节点逐个连接至中心节点，实现物流作业的集中管理。该布局模式有助于提高地下货物运输的效率和规模经济性。然而，中心节点的功能占比较大，一旦节点失效将导致整个系统运行中断。

（2）分散式布局模式。

与集中式布局模式相对，分散式布局模式将地下物流活动分散在网络中的多个节点，每个节点承担的功能大致相当，且节点之间可通过多条地下通道相互连接，无需经过其他节点。分散式布局提高了系统的鲁棒性，当某一个节点或通道出现故障后，其余节点仍然可以有效运作。然而，分散式布局需要为每个节点配备成套的物流处理设备，涉及更高的建设成本，且对于系统的协调和管理的难度较高。

（3）网格式布局模式。

网格式布局将地下空间划分为网格，每一个或多个网格均匀设置节点，通过布置地下通道实现互联。该布局模式的规则性较强，网络建成后可扩展至不同的城市地区，有利于城市规划和地下空间开发利用。然而，网络中的交叉点较多，地下交通较为复杂，车辆运行效率可能受到影响。另外，网格式布局的初期投入较高，网络需要建成一定规模后才能够发挥物流能力。

（4）分层布局模式。

分层布局的思路是利用地下空间分层设置多级物流通道，将进出城地下物流运输和末端地下配送分配给尺寸不同的隧道和管道，每层通道独立运行、互不干扰，货物在地下物流枢纽节点处实现交汇转运。该布局能够充分利用地下空间，具有良好的运行效率、可达性和可拓展性，网络建成后通常规模较大，适用于大型城市发展地下物流系统。

（5）基础设施共建布局模式。

基础设施共建布局模式是指利用已建或已规划的地下设施（包括地铁、综合管廊、人防廊道、地下商业街等），通过共建的方式使这些设施具备地下货物运输和处置能力。在该布局模式下，基于基础设施资源的复合利用，实现城市地下物流成本显著降低。同时，地下物流系统运营也能够为原设施带来额外的经济收益。

2) 地下物流线网拓扑

地下物流网络的拓扑结构对提升整个系统的效率和稳定性至关重要。地下物流网络布局需要参考城市实际情况选择不同的拓扑结构。根据节点在网络中的相对位置关系以及地下链路的设置优先级,地下物流网络可分为线状-树状结构、环状-径向结构、网格结构、轴辐式结构和混合结构等主要结构形式。

(1) 线状-树状结构。

线状-树状结构是一种分层有序的网络结构,其中,地下物流主通道从根部节点(如地下物流终端节点)呈线性走向,地下物流支线则从主线上分离出去,呈树枝状向四周延伸。如图1-16(a)所示,主通道依次连接地下物流中心节点,而支线连通更多的次要节点,从而拓展了地下物流网络的服务范围。线状-树状结构是一种简单的地下物流网络结构,节点之间以串联为主,运输过程直接且高效,适用于中、小规模地区。

(2) 环状-径向结构。

环状-径向结构是一种结合地下环线与径向线路的拓扑形式,如图1-16(b)所示。与地铁类似,地下物流径向线路之间彼此交汇,再通过环线连通各条线路上的主要节点,在分摊径向线路压力的同时,提升线路间的货物换乘效率。

(3) 网格结构。

网格结构是一种在树状结构的基础上发展成的拓扑形式,其中,主要物流线路形成了水平或垂直交叉的网格,网格交叉处设置地下节点,形成物流网络,如图1-16(c)所示。网格结构中存在不止一条可达路径,有利于对货物运输进行分流。同时,网格结构也提升了地下物流网络的抗中断能力。

(4) 轴辐式结构。

轴辐式结构是一种基于分层布局思路的拓扑形式,其中,地下物流一级线路连接枢纽

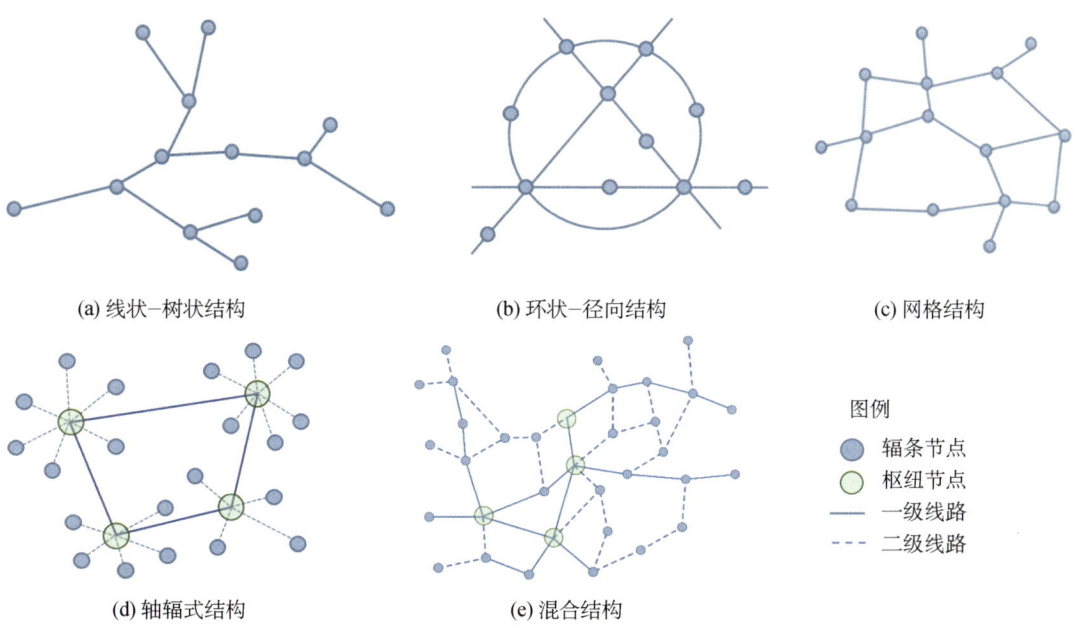

图1-16 地下物流网络典型拓扑结构示意

节点，二级线路沿枢纽节点发散，采用星状或树状形式连接周围辐条节点，如图 1-16(d)所示。轴辐式结构既能够满足枢纽间货物运输的高效性和连续性，也确保了地下线路能够深入城市腹地，提供"门到门"的配送服务。

（5）混合结构。

混合结构是将以上不同网络结构相互结合而形成的复合拓扑形式，以满足不同地区的运输需求，如图 1-16(e)所示。混合结构能够综合各种拓扑的优点，因地制宜地对网络结构进行调整和优化，更合理地开展地下物流运输。

3）地下物流网络的特征

对比于传统城市物流网络，地下物流网络具有运力高、速度快、不受气候影响、自动化操作、安全稳定等优势。除此之外，地下物流网络还具有如下特征。

（1）货运需求多源，运输场景多样化。

地下物流网络的多源货运需求和多样化运输场景主要由于现代城市复杂多变的经济活动。城市地下货运需求的来源十分广泛，不仅包括制造业、零售业、邮政等传统物流需求，还涉及直播电商、外卖配送、同城拉货等新兴领域。同时，城市内部道路条件、建筑密度、地下空间开发等因素也导致了运输场景的多样化。因此，地下物流网络必须具有较高的货运适用性和可拓展性，以满足不同开发要求。

（2）系统集成要求高，成网运行组织复杂。

地下物流系统伴随着高成本和复杂的建设过程，不成功则损失巨大。系统开发不局限于实现运输或配送目标，还涉及智慧物流服务、信息平台、供应链管理等多方面要求。另外，地下物流网络运行模式复杂，涉及大量货物、设备和车辆资源在短时间内的自动调配，这要求不同组织要素之间有效协调，以实现整个网络的高效运行。

（3）选址布局须充分考虑城市现状与规划。

作为面向未来的新型城市基础设施，城市的地理特征、交通网络、土地规划以及未来产业布局都会影响地下物流系统战略决策。因此，地下物流系统规划需要具有前瞻性，通过合理的网络选址布局提高城市地下物流的运输效率和服务质量，确保地下物流系统与城市发展相协调。

1.3 发展地下物流系统的动因

1.3.1 交通物流动因

1. 应对物流需求激增

电子商务、物联网技术的普及使得社会物流总额快速增长。"十四五"时期中国常住人口城镇化率已突破 65%。同时，城市人口密度和产业密度不断提高，货物在时间和空间上的转换需求不断增长。如图 1-17 所示，2021 年，我国年快递业务量突破 1 000 亿件，总包裹数量占全球一半以上。截至2023年末，我国年快递业务量达到1 320.7亿件，是2019年快递业务总量的两倍。

图1-17 2008—2023年中国年快递业务量

20世纪的营销时代已朝着21世纪的物流时代转移。我国公路、铁路、港口、货运枢纽、物流园区等物流基础设施的建设总量处于世界前列，物流市场规模位居世界第一。尽管物流技术水平和信息化程度不断提高，但是大城市货运及物流配送效率仍然受制于不断恶化的城市交通状况而难以改善。快递业务量激增对城市末端运力带来了严重挑战，快递积压、"爆仓"等现象频发，大中城市部分快递网点超负荷运作，平均送达时间延迟至10 d。

据估计，地下物流系统能够适用于城市地区60%~75%的货物配送需求，能够在主城、卫星城、工业区与交通枢纽之间快速转移过境货物。城市地下自动化运输方式将显著提升物流配送效率，增强城市整体物流供应能力。

2. 破解城市交通困境

城市物流活动是导致城市道路交通不可持续的最主要原因之一。《2022年度中国城市交通报告》显示，79.3%的城市居民感觉交通拥堵，33.6%的城市居民感觉"非常堵"。高峰时段我国特大、超大城市中的车辆实际行驶速度低于30 km/h，处于严重拥堵状态。货物运输占用大量路面交通资源，给城市道路交通带来巨大压力。根据世界经合组织发布的《配送：21世纪城市货运挑战》，货运车辆占城市交通总量的10%~20%，而占用的总体道路资源达到了30%~40%，物流活动对城市道路拥堵的贡献率持续保持在40%以上。有关资料显示，2021年我国货车保有量占全部机动车保有量的比例不足10%，但其导致的交通事故占总体交通事故的比例超过1/4，在死亡10人以上的大型交通事故中，与货车相关的事故比例高达40%。根据《北京市交通发展年报》，北京市2020年仅因拥堵造成的损失已超千亿元。因此，世界各国都在为解决城市交通问题，特别是货运交通问题，进行积极探索。处理好货运交通已成为共识。

现行的城市货运交通改善措施(图1-18)在取得一定效果的同时也带来了一些负面影响。一方面,通过拓展现有交通运输系统,如建设地铁、扩建城市道路或使用更大容量的车辆等来解决上述难题。然而,实践证明,由于经济、技术、环境以及空间等条件的制约,仅通过增加交通设施来满足不断增长的物流需求是不可持续的。另一方面,一些新型物流管理模式,例如城市整合中心、绿色物流和共同配送等,对于促进城市物流绩效发挥了重要作用,但在缓解交通拥堵问题上收益甚微。电动汽车送货仍需要建设许多配套的充电设施,并没有缓解拥堵。此外,相关货运限制性政策,如交通限制和排放罚款等,与企业的经营目标存在冲突。大型城市白天难以畅通有效地进行运输活动,迫使城市承运人采用客运车辆违规运输货物,导致城市物流活动对道路拥堵的贡献率保持在40%以上。随着城市物流需求的进一步增长,在不增加物流成本或降低客户服务水平的情况下,愈发难以借助交通调控手段有效地平衡城市货运所带来的各方面负面影响。

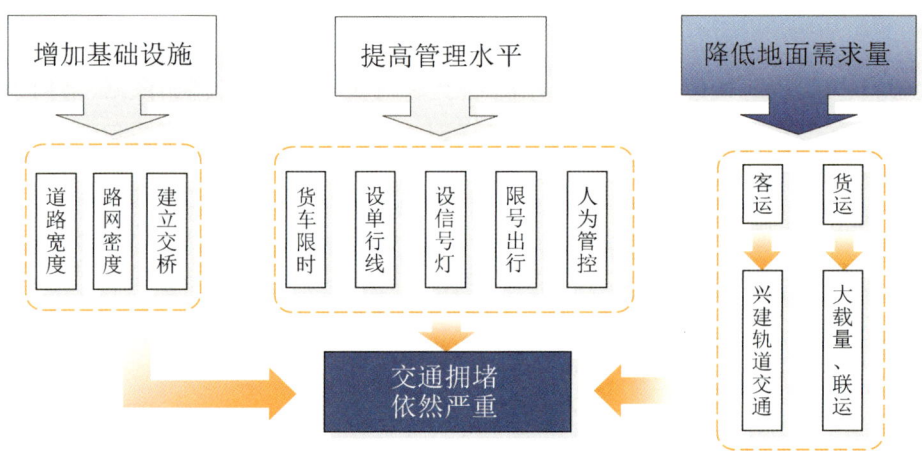

图1-18 城市货运交通传统改善措施

地下物流系统将城市内部的货运活动转入地下,破除了限行政策桎梏,释放了地面交通资源,通过地下自动化运输方式,可提升城市配送效率,释放道路资源,缓解交通拥堵,重塑城市交通物流形态。

3. 促进城市物流降本增效

物流业是支撑国民经济发展的先导性、基础性、战略性产业。物流供应链涉及生产、分配、流通、消费等环节,物流供应链的革新将造福于传统产业,进一步释放市场潜能。我国是典型的物流大国,2022年我国平均社会物流总费用约占GDP的14.7%(图1-19),这一比重远高于欧美国家(5%~7%),其中城市物流配送环节是物流总成本的主要组成,对GDP的影响显著。另外,大型城市人口持续增加,电子商务的快速发展使得人们对快递和即时配送(如外卖)的需求不断增大,若仍然采用传统物流方式来应对爆发式增长的需求,难以真正实现城市物流降本增效。

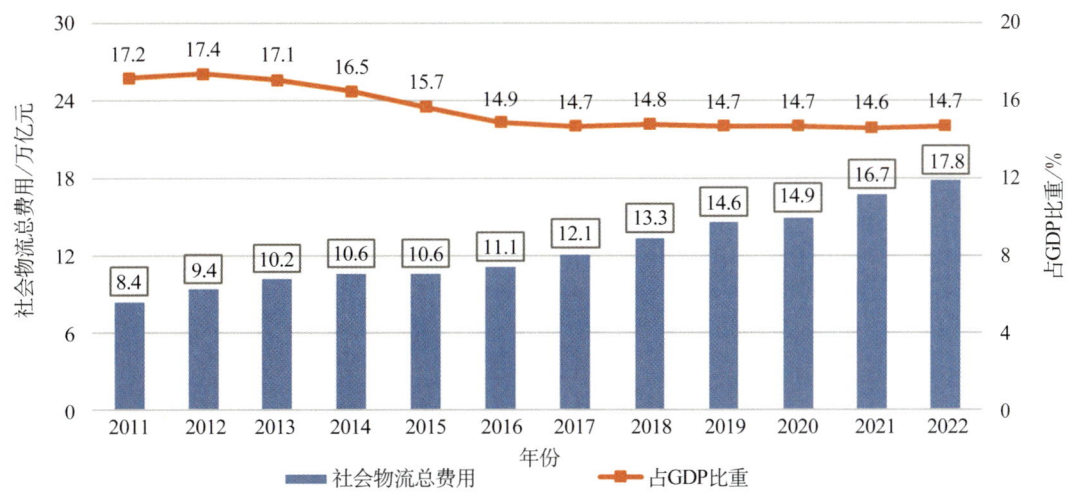

图 1-19 2011—2022 年中国社会物流成本及占 GDP 比重

地下物流系统应用范围广泛，能够通过配置各式运输车辆来适应不同类型货物的自动化运输。通过规模化、标准化开展地下货运，最大化利用运输资源，可有效降低城市物流平均成本。此外，地下物流系统自身既可承担物流供应链的各个环节，也能够与其他物流方式协同联运，为供应商、企业、消费者等多主体提供服务，具有良好的经济性和盈利能力。在采取补偿性政策的条件下，地下物流运营产生的边际效益远高于城市物流运营的边际成本。

4. 促进商品经济流通

随着我国区域经济一体化不断推进，发达经济圈内的物流联系持续增强。《交通强国建设纲要》明确提出，要构建"全球 123 快货物流圈"，实现国内 1 d 送达、周边国家 2 d 送达、全球主要城市 3 d 送达。这要求提升供应链下游，尤其是"最后一公里"配送环节的效率。为了消除供应链末端的牛鞭效应，商贸部门和交通部门付出了巨大努力。然而，城市地区的货运交通限制仍然阻碍着商品经济流通，物流的准时性被破坏，大型城市白天难以开展配送活动。

地下物流系统具有高容量、自动化、24 h 不间断运输等特点，能够有效整合区域物流资源，优化物流供需配置，成倍提升城市物流的服务供应能力，促进商贸流通"提质增效"。

1.3.2 城市治理动因

1. 减少污染排放

货物运输活动伴随的环境污染、噪声污染、交通事故、能源浪费等负面影响已对城市社会经济造成了沉重负担。相关数据显示，机动车排放占大气污染物的 60%，在城市地区，尽管货车交通量仅占城市道路交通总量的 8%，但超过 35% 的交通污染气体排放与货运直接相关，一辆重型卡车的污染排放量相当于 100 辆小汽车，尤其在低速行驶环境下，货车对环境的影响更大。此外，卡车是城市噪声的最大来源。根据《中国统计年鉴》2015—2021年数据(图1-20)，我国交通能耗呈逐年上升趋势(除2020年受新冠疫情影响外)，占总体能源消耗量的13.5%~14.2%，交通运输业的汽油消费总量逐年上升，占汽油消费总量的43.7%~46.7%。相关数据说明，城市地区货物运输的高污染、高能耗已经成为一个迫切需要解决的问题。

图1-20　2015—2021年中国交通运输能源消费情况

将货物转入地下封闭系统，利用清洁能源运输，能够为实现"双碳目标"作出重要贡献。相较于传统公路运输，地下物流运输主要依靠电能、地热能和风能等清洁能源驱动，在节约不可再生能源消耗的同时，对环境的影响显著降低。地下物流系统采用统一化运行与管理，有利于提升配送的直达率，减少因空返、绕路造成的地面交通量，从而降低城市物流的整体能耗。根据测算，每投入10亿元建设地下物流系统能够使城市每年节省1.5亿~2亿元的空气污染治理成本。在港口、机场等货运量较大的地区，地下物流系统能够减少20%~60%的卡车尾气排放，环境效益显著。

2. 节省地面空间

我国城市交通基础设施，尤其是地下交通，近年来得到了快速发展。然而，用于运输、末端配送和货物堆放的各类物流场地也逐渐增多，产生大量"三废"污染的同时占用了有限的城市用地。城市物流活动蔓延与城市土地资源不足之间的矛盾正在不断加深。从现状来看，用于维持物流运作的相关设施需要占用城市约5%的土地空间，有限的土地供给和选址的局限性对传统物流系统的运行造成了困难。随着城市更新和扩张，物流设施不得不向外迁移，这进一步导致城配效率降低，物流与城市发展背道而驰。

目前，我国一线城市地下空间的综合利用率约为20%，而大部分城市中层、深层次的地下空间尚未大规模开发。在此背景下，若能对城市地下空间进行合理分层利用，构建"人在地面、货在地下"的城市立体空间形态，将能极大缓解城市用地紧张、环境质量恶化等问题。地下物流作为一种自动化程度较高的运输系统，与传统地面货运方式相比，其空间一体化运输机制和基础设施形式更为多样化,可以有效匹配城市地下空间分层开发利用的需求。从建设费用和便利性等角度考虑,地下物流的仓储和集装箱专线可以置于城市的深层地下空间中,实现城市货运由平面向立体过渡,有效缓解城市空间不足的压力。

3. 缓解"港城矛盾"

港口依城而建,城市依港繁荣。随着港口物流需求不断增加,现有疏港交通不足以提供充足的道路通行能力,港区附近停车空间不足,导致港口与城市争夺土地资源。同时,港口与陆路之间的集疏运交通需要穿越城市,大型货运车辆不仅占用城市道路资源,带来交通安全隐患,港区附近的土地价值也受到影响。目前,我国的港口集疏运结构不合理,公路运输占比过高,上海港和天津港的集装箱公路运输占比一度分别高达74%和82%。受到城市空间形态、能源、环境等因素的限制,港区集疏运道路扩建往往难以进行,因此,优化港口集疏运结构显得尤为重要。

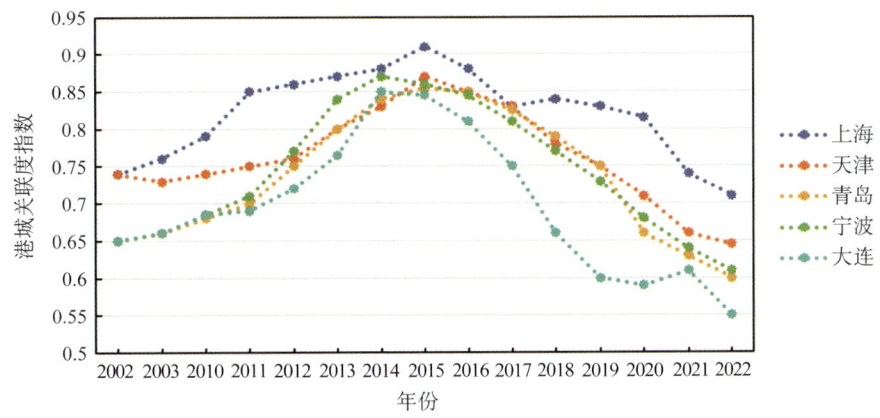

图 1-21 我国城市-港口关联度变化趋势

地下物流系统是继公路、铁路、航空及水路运输的第五类交通运输系统,具有交通运输空间独立性和低干扰性等特征。随着港口货物转入地下,港口货物运输和转运效率以及城市整体通行效率将得到有效提升,拥堵导致的"无效交通能耗"将大幅减少。地下物流系统运行采用电气化隧道管网和无人运载制式,可从源头减少货运碳排放,缓解"港城矛盾"。

4. 加强末端配送治理

"末端"是城市物流的最后一个环节,也是最重要的环节。目前,城市末端配送缺乏适宜的基础设施载体,由此带来诸如配送网点滥用、利用率低、社区管理矛盾、配送车辆"通行难、停靠难、装卸难"等问题。此外,末端配送几乎完全依赖人力,快递员、外卖员的工作时间长,长期暴露在街道环境中,安全性差。据统计,快递员、外卖配送员发生的交通事故中,担责率超过90%,闯红灯、逆行等违法行为是主要原因,占比超过75%,由此引发的交通安全问题呈明显上升趋势,尤其是2021年增幅高达40%(图1-22)。有限的末端运力和依赖人工的配送模式难以满足城市配送需求的长期增长,物流运输在城市末端配送环节的供需不匹配矛盾日益凸显。

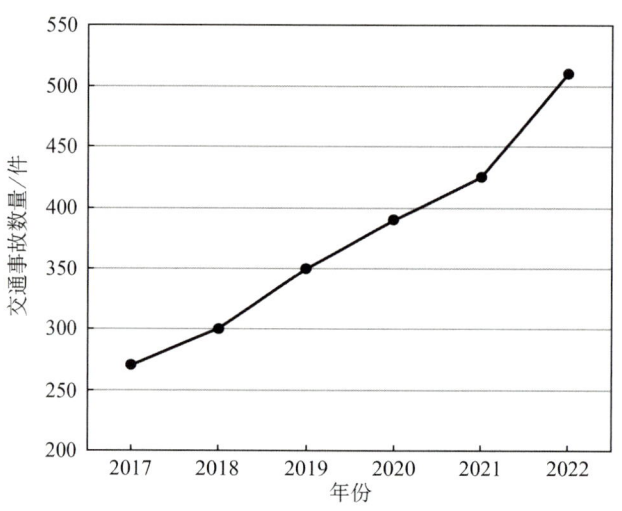

图 1-22　城市配送行业涉及快递员、外卖员的交通事故数量

地下物流网络能够深入城市腹地,通过管道连接社区,实现一定区域内包裹、外卖地下无人配送与收发,能够显著提升城市物流末端配送能力和安全性。同时,地下物流系统能够带来广泛的社会福利,据测算,每千米地下物流系统可以提供 80～120 个就业岗位,社会层面的系统建设投资回报比为 1 : (5.6～8.4)。

5. 提升城市应急物流能力与城市韧性

依托城市物流设施合理构建应急物流网络是推进城市应急管理体系和应急能力现代化的重要举措。《交通强国建设纲要》提出建立健全综合交通应急管理体制机制和预案体系。《"十四五"国家应急体系规划》也明确提出发挥不同运输方式规模、速度和覆盖优势,构建快速通达、衔接有力、功能适配、安全可靠的综合交通应急运输网络。近年来,我国各类灾害和突发事件造成的损失逐年增长(图 1-23),而城市物流应急机制尚未健全,存在干线运输和城配环节衔接不畅、物资供应效率低等问题,难以有效满足应急救援的及时性要求。

图 1-23　2014—2022 年我国各类灾害和突发事件受灾人口数量及增长率

城市地下物流配送方式契合城市应急物流体系的建设需求。地下物流系统具备统一运营、统一部署、不受外界干扰等优势，依托城市地下物流网络，可快速、不间断地将救援物资输送至城市受灾地点。另外，地下应急物流网络能够增强不同级别和类型突发事件下的城市韧性，在城市道路和地面物流节点丧失功能的情况下，通过地上地下配合完成物资供给。

参考文献

[1] Vance L，Mattson P. Tube transportation（No. RSPA/VNTSC-SS-HW495-01）[R]. The John A. Volpe National Transportation Systems Center，1994.

[2] Howgego T，Roe M. The use of pipelines for the urban distribution of goods[J]. Transport Policy，1998，5(2)：61-72.

[3] Hayhurst J D. The pneumatic post of paris[EB/OL]. (2014-04-18)[2023-07-21]. http://www.cix.co.uk/~mhayhurst/jdhayhurst/pneumatic/book1.html.

[4] Egbunike O N，Potter A T. Are freight pipelines a pipe dream? A critical review of the UK and European perspective[J]. Journal of Transport Geography，2011，19(4)：499-508.

[5] Zandi I，Allen W，Morlok E，et al. Transport of solid commodities via freight pipeline：First year final report（Report No. DOT-TST-76T-35）[R]. The U. S. Dept. of Transportation，Office of the Secretary，Office of University Research，Washington D. C.，1976.

[6] Asce Task Committee on Pipeline Division. Freight pipelines：Current status and anticipated future use[J]. Journal of Transportation Engineering，1998，124(4)：300-310.

[7] Koshi M. An automated underground tube network for urban goods transport[J]. Journal of International Association of Traffic and Safety Sciences，1992，16(2)：20-30.

[8] Kashima S，Nakamura R，Matano M，et al. Study of an underground physical distribution system in a high-density，built-up area[J]. Tunnelling and Underground Space Technology，1993，8(1)：53-59.

[9] Van Der Heijden M C，Van Harten A，Ebben M J R，et al. Using simulation to design an automated underground system for transporting freight around Schiphol Airport[J]. Interfaces，2002，32(4)：1-19.

[10] Visser J，Wiegmans B W，Konings R，et al. Review of underground logistic systems in the Netherlands：An ex-post evaluation of barriers，enablers and spin-off[C]//ISUFT International Symposium on Underground Freight Transportation. Arlington，USA，2008.

[11] Beckmann H. CargoCap：A new way to transport freight[C]//Schiller Institute Conference. Kendrich，Germany，2007.

[12] Chen Z，Dong J，Ren R. Urban Underground Logistics System in China：Opportunities or challenges[J]. Underground Space，2017，2(3)：195-208.

[13] Najafi M，Ardekani S，Shahanadashti S M. Integrating underground freight transportation into existing intermodal systems（Report No. 0-6870-1）[R]. The Texas Dept. of Transportation，Research and Technology Implementation Office，Austin，2016.

[14] Vernimmen B，Dullaert W，Geens E，et al. Underground Logistics Systems：A way to cope with growing internal container traffic in the port of Antwerp[J]. Transportation Planning and Technology，2007，30(4)：391-416.

[15] Cotana F, Rossi F, Marri A. Pipe§net: Innovation in the transport through high rate small volume payloads[C]//ISUFT International Symposium on Underground Freight Transportation. Arlington, USA, 2008.

[16] Cochrane K, Saxe S, Roorda M J, et al. Moving freight on public transit: Best practices, challenges, and opportunities[J]. International Journal of Sustainable Transportation, 2017, 11(2): 120-132.

[17] Cleophas C, Cottrill C, Ehmke J F, et al. Collaborative urban transportation: Recent advances in theory and practice[J]. European Journal of Operational Research, 2019, 273(3): 801-816.

[18] Tramfret. TRAMFRET PROJECT[EB/OL]. [2023-07-21]. https://tramfret.com/.

[19] Li H Q, Fan Y Q, Yu M J. Deep Shanghai project: A strategy of infrastructure integration for megacities[J]. Tunnelling and Underground Space Technology, 2018, 81: 547-567.

[20] Swiss Federal Council. FF 2020 8537 message regarding the federal law on underground freight transport[EB/OL]. (2020-11-24)[2023-07-21]. https://www.fedlex.admin.ch/eli/fga/2020/2362/de.

[21] Zhou Y, Zhao J. Assessment and planning of underground space use in Singapore[J]. Tunnelling and Underground Space Technology, 2016, 55: 249-256.

[22] Van Binsbergen A, Bovy P. Underground urban goods distribution networks[J]. Innovation: The European Journal of Social Science Research, 2000, 13(1): 111-128.

[23] 钱七虎,郭东军. 城市地下物流系统导论[M]. 北京:人民交通出版社,2007.

第2章
地下物流系统技术形式

在现代地下物流探索与实践过程中,各国提出了包括地下集装箱专线隧道、气动舱体隧道、胶囊配送管道等在内的多种系统解决方案。这些系统可被建造于不同的地下层级,采用不同的运输技术和设施设计,以适应不同地区(如港口、城市和枢纽等)的运输要求。本章基于各国地下物流系统开发案例,聚焦地下集疏运物流和城市地下物流配送两类主要应用场景,介绍典型地下物流系统的技术形式、开发理念和建造方式。

2.1 地下集疏运物流系统

2.1.1 气动舱体管道

气动舱体管道(PCP)是一种利用气压在管道内输送托盘、集装箱或散装货物的管道运输系统(图 2-1)。PCP 最早用于运输邮件信封。20 世纪 80 年代以来,该项技术被广泛应用于运输矿石、工业原料及废料。PCP 系统使用电力和风力驱动,得益于封闭式管道载体,运输相同体量货物的能耗不到卡车的 1/10,低于铁路能耗的 1/4,可显著减少能源消耗。因此,PCP 系统被认为是一种节能环保的运输系统[1]。PCP 可置于地面或整体置于地下,管道区间安装灵活,货物输送更加安全、可靠。

图 2-1　PCP 概念图

传统PCP体积较小,直径一般不超过300 mm,空气驱动带有轮胎的子弹舱体沿管壁滑行。现代PCP系统采用更大直径的圆形或矩形导管设计,管内可铺设轨道供大型载具通行。日本最早将PCP技术应用于建筑领域。住友金属公司设计了一种可容纳边长为1 m的矩形舱体的气动管道,用于在采矿场与1 km之外的水泥加工厂之间运输石灰石,每个运载舱体的承载能力为2 t。类似系统已成功应用于采矿、工业物流、隧道及公路建设等领域[2]。

PCP的动力来源有两种,一种是使用管道终端的鼓风机推动载具移动,另一种是沿一定管道区间安装直线感应电机(LIM)用于加速载具(图2-2)。管道中的直线感应电机与载具的间隙很小,载具通过时不仅可以从电磁场中获得驱动力,还可以起到活塞泵的作用,推动空气穿过整个管道。因此,基于LIM驱动的现代PCP系统具有高效、节能等优点[3]。

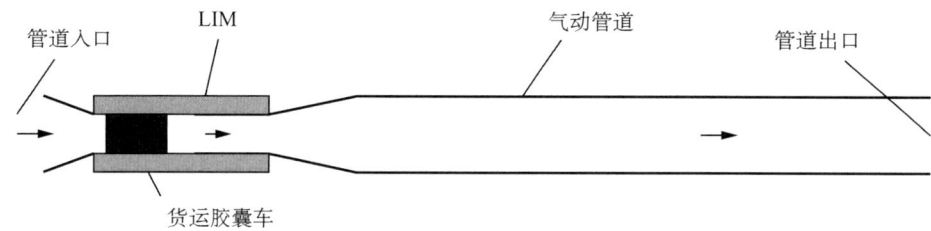

图2-2 直线感应电机(LIM)加速管道示意

设计PCP系统时需要考虑两种阻力,一种是随车辆速度增加的空气阻力,另一种是与车轮滚动摩擦因数成正比的接触摩擦力。滚动摩擦因数越小,接触摩擦力就越小,从而车辆的能源效率就越高。卡车等橡胶轮胎车辆的滚动摩擦因数约为0.01,而钢轨系统的摩擦因数仅为卡车滚动摩擦因数的1/5。因此,使用钢轮制式可以大量减少能源损耗,尤其是对于低速行驶的车辆。以矿山PCP系统为例,管道中运行的采矿载具速度一般为15 m/s,可视为低速。在此速度下,使用轨制舱体可以极大地节省能源。PCP结合轨道制式能使轨道具有良好的自动控制能力,便于使用道岔将舱体切换到其他线路中[4]。

新型PCP系统将LIM的优势与轨道优势相结合,使其成为一种具备高运载性能的自动化运输系统,适合运输短途、速度要求不高(小于20 m/s)的货物。在建筑领域,一条PCP每年可运输多达5 000万t的建筑材料[5]。

接下来,以日本住友金属公司设计的PCP系统(以下简称"住友系统")为例[6-8],对其技术形式进行介绍。

1. 管道主体设计

住友系统采用横截面为1.2 m×1.2 m的矩形管道。由于开采需要,管道大部分埋在地下,考虑地质条件不同,部分管道可位于地上。为了提升住友系统的运输性能,地上管道使用钢结构,地下管道则使用钢筋混凝土结构。

地上管道由钢管模块构成,可以在制造厂进行预制,用卡车运输到施工现场安装。如图 2-3 所示,每个模块的长度为 6 m,由 8 cm 厚的钢板构成,并用矩形肋条加固,最后使用壁厚相等的材料对管道模块进行焊接。地下管道是由钢筋混凝土制成的箱涵,导管底部铺设一块混凝土底板用以支撑铁轨。

2. 轨道系统设计

住友系统的轨道尺寸和轨距(钢轨之间的间距)小于标准铁路尺寸。轨道需适

图 2-3　住友系统结构示意

配截面为 1 m×1 m 的矩形载具,每个舱体满载时重约 5 t,为此,采用美国土木工程师协会(ASCE)标准中的 60 lb(约 27 kg)钢轨设计,钢轨轨距约为 0.6 m。

管内轨道须具备一定的曲率以满足转弯需求,同时必须防止车轮因轨道弯曲问题而导致脱轨或损坏。住友系统的最小管道转弯半径约为 29 m,在此转弯半径下,车轮轮毂能够与轨道保持接触。轨道曲率所产生的离心力作用在垂直方向上,因此,当轨道呈凸形曲率时,系统会受到重力的阻碍;而当轨道呈凹形曲率时,系统会受到轨枕的阻力。住友系统的运输速度约为 20 m/s。在正常情况下,根据车轮和钢轨在静态条件下的几何尺寸所确定的最大垂直曲率对于轨道运行而言是足够的。

道岔是住友系统的重要组成部分,可将一条轨道分为多条轨道。如图 2-4 所示,当左侧的扳道关闭时,从左向右行驶的载具将向右侧偏移,通过轨道转弯处,离开道岔时与原来的行驶方向形成一个角度,随后进入其他轨道。载具也可以在相同的路径上反向行驶。

(a) 左侧道岔关闭　　　　　　　　　(b) 左侧道岔开启

图 2-4　住友系统道岔设计

3. 货运载具设计

住友系统的 PCP 舱体在铁路车辆的基础上进行了修改,例如通过重力卸下物料的底侧闸门、自动启动制动工具以及双层箱壁,如图 2-5 所示,这些设计使得运载舱体能够良好地适应 LIM 的推力。

住友系统的运载舱体长为 1 905 mm、宽为 949 mm、高为 779 mm,舱体最大容积约为

图 2-5　日本 Akima 隧道工程中的气动舱体载具

1.133 m³,空舱质量约为 1.3 t,最大装载能力(有效载荷)为 3.628 t。从轨道底部到舱体顶部的高度为 1 072 mm,载具的顶部和侧方与管道之间存在 150 mm 的间隙。

如图 2-6 所示,住友系统的运载舱体具有 4 个导向轮组件。导向轮安装在运载舱体的外侧面,当载具移动至直线感应电机位置时为其提供侧向支撑。直线感应电机除了提供纵向推力之外,当载具通过时还会发出磁吸力,导向轮此时可以防止载具侧壁触碰直线感应电机。当轨道曲率半径不足以抵消倾覆力矩而产生倾翻时,导向轮还可以防止载具触碰管道。

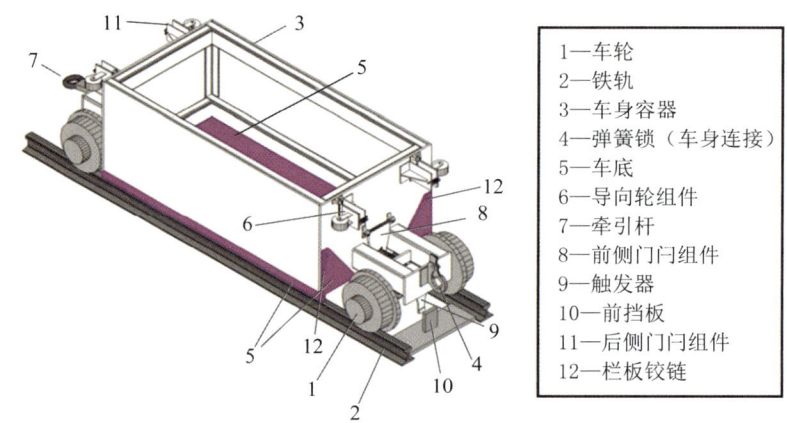

1—车轮
2—铁轨
3—车身容器
4—弹簧锁(车身连接)
5—车底
6—导向轮组件
7—牵引杆
8—前侧门闩组件
9—触发器
10—前挡板
11—后侧门闩组件
12—栏板铰链

图 2-6　住友系统运载舱体构成示意图

为了控制载具在管道中的移动,住友系统采用了标准铁路列车制动器。其工作原理是通过压缩空气激活每节车厢的制动装置,每节车厢都配置了一个压缩空气罐,用于为制动器提供能量,此外,每个载具还配置了一个射频识别器(Radio Frequency Indentification,RFID),以实现远程控制。当载具接近管道出口时,RFID 设备会向车队发送指令,激活制动器并使载具缓慢停止。

4. 管道出入口设计

住友系统管道线路的布局如图 2-7 所示。该线路由三个主要部分组成:入口平台、出口平台和双洞管道。入口平台和出口平台均建设在较高的位置。入口平台必须抬高至距离输送线入口约 22 m 处,这样可在重力作用下将载具在与直线感应电机接触之前加速到 20 m/s。出口平台也必须抬高,以便将载具速度从约 15 m/s 减速至约 2 m/s,这要求管道出口和平台之间存在 10 m 左右的高差。

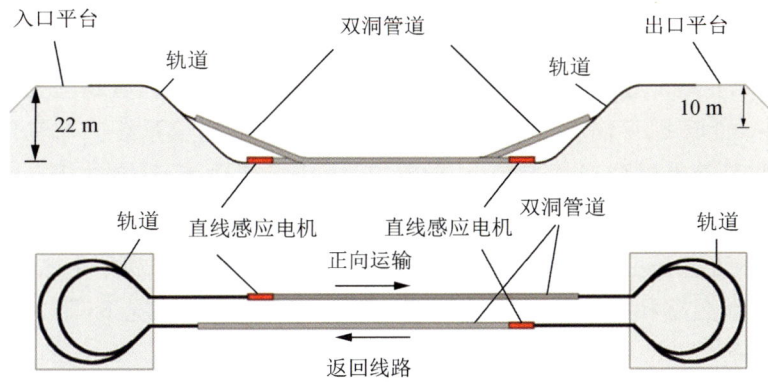

图 2-7　住友系统管道线路布局

住友系统的入口平台布局设计如图 2-8 所示。该平台是一个 101 m×115 m 的平坦矩形区域,为载具车辆提供停靠和调度空间。载具在平台上缓慢移动,当周转需求较高时,平台上可布置多条轨道。住友系统采用了四轨入口平台,当返程载具进入平台 A 点时,开始减速,经过 $B_1 \sim B_4$ 任意节点后,速度在重力作用下降至 2 m/s,减速过程的持续时间约为 2.6 s。对于同一条轨道,载具经过的时间间隔是 $11n$(s),其中 n 为轨道的数量。例如,当平台布置 4 条轨道时,载具到达轨道上任意一点的时间间隔是 44 s。因此,如果载

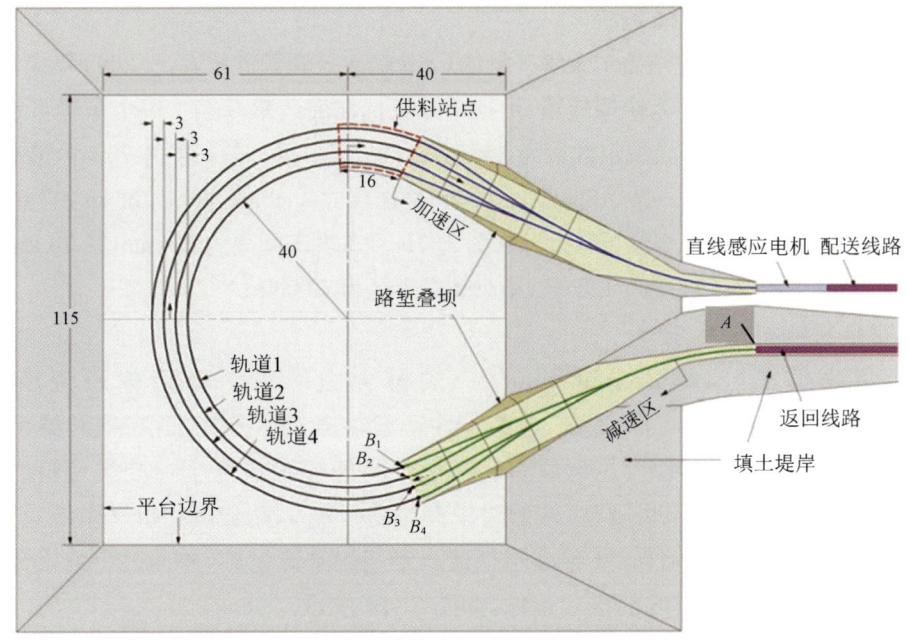

图 2-8　住友系统入口平台布局设计(尺寸单位:m)

具需要在平台卸货,停靠时间不得超过 40 s,否则会与后续车辆发生碰撞。在实际操作中,每个载具的装卸作业可以在 20 s 内完成,这意味着平台所需的轨道大约为 3 条,而第 4 条可以当作备用。

2.1.2 地下集装箱专线隧道

地下集装箱专线隧道是面向港口与港口、港口与内陆以及区域物流枢纽之间运输集装货物的一种长距离地下物流系统,也是一种大直径地下物流系统。与其他地下物流系统形式相比,集装箱专线隧道的运量大、效率高,规模经济显著,可有效提升港口城市货物的流通效率。

集装箱专线连接码头、大型物流园区与铁路终端。系统通常规划于城市外围,目的是实现区域间海运、公路和铁路集装箱的快速转运与运输,一般情况下,不对进出城市的货物进行直接处理。

传统物流模式下,入境集装箱自码头卸载后,由集装箱卡车运输至物流园区或场站,并进一步向内陆转运。少部分集装箱在当地直接拆分,经过物流加工后流向市区。集装箱卡车一般需要经过城市外环道路在码头与园区之间往返行驶,沿途交通将产生严重的安全隐患和拥堵问题。研究认为,建设地下集装箱运输系统可有效缓解疏港交通问题,隧道入口对接港口堆场和场桥,允许货轮上的标准箱通过场桥直接吊放至地下货运列车上,避免不必要的集装箱搬运和堆存,从而提升港口运作效率。

西方国家较早开始研究地下集装箱专线运输系统的可行性,提出了适用于不同场景的系统方案。以下介绍三种具有代表性的专线系统设计。

1. CargoCap 集装专线系统

该系统设计基于德国波鸿鲁尔大学开发的 CargoCap 胶囊管道技术,于 2005 年提出。其主要功能是在港口与内陆之间运输周转箱、半挂车以及标准海运集装箱。每个车辆可沿专线独立行驶,也可以编队行驶,最大编组数量为 34 辆(bundle)/列,列车总长度为 750 m,最高速度可达 80 km/h。该系统须配备一条轨制隧道,可采用截面尺寸为 10.08 m×7.36 m 的"单洞双轨"设计或 5.31 m×6.99 m 的"双洞单轨"设计(图 2-9),列车发车间隔为 30 min,每 18 km 配有一个岛式车站。轨道的最大坡度为 1.25%,最小转弯半径为 1 000 m[9]。

2. 安全货物机车系统

安全货物机车(Safe Freight Shuttle)的概念由得克萨斯运输研究所(Texas Transportation Institute,TTI)提出,作为一种新型轨道货运方式,旨在提升墨西哥与美国边境之间的货物周转效率[10]。运载车辆被设计为能够承放一个标准集装箱的穿梭列车(图 2-10),由直线感应电机驱动,并通过中央导轨控制。安全货物机车系统具有安全、灵活、快速等特点,需要在地面、高架或地下建立专门的基础设施,并通过特殊设计的终端货运平台实现其与卡车、船舶的接驳运输,如图 2-11 所示。

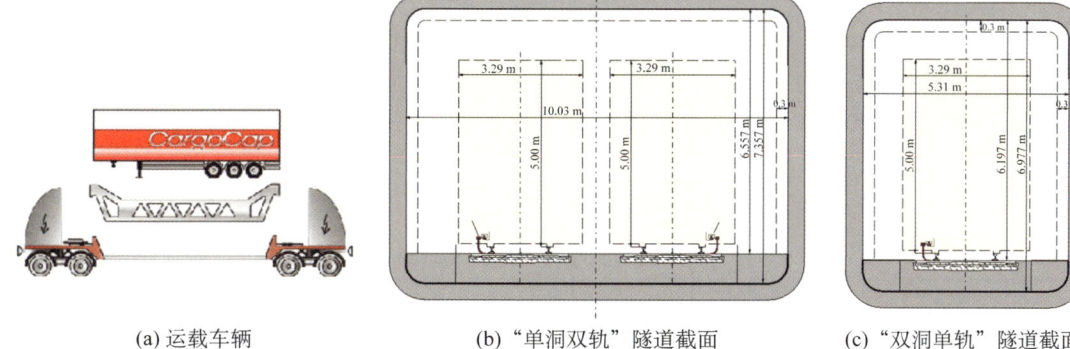

(a) 运载车辆　　　　　(b) "单洞双轨"隧道截面　　　　　(c) "双洞单轨"隧道截面

图 2-9　CargoCap 集装专线系统

(a) 码头装卸　　　　　　　　　　(b) 机车换装半挂车厢

图 2-10　安全货物机车原型示意

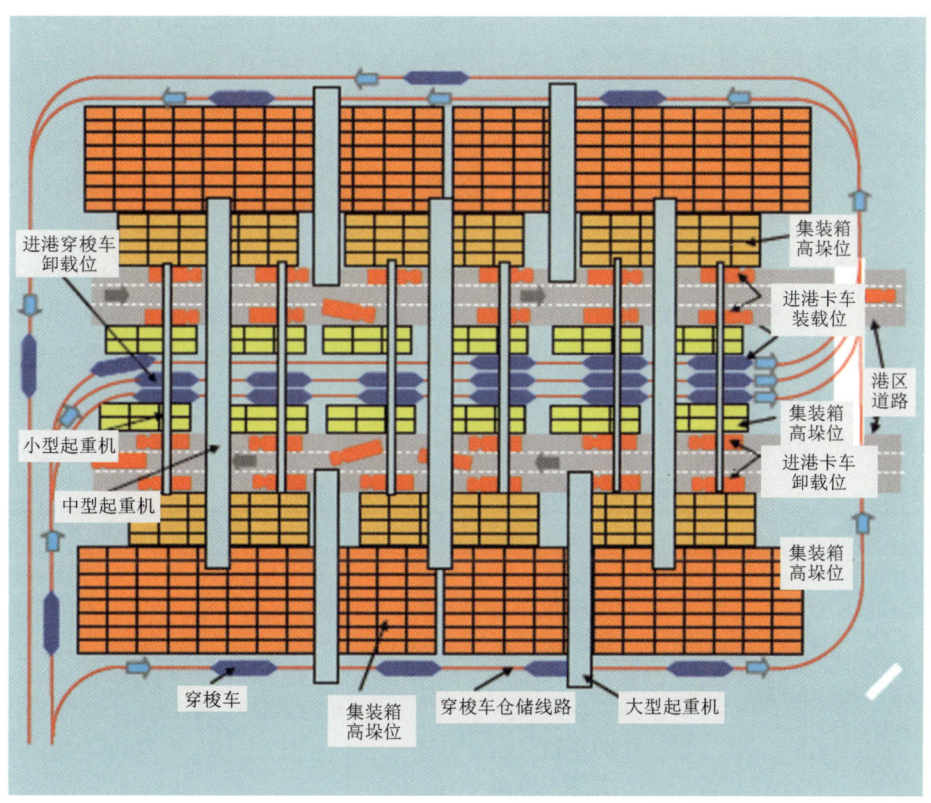

图 2-11　安全货物机车系统终端布局示意

安全货物机车系统由 4 个子系统组成，即运载工具（vehicle）、导轨（guide way）、控制系统（communications/command/control）和货运终端（terminal）。车辆速度设计为 50～110 km/h，单线运力为每天 6 000 个集装箱，年运输量可达到 200 万个集装箱。每个终端节点每天可处理 3 000 个集装箱。根据美国联邦公路局（Federal Highway Administration，FHWA）测算，该系统的运输费用每千米不超过 0.1 美元/箱[10]。表 2-1 呈现了使用安全货物机车开展多式联运的外部效益计算结果。

表 2-1　　　　　　　　　　安全货物机车每千米外部效益　　　　　　　　单位：美元/箱

效益类别	乡村地区	城市地区
提升交通安全	0.008 8	0.011 5
减少路面损坏	0.127 0	0.409 0
降低公路拥堵	0.022 3	0.200 6
提升空气质量	0.038 5	0.044 9
减少噪声	0.001 9	0.030 4
总效益值	0.198 5	0.696 4

3. 得克萨斯地下集装箱运输系统

1998 年，美国国会通过了《面向 21 世纪的交通平衡法案》(TEA-21)，该法案向得克萨斯运输研究所批准了 112.5 万美元经费用于研究管道货物运输的可行性。研究人员在得克萨斯州建立地下物流系统的三种方案：方案 1 为休斯敦港至达拉斯市的 400 km 地下集装箱运输干线；方案 2 是休斯敦港至得克萨斯州贝城的 25 km 地下支线，主要用于短途运输集装箱、托盘和批量货物；方案 3 是延伸至美墨边境城市拉雷多的 7 km 地下货运线路。这些线路旨在增强休斯敦港与内陆物流枢纽之间的联系。根据不同的应用场景和货物尺寸，研究人员设计了包括编组式集装箱列车、托盘列车、地下多式联运场站在内的多套系统[11]。

地下隧道与车辆的设计主要考虑了三种货物：最大的为 40 ft（约 13.3 m）海运集装箱（ISO 668:2013），满载总质量为 30.8 t；其次为美国联合包裹运送服务公司（United Parcel Service, Inc., UPS）和联邦快递（FedEx）使用的标准货箱，符合国际航空运输协会（International Air Transport Association，IATA）尺寸规定，最大总质量为 3.2 t；最小的为美国物流标准托盘，最大载重为 2.1 t。详细尺寸如表 2-2 所示。

表 2-2　　　　　　　　　得克萨斯地下运输货物类型与车辆规格

货物类型	隧道规格配置	车辆规格配置
托盘 [1 m(宽)×1 m(高)×1.2 m(长)]	两条单轨隧道 内径：2.1 m 壁厚：0.2 m 外径：2.5 m	形状：矩形 尺寸：1.3 m(宽)×1.4 m(高)×3 m(长)
	单条双轨隧道 内径：3.4 m 壁厚：0.3 m 外部直径：4 m	

(续表)

货物类型	隧道规格配置	车辆规格配置
板条箱 [1.5 m(宽)×1.6 m(高) ×3.1 m(长)]	两条单轨隧道 内径:3.0 m 壁厚:0.1 m 外径:3.6 m	形状:矩形 尺寸:1.7 m(宽)×2.1 m(高) ×6.7 m(长)
	单条双轨隧道 内径:4.6 m 壁厚:0.4 m 外径:5.3 m	
运输集装箱 [2.4 m(宽)×2.9 m(高) ×12.2 m(长)]	两条单轨隧道 内径:4.3 m 壁厚:0.3 m 外径:4.9 m	形状:矩形 尺寸:2.7 m(宽)×3.2 m(高) ×15 m(长)
	单条双轨隧道 内径:6.7 m 壁厚:0.4 m 外径:7.6 m	

对于每种货物，研究人员都设想了两种隧道截面形式，即圆形截面和矩形截面。圆形隧道（如气动管或混凝土管等）更适合盾构施工场景，隧道埋深取决于地质条件和城市地下既有设施情况，一般为15~50 m。对于运输集装箱、板条箱、托盘的圆形单轨隧道，设计内径分别为4.26 m、3.05 m和2.13 m，隧道壁厚分别为0.3 m、0.27 m和0.21 m。对于圆形双轨隧道，设计内径分别为7 m、4.5 m和3.35 m。

矩形隧道和预制混凝土管道更适合明挖场景。例如，在高速公路的路权范围内，如果道路中间区域或侧边区域下方空间足够，可优先采用明挖法施工。在得克萨斯地下集疏运案例中，货运隧道的顶部埋深为1.5 m，矩形隧道的高度和宽度分别为：托盘隧道1.9 m×2 m，板条箱隧道2.3 m×2.6 m，集装箱隧道3 m×3.5 m。得克萨斯地下集疏运车辆为矩形平板轨道车，由直线感应电机驱动。隧道内部空间安装公用设施、猫道、车辆维护和牵引装置。集装箱平板列车尺寸设计为宽2.7 m、高3.2 m、长14.9 m。集装箱可通过车辆顶部的钩锁装置进行吊放和卸载，如图2-12所示。

图2-12 集装箱平板列车载具设计

在车辆性能方面，直线感应电机的能耗与列车运行速度和加速度相关，因此，将地下车辆的速度保持在一个较低的水平有利于节省电力，较低的速度对于轨道、车辆和隧道维护也有好处。基于上述情况，休斯敦港—达拉斯线路方案中的地下运输速度被确定为 72 km/h，加速度为 3.048 m/s²。鉴于地下物流不受交通红绿灯、司机休息等因素的影响，该速度相比卡车具有明显优势，同时能够尽量减少能源消耗。

另外，直线感应电机驱动方式将对集装箱地下运输和搬运产生限制，例如，发车时间间隔过短可能会导致直线感应电机过热。综合考虑冷却时间和系统正常运转，30 s 被认为是相邻两辆列车的最短发车间隔。对于 400 km 长的地下集装箱运输专线，总共需要配备 1 334 辆载具，以 24 h 不间断运行该系统测算，每天最多可运输 5 760 个集装箱。

装卸场站是地下集疏运系统设计的一项重要内容。在休斯敦港—达拉斯线路方案中，一共规划了 6 个装卸场站。对于尺寸较小的托盘或板条箱，由于载具发车间隔更短，所以需要配备额外 6 个装卸场站。图 2-13 所示为装卸场站的一种典型布局。列车驶出隧道后首先被分流，随后进入第一个卸货平台。这样设计是为了减少高峰时期的车辆排队。每个平台上的集装箱卸载作业预计需要 90 s，但相邻车辆到达间隔可能缩短至 30 s，因此，需要设置一定数量的旁道以应对这一情况。

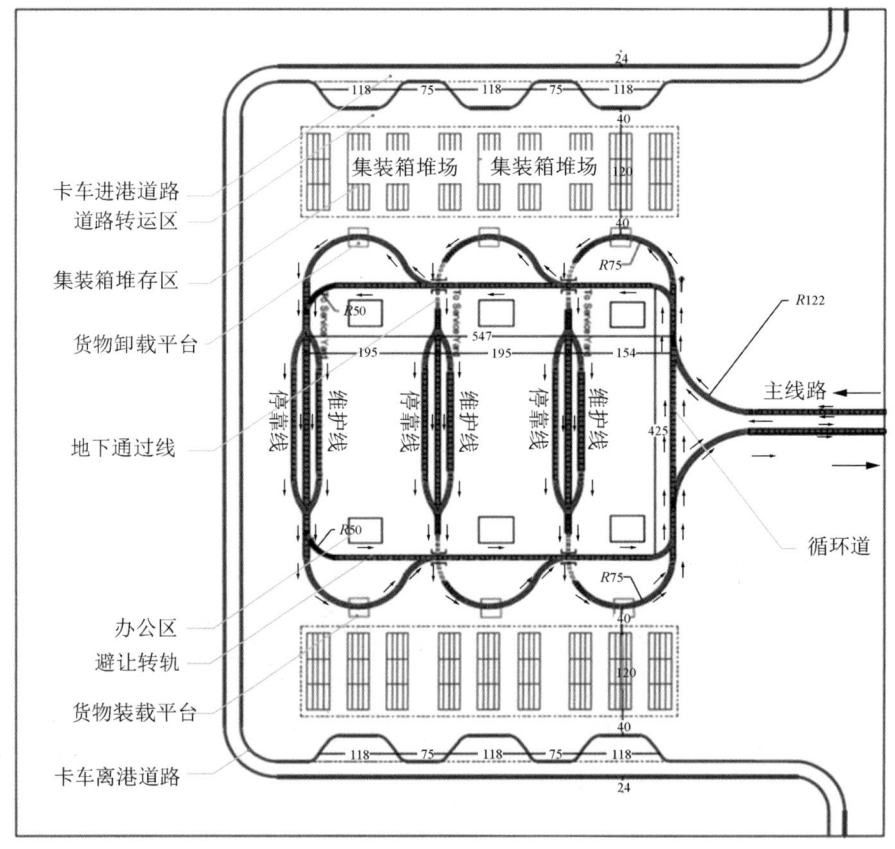

图 2-13　地下集疏运系统装卸场站布局方案（尺寸单位：m）

货物卸载后,车辆通过地下通过线(underpass line)离开卸载平台。地下通过线从旁道(bypass shunt)下方穿过,坡度约为10%,在需要时可将车辆引向与主通道平行的临停车道(layover line)或维修车道(maintenance line)。随后,车辆可从另一条旁道下方通过,前往位于场地下方的装载平台进行装货,最终通过引导线返回地下隧道。

地下集疏运线路一般配有两个终端场站。终端场站由若干个装卸平台组成。每个平台都需要配备叉车和水平/垂直起重机具对不同类型的货物进行处理。在得克萨斯地下集疏运案例中,每个平台都配备了两套搬运设备,其中一套用于将卸下的集装箱搬放至集装箱堆场,另一套用于将集装箱换装至外部卡车。表2-3显示了该案例中货物搬运作业所需的终端面积。

表 2-3　　　　　　　　　货物搬运作业所需的终端面积

货物类型	装卸平台数量	终端作业区面积/m²	货物堆场区面积/m²
标准海运集装箱	6	10.4 万	3.29 万
板条箱	12	10.3 万	1.62 万
托盘	12	4.2 万	0.685 万

2.1.3　真空管道运输系统

真空管道运输是一种"无接触"的高速运输形式,它通过在地面或地下建立一条密闭管道,利用真空泵将其抽成真空或者部分真空进而减小管道内部的行车阻力。真空管道通常与磁浮技术结合,形成"真空管道超高速磁浮交通系统"。该技术的构想最早由德国工程师赫尔曼·肯佩尔(Hermann Kemper)于1922年提出。其最初的设计理念是通过排出车辆与导轨之间的空气,建立真空环境,从而消除摩擦阻力,提升车辆运行速度。20世纪60年代,美国兰德咨询公司和麻省理工学院的专家设想了一种新型运输工具——真空管道运输系统。该系统的设想是建立一条横贯美国东西部、长度为3 950 km的隧道,将隧道内抽成相当于千分之一大气压的"真空"状态,并在隧道内部安装磁浮列车系统,在这种真空管道中,列车时速可达22 500 km。然而,由于技术实现难度高、基础设施建设困难等原因,全球范围内的真空管道运输仅停留在构想与样机开发阶段。

20世纪80年代开始,西方研究者提出在物流领域应用真空管道技术。与传统运输方式相比,真空管道与磁浮列车的配合在运输效率和能耗方面优势明显。此外,此类系统还具有不受气候影响、噪声低、环保等优点。在封闭式管道中,货物被固定在舱体容器内,不仅避免了外界因素带来的损耗,还能通过列车运行组织,对物流过程进行精准控制。真空管道系统适用于中、远距离大宗物资的集疏运和高价值商品的配送,在现代物流领域具有广泛的应用前景。

基于真空管道技术提出的地下物流系统有意大利的Pipe§net系统、英国的Magway

系统以及美国的 Hyperloop One 系统。其中，Hyperloop One 是当前规模最大的长距离真空货运管道系统开发项目，是作为"超级高铁"技术在物流领域的一次创新尝试。该系统搭载子弹胶囊车辆(图 2-14)，主要为城际间批量货物提供高速运输服务，其速度可达 1 126 km/h。

Hyperloop One 旨在提供一种能够从根本上改变中、长途商贸物流运输的新型解决方案。该系统的管道可建设为高架或地下隧道形式，内部气压保持在一个很低的水平，以支持车辆高速、静默滑行，几乎不受空气湍流影响，其原理类似于气垫船。Hyperloop One 管道集成了多项前沿技术，包括可再生能源转换技术、自适应空气密封技术、轨道引导系统以及超算系统等。如图 2-15 所示，Hyperloop 车辆采用大型胶囊舱体设计，由电磁推进器驱动，内部可装载标准集装箱或数十个模块化的货物单元，并通过舱体两侧的旋转门进行自动化货物装卸。胶囊车辆的平均行驶间距为 37 km，高峰期发车间隔可缩短至 30 s。

图 2-14　Hyperloop One 样机测试　　　　图 2-15　Hyperloop 集装箱推进舱体设计示意图

Hyperloop One 项目于 2017 年首次完成了全尺寸测试，并在后续的 3 年内进行了 400 多次试验。该公司表示将于 2030 年前实现 Hyperloop One 的商业化运营。目前，迪拜世界港口公司表示希望在沙特港口城市吉达与首都利雅得之间建设这一系统，规划线路长度预计超过 900 km，包含大部分的地下管道区间。

2.2　城市地下物流配送系统

2.2.1　地下自动导向车辆运输系统

1. 自动导向车在城市地下物流中的潜在应用

自动导向车(AGV)是采用自动或人工方式装载货物，按设定的路线自动行驶或牵引载货台车至指定地点，再通过自动或人工方式完成货物装卸的工业车辆。AGV 拥有物料搬运作业自动化、柔性化和准时化的要求，与自动导向系统、自动装卸系统、通信系统、安全系统和管理系统等构成自动导向车系统(即 AGV 系统)。AGV 的应用已从传统的定向搬运工具发展为拥有人工智能接口和复杂计算机控制的综合系统。目前，AGV 系统已被广泛应用于港口、机场、物流基地、大型工业园区等场所。

研究人员从20世纪80年代开始考虑AGV系统在城市地下物流配送方面的潜力。一般认为，以轮制车辆（部分线路预埋导轨）为代表的AGV比轨道货运列车更加灵活，适用于小批量、多点式、高频次的城市配送活动。通过城市地下物流网络，托盘、快递包裹等货品可以分配给不同规格的AGV车队，按照既定时刻表运往客户所在地附近的地下物流节点或配送中心，有利于优化并实现货运车辆的自动驾驶与自主控制。

此外，将AGV系统应用于城市地下物流还具有多种优势。第一，可以提高城市"最后一公里"配送的效率和服务质量，减少人力成本和时间成本。第二，减少配送过程中的损坏和包装浪费。第三，以地下AGV车辆取代地面货车，可以极大地缓解城市交通拥堵问题，增强城市流动性。然而，AGV系统也有一些缺点。第一，在城市地区构建基于AGV的地下物流网络涉及较高的建设和维护成本；第二，当物流需求量较大时，AGV在地下网络中的调度会变得困难；第三，AGV道路运输方式在总体运力方面不如轨道运输方式。

综合而言，AGV技术在城市地下物流配送中存在以下几种应用方式。

1）仓储搬运机器人

搬运机器人是可以进行自动化搬运作业的工业机器人，是近代自动控制领域出现的一项高新技术，涉及力学、机械学、电器液压气压技术、自动控制技术、传感器技术、单片机技术和计算机技术等学科领域，已成为现代机械制造生产体系中的一项重要组成部分。它具有可通过编程完成各种预期任务的优点。

目前，机器人技术在物流中的应用主要集中在包装分拣、装卸搬运等作业环节。机器人作业精度高、柔性好、效率高，克服了传统机械式包装占地面积大、耗电量大的缺点。搬运机器人的出现减少了物流作业对空间的占用，节约了装卸搬运时间。目前，仓储搬运机器人在生产制造、加工流通以及港口物流领域已有广泛应用。

搬运机器人在城市地下物流领域也有广泛的用途。例如，地下物流节点内的物料搬运；背负式AGV携带托盘货物随地下物流车辆一起运输（图2-16）；地下物流节点中的货物堆垛、仓储、拆装箱、提升至地面等操作也可以通过配合搬运机器人与相关设备来完成，满足自动化作业要求。搬运机器人是地下物流系统最基础且最重要的组成部分之一。

2）大型货物自动搬运系统

20世纪80年代开始，各国大力发展用于运输集装货物的大型AGV系统，这类系统的行驶速度普遍在3~5 m/s，主要应用于集装箱码头内部的换装和搬运作业。与传统卡车相比，AGV的运行费用明显更低，尤其在劳动力费用方面。然而，以AGV取代卡车将货物运输至几千米甚至十几千米之外的地点，这需要为其配备一条单独的车道。从道路运输安全和管理角度而言，大型AGV系统难以与正常交通融合。

图 2-16　背负式 AGV 在港口物流中的应用

多挂车系统(Multi-trailer System)是将多辆大型 AGV 进行组合的一种概念,通过牵引技术实现车队编组和自动化行驶。荷兰的鹿特丹港目前正在使用一种可以牵引 5 辆 AGV 的多挂车系统,如图 2-17 所示。相比于港口内部的传统应用,研究人员更加关注这类车辆是否也可以在公路上使用。最初的设想是在高速公路上预留车道,通过 AGV 车队将货物运送到高速公路沿途的各个节点,再由小型卡车完成"最后一公里"的货物收集和分发[12]。

图 2-17　港口 AGV(左)与多挂车系统(右)

研究表明,多挂车系统最高可节省 30% 的运输设备成本和 75% 的劳动力成本[12]。然而,事实证明,现有高速公路上的专用车道可能会面临容量不足的问题,同时该系统也难以被通勤者接受。

西门子公司提出的 Cargo Mover 系统是多挂车系统的一种改进形式。Cargo Mover 被设计为一种自主驱动的轨道式平板货物机车,有效载荷可达 60 t,可以在城市枢纽之间或主城与卫星城之间运输大型集装货物,其最高时速可达 90～150 km,并且车与车之间可保持较近的间距(约 5 m)。根据测算,该系统单车道能提供的最大运输能力可达每小时 1 000 个标准集装箱(TEU),即每天 2.4 万 TEU[12]。就运行速度和运输能力而言,Cargo Mover 能够与自动卡车系统和多挂车系统竞争。与轨道式平板 AGV 相对应的另一种解决方案是荷兰提出的 Combi-road 概念。该方案通过在道路上方铺设高架或在道路下方构建沟渠的方式,形成一条独立的货运车道,如图 2-18 所示。

图 2-18 Combi-road 概念(左)与 Cargo Mover 机车(右)

无论是多挂车系统还是轨道式平板 AGV,都有潜力作为城市地下物流的运输工具。大型 AGV 的优势在于运量大、装卸便捷,通过将 AGV 放入地下,可以有效解决道路限速、与客运交通的路权冲突等问题。然而,这种大型整箱运输系统可能并不适合用于高密度城区的地下配送,更适合在城市物流枢纽、工厂、产业园、工业园等地之间开展"点对点"地下货物运输。

3) 无人配送车

无人配送车是城市末端配送的新型解决方案。末端配送是指从城市配送中心或物流网点至客户的送货过程。末端配送运距短,受城市交通的影响大。无人配送车一般被设计为搭载自动驾驶模块的低速小型车辆,主要应用场景包括快递配送、商超配送、餐饮配送和移动零售。无人配送车因其高灵活性、地面地下均适用等特点,可作为城市地下物流干线通道与最终交付地点之间的一种重要运输工具。未来可在局部城市片区推广"无人配送车+地下物流系统"的创新模式,结合地面地下空间一体化开发,实现小车自由进出地下物流节点,完成外卖和快递包裹类物品的自动化交付。

4) 自动驾驶卡车

自动驾驶卡车(图 2-19)是一种基于电脑系统实现无人编组行驶的新型技术。它依靠人工智能、视觉计算、雷达和自主控制系统,能够在无需人工操作的情况下,自动安全地控制车辆往返于区域或城市物流节点,并与客运交通实现协同与整合。

目前世界许多国家都在进行自动驾驶卡车的研究。将自动驾驶卡车应用于城市

图 2-19 地下公共交通中的自动驾驶卡车概念

地下物流的想法在20世纪90年代就被提出。日本国土交通省土木研究所(Public Works Research Institute，PWRI)在东京都市圈的地下物流配送系统规划项目中，设计和开发了一种地面地下两用卡车(DMT)，这种带有电池的新型卡车既能在设有特制导轨、外部供电的地下隧道中自动运行，也能在城市街道上通过人工驾驶行驶[13]。DMT通过地下隧道网络可24 h不间断地穿越拥挤的城市地区，抵达距离社区更近的地下站点，不仅可改善交通拥堵，也可提升交通安全性。同时，DMT由纯电力驱动，也能降低市区有害气体排放量。然而，由于电池的限制，DMT只能运载不超过2 t的货物。PWRI已经对这一技术进行了运行测试，并对城市内部及城市间构建地下自动驾驶卡车运输系统的效益和可行性进行了研究。图2-20为DMT系统示意图。

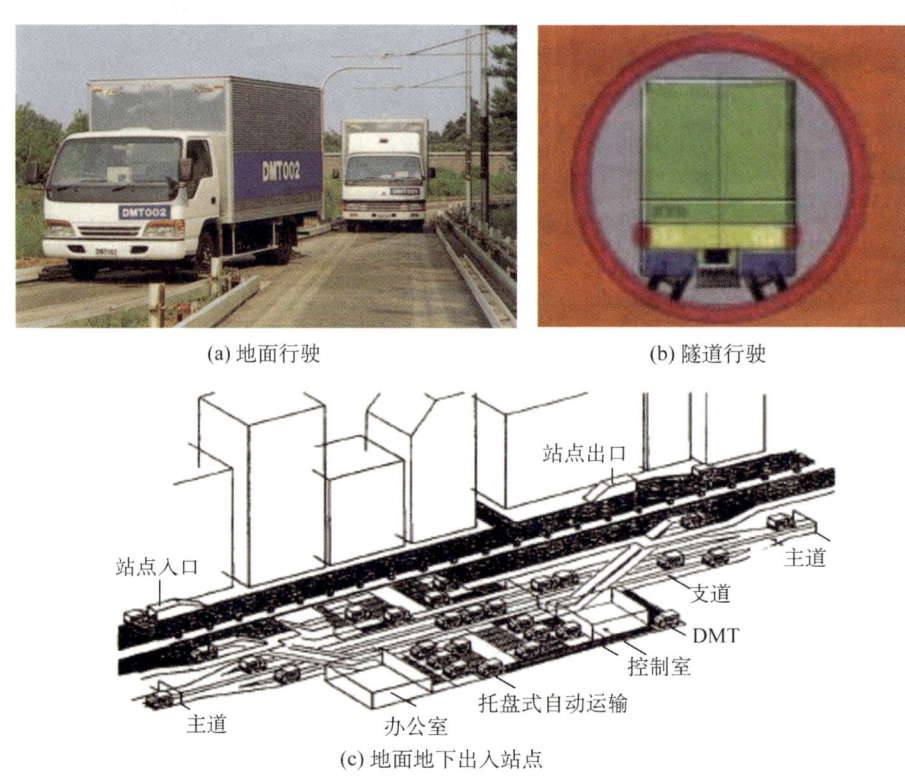

(a) 地面行驶　　(b) 隧道行驶

(c) 地面地下出入站点

图 2-20　DMT 系统示意

　　建设用于货物集散和运输组织的上游终端(也称为城市地下物流配送中心)是实现城市地下物流的必要条件。近年来，奥雅纳工程咨询(上海)有限公司(ARUP)提出了一种结合岩洞开发城市地下物流配送中心的工程倡议(图2-21)。这一倡议依托目前已有的地下矿洞、洞穴式地下工业设施和地下物资储备库，通过对岩洞结构进行改造并对岩洞内部空间进行重新布置，使得其具备一定的城市物流终端处理功能，例如卡车装卸、仓储、货物转运与派发等。这种大型地下设施的开发能够有效缓解城市土地紧缺等问题，吸引了新加坡、香港等城市的关注。

地下岩洞空间巨大，且具备稳定的温度和湿度，非常适合大宗物资的长期储存，同时也有利于各式货车进出地下空间。然而，岩洞地下物流设施设计仍需考虑如下问题：

(1) 岩洞距离城市地区较远，增加了卡车往返路程；

(2) 岩洞架空较高，内部货物搬运可能需要使用重型起重机械，无柱洞室的最大空间跨度受到地质条件的限制；

(3) 大型岩洞的开发成本需要控制；

(4) 消防和疏散的安全等级需要提升；

(5) 需降低地下密闭空间对工人心理的消极影响。

图 2-21 城市地下物流配送中心概念

5) 地下自动托盘小车

自动托盘小车是专门面向管道运输的一种定制化 AGV 制式，具备高效、安全、可靠等特点。与自动驾驶卡车或轨道车辆相比，托盘小车的单车运载能力较小，车辆可编组行驶，运输组织更加灵活，适合在城市地下空间开展多批次、小批量货物运输。

托盘小车系统适合搭配中型隧道（隧道直径不超过 6 m），隧道之间相互连通，形成城市地下 AGV 运输网络，网络的一端连接城市物流上游终端（如物流园区、配送中心、大型仓库等），另一端连接分布于各个城市片区的地下物流节点。托盘小车系统主要服务于快递包裹、批货和零售商品的进出城派发与同城配送。在正向物流配送过程中，托盘小车以车队形式从上游物流枢纽处装载货物，并沿隧道网络将货物运往地下物流节点。

自动托盘小车拥有封闭式的车身和舱门，内部承放若干数量的托盘货物或尺寸相近的标准化运输单元。车辆在隧道行驶时采用导轨供电，同时，车辆自身携带电池，升上地面后可进行小范围的自主移动。车厢可以被设计为特殊形式，以便运输具有冷藏、冷冻或其他特殊包装要求的货物。从 20 世纪 90 年代开始，荷兰、德国、瑞士等国家相继提出了地下托盘式 AGV 系统的解决方案。根据相关经验，AGV 小车的长度和宽度一般介于 1.5～3 m，能够在隧道中以 40～70 km/h 的速度运行，如图 2-22 所示。

(a) 托盘式AGV

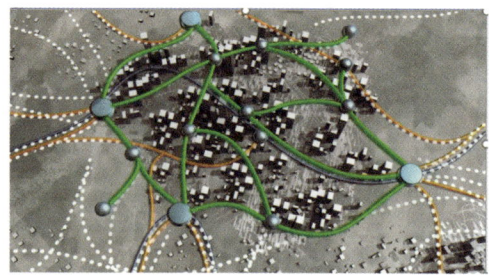
(b) 城市地下AGV运输网络

图 2-22　城市地下托盘式 AGV 物流运输概念

2. 地下 AGV 运输系统开发案例

"OLS 史基浦"是 20 世纪 90 年代荷兰发起的一项以托盘式 AGV 为技术原型的地下物流系统试点项目[14]。该项目旨在构建一个连接阿姆斯特丹史基浦机场、霍夫多普铁路枢纽以及阿斯米尔花卉市场的地下 AGV 货运线路，为手推车、花卉托盘、空运集装箱等货物在枢纽之间的快速转运提供便利。表 2-4 所列为 OLS 史基浦项目考虑的货物类型。

表 2-4　OLS 史基浦项目货物类型

货物类型	花卉货架	零售货架	欧洲托盘	标准航空集装箱	航空托盘
尺寸	长×宽×高/cm³ 130×104×260	长×宽×高/cm³ 135×57×240	长×宽×高/cm³ 120×80×240	长×宽×高/cm³ 122×102×50	长×宽×高/cm³ 318×244×244
示意图					

考虑到多种货物类型，需要设计一个可容纳不同规格货物的标准化地下运输单元。这样的单元尺寸最终被确定为长、宽均为 3.2 m，可以容纳 1 个 10 ft(约 3.05 m)的空运托盘(3 180 mm×2 440 mm)或 6 个标准欧洲托盘或 8 个零售货架或 4 个花卉货架或 1 个标准航空集装箱。

在地下物流车辆设计方面，该项目一共考虑了三种 AGV 制式，车辆系统的设计要求如下：
(1) 能够灵活运输以上 5 种货物；
(2) 采用全自动化方式运行；
(3) 车辆由电力驱动，充电过程在地下终端完成；
(4) 能够以 6～10 m/s 的速度行驶；
(5) 在最小速度为 3 m/s 时，车辆可以完成 12% 爬坡；
(6) 最大启动加速度为 1 m/s²；
(7) 最大制动加速度为 2 m/s²；

(8) 车辆在终端处的行进速度不低于 2 m/s。

最终确定的三种车辆方案相关信息如表 2-5 所列[15]。

表 2-5　　　　　　　　　　OLS 史基浦项目 AGV 车辆方案

方案	方案 A	方案 B	方案 C
样机示意			
隧道截面示意			
主要功能	经过验证的技术,所有相关类型的货物都必须处理	多模式,不同模式下采用最佳功能	车辆和管道系统的复杂性低
主要车辆特性	• 橡胶轮胎; • 单转向轴; • 电池牵引; • 全程电子导航; • 前轮控制; • 车轮位于装载板之下; • 侧面装卸; • 采用直流电驱动,配备电池	• 终端部分采用橡胶轮胎,导轨安装在隧道中; • 在隧道中的轨道上行驶,在终端采用电子制导; • 2 个转向轴; • 四轮控制; • 侧面装卸; • 装载板位于车轮之间; • 终端由电池牵引,隧道中由电力轨道的交流电驱动; • 车辆功能在所有方向对称均衡	• 橡胶轮胎; • 单转向轴; • 电池牵引; • 在管道中运行(车轮位于管道上),在终端采用电子导航; • 前轮控制; • 装载板位于车轮之间; • 采用交流电驱动,配备电池
货物形式	• 1 个主甲板飞机托盘; • 丹麦和阿斯米尔花车(无系统托盘)	• 1 个主甲板飞机托盘; • 2 个盒式集装箱:2 m×2.5 m×3 m; • 丹麦和阿斯米尔花车(系统托盘)	• 1 个主甲板飞机托盘; • 4 个托盘:1.2 m×1.2 m; • 丹麦和阿斯米尔花车(系统托盘)
货物处理	托盘横向在托辊上,手推车纵向(使用手推车轮)	在车床侧面,车辆两侧(车辆系统被动)	侧倾倾斜系统(车上无处理系统)

方案 A 是按照常规电动车辆的规格(如前轮转向、后轮驱动、固定轴、装载甲板置于轴上、直流驱动、铅酸牵引电池等)设计 AGV 小车的。该方案在可靠性和成本方面具有优势,可直接运输花卉货架,不需要额外的托盘支撑。

方案 B 是在隧道中安装轨道，轨道为车辆提供横向引导并且允许更快的车辆行驶速度，隧道采用第三轨供电，可减轻车身（电池）质量。AGV 车辆同时配备了橡胶轮胎，可在终端站点内部自由移动。车辆在隧道外使用电池牵引，车身底部安装了一个装载甲板，便于承载航空集装箱。

方案 C 要求隧道与 AGV 小车之间无缝贴合。车轮与车身之间呈一定角度倾斜，并且车轮由弯曲的隧道表面直接支撑。隧道顶部配有专门的悬架用以控制车辆的行进方向，由于车辆完全由电池供电，隧道中无需电力驱动。车身底部的甲板具有撑起功能，可通过倾斜车身完成货物卸载。

OLS 史基浦项目计划修建一个完全掘进式隧道。在以上车辆方案中，车辆运行方式受限于隧道的直径和形状。当隧道采用圆形设计时，可在隧道中铺设路面、轨道或者将隧道表面直接作为路面（如方案 C）。在确定隧道与车辆的组合选型时，需要考虑如下因素：

（1）车辆在隧道中的可操作性（如垂直升降、拐弯、变道等）；
（2）车辆运行（如进出隧道）具备足够的空间；
（3）较小的压力波和空气阻力。

在更高速度的运行要求下，隧道产生的压力波可能导致车辆运行偏差或其他不稳定行为，系统能耗也将受到影响。对于以 6 m/s 速度运行的 AGV，空气阻力占总能耗的 12%～15%，如果速度加倍，这一数值将增加到 35% 左右[16]。

更大的车轮轴距有利于提升车辆的稳定性，同时需要更大的转弯半径，从斜坡到平坦路段所需的过渡区间也更长。其中，转弯半径对系统建设成本的影响十分明显，因为它会影响终端站点处车辆调度区域的大小。在方案 B 中，这种影响通过在车辆上安装两个转向轴来补偿，如图 2-23(b) 所示。在方案 A 中，通过将电池组放置在车辆前后轴之间来调整车辆重心，以提升车辆的稳定性，如图 2-23(a) 所示。

(a) 方案A　　　　　　(b) 方案B　　　　　　(c) 方案C

图 2-23　OLS 史基浦项目中的 AGV 车轮设计

OLS 史基浦项目中的车辆采用电动马达作为制动器。制动器的能力和牵引特性决定了 AGV 在最大速度下的最小行驶间距。研究人员将相邻 AGV 的最小间距定为 20 m，隧道最大断面流量为 900 辆车/h，车辆速度为 6 m/s。在方案 C 中，使用 8 个轮胎中的 2 个进行制动,方案 B 则需要利用额外的轨道制动器满足制动要求[17]。

值得一提的是,方案 C 采用了一种特殊的结构设计,即 AGV 可以直接在弯曲的隧道表面行驶,这种结构允许车辆在没有任何额外引导的情况下全速通过隧道。研究人员通过仿真实验证明了这种结构的稳定性。当车辆通过非曲面路段时,车轮在水平方向的转动被限制,而从平面到曲面的转变需要使车辆保持在相对较低的速度。由于钢轮和橡胶轮的滑行速度不同,方案 B 也考虑了从高速轨道到低速平面的特殊设计。

另一项值得关注的问题是地下车辆运行的可靠性。在几乎没有多余空间的封闭隧道中,能否对故障车进行快速处理是至关重要的。荷兰项目测试发现,地下 AGV 车队平均运行 2 000 h 发生一次车辆故障。这说明,一条配有 200 辆 AGV 的地下物流线路每天都有可能面临阻塞或中断。因此,为了确保故障车辆能够被及时拖走,每辆 AGV 都配备了"四肢",只要车轮还可以滚动,前后方的 AGV 都可以作为牵引车辆将其拉(推)出

图 2-24 货运隧道中故障车辆的处理方式

隧道。图 2-24 展示了货运隧道中故障车辆的处理方式。

除了隧道和车辆系统,城市地下 AGV 运输系统设计的另一项重要工作是根据目的地情况确定地下终端布局。同时,终端布局方案必须契合隧道运输方式和车辆特性。

首先,需要针对车辆装卸过程设计一种合适的货物搬运方案。一般情况下,通过升降货梯和辊轴实现终端内部货物自动搬运。带托盘的货物也可以利用布置在终端位置的自动叉车或机器人进行搬运。表 2-6 展示了 OSL 史基浦项目考虑的三种地下终端货物搬运方案[18]。

表 2-6　　　　　　　　　OSL 史基浦项目地下终端货物搬运方案

方案	内容
方案 1:输送带搭配辊道托盘 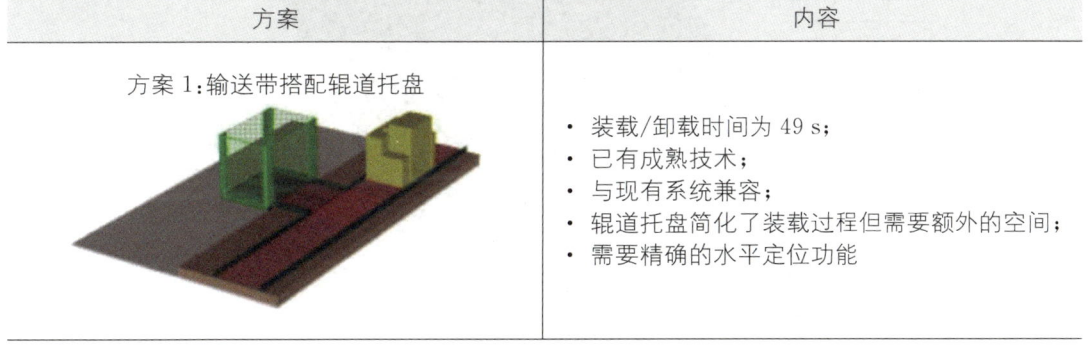	• 装载/卸载时间为 49 s; • 已有成熟技术; • 与现有系统兼容; • 辊道托盘简化了装载过程但需要额外的空间; • 需要精确的水平定位功能

(续表)

方案	内容
方案2:提升装置配合辊道托盘 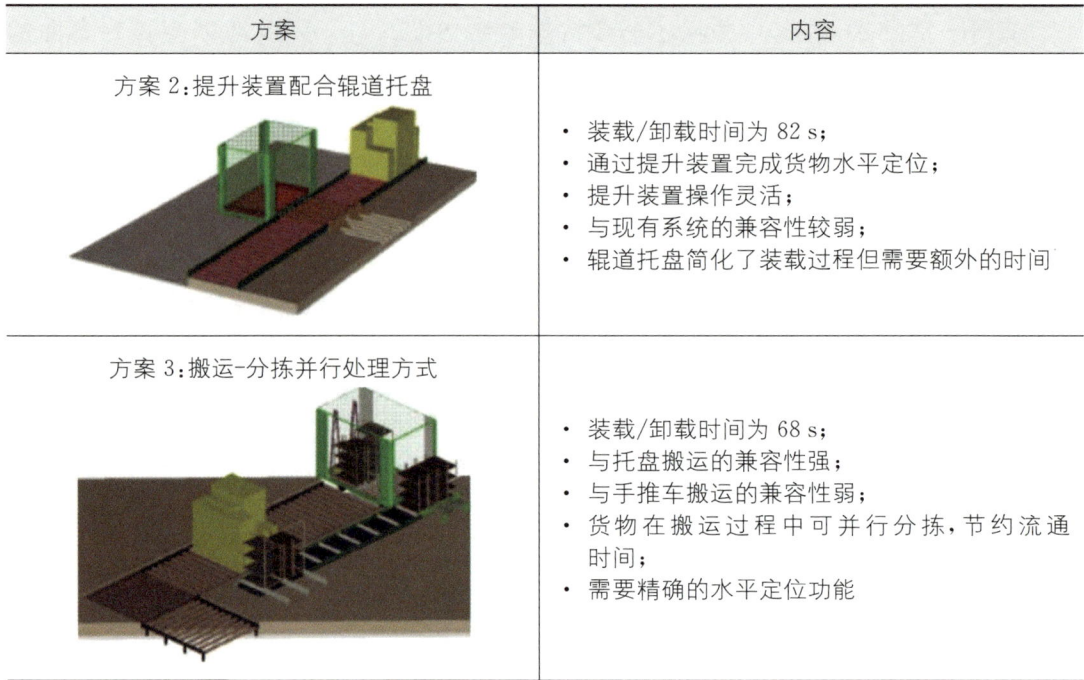	· 装载/卸载时间为 82 s; · 通过提升装置完成货物水平定位; · 提升装置操作灵活; · 与现有系统的兼容性较弱; · 辊道托盘简化了装载过程但需要额外的时间
方案3:搬运-分拣并行处理方式	· 装载/卸载时间为 68 s; · 与托盘搬运的兼容性强; · 与手推车搬运的兼容性弱; · 货物在搬运过程中可并行分拣,节约流通时间; · 需要精确的水平定位功能

其次,综合考虑 AGV、货物搬运装置与隧道设计,形成地下物流终端布局方案,如图 2-25 所示。AGV 通过隧道斜坡进入终端平台,平台中心布置了若干循环车道,车道连接平台的各个位置。AGV 在平台侧处完成装卸操作,然后重新进入主车道,循环一圈后离开地下终端或停靠在平台中心处的停车区域,等待运输订单。货物单元在月台位置进行组装和拆分。拆装作业的自动化程度是地下物流终端运行效率的重要影响因素。

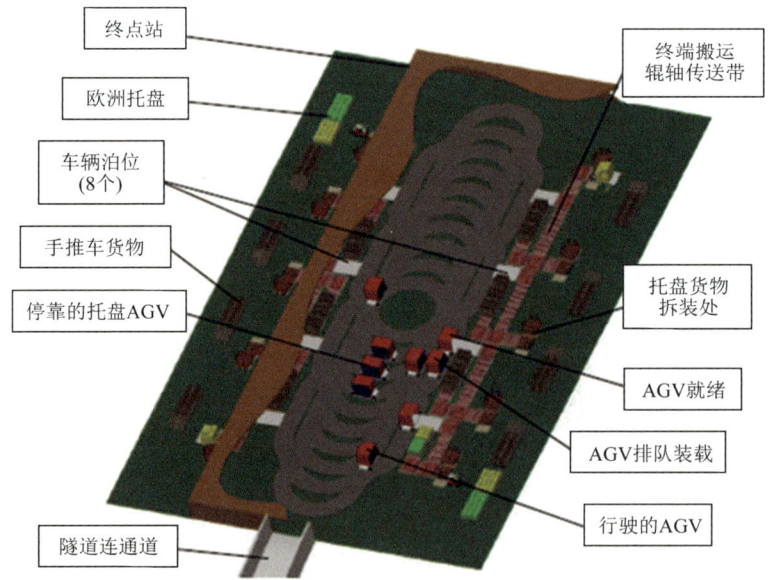

图 2-25　OSL 史基浦项目地下物流终端布局设计

OSL 史基浦项目提出了地下沿线经停车站的布局策略。如图 2-26 所示,从主线隧道一侧拓展出一个小型的地下车站,车站平台与隧道之间具有一定高差,AGV 进入车站的过程中,沿斜坡向下行驶。在车站处,AGV 可以行驶到相应端口完成装载和卸载操作,然后返回隧道继续行驶。

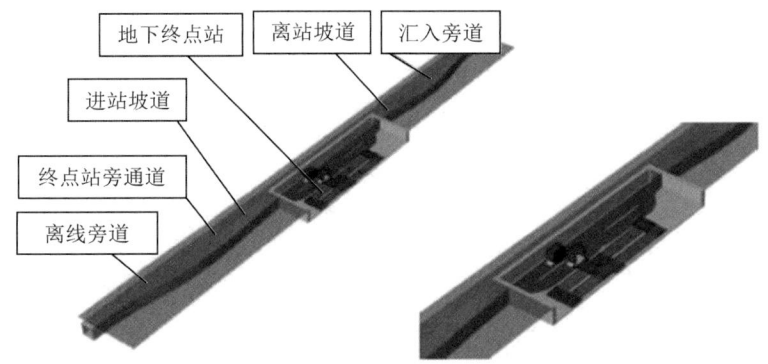

图 2-26　地下沿线经停车站概念设计

研究人员通过计算机模拟了史基浦机场至花卉市场的地下物流终端运行情况,得出相关设计参数,如表 2-7 所列。

表 2-7　　　　　　　　　花卉市场地下物流终端运行模拟结果

运行参数	取值
平均货物终端集散时间	4.4 min
平均货物终端装卸时间	1.6 min
平均终端 AGV 滞留时间	5.7 min
平均终端 AGV 行驶距离	260 m
AGV 往返终端的平均次数	8.3 次
每天通过地下物流终端的 AGV 数量	2 941 车次
终端每天装载(卸载)的货运单元数量	2 738(777)个
终端平台平均(最高)物流负载率	30%(60%)

为了实现对地下 AGV 车队的精准控制,需要配备可靠的信息系统。图 2-27 所示的是 OSL 史基浦项目中的地下物流系统控制框架。在此框架中,位于最顶层的是一个控制运输计划和物流服务优先级的信息决策模块。位于第二层的是一个交通控制组件,其用途是避免地下车辆在运行过程中发生冲突。机械设备控制组件位于第三层,作为设备生产商所需关注的一个控制单元。

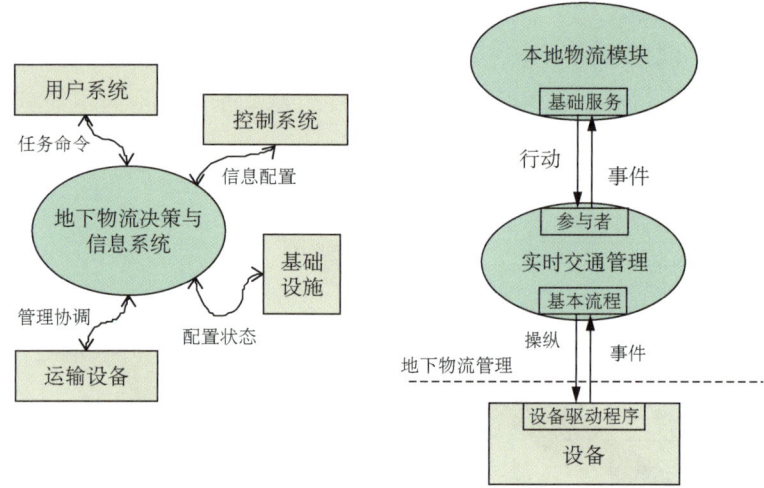

图 2-27　地下物流系统控制框架

OSL 史基浦项目中的三种地下货运 AGV 概念已得到了实际测试（图 2-28）。研究人员表示，这些原型系统未来能够适用于城市地下物流配送。随着智能化地下运载技术和装备的发展，基于 AGV 系统的地下物流技术形式正在迈向成熟。

图 2-28　OSL 史基浦项目测试中的地下货运 AGV

另外，研究人员强调了将 AGV 技术应用于城市地下物流的若干挑战和要求。
(1) 需要速度更快的地下运输载具；
(2) 需要有更好的地下货运交通流量预测、感知与控制能力；
(3) 需要地下运输与终端操作的协同控制；
(4) 需要有更强的地下运输抗干扰能力（鲁棒性）；
(5) 需要通过工程手段提升货运隧道的通行能力；
(6) 需要有突发事件下的车辆紧急避险与自主恢复能力；
(7) 需要有更紧凑的隧道结构与终端布局，节约地下工程成本；

(8) 需要有更清洁的能源系统，实现零排放；

(9) 需要有更强的爬坡性能（超过 30°）；

(10) 需要有更好的移动性（mobility），实现车辆在不同形态的隧道段之间灵活行驶。

2.2.2 胶囊配送管道

1. 胶囊配送管道的概念

胶囊配送管道是一种利用管道系统将货物以胶囊的形式进行输送的技术。它通过将货物装载在密封的胶囊车辆内，利用管道的通行能力，实现中、小批量货物快速、高效、安全运输。

胶囊配送管道由输送管道、胶囊车辆、轨道系统、装载与卸载设备以及监控与管理系统构成。输送管道是其核心组成部分，具有承载力、密封性等要求。胶囊车辆是运输货物的载体，选用耐磨、耐压的材料制成，具备灵活编组、爬坡能力强等要求。轨道系统包括运载轨道、动力装置（如直线电机和供电轨道）和轨道控制装置（如道岔），用于控制胶囊车的运动轨迹。装载与卸载设备包括与车辆配套的站台的输送装置。监控与管理系统用于调控管道的运行状态、胶囊位置以及货物运输计划，确保系统安全稳定地运行。

胶囊配送管道具有以下特点。首先，地下胶囊车辆与城市道路车辆相比，运行速度更快，管道能够轻松穿越拥堵的城市地区，运输过程无需绕路，有助于提升城市配送的效率和准时性。其次，运输更加安全可靠，与地下 AGV 运输系统相比，轨道运输出现故障的概率更小，能够降低管道运行中断风险。最后，在空间利用方面，胶囊配送管道的直径选择更加灵活，胶囊车辆可以被设计为合适的形状以适应不同城市地下空间开发条件，较小的直径也为管道接入地下设施（如地铁车站）和建筑物地下结构提供了便利。

胶囊配送管道作为一种轻量化的地下物流基础设施，具有广泛的应用前景。目前，胶囊配送管道已在多个领域得到应用或提出相关方案，包括城市地区的快递包裹和托盘商品运输，医药物流中的药品和样本配送，以及工厂之间的工业品传输。总之，胶囊配送管道凭借其高效、安全、便捷的特点，展现了广泛的适用性，能够为各行业提供优质的运输服务。

2. 胶囊配送管道开发案例

1) CargoCap 系统

在德国，胶囊管道运输被认为是替代传统公路、铁路、航空和水路系统的第五种运输方式。由波鸿鲁尔大学团队提出并开发的 CargoCap 系统是面向城市拥挤地区货物配送的一种管道物流解决方案，其理念是通过地下运输管道穿越拥挤城市地区，提供快速、准时、安全的物流配送服务[19]。如图 2-29 所示，该系统以自主控制的胶囊小车为标志，可全天候运行。管道的外径为 2 m，内径为 1.6 m，如图 2-30 所示。CargoCap 是一种独立可扩展的系统，集成了一些新式运载技术，例如直线感应电机、磁悬浮技术和无接触能量传输技术等，详细技术参数如表 2-8 所列。

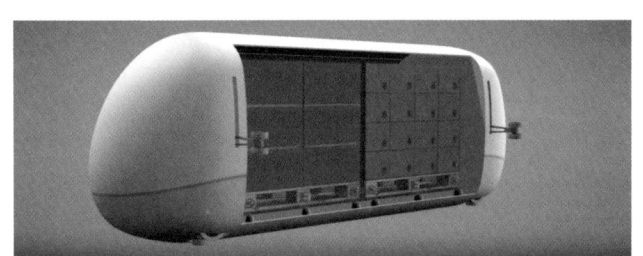

图 2-29 CargoCap 胶囊小车概念图

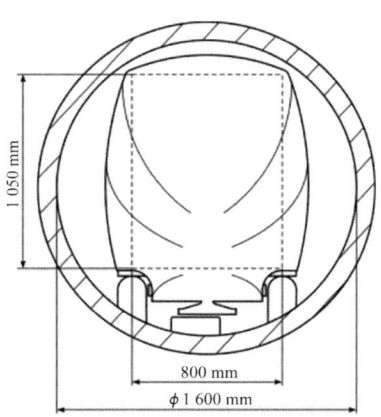

图 2-30 胶囊管道断面

表 2-8　　　　　　　　　　CargoCap 技术参数

技术参数	数值	技术参数	数值
车身质量	800 kg	管道内径	1 600 mm
最大载重	2 000 kg	底盘长度	1 840 mm
最大坡度	4%	导向轮距离	3 200 mm
运行速度	36 km/h	摩擦系数	0.14
最大加速度	1 m/s^2	货仓宽度	1 000 mm
车轮直径	200 mm	货仓高度	1 300 mm
轨距	800 mm	货仓长度	3 000 mm
车轴距离	2 840 mm	最小转弯半径	20 m
车身长度	3 500 mm	平均功率	3 400 W
有效容积	2 400 mm×800 mm×1 050 mm	最大功率	30 000 W
直流电压	500 V		

2) 胶囊小车设计

胶囊小车是单独运行的运载单元，每个小车能装载 2 个标准尺寸的欧洲托盘（长×宽×高：1 200 mm×800 mm×1 050 mm），通过轨道运行，车轮和辊边起着导向作用。胶囊小车是零排放车辆，采用三相交流电动机驱动，由变频器供电，能量以非接触方式传输，具有操作安全性高、能量消耗低、购置费用低、使用寿命长、维修费用低等优点。小车车身结构符合空气动力学原理，整体呈现为一个圆柱形胶囊，两端呈半球形，与车身平滑连接，胶囊的货仓(圆柱部分)长度为 2.8 m，车身总长度为 3.5 m，车头和车尾长度均为 35 cm[20]。

3) 配送模式

CargoCap 系统主要用于满足城市和大都市圈内部的物流供应需求。地下胶囊管道可穿越拥挤的城市地区,在城市物流枢纽与本地社区的多个站点之间往返运行。对于大型城市,胶囊管道的长度可达 150 km。在配送流程方面,入城货物在高速公路交界或配送中心装入胶囊小车,通过地下管道运输至市中心,并根据分支管道网络运往最终目的地,例如购物中心、医院、酒店、公园等。最终,使用环保电动推车或载货自行车将货物递送给附近的收货人。

胶囊管道运输的货物范围包括面向个体用户、商户和生产商的各类物品,包括零售商品、零部件、快递包裹和食物等,配送过程具有很高的灵活性。根据开发理念,约有 2/3 的城市地区的货物可直接通过管道进行运输。

管道铺设主要利用地下公共空间,依托现有市政管线、下水道、地铁隧道和其他建筑物地下空间构建该系统是可行的。管道主要采用顶管施工,以降低对现有地下基础设施的影响。

4) 控制技术

CargoCap 系统的运输速度为 36 km/h,车辆之间的间距为 4 m。当物流需求增加时,胶囊小车可紧密编队行驶,此时的车辆间距可压缩至 2 m。通过雷达技术和 RFID 技术实现胶囊小车实时定位,轨道边缘安装转发器作为路线标记,小车经过时会读取这些信息,根据自身位置,自适应调节其与前、后车辆的距离。CargoCap 采用了一种新颖的管道分岔设计。如图 2-31 所示,在分岔前,道岔臂会根据行进方向左右摆动,然后与分岔区域轨道侧面安装的导轨啮合,允许小车在不降低速度的情况下完成转向,提升了管道网络的运输稳定性[21]。

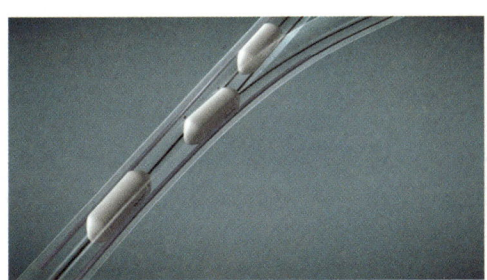 

图 2-31 编组运行的胶囊管道小车

当小车到达地下末端配送节点时,托盘货物会自动卸下,经过垂直和水平搬运最终到达地面。末端节点可以根据客户需求进行规划,包含如下几种形式。

(1) 小车通过地下管道直接进入地面,如仓库、卸货场地等;

(2) 通过升降竖井进行地面地下货物垂直搬运;

(3) 对于规模较大的工业区或商业中心,可以考虑构建一个内部的地下配送网络,通过输送机等轻量化的运输设备完成货物传递。

在安全性方面,CargoCap 小车配有额外电力和独立的制动单元,在突发情况下可继续行驶至下一站。此外,小车前部配备了碰撞装置,能够将故障车辆推出管道。胶囊配送管道系统的另一大特点是其全自动运行管理能力,包括轨道、车辆、调度、物流操作控制以及各种安全措施。系统采用分布式体系结构进行控制和信息处理,包括用于执行不同任务的计算设备、传感器、执行器和通信接口。所有组件均需要实现信息交换。图 2-32 所示为测试中的胶囊管道小车。

图 2-32　测试中的胶囊管道小车

2.2.3　智慧物流管廊

近年来,综合管廊作为解决城市交通拥堵、提升城市环境品质的重要手段,受到了各大城市的欢迎。我国正积极推进城市地下基础设施的统筹建设和资源共享。河北雄安新区规划资料显示,地下综合管廊线路将结合物流廊道建设,沿街道铺设,为临街地块提供物资配送服务。雄安新区正在进行的创新实践为发展城市地下物流配送提供了重要思路:其一,与老城区相比,在新区构建与之配套的地下物流系统更易实现,受到既有地下设施的影响较小;其二,地下物流与地下市政设施(如综合管廊)共同建设有利于降低实施成本,并且使得公共项目具备一定的盈利能力,提升共建系统的经济效益。此外,目前的综合管廊建设存在一定的存量空间,物流通道的加入可以提升管廊空间的利用率,促进城市地下空间集约化发展。

国内学者在地下物流与综合管廊的整合开发方面开展了若干探索性研究。张梦霞等[22]提出了综合管廊地下物流舱室的两种划分思路。

1. 合舱形式

合舱形式是将地下物流通道与市政管线在同一舱室中进行布局,综合管廊可容纳给水、雨水、污水、再生水、天然气、热力、电力和通信等市政工程管线。考虑到管线自身的安全性和辅助设备的差异性,建议将低压(6 kV、10 kV、35 kV)电力管线、通信管线与物流通道合舱设置。而高压(110 kV、220 kV)电力管线、给水管线、直饮水管线、再生水管线、热水管线和垃圾真空管道不宜与物流通道合舱布置。

2. 分舱形式

分舱形式是将地下物流通道独立布局于不同的舱室，结合综合管廊的双向物流通道断面设计，在原综合管廊的基础上，在两侧各增加一个专用于物流功能的独立舱室。物流舱需满足物流车辆限界及检修通道要求，与其他管线互不影响，如图 2-33 所示。分舱形式有利于规避空间权限、建设标准、线形设计等方面的风险，设置较为灵活。然而，在实际工程应用中，该方案需要以足够的道路红线宽度作为支撑条件，以确保实施的可行性。

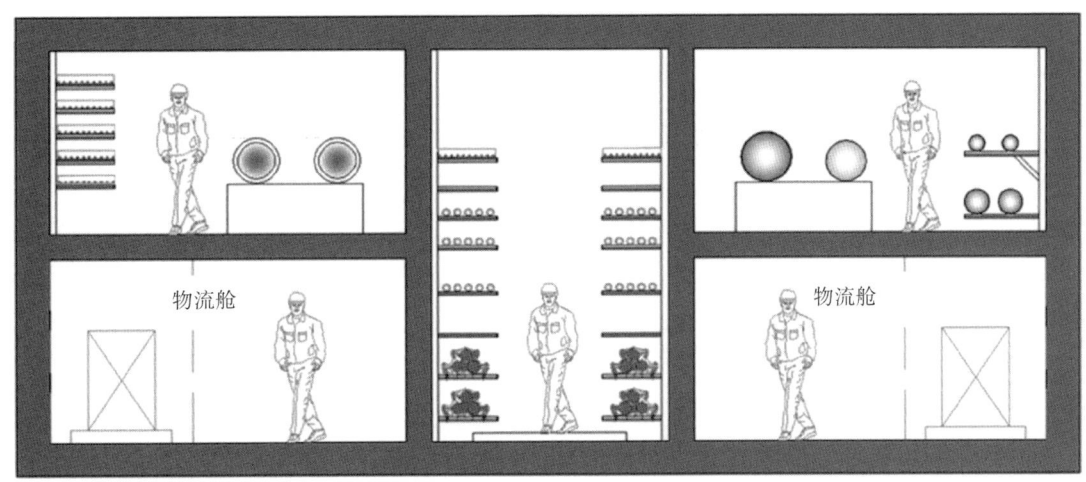

图 2-33 综合管廊物流分舱示意[22]

出于提升地下空间利用率的目的，可以将综合管廊与地下轨道交通、地下道路等城市基础设施共同开发，以更好地协调城市地下空间资源配置，减少它们之间的互相矛盾。针对这一方面，张凌翔[23]提出了一种整合地下道路、物流廊道与市政管线的大型综合管廊构建思路，如图 2-34 所示。

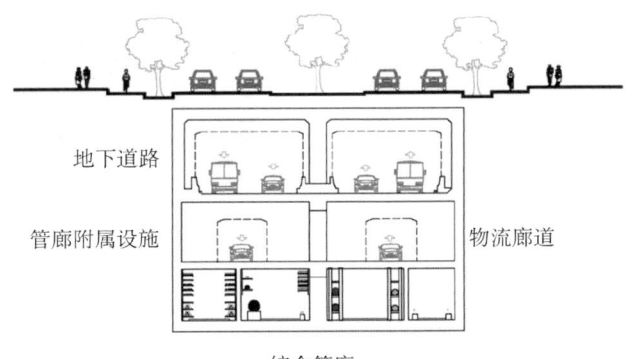

图 2-34 地下道路、综合管廊与地下物流廊道共构示意[23]

在此方案中，物流廊道与综合管廊的附属设施同层，竖向上位于地下道路与综合管廊之间，这样既能保证地下物流系统的独立性，也能避免因过多爬坡而对货运车辆运行产生影响。在物流廊道层内,物流车道应在纵向上保持连续畅通,避免物流舱与管线舱在交叉节点处出现上跨或下穿的技术难题。地下道路系统可根据功能需求,对内设置开口,同时考虑设置斜坡(按8%～12%考虑),以便与街道两侧地下空间相连;对外设置匝道,与地面道路系统相通,避免客车与货车交汇。

地下物流通道主要利用综合管廊中的干、支线管廊线路。干、支线管廊位于人口及公共服务需求集中区,沿线物流需求较大,选择管廊干、支线作为物流通道能够覆盖城市主要的物流需求。

在地下物流与综合管廊整合的形式下,初期地下物流网络主要以单向环线形态建设。地下物流的运输组织模式可根据运输方向分为单向和双向两种。单向运输情况下,运输通道需要形成闭环,以提供完整的运输组织条件,在工程上只需在管廊断面上增加一个物流专用的舱室,并纳入单向车道。该形态建设成本适当,环状的通道也适合于物流需求较为集聚的区域。双向运输可保证双方向的来回运输,运输组织模式更为灵活,更多的车道也能为故障施救提供便利,但该模式下的建设成本会由于车道增加而变高。

对于地下空间开发尚不成熟或不具备地下基础设施的区域,有两种地下物流与综合管廊共建的方案。一种方案是在廊道内设置多条不同规格的货物输送带,如图2-35(a)所示,货物通过托盘承载,并通过磁力吸附于输送带上,沿管廊移动;另一种方案考虑在物流舱内设置一个或多个小直径胶囊管道(直径不超过1.5 m),胶囊小车(气动或电力驱动)携带散件包裹,以6～10个为一组沿管道输送,如图2-35(b)所示,抵达目的地后原路返回。根据研究,胶囊管道系统的运输速度能达到30～60 km/h,可在2～3 min内完成城市末端地下配送。

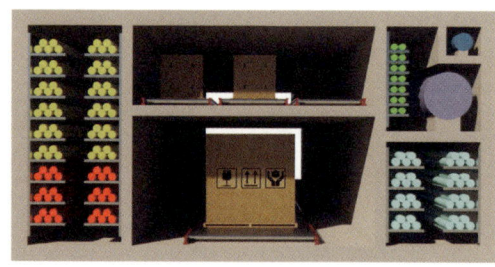

(a) 货物输送带　　　　　　　　　　(b) 货运胶囊小车

图 2-35　综合管廊货物运输方式

随着城市化进程的加快,城市地下空间开发与人防工程同步规划的需求逐渐增加。人防工程是城市基础设施的重要组成部分,我国第一批人防设施的建设时间较早,部分城市的老旧人防设施已被弃用。然而,人防空间多数处于位置优越的城市区域,具有不可估量的改造价值。因此,有必要对这部分设施进行二次利用,构建基于人防廊道的地下物流通道,平时可提供商贸物流配送服务,战时可用于军事物资转移和应急避难。图2-36所示为可用于地下货物运输的老旧人防通道。此外,对于一些新建或新规划的人防设施,可考虑对人防廊道进行舱体划分，实现人防与地下物流系统共构，形成具有平战转换功能的城市地下生命线系统[24]。

图 2-36　可用于地下货物运输的老旧人防通道

2.2.4　地下垃圾收集系统

地下垃圾收集系统的作用是利用地下管道将固体废料从其产生地（如住宅、公共设施、商业设施等）自动输送到附近区域的地下垃圾处置站，将其装入密封容器并压实，最后通过外部车辆送往城市垃圾处理中心[25]。气动运输是地下垃圾系统的主要技术形式，通过在管道的起点和终点之间产生压力差使空气携带固体垃圾移动。空气动力必须大于作用在物件上的摩擦力和惯性力之和，实际应用中，这种气流可使固体垃圾的移动速度达到 $18\sim23$ m/s。

如图 2-37 所示，地下垃圾收集系统由三类子系统组成，即垃圾投放点（包括地下、半地下收集箱）、气动运输管道和中央垃圾处理场站。在系统配置方面，垃圾投放点与竖井舱室连接，这种装置取代了传统垃圾收集站，提供了更大的存储容量（可达到 500 m^3），并且更容易融入城市环境。通过定期开启地下舱室阀门，以袋装形式将垃圾打包投入管道系统，通过真空抽吸，垃圾袋被自动运输至中央垃圾处理场站，在此进一步根据垃圾的类

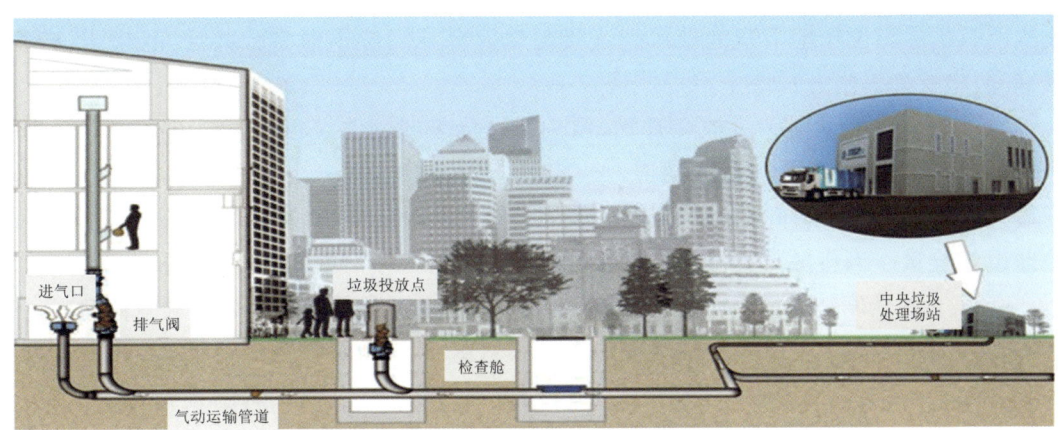

图 2-37　地下垃圾收集系统概念

型进行分离、压实和密封等操作,最后通过卡车完成垃圾外运。

地下垃圾收集系统已得到广泛应用,以阿联酋阿布扎比海滨公园的垃圾自动收集管道为例,简要介绍地下气动管道垃圾收集系统的运作方式。该系统由 16 km 长的管道和 183 个排放阀组成,用于对公园 4 个片区的垃圾进行收集与地下处理。该系统全天候运行,按照固定周期将垃圾输送至指定地点。对于垃圾产量较高的区域(如美食广场、餐馆等),系统会在高峰期或特定日期提供额外的运输作业,以满足需求。

地下垃圾收集系统由三个主要部分组成:中央废料处理设施[图 2-38(a)]、气动管道网络和垃圾投放点[图 2-38(b)]。整个过程由中央废料处理设施控制,在此处进行垃圾处理,并产生运输所需的空气动力。地下垃圾运输管网与区域内的其他市政设施(如给排水、电力电缆等)平行运行。

(a) 中央废料处理设施　　　　　　　　(b) 垃圾投放点

图 2-38　地下垃圾收集系统

垃圾投放点位于建筑物内部或外部,由与滑道相连的料斗门、临时储存室、排放阀、进气装置和一系列水平连接的管道组成,是用户与垃圾收集管道之间的接口。滑道将建筑物的所有楼层与位于地下室的排放阀连接起来。料斗门位于楼宇公共空间(楼道、走廊、楼梯间、电梯井等附近),便于用户发现。

整个收集过程从楼宇投放点开始,用户将垃圾袋或固体垃圾通过料斗门放入垂直管道。通常,系统会配备两个投放通道,一个用于混合垃圾,另一个用于可回收垃圾。垃圾在重力作用下落入排放阀上方的临时收容室。排放阀通过气动管道网络与 2.5 km 外的处理设施连接。当排放阀打开时,真空排气装置在管道中产生负压,将垃圾吸入管道,并以 80 km/h 的速度抽送至目的地。控制系统确保垃圾在滑道与管道之间顺畅传递。

阿布扎比海滨公园垃圾收集管道的直径设计为 500 mm,管道采用低碳钢制成,在管道弯曲处,气流放缓并使得垃圾制动。中央废料处理设施为地下两层建筑,高约 10 m。设施内部配备真空排气室、空气压缩机、控制中心、废料分离器、空气过滤系统、废料压实机、容器转移装置以及装有压实废料的容器。当垃圾抵达后,通过分离器将空气分离,并将垃圾压缩至容器中。排放空气之前,过滤系统将空气中的小颗粒物清洗干净并进行除臭。整个地下管道系统能够自动化运输 15～20 栋 40 层高楼所产生的生活垃圾。

2.2.5 地铁货运系统

近年来,一些以智能运载技术为特征的新型物流系统引起了国内外研究人员的关注并被付诸实践。其中,利用地铁、轻轨或有轨电车实现客流与货流协同输运的概念受到广泛讨论,这一概念被称为"基于地铁的地下物流系统"或"地铁货运系统"(Metro-based Underground Logistics System,M-ULS)。地铁货运系统要求对现有客运轨道交通线网进行改造和扩建,利用轨道交通的富余运能和高通达性实现自动化货运,相比于独立建设的地下物流系统,投资和建设难度更低,能够快速成网并产生效益。另外,地铁货运的优势(如高容量、高效率和技术储备)使其在当前阶段具备可行性,是未来城市综合运输体系的重要补充,也是城市地下物流的前期发展形态之一[26]。

研究表明,与道路货运相比,地铁货运系统具有明显的优势。一方面,该系统利用地下轨道交通基础设施,具备高速、稳定的运输能力,不受外界因素干扰,能提供更快速的配送服务。另一方面,网络化运营的地铁货运系统能够减少地面货运给城市带来的外部负担。作为一种低碳环保的物流方式,地铁货运的运输过程不会造成城市交通的拥堵与环境污染,有利于城市环境的改善。此外,智能化技术的发展能够实现货物的实时跟踪和管理,有利于物流业的转型升级。

世界范围内已经存在多个基于城市轨道交通开展货运的实践案例。德国德累斯顿的 Cargo Tram 系统利用一条长约 4 km 的城市轨道交通线路将来自城外仓库的货物运输至城内站点,该线路每天运行 10 个班次,每年可运输 30 万件商品。法国国民银行通过巴黎市郊的轨道交通线路,将货物以托盘的形式从与 MONOPRIX 仓库交接的 Combs-la-Ville 终点站输送至城市内的连锁超市,线路总长 30 km,每年运输货物约 12 万 t。24 h 运营的纽约地铁在夜间低峰期采用客货混载的方式运输汇集至各站点的城市废品和生活垃圾,系统配备了 11 辆地铁货运专车,每年可收集 1.4 万 t 废品。法国的 Chapelle International 项目正在考虑利用巴黎市郊轨道交通将商品从工厂直接运往位于城内的多式联运中心,每列地铁预计能够运输 60 个标准货物单元,据估计,这条地铁线路每年所能提供的货物运输总量大约相当于 1 万辆卡车的运输量。以上轨道交通货运试点可视为地铁货运系统的发展雏形。然而,现有案例虽然彰显了地铁货运的优势,但几乎所有试点线路都局限于单线、点对点的货品运输。显然,这种单线系统无法满足特大城市的物流配送需求。可以预见,充分利用既有地铁线网开展大规模客货协同运输或在新区地铁线路规划中加入物流功能设计,将成为地铁货运未来发展的一个重要趋势。

1. 地铁客货协同运输模式

地铁与地下物流共建系统的运输概念已较为清晰,但地铁客货协同运输的整体设计解决方案还有待深化。根据国内外研究与早期工程探索,普遍认为依托地铁开展大规模自动化货物运输存在 3 种模式，即地铁人带货模式、地铁货运专列模式和地铁客货共载模式，其差异主要体现在列车制式和调度方法上[27]。

1）地铁人带货模式

地铁人带货模式主张在原乘客车厢内部划定一部分区域用来放置货舱单元，随行员工在地铁列车停站期间将货舱单元搬离车厢。该模式一般不改变地铁的原始构造和行车计划。英国纽卡斯尔地铁研究了在低峰期运输航空托盘的可行性。日本札幌地铁调研表明，乘客普遍接受在车厢内设置货运隔间。人带货模式的运力通常较低，规模经济效应不明显，对客运服务的干扰较大且存在安全隐患，其优势在于易实现、造价低，目前仍受到广泛认可。

2）地铁货运专列模式

地铁货运专列模式主要采用独立可编组的货运列车与现有客运列车在同一条地铁轨道上共线错班行驶。图 2-39 呈现了地铁货运专列的基本运输流程。首先，货物在上游终端完成分拣、整合、托盘化和编码等操作，赋予指定地铁货运车站标识和末端配送信息，形成标准化地铁集装单元，随后通过接驳隧道或地面运输方式转运至邻近地铁线路车辆段或终点站。其次，装入标准化单元的货运专列按预定时刻表从地铁货运终端发出并进入地铁网络，货运专列与客运列车在线路区间上保持安全车头距离，沿当前线路将货物运往指定作业车站，货运专列抵达换乘车站时，可将需转移至其他线路的集装单元卸下，并装入来自其他线路的单元，实现货物地下换线。进出车站和区间行车过程重复进行，专列在抵达线路下游终点站后按时刻表折返。地铁集装单元在客货作业车站经历垂直/水平转移、拆分、分拣、组配等必要物流操作，形成袋装、盒装包裹或托盘，通过地面方式或管道运输措施配送至车站附近客户位置。此外，可将处理好的包裹寄存在地铁站厅自提柜中，供通勤客户自提。

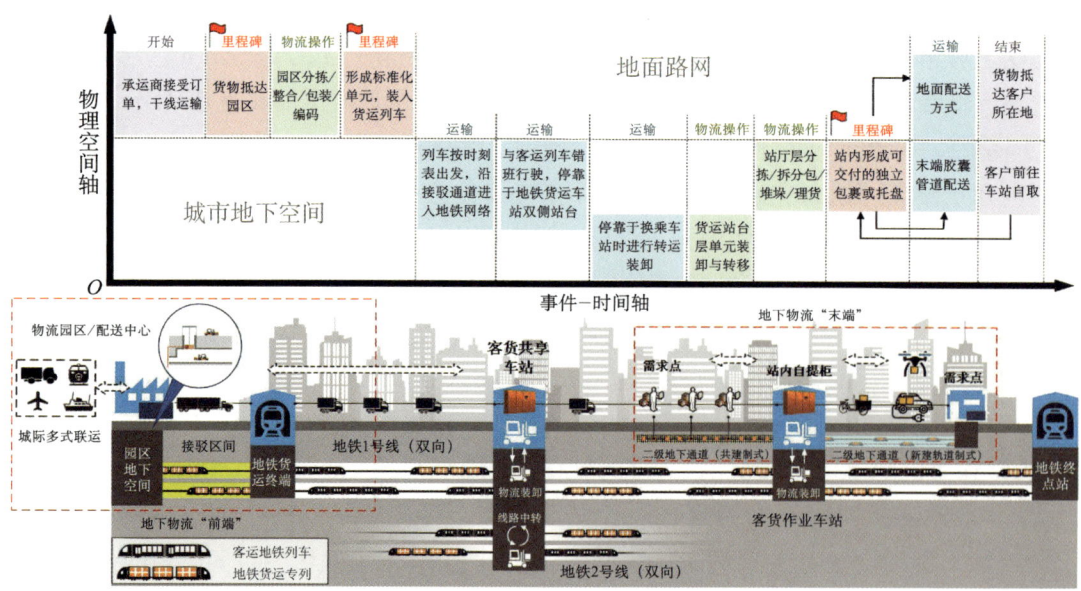

图 2-39　地铁货运专列运输流程示意

3) 地铁客货共载模式

地铁客货共载模式的主要思路是改造部分客运列车的车厢以用于货运,或者在原地铁列车上添加额外的货运车厢,从而使得乘客上下车与货物装卸可以在混装列车停靠期间同步完成,如图 2-40 所示。以逆向货运过程为例,首先,周边的货物通过胶囊管道或道路方式被收集至邻近的客货共享车站,各类包裹在站内经历分拣、理货、整合和编码等操作,形成标准单元,然后转移到货运站台等候区。其次,在共载列车靠站期间,客、货车厢舱门同时开启,货物装卸工作在约 30 s 的停靠时间内完成。随后列车离站,在沿途的每个地铁站均停靠。在纯客运车站停靠时,货物车厢舱门不开启。当列车上行返回线路终端后,所有货物单元将被卸下,然后通过接驳轨道或地面运输方式送往上游的物流园区。这种共载模式通过充分利用地铁的运输能力,实现了货物与乘客的协同运输,提高了运输效率。

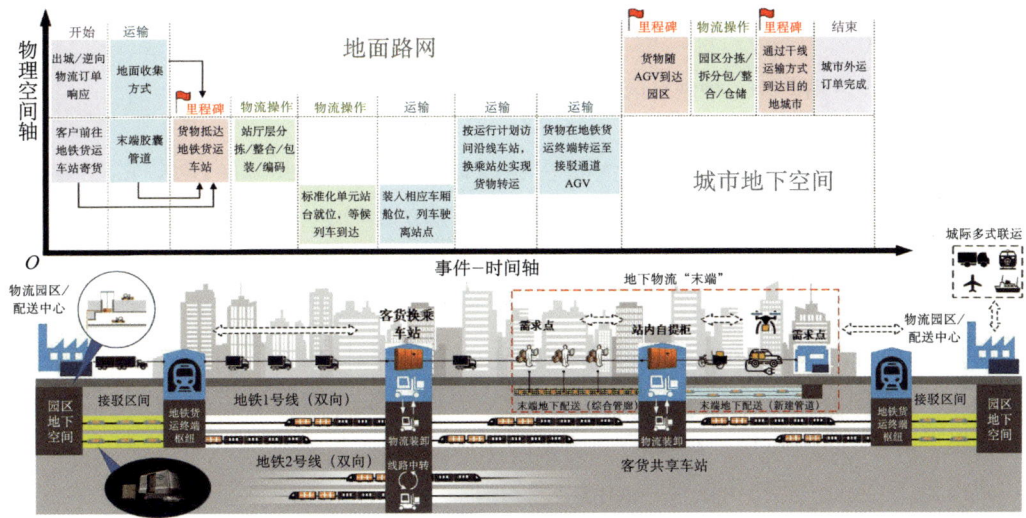

图 2-40　地铁客货共载运输流程示意

目前,国际上最新的一批地铁货运项目普遍采用客货共载模式和货运专列模式。例如,2017 年运行的巴黎 TramFret 电车货运系统采用了共线拖挂轻轨结合自装卸小型集装单元的设计。法国"大巴黎(Grand Paris)"项目规划了 52 km 的客货共线分离地铁线路。得益于设施共建,这些新型地铁货运线路的建造费用与独立建造的专用地下物流系统相比已降低许多。

2. 地铁客货协同运输网络

地铁货运系统和独立成网的地下物流系统在设施形式上存在较大差异,但二者功能定位大致相同。首先,这两种系统均以自动化轨道为技术特征,属于城市轨道交通的范畴。其次,这两种系统均可通过分层布网实现地下连接与协同运行。相关研究证明,具备末端地下配送功能的地铁货运网络在货运能力和服务水平上与等规模的专用地下物流网络基本持平。我国新区城市轨道交通建设以地铁为主,丰富的基础设施和地下空间资源能够极大地提升地铁的货运能力。成网后的地铁货运系统具备良好的兼容性和可扩展性,能够促成城市交通物流形态的根本性转变。地铁货运系统在城市物流运输体系中的功能定位如图 2-41 所示。

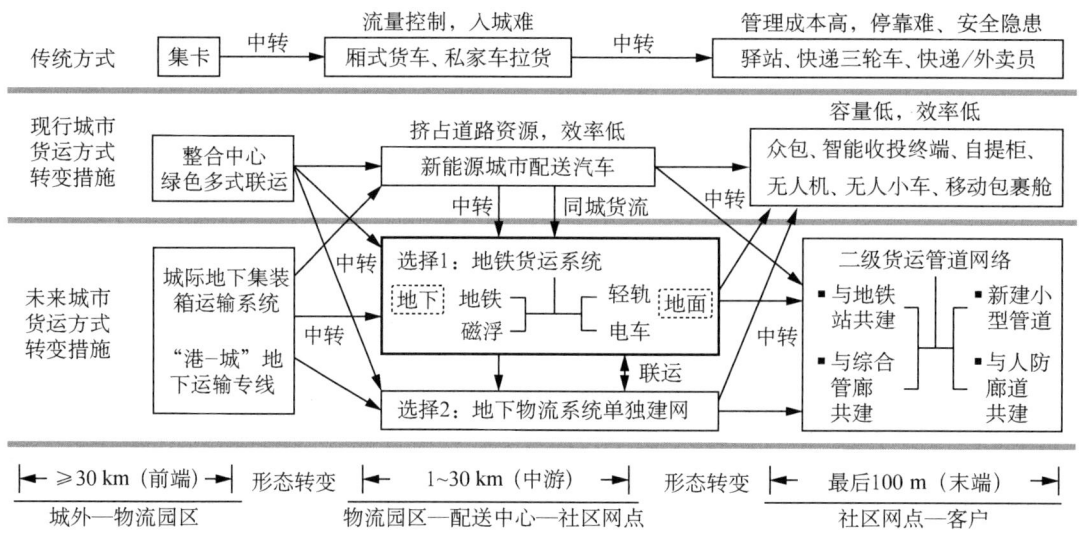

图 2-41 地铁货运系统在城市物流运输体系中的功能定位

地铁货运网络是连接"城市周边大宗货物运输"与"城市内部末端配送"的高效媒介，网络中的各层设施需要级联互动，将分散在城市周边的货物以一种集中、高效、可持续、自动化的方式输送至各个客户终端。地铁货运系统应当尽量与现有物流体系融合，以解决传统物流难以解决的运输瓶颈。

地铁货运系统属于一种新型的交通运输模式，它将传统地铁客运功能与物流运输相结合，形成一种高效的综合交通运输网。基于地铁的地下物流系统网络布局与城市形态密切相关，主干网络的布局严格受限于地铁网络规划，分支货运管道的布设在很大程度上受到城市地下空间开发利用条件的影响。图 2-42 刻画了一类地铁与地下物流共建系统的网络形态。从都市圈的角度来看，市郊轨道交通快线适合将货物从主城周边的组团或卫星城运输至中心城区边界。随快线抵达的货物与周边园区、工厂、货运场站等物流门户的入城货物汇集后，将被分配至不同的地铁线路，以便进一步向城市内部运输。

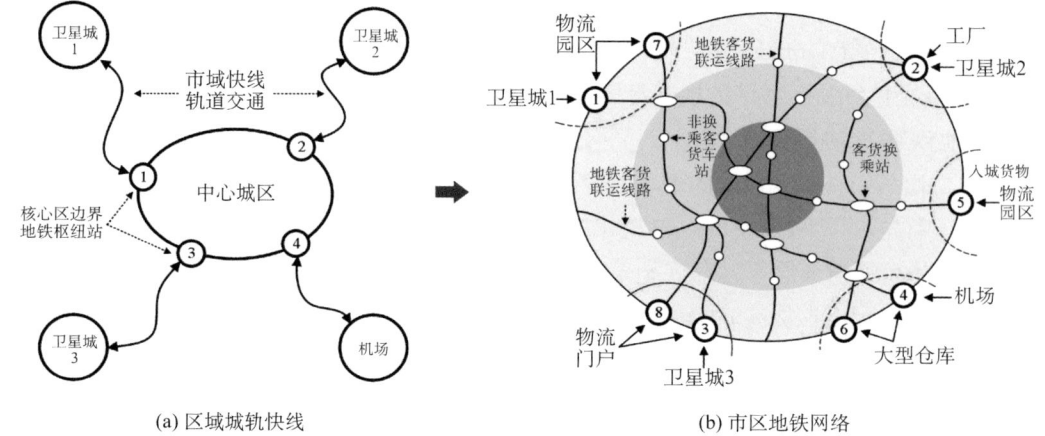

(a) 区域城轨快线　　　　　(b) 市区地铁网络

图 2-42 依托地铁线网构建城市级地下物流网络

地铁与地下物流系统共建旨在利用地铁基础设施和城市地下空间资源,以提高系统容量和运输适用性为目的,为特大城市商户和居民提供"门到门"的货物自动化配送。在已建成地区,地铁货运系统根据既有地铁线网设施改建而成;在新城新区,地下物流功能可直接嵌入规划地铁线路的设计中,实现一体化开发。然而,仅凭借地铁设施是无法构建完整的城市地下物流网络的,地铁货运系统共建必须解决"首公里"问题(即货物如何从位于郊区的货源地进入地铁网络)以及"最后一公里"问题(即如何将货物从地铁站配送到客户指定的目的地)。

3. 地铁货运系统发展模式

从既有基础设施条件来看,我国的地下空间开发与地铁建设为发展地铁货运系统提供了先决条件。首先,我国城市地下空间开发利用水平、规模和速度已居世界前列,具备必要的建造技术。其次,大部分城市响应"轨道交通指引城市发展(TOD)"的政策号召,地铁线路规划整体呈现出站点密集且均匀分布的特征,地铁基础设施的选址不局限于城市中心,几乎覆盖了城市内部和市郊的重要区域,甚至在一些大城市近乎覆盖全城。最后,这些市郊地铁线网不仅能够为人们在城市周边出行提供便利,更能旁通途经的物流节点,为货运功能的规划提供可能。地铁货运系统使得来自城市周边物流园区的货物直接进入城中心,不需要像传统模式那样经历道路环线或穿越整个城市。由此观之,地铁货运系统具有很大的发展空间。从统筹城市物流规划与城市发展的角度来看,地铁货运系统高度契合城市物流产业重塑的需求。

我国地铁货运正经历着从"无"到"有"的转变。深圳地铁率先开展"行李驿站"同城配送试点;《北京城市副中心控制性详细规划》明确指出,利用"设施服务环"地铁线路建立地下物流配送干线系统。需要注意的是,我国地铁货运系统规划与国外项目之间存在明显区别。一方面,欧美地区大多由供应链企业与地铁私人运营商合作,借用市郊线路运力进行货物运输,由于经营权属问题,难以推广至城市腹地;相比之下,我国地铁集中管理,运营模式统一,具有实现地铁货运标准化、网络化和规模化的必要条件。另一方面,我国城市物流遵循"从区域物流园区到城市配送中心,再到末端场站/网点"的多级运作流程,需求量巨大,应当充分利用新建地铁网络的密度优势和低峰期富余运力,与其他运输方式共同开展大宗物资配送,形成覆盖快递、冷链生鲜、零售商业的多式联运分层网络,分摊道路交通压力。

地铁货运系统不仅是地下物流系统的一种特殊形式,更是城市物流体系升级与城市轨道交通发展的前瞻性理念。我国地铁网络化、规模化的发展态势为实现地下客货协同运输提供了良好机遇。因此,可将其定位为一类新型城市交通基础设施,推动传统道路货运方式向地面地下一体化物流体系转型。研究人员提出了地铁货运系统的分阶段建设思路(图 2-43),具体如下。

1)开展地铁货运线路试点

地铁货运线路试点的成功标志着地下物流及地下客货协同运输技术已具备可靠的应

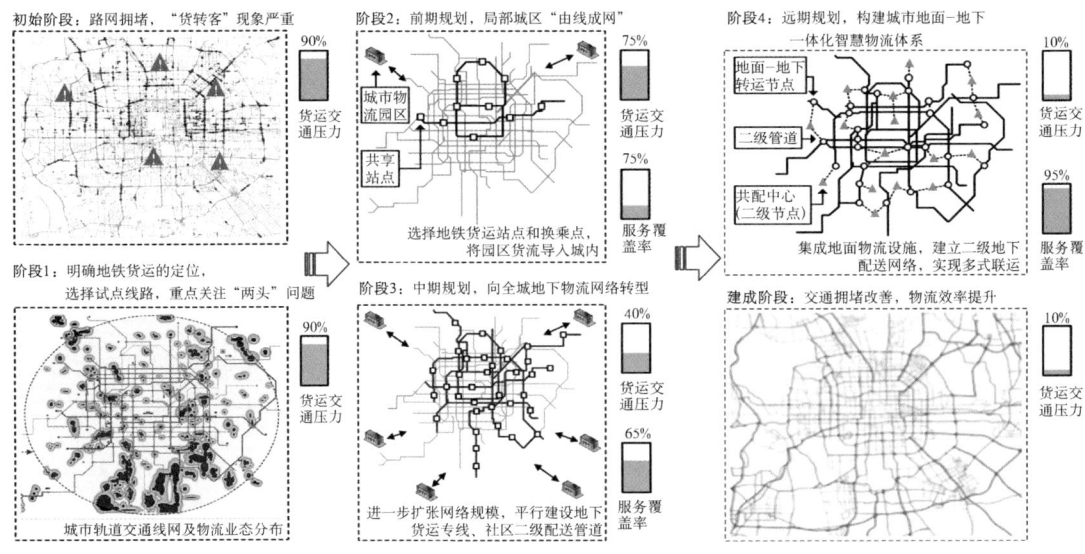

图 2-43 地铁货运系统分阶段建设思路

用基础。对于基础设施开发完善的高密度地区,可优先改建单条地铁线路作为货运试点;对于新城区,则适合在拟建线路中加入货运功能设计。试点项目须重点关注如下问题:其一,以现有地下轨道交通修建技术和物流工业化技术为蓝本,建立城市地下物流规划设计指南,包括专用设施设备的建造标准、技术配置、制式规格和运行规范等。其二,基于大数据需求预测技术和系统工程成本效益理论,探索适合不同地铁线网形态的客货协同运营模式,提升线路经济绩效。其三,提出地铁货运"两头衔接"方案,即如何将货物从前端园区引入试点线路,再从地铁站分配至客户终端。此外,受城市更新、园区外迁等因素的影响,需要在综合分析物流需求、城市业态分布与 TOD 战略的基础上进行合理部署。

2）局部地区由线成网

在单条货运线路试点基础上,利用若干地铁货运线路满足高密度城区的货运需求,通过设置地下换乘节点将多条货运线路串接成网。货运网络的建设时序与客运地铁类似,即"逐线设站、交叉换乘"。随着网络规模扩大,客流与货流的协同管理变得复杂,需要依托成熟的轨道交通行车控制技术、智能调度及流量控制理论,优化资源配置,提升系统运行效率和可靠性。此时的客货协同运输服务覆盖率仍不高,网络运力有限,尚不能盈利,需要通过政策激励提升社会和市场对地下物流的认知,吸引社会资本和利益相关者参与项目建设运营。

3）向城市地下物流网络扩张转型

达到一定建设规模后,协同运输服务可随地铁扩展至新城新区全域。此时,应在城市规划层面上制定地下物流的发展战略,构建"客运为主,货运为辅"的城市地下综合运输网络。网络连通城市各大物流门户,以快递配送和零售货品供应为主要业务。依据地下物流设施选址布局理论,可在社区内部布设末端节点,并通过分支管道与地铁货运站点相连,从而优化地下网络分层结构并进一步提升系统运能。这种末端自动化共配的地铁货运网络，不仅能够满足市域大宗物资的运输需求，还能显著缓解城市交通拥堵。

4）构建地面地下一体化的新型城市物流体系

从我国推进交通强国建设、碳达峰、智慧城市建设、城市地下空间开发等重大战略的角度来看，地铁货运的远期定位应从一项"智能运输技术"上升为一类"引领城市可持续发展的新型基础设施系统"。通过推动城市地面与地下物流系统协同发展，逐步实现城市空间利用一体化、城市客货运输一体化、城市物流与TOD建设一体化，构建多层次、集约化、时空一体的城市立体网络运输体系，从根本上突破未来城市的交通桎梏和物流限制，从而增强城市在灾害和公共卫生事件暴发时期的应急能力，提升城市交通韧性。

参考文献

[1] ASCE Task Committee on Freight Pipelines of the Pipeline Division. Freight pipelines: Current status and anticipated future use[J]. Journal of Transportation Engineering, 1998, 124(4): 300-310.

[2] Liu H, Kosugi S. Use of pneumatic capsule pipeline for underground tunneling[C]//12th International Symposium on Freight Pipelines. Prague, Czech Republic, 2004.

[3] Lundgren T S, Zhao Y. Aerodynamics of electrically driven freight pipeline system[J]. Journal of Transportation Engineering, 2000, 126(3): 263-270.

[4] Kosugi S. Effect of traveling resistance factor on pneumatic capsule pipeline system[J]. Powder Technology, 1999, 104(3): 227-232.

[5] O'Connell R M, Liu H, Lenau C W. Performance of pneumatic capsule pipeline freight transport system driven by linear motor[J]. Journal of Transportation Engineering, 2008, 134(1): 50-58.

[6] Liu H, Lenau C W. An advanced electromagnetic capsule pipeline system for conveying minerals and mine wastes[C]//4th International Symposium on Underground Freight Transport (ISUFT). Shanghai, China, 2005.

[7] O'Connell R M, Lenau C W, Zhao T. Capsule separation by linear induction motor in pneumatic capsule pipeline freight transport system[J]. Journal of Pipeline Systems Engineering and Practice, 2010, 1(2): 84-90.

[8] Koseki T, Sone S, Yokoi T, et al. Investigation of secondary slot pitches of a cage-type linear induction motor[J]. IEEE Transactions on Magnetics, 1993, 29(6): 2944-2946.

[9] Stein D, Stein R, Beckmann D, et al. CargoCap: Feasibility study of transport containers through underground pipelines[C]//Proceedings of the 4th International Symposium on Underground Freight Transport by Capsule Pipelines and Other Tube/Tunnel Technologies. Shanghai, China, 2005.

[10] Roop S S, Roco C E, Morgan C A, et al. Technical and economic feasibility of a freight pipeline system in Texas[R]. The Texas Department of Transportation, Research and Technology Implementation Office, Austin, 2004.

[11] Najafi M, Ardekani S, Shahanadashti S M. Integrating underground freight transportation into existing intermodal systems (Report No. 0-6870-1)[R]. The Texas Department of Transportation, Research and Technology Implementation Office, Austin, 2016.

[12] Rijsenbrij J C, Pielage B A, Visser J. State-of-the-art on automated (underground) freight

transport systems for the EU-TREND project[D]. Delft University of Technology, Delft, 2006.
[13] Taniguchi E. Underground freight transport systems as city logistics measures[C]//The 3rd International Symposium on Underground Freight Transportation by Capsule Pipelines and Others Tube/Tunnel Systems. Ruhr-Universität Bochum. 2002: 19-20.
[14] Visser J G S N. The development of underground freight transport: An overview[J]. Tunnelling and Underground Space Technology, 2018, 80: 123-127.
[15] Pielage B J. Underground freight transportation: A new development for automated freight transportation systems in the Netherlands[C]//ITSC 2001. 2001 IEEE Intelligent Transportation Systems. Proceedings (Cat. No. 01TH8585). IEEE, 2001: 762-767.
[16] van der Heijden M, Ebben M, Gademann N, et al. Scheduling vehicles in automated transportation systems algorithms and case study: Algorithms and case study[J]. OR Spectrum, 2002, 24: 31-58.
[17] Ebben M, van der Zee D J, van der Heijden M. Dynamic one-way traffic control in automated transportation systems[J]. Transportation Research Part B: Methodological, 2004, 38(5): 441-458.
[18] Vis I F A. Survey of research in the design and control of automated guided vehicle systems[J]. European Journal of Operational Research, 2006, 170(3): 677-709.
[19] Beckmann H. CargoCap: A new way to transport freight[J]. Executive Intelligence Review, 2007, 34(40): 53.
[20] Stein D, Schoesser B. CargoCap-transportation of goods through underground pipelines: Research project in Germany[C]//ASCE International Conference on Pipeline Engineering and Construction. Maryland, USA, 2003.
[21] Scholten J, Knuepfer P, Schmitt M. CargoCap: Underground transportation system in the model test track[C]//Proceedings of the Fourth International Symposium on Underground Freight Transportation. Shanghai, China, 2005.
[22] 张梦霞,汤宇卿,鲁斌. 地下物流与城市基础设施整合研究[J]. 地下空间与工程学报,2020,16(S1): 30-38.
[23] 张凌翔. 城市地下道路、物流廊道与综合管廊一体化研究[J]. 地下空间与工程学报,2020,16(S1): 7-11.
[24] 兰婷,郑立宁. 结合人防空间打造城市地下物流系统[J]. 建筑技术开发,2020,47(19):13-14.
[25] Liu Q, Chen Y, Hu W, et al. Underground logistics network design for large-scale municipal solid waste collection: A case study of Nanjing, China[J]. Sustainability, 2023, 15(23): 16392.
[26] 胡万杰,董建军,陈志龙. 基于地铁货运系统的城市物流发展模式探讨[J]. 铁道运输与经济,2022, 44(2):8-15.
[27] 胡万杰,董建军,任睿,等. 基于客货协同的地铁货运系统设施规划研究[J]. 地下空间与工程学报, 2021,17(5):1351-1361,1375.

国际案例篇

第3章
欧洲地下物流系统研究与实践

欧洲是两次工业革命的发源地,地下自动货物运输技术和第一条实现商业化用途的货运管道均诞生于欧洲。在现代地下物流系统的发展历程中,欧洲国家扮演着"探路者"的角色,推动了多种地下物流概念的问世与工程尝试。尽管大部分项目因各种原因未能实施,但相关开发倡议和解决方案对于当前地下物流系统的实践具有重要的借鉴意义。本章回顾了荷兰、德国、瑞士、英国、意大利、比利时等国家在地下物流系统研究与实践方面的成果,侧重介绍了项目的背景、发展过程、规划思路和方案评估,汇总了安特卫普大学[1]、代尔夫特理工大学[2-6]、波鸿鲁尔大学[7-9]、佩鲁贾大学[10,11]、纽卡斯尔大学[12,13]等机构学者的相关研究成果。

3.1 比利时地下集装箱运输系统研究

3.1.1 背景介绍

安特卫普港是比利时经济的重要引擎,也是比利时原材料和(半)成品进出口的主要门户。港口聚集了数百家全球领先的货物装卸公司、国际物流公司和货运代理公司,同时其工业活动(如石化产业)也非常密集。截至2005年,安特卫普港的货物吞吐量已达到1.6亿t,其中近7 500万t(约650万TEU)为集装箱货物,直接就业人数约为63 000人[1]。

海运集装箱的增加是安特卫普港货运量快速增长的主要原因。从1995年到2005年,该港口的集装箱运输量几乎翻了一番。该港口75%以上的货物为集装箱货物,而在1980年代,这一比例还不到30%。为了应对不断增长的集疏运业务,当地政府在舍尔德河(Scheldt)左岸兴建了一个新的集装箱码头,即德尔甘克(Deurganck)码头。该码头被设计为安特卫普港区货物的主要集散地。如图3-1所示,安特卫普港由两部分组成,一部分位于舍尔德河右岸,另一部分位于左岸,形成了两个独立的港区。在德尔甘克与河流右岸的其他码头之间,存在大量集装箱和空集装箱的转运交换。据安特卫普港务局估计,德尔甘克码头建成后,约70%的集装箱需要跨越舍尔德河。由于两岸之间缺乏连通,港区内部的集装箱转运面临着诸多困难。

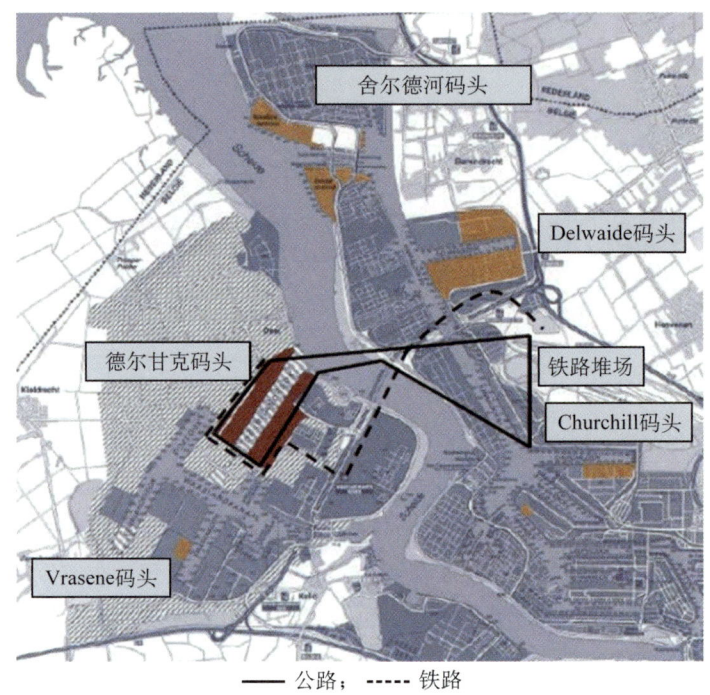

图 3-1　安特卫普港主要集装箱码头

在内陆运输方式中,公路、铁路和内陆航运分别占据安特卫普港集装箱运输的60%、9%和31%。然而,已建成的安特卫普环形公路和铁路隧道接近饱和,难以满足新码头产生的额外运输需求。内陆航运部门也表示,新的德尔甘克码头可能没有足够的空间为集装箱驳船提供停泊和装卸操作(预计每年需要至少20 000次驳船搬运)。另外,驳船在两岸之间转移集装箱需要通过船闸,这不仅增加了时间和成本,而且一旦新码头的集装箱流量增加,船闸的拥堵将明显加剧。因此,当局估计,基于现有交通设施扩建的解决方案对于提升安特卫普港两岸之间的集装箱搬运能力和效率也是有限的。

考虑到传统的内陆运输方式难以长期容纳不断增长的集装箱需求,安特卫普港务局提出了一个创新的解决方案:建造一个专用的地下物流系统,在舍尔德河两岸之间实现集装箱的快速转运。该系统被命名为地下集装箱运输(Underground Container Mover,UCM)系统。

3.1.2　系统设计

根据2005年的海运市场数据分析,德尔甘克码头每年约有450万TEU需要从左岸转移到右岸。为解决这部分流量,最直接的方法是在舍尔德河下再建造一条铁路隧道,利用火车来运输集装箱。为此,比利时国家铁路公司提出了一项名为Liefkens-hoek的铁路隧道方案。然而，该工程必须面临隧道爬坡角度大的挑战，同时涉及高昂的建设成本（估计约为 11 亿欧元）和至少 8 年的建设工期。出于这些原因，当局放弃了对传统铁路隧道的考虑。

从技术上讲，集装箱的高效自动化运输可以通过灵活编组的自动导向车在直径更小的管道中实现。基于这一思路，安特卫普港务局提出了一种有前景的替代方案，即建设由闭环管道组成的 UCM 系统，逐步形成一个覆盖港区各个码头的地下运输网络。与传统的铁路隧道相比，闭环 UCM 系统具有许多优点。首先，地下管道内部的牵引力是通过链条传动方式实现的，该项技术允许线路具有更大的倾斜度（传统铁路隧道约为 1.2/100，UCM 系统则为 12/100），对于超短距离运输过程（两个停靠点之间小于 200 m）更有优势。其次，由 20 km 闭环管道组成的 UCM 系统的建设成本预计约为 3.5 亿欧元，即 17 500 欧元/m，明显低于传统铁路隧道建设成本。最后，UCM 项目的总工期（包括装备研发）大约为 48 个月，能够比铁路隧道提前 3 年投产使用。此外，该系统还具有准时、可靠、可持续、效率高等优点。

图 3-2 展示了 UCM 系统在安特卫普港内的布局规划方案。地下线路连接了位于舍尔德河右岸的铁路货运终端、Delwaide 码头的内陆航运枢纽，以及位于左岸的新的德尔甘克码头、Berendrechtsluis 码头的集装箱堆场和 Europa Terminal 转运中心，并与现有的高速公路相连。根据规划，UCM 系统能够实现全天候的港区集装箱地下自动化运输，并与外部的多式联运系统相结合。

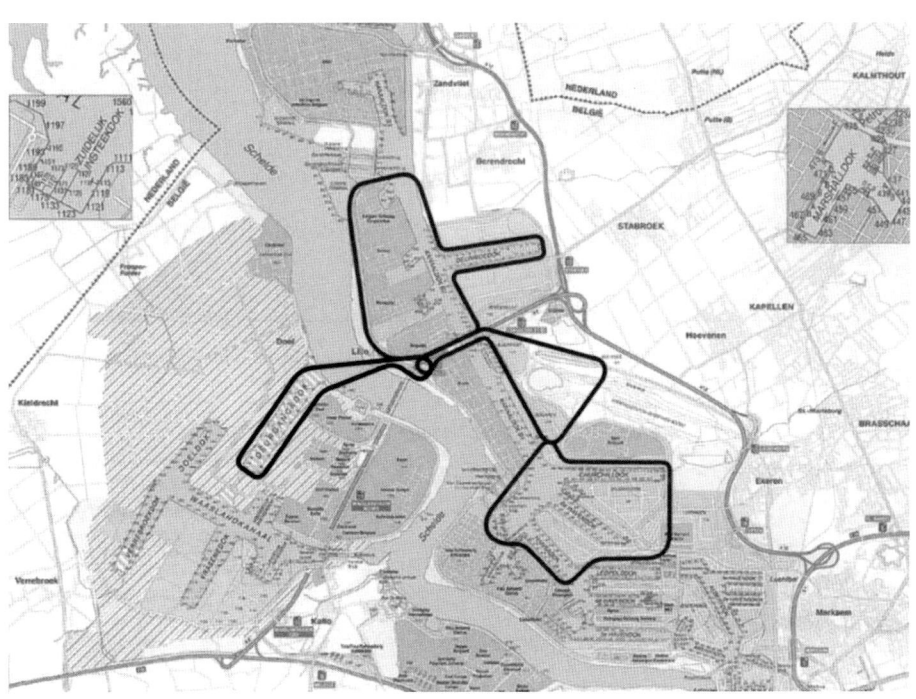

图 3-2　安特卫普港 UCM 环线规划

UCM 系统的地下管道直径设计为 4.2 m，采用自动化运载制式，可实现以 7～15 km/h 的速度沿管道线路运输集装箱。地下线路的断面流量强度超过 100 箱/h，每天可运输 5 000 个集装箱，初步设计年集装箱运输能力为 200 万 TEU，后续可扩展至 400 万 TEU。考虑到该系统的开发成本和潜在业务需求，按照 20 年的寿命周期计算，每个集装箱的地下运输费用预计低于 30 欧元。因此，与传统的地面运输方式相比，UCM 系统的经济回报率更具竞争力。

1. 地下运输载具

1）集装箱输送带

对于短途运输而言，一种经济的选择是在地下管道中搭载输送带，货物直接置于输送带上并随之缓速移动。然而，由于集装箱的绝对质量较大，不能将其放置在单个输送带上，否则会对输送带的各个部件产生难以承受的应力。因此，基于输送带制式的地下运输系统必须经过特殊设计。图 3-3 展示了 UCM 系统考虑的输送机设计方案，输送机的第一部分对输送带进行加速，达到恒定速度后使其移动到管道的另一侧，最后通过减速器将集装箱速度降低至零。当集装箱从外部通过吊装方式进入线路时，将被放置在静止的输送带上，随后通过加速器将集装箱加速到第二个输送机的速度。该过程必须被精确控制，以实现集装箱的平滑传递。

地下输送带的可靠性是一个重要问题。如果其中一个输送机出现故障，整个系统将停止运行。因此，每个输送区间需要由多个独立运作的子区间组成，这些子区间配有完整的驱动系统，包括电机、齿轮箱、轴承和输送带，并且可以轻松更换备用部件。如果这些子区间的长度低于集装箱的长度，只要它们不是连续的，那么其中一部分出现故障将不会导致整个系统级联失效。

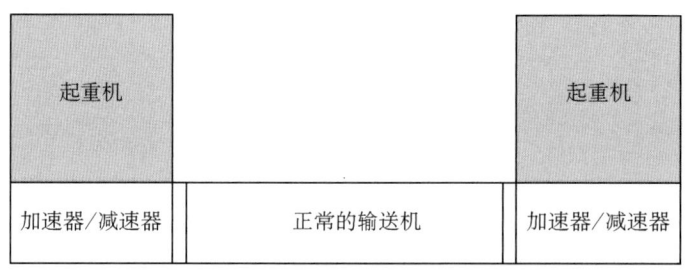

图 3-3　UCM 输送机设计方案示意

2）地下 AGV

UCM 项目考虑了利用 AGV 进行地下运输。如本书第 2 章所述，港口 AGV 是一种沿着预设路径运行的自动化搬运工具，通常设计为大型平板车辆，可携带 1～2 个集装箱。在地下物流系统的应用中，AGV 制式的优势是能够在地面与地下之间灵活往返，运行可靠、吞吐量大、空间要求小。

AGV 系统由车辆载具、导航系统和控制终端等部分组成。AGV 的搬运可以通过跨运车或起重机实现，也可以使用集装箱升降系统实现，还可以通过牵引车的方式通过组成 AGV 车队来实现。许多设备可以集成在 AGV 上，使得地下运输和装卸操作更加方便、快捷。然而，地下 AGV 制式通常成本较高。此外，由于集装箱质量较大，除了 AGV 自身携带的电池外，还需要配备柴油机和通风系统来完成驱动。

3）轨道穿梭车

轨道穿梭车（图 3-4）是一种专用的地下运输制式，可使用起重机或叉车在地面完成集装箱装载，并且以低能耗的方式在隧道中行驶。相比于 AGV，轨道穿梭车所需的隧道直径更小，建造成本也较低。但是，轨道穿梭车制式需要更大的场站空间，并且灵活性有限，系统布局一般不可更改。轨道穿梭车通过牵引电缆驱动，使速度保持恒定。常见规格的集装箱可以通过轨道穿梭车轻松进入直径约为 4.2 m 的隧道。此外，轨道穿梭车的前方和后方各有两个独立的轮轴，这些轮轴可以使得车辆灵活转弯。

图 3-4 轨道穿梭车示意

2. 地下货物进出口设计

在地下集装箱运输环路构造方面，UCM 系统设计了两种不同的地下货物进出口形式，分别是垂直竖向进出口形式和水平坡道进出口形式，如图 3-5 所示。

1）垂直竖向进出口形式

集装箱放置在地下货物进出口的载具上，通过起重机移动搬运载具，跨运车为集装箱提供支撑，集装箱由起重机下放到竖井中，少量集装箱可以存放在台架内。水平搬运可以通过并排连接多个台架将所有集装箱带到同一个输送带，或者通过台架将集装箱依次放置在输送带上，并设置适当的缓冲区。

(a) 垂直竖向进出口

(b) 水平坡道进出口

图 3-5 UCM 系统地下货物进出口形式

2）水平坡道进出口形式

水平坡道进出口的设计思路是让集装箱搬运车在码头装卸时上升到地面，在装卸结束时移至地下。在地上循环部分，集装箱进入水平坡道环线，通过靠近码头和船舶的跨运车进行装卸。水平坡道进出口形式的优点是周转次数少,地面至地下的搬运过程可以不间断进行。

3. 货物装卸平台

为了流畅地完成穿梭车的装载和卸载过程,需要建立若干装卸平台。集装箱起重机支腿之间的停车区域可以安装多条线路的装卸平台,装卸平台也可以利用后方码头的地面或地下空间进行设置。装卸平台的布局有环线和星形两种形式,如图 3-6 所示。在码头区域,主轨道装卸平台的旁边需建立一条长度为 30 m 的副轨道,场桥吊装车可以在这条平行轨道上滑动,将集装箱从船只直接吊装至地下物流车辆,如图 3-7 所示。

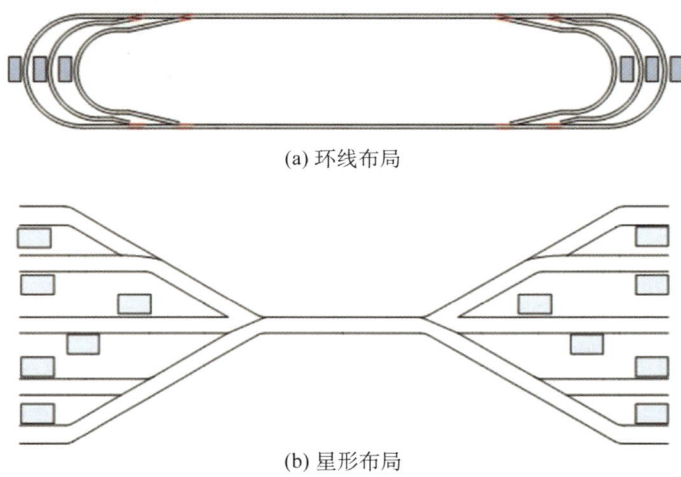

(a) 环线布局

(b) 星形布局

图 3-6　集装箱装卸平台形式

图 3-7　地下物流与场桥对接方式示意

3.2 荷兰 OLS 史基浦地下物流系统研究

3.2.1 荷兰地下物流发展历程

荷兰是世界上最早也是水平最高的地下物流系统研究国家之一。20世纪70年代，荷兰提出了地下快速运输系统的理念，即通过地下隧道网络和专用自动化车辆运送货物，因此，地下货运也被称为"地下物流系统"，荷兰语称之为 Ondergrondse Logistieke Systemen，简称 OLS。地下物流系统结合了自动化、规模化地下交通运输的经济优势以及地下专有基础设施运营带来的社会优势[2]。

经济优势包括：①直接派送（无需等候司机招募）；②可全天候运行；③运维成本较低，比卡车运输更经济；④货物流通效率更高。

社会优势包括：①减少环境负面影响，包括噪声、视觉污染和 CO_2 排放等；②减少交通拥堵；③减少能源消耗；④促进地下空间的合理利用；⑤提高交通安全性。

1987年，荷兰交通部开始关注"整合化运输系统（Integral Transport System）"的概念，该系统由长距离（超过 200 km）的地下快速交通网（包括客货运）组成，并与城市内部的物流网络连接。1987—1993年，荷兰政府支持了几项关于地下运输的概念研究。1994年，荷兰政府与未来可持续技术的专家和利益相关者进行了几次圆桌讨论。在这些会议中，各方一致认为地下货运是有前景且可持续的未来货运技术。因此，荷兰开展了一系列关于地下运输的可行性研究，并确定了地下物流的应用领域。研究结论显示，在城市物流领域，地下货运是最佳的运输方式[3]。图 3-8 所示为荷兰地下物流的应用构想。

(a) 城市地下物流配送　　　　(b) 货物多式联运

图 3-8　荷兰地下物流应用构想

1995年，荷兰的私营公司提出了两个地下货运项目倡议。一个项目是通过中距离地下管道（约 100 km）将鹿特丹与安特卫普港相连，主要运输小型集装箱；另一个项目主要探讨地下运输航空货物和花卉产品的可行性，旨在通过建立地下物流网络，将阿姆斯特丹的史基浦（Schiphol）机场与阿尔斯米尔（Aalsmeer）鲜花拍卖行和霍夫多普（Hoofddorp）的一个铁路枢纽站连接起来,实现航空、铁路和公路之间的货物无缝衔接。地下货物运输需要全新的地下基础设施,这涉及高投资,耗费时间长,并且需要与本地利益相关者进行协调。不过,基于地下的运输模式可以在提升内陆航运和城市配送效率方面发挥重要作用。

1996 年 1 月开始,一个由 100 多名研究者组成的团队在荷兰成立。1996—1997 年,该团队进行了城市地区管道运输说明研究。在这项研究中,研究者提出了一种新的地下运输原型系统,该系统由地下管道网组成,连接城市商业区、居住区和工业区,运载单位为 1 m³ 左右。研究认为,地下物流系统存在两种基本应用模式。一是在城市地区为零售业、餐饮业、办公室和消费者提供便利,地下运输涉及标准化的商品托盘和城市物流运载单元;二是在工业综合体、物流中心和多式联运枢纽(如机场和港口)之间运输海运集装箱、空运托盘等大批量货物。

1997 年,来自荷兰交通部、公共事务与水管理部、经济事务部、居住空间规划和环境部的代表成立了"跨部门地下交通计划小组(IPOT)",对地下物流进行更大规模的探索性研究。研究的第一阶段从 1997 年 9 月持续至 1999 年末,主要研究了荷兰史基浦机场、乌得勒支(Utrecht)、莱顿(Leiden)和蒂尔堡(Tilburg)等地区的地下物流应用前景。探索性研究表明,荷兰国内 30% 的货物(约为 2.45 亿 t/年)适用于地下物流。地下运输具有良好的社会效益和环境效益。此外,该系统的总体规模包含 4 600 km 的管道网络,其投资将达到 250 亿～500 亿美元。

荷兰政府一开始聚焦于通过试点项目评估地下物流系统的潜力。随着这一概念的推广,地下物流的商业吸引力不断加强。代尔夫特理工大学的 Johan Visser 教授团队提出了实施地下物流战略的 3 条路径[3]。第一,优先在工业区和港口发展地下物流系统,由于这些区域独立于城市,可以为新系统的初步应用和试点提供便利条件。第二,在城市内部发展地下物流网络,解决城市物流配送问题。第三,在国家层面构建连通城市的地下运输主干网。对于以上每一条发展路径,可以根据实际情况划分为不同的实施阶段。

阶段 1:工程示范,主要解决技术和可行性问题。

阶段 2:面向社会急需的货运业务,从国家和公众利益的层面出发,优先在社会需求最为迫切的地区开发该系统。

阶段 3:面向时间敏感的货运业务。

阶段 4:面向时间敏感和成本敏感的货运业务。

阶段 5:面向成本敏感的货运业务。

工程示范阶段和社会需求阶段是保障各方积极参与地下物流战略的基础,对于剩下的阶段,地下物流系统可交由私人开发。

图 3-9 所示为荷兰地下物流发展路径构思。

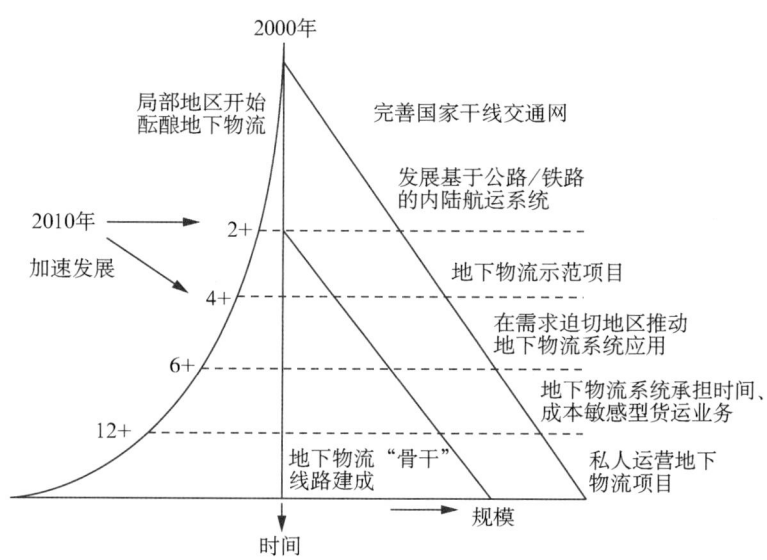

图 3-9 荷兰地下物流发展路径构思

3.2.2 OLS 史基浦项目简介

史基浦机场是欧洲最繁忙的机场之一。然而,该机场的发展面临交通拥堵和环境污染的困扰。世界上最大的花卉市场位于阿尔斯米尔,距离史基浦机场不到 10 km,花卉的运输对运输的时效性要求很高。该市场只能通过公路进入,并且道路十分拥堵。机场周围的道路基础设施只能勉强扩大,特别是机场周边的区域网络和机场基础设施本身也变得越来越拥挤。在荷兰交通部的支持下,OLS 史基浦项目于 1994 年被提出,旨在史基浦机场、阿尔斯米尔花卉市场以及霍夫多普附近的一个新的高速铁路终端之间建立地下专用隧道,实现彼此连接,计划利用 200~400 辆 AGV 在地下隧道中实现高效运输飞机托盘、鲜花和其他过境货物[4]。

OLS 史基浦地下物流系统的最初设想是建立一条多式联运地下运输路线,以提升花卉商品在多个枢纽之间的转运效率。如图 3-10 所示,霍夫多普、史基浦和阿尔斯米尔 3 个区域通过地下管道互相连接,全长约 13 km[5]。该系统连接到霍夫多普的铁路终端,支持货物自动处理并与高铁货运集成。在史基浦机场,货运堆场与地下系统相连,阿尔斯米尔的花卉市场配置地下货运终端。OLS 史基浦地下物流系统的总投资约为 2 亿欧元,其特点是货物类型明确、针对性强。系统的整体布局如图 3-11 所示。

该项目的可行性研究从 1995 年开始,于 1996 年 1 月完成。其结论是地下物流系统可以改善史基浦区域的交通,并减少货运对环境的压力。系统的初步设计于 1999 年完成,确定了与运载工具、货物处理、终端布置和控制等有关的概念,并对不同的系统原型进行了测试[4]。该项目的可行性研究提出了多种地下路线和终端位置的备选方案。系统布局受多种因素的影响,包括不同地区的位置、距离以及地理障碍。此外,终端的数量、位置

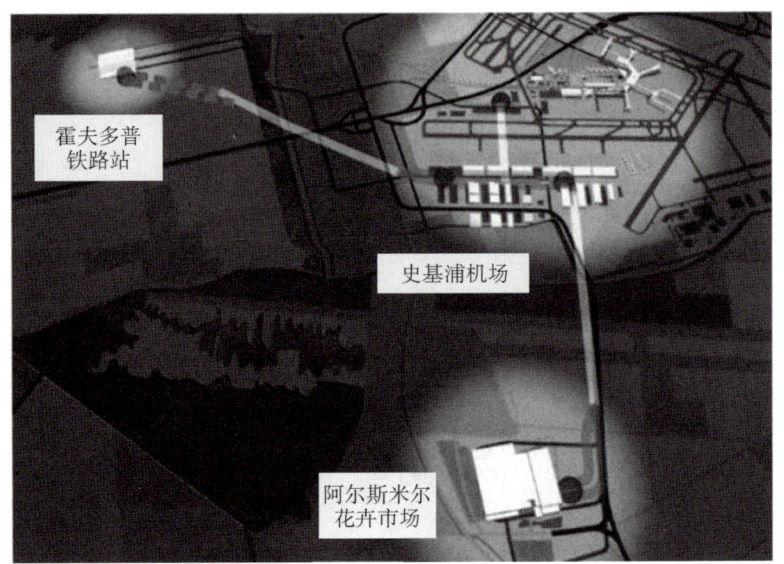

图 3-10　荷兰史基浦机场区域图

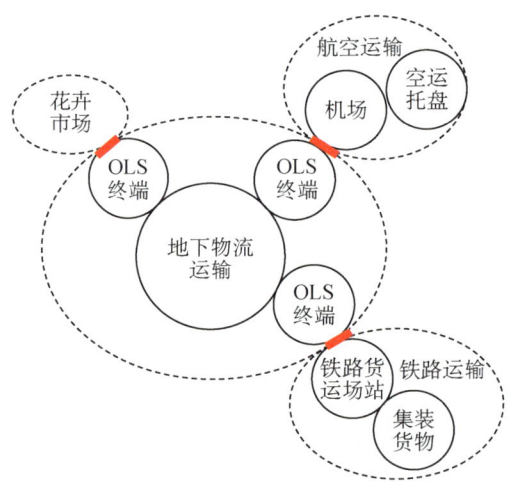

图 3-11　OLS 史基浦地下物流系统整体布局示意

和方向也会对布局产生影响。

　　图 3-12(a)所示的是 OLS 史基浦地下物流系统原始布局图。1 个地下终端布置在霍夫多普附近；3 个终端布置在史基浦机场位置，其中一个大的终端连接花卉市场。地下物流线路一部分采用暗挖法结合明挖法的方式建造。为了节省开支，暗挖隧道为单洞单向，这要求在特定的时间内必须要控制行车方向，以保证不同方向的车辆能够顺利通过隧道。另一部分线路采用明挖法建造，单洞双向，允许两个方向的车辆同时行驶。

　　图 3-12(b)展示的是 OLS 史基浦地下物流系统的另一种布局方式。地下终端不再位于霍夫多普，而是被安排至史基浦机场附近的铁路车站。这种布局使得机场到铁路的

运输距离缩短了,所需建设的隧道更短,大大减少了投资;其弊端是铁路车站需要建在地下,否则可能导致衔接不畅的问题。

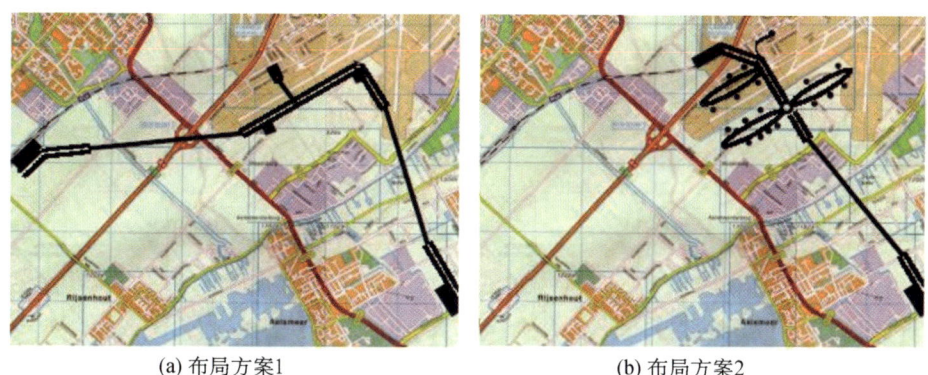

(a) 布局方案1　　　　　　　　　　　(b) 布局方案2

图 3-12　OLS 史基浦地下物流系统布局方案

完整的运输理念是地下物流项目规划的一个重要出发点。在初步设计阶段,不同的理念都要接受分析和测试。在设计运输系统时,第一步是清晰界定系统范围和限制条件。由于地下物流系统要满足最终用户的各种目标,所有功能需求都必须考虑进去,包括经费、容量、负载单元、运输条件、运输时间、可靠性、有效性、可达性、空间协调、承受力、安全性、维护和监管、信息流、物流以及系统交叉边界。第二步是确定不同类型的货物和可能的运输载体,将预计的运输量转换为未来运输载体的数量。此后,可以创建多个运输和处理方式的概念,并尝试构建终端和系统布局。采用虚拟和实物原型来分析、开发和测试概念设计模型。

OLS 史基浦项目提出的地下物流系统要求运输多种货物,包括拍卖车、手推车、托盘、标准空运集装箱和空运托盘等[6],其所需的隧道直径大小如图 3-13 所示。由于运输货物的尺寸存在较大差异,所以需要设计一个标准化的运输单元。为了确保地下运输的经济性,AGV 必须能够快速运行,设计主线路中的车速为 6 m/s,终端的车速为 2 m/s。每个 AGV 要求至少能够容纳宽度为 3 m 左右的货物托盘。此外,部分区间的隧道直径可能要求达到 5 m,以容纳更大的多式联运单元。

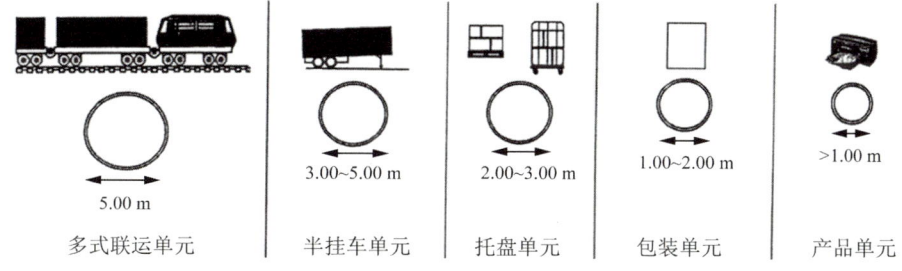

图 3-13　不同货物地下运输所需的隧道直径大小

在隧道设计方面，专家们的意见存在较大分歧。一些人认为地下物流需要实现空运集装箱与铁路货物的多式联运，另一些人则认为地下物流更适合配置城市配送中广泛使用的欧洲托盘。显然，隧道的直径大小会对投资成本产生巨大影响。考虑到利益相关者的不同期望，决定运输单元的标准规格存在诸多分歧。研究人员主要调查了内径为 5 m 和 3 m 的隧道系统建设方案。5 m 系统主要采用分段隧道 TBM 钻井技术，3 m 系统则采用顶管（微隧道）施工技术，前者的工程投资成本大约是后者的两倍。然而，项目方最终还是选择了直径为 5 m 的隧道方案，主要是因为该方案可以将空运集装箱通过地下直接转移至铁路终端，而不需要重新包装成更小的单元。代尔夫特理工大学深入参与研究了地下线路选址方案和项目投资。项目建设的其中一个条件是该系统必须 100% 建立在地下。该系统的地下特性具有免受外部影响（如天气和盗窃）的优势，然而也有缺点：一是只有在高价值的土地上开发时，所需的投资才是合理的；二是系统具有不可见性，这将无法使其获得更多的关注。研究人员认为，只有在绝对必要或成本较低的地方建立地下货运隧道设施，才能确保该项目的经济可行性[3]。

3.2.3　关于荷兰地下物流实践的反思

若一切按照计划，OLS 史基浦项目可以在 2004 年投入运行，然而项目最终没有成功。荷兰政府最终拒绝为该项目提供必要的建设费用。过分要求 100% 的地下运输方案阻碍了项目的快速实现。2001 年，荷兰交通部出版了一份备忘录，一致认为发展地下货运是有前途的，但并不是减少史基浦地区道路拥堵的一种经济性的解决方案。此后，若干学者对 OLS 史基浦项目进行了反思，其中，成本高、缺乏政策支持、私营企业参与程度低被认为是该项目失败的三大原因。以下引述了 Visser 等[3]对地下物流系统发展的若干观点。

1. 地下物流技术的采用与定位

地下物流系统可以被视为一种创新，是一种全新的想法、实践或对象。每一项创新都要经历一定的酝酿和发展过程。对于地下物流系统，这个过程可以分为如下几个阶段。

第一阶段：人们显著认识到货运和客运造成的交通拥堵和空气污染问题，这种认识导致对更可靠的地下运输方式的需求。

第二阶段：通过应用研究，开发出一种新的地下物流技术形式，在理想条件下，可有效缓解拥堵并提升物流运输效率。

第三阶段：将地下物流引入一个所谓的利基市场，如史基浦地区，以展示这一概念。

第四阶段：通过在利基市场演示具体的地下物流解决方案，使得这一概念得到扩散，最终赢得公共和私营部门的采纳。

为了促进系统采用，可以从三个方面对地下物流概念进行分析，即产品特性、用户需求和创新体系。采用是一个对创新事物的心理决策过程，通过这个过程，采用单位从最初的了解过渡到采用或拒绝该创新的决定，可大致概括为 5 个不同的阶段。第 1 个阶段是知识阶段，该阶段发生在采用单位，在本案例中的体现是 OLS 史基浦项目的参与者接触地下物流并了解该系统是如何运作的。如果这些知识与采用单位相关，那么就会进入说服阶段，即第 2 个阶段。在第 2 个阶段，采用单位对地下物流解决方案形成有利或不利的态度。此时，创新的特征尤为重要。第 3 个阶段是决策阶段。当决定采用地下物流时，就进入第 4 个实施阶段。在第 5 个阶段，即确认阶段，采用者评估采用创新的决定。

创新的感知属性是访谈和事后评价的基础，主要包括兼容性、易实现性和可试用性。

(1) 兼容性是指创新与现有基础设施（技术）相适应的程度。根据参与者的观察，创新的兼容性程度与该创新的采用程度呈正相关。一个兼容性更好的想法能够降低采用单位对不确定性的顾虑，更加符合心理预期。地下物流系统在技术上不同于已有运输模式。要确定与基础设施的兼容性是促成因素还是障碍，必须考虑是否必须对现有基础设施进行更改。

(2) 易实现性是指创新概念容易理解和操作的程度。一般来说，易实现性不如相对优势或兼容性重要。地下物流可能基于一种不同的技术，这对货运行业来说是一种新技术。当这种技术很容易理解并且不需要新知识时，可以被视为采用的推动因素。

(3) 可试用性是指可以被测试的程度，允许采用单位在低成本或无成本的基础上对新的系统进行试验。

2. 地下物流发展的障碍与驱动因素

Visser 等[3]采访了参与 OLS 史基浦项目的咨询公司、工程公司、工业领域、大学以及政府主管部门的 10 名专家，对该项目进行了事后评估，目的是分析地下物流系统的障碍和驱动因素。他们设计了一个包含地下物流产品特征（创新属性）的量表，除兼容性、易实现性、可试用性、一致性 4 个维度外，量表中还增加了与地下物流系统能力相关的若干维度，包括可靠性、成本、效率、灵活性、安全保障、速度和服务范围，以及项目层面的维度，包括项目复杂度、项目管理和明确的目标。调研结果如表 3-1 所示。

表 3-1　　　　　　　　荷兰地下物流发展障碍与驱动因素调研结果

评估对象	受访者									
	1	2	3	4	5	6	7	8	9	10
可靠性	E	E	E	E	E	0	E	E	E	B
成本	B	B	B	B	B	0	B	B	B	B
效率	E	0	E	0	0	0	0	0	0	0
灵活性	E	0	0	0	B	0	0	0	0	0
安全保障	0	0	E	0	0	0	0	B	0	B
速度	E	0	E	0	E	0	E	0	0	E
服务范围	0	B	0	0	B	0	0	0	0	0

（续表）

评估对象	受访者									
	1	2	3	4	5	6	7	8	9	10
项目复杂度	O	B	O	O	O	O	B	B	B	B
项目管理	O	B	O	B	O	O	B	B	B	B
明确的目标	E	B	B	O	B	B	B	B	B	E
兼容性	E	B	O	O	O	O	O	O	O	O
易实现性	B	E	B	O	O	O	O	B	E	B
可试用性	E	O	B	B	B	O	B	B	B	E
一致性	B	B	O	B	O	O	B	B	B	B

注：E 表示驱动因素；B 表示障碍；O 表示中性（既非驱动因素也非障碍）。

1）产品特性分析

OLS 史基浦地下物流系统被设计为一个专用且独立的货运系统，与本地物流方式兼容。这意味着在封闭的环境中，需要 24 h 不间断运输标准化单元。为了使该系统与托运人使用的负载单元（如托盘、集装箱和商品货架）兼容，需要独特的地下基础设施和足够的货运能力，使地下物流的兼容性得到最大限度的延伸。在系统的初期发展阶段，地下物流必须作为多式联运体系中的一环。只有在利基市场充足的情况下，才有可能建立一个"门到门"的地下物流系统。而在其他情况下，地下物流无法提供完整的物流服务，这降低了系统的整体性能。

尽管地下物流的整体概念是复杂的，但其大部分还是现有技术与新技术的结合，也容易理解。新技术部分基于对现有自动化运输系统的升级，例如港口使用的 AGV 车辆以及自动化配送中心的小型 AGV。大量的精力被投入地下物流概念的可视化上。总的来说，受访者对易实现性的看法并不一致。最支持的观点是"既不是成功采用的障碍，也不是促成因素"。

OLS 史基浦项目已经开展了初步的地下物流试点。地下物流车辆测试基地是一个良好的开端，但它从未向用户开放，试点不应该仅仅测试技术，也应该在现实生活中与用户实现交互。受访者认为，巨大的试用成本是开展地下物流系统试点的主要障碍。物流业是一个相对保守但竞争非常激烈的行业，其利润率较低。货运行业对于地下物流项目的兴趣有限，地下物流系统受到的关注主要来自国家和地方当局，受访者认为政府应当在地下物流项目中占据主导地位。从访谈中可以得出结论，兼容性和易实现性既不是障碍，也不是促成因素。可试用性显然也是 OLS 史基浦项目失败的原因之一。虽然史基浦地区的几个独立系统已经得到开发和测试，但是一个完整的地下物流系统还从未被测试过。这也阻碍了地下物流被采纳。

2）用户需求

与现有的货运方式相比，地下物流各方面的表现相当好。但存在一个重要的问题是，不清楚这些优势将如何被拟议的未来客户所重视。OLS 史基浦地下物流系统在可靠性方面表现良好,而可靠性主要关注的是系统中断和维护次数。测试表明,该系统平均每周会造成一次交通中断。考虑到系统的高容量和车辆调度的高频次,其实这是可以接受的。然而,对于某些客户来说,每周中断一次可能成为一项顾虑。

地下隧道的建设成本高,更重要的是这些成本不能与其他运输方式一样通过其他用户分担。原本预计政府会为该项目提供资金,但并没有实现。这导致了公共和私人参与者都无法接受。然而,地下物流在运营成本方面表现得相当好。计算表明,地下货物运输成本平均比公路运输成本低25%。成本方面的主要问题是,该项目被许多参与方视为技术项目,经济性没有得到同等的重视。

地下物流系统在操作方面具有较高的灵活性和运行效率,可以运输许多不同的货物。然而,与公路运输相比,地下基础设施在建设时间和长期投资方面相当缺乏灵活性。受访者也认为这既不是障碍,也不是推动因素。

安全问题受到了很大的关注。由于运行环境封闭,地下物流系统的安全性显著优于现有运输方式。受访者也认为这既不是障碍,也不是推动因素。在相对较短的距离内,30 km/h 的运输速度与卡车货运相比没有明显优势,但在更远的距离上,更长的旅行时间将通过更高的可靠性和需求可用性得到补偿。

3) 利益相关者与项目管理

OLS 史基浦项目由荷兰交通部支持,并由参与部门兼项目小组的其他部委监督。机场当局、花卉市场管理者和铁路运营商也参与其中。然而,该项目主要的倡导者是来自咨询公司和大学的研究人员。事实证明,政府是地下物流项目背后唯一真正的推动力量。荷兰交通部设定的条件是,私营部门应作为融资机构参与并主导该项目。但在项目实施过程中,私营部门只是表现出了兴趣,并没有在资金上支持的打算。其他参与者,如运输企业也同样没有参与。可能是高层决策者缺乏真正的紧迫感,最终导致了项目失败。

许多参与者参与了 OLS 史基浦项目的策划,这使其成为一个复杂的项目。然而,根据受访者的说法,复杂性既不是地下物流成功的障碍,也不是促成因素。地下物流项目中的不同机构(如社会组织、学者和顾问)保证了项目团队的多学科性,使其具有互补能力。但一些受访者表示,团队的变化影响了项目的进展和稳定性。受访者认为,项目管理要么是成功采用的障碍,要么是一个中性因素。

OLS 史基浦项目有两个主要目标(明确的目标),一是建立荷兰地下物流研究和发展组织,二是促成地下物流系统落地。但是,政策目标、经济和环境等因素对该项目产生了影响。根据受访者的说法,所有参与者缺乏一个共同的中心目标,这导致从最初的目标是建立一个地下物流系统,变成了后来的地面形式。此外,该项目没有明确的业主和需求方,这导致项目的使命感不足。

4) 地下物流的衍生物

到目前为止,荷兰还没有正式实施地下物流,这意味着没有直接的衍生产品。然而,这一概念刺激了相当多的学术研究,得到了不同地区政府的支持,并获得了公众的关注。因此,这些研究和关注会产生一些附带效应,其潜在影响体现在自动化运输技术、终端技术、物流概念以及掘进技术等方面。地下物流的研究激发了对无人运输和创新运输系统的思考,特别是在自动化货运的原型设计、建模、仿真和测试方面。地下物流项目激发了荷兰对新物流系统(例如农业物流)的思考,还引起了人们对新型管道运输方式的关注。这些知识进一步应用于其他领域并已发表了一些研究论文,对于丰富地下物流系统的知识体系具有重要意义。

3.3　英国地下物流系统研究与实践

3.3.1　英国管道运输发展与政策

19世纪60年代,英国伦敦进行了首次货运管道试验,此后围绕这一概念,进行了大量的研究活动。本节重点对1900年之后英国管道运输的发展进行回顾与梳理,尤其是对于大直径管道运输的关注。

从工程实际和规模化运营来看,比较有代表性的是1927年启用的伦敦地下邮政铁路系统。该系统专为信件和小型包裹运输而设计,是由计算机控制的全自动化地下运输系统,覆盖9个车站,在伦敦每日的运输量可达400万～1 200万件邮件。该系统在长达76年的运营后,于2003年被封存,终止运营。伦敦地下邮政铁路系统属于气力管道,由于运送货物的能力和范围有限,这种运输管道又被称为胶囊管道。在近半个世纪中,英国先后对管道货运系统进行了若干次尝试,以下总结了Egbunike等对英国管道货运研究项目的介绍[14]。

(1) BHRA和TRRL测试设施。英国对胶囊管道的初步关注起源于20世纪70年代的BHRA和TRRL设施。这项研究计划位于英格兰中部的Milton Keynes,搭建了一个全尺寸胶囊管道的试验设施,采用鼓风机作为动力系统推进胶囊在管道中运行。1982年,日本借鉴该运输理念,开发了住友管道系统,同样采用鼓风机作为推进手段,该系统目前仍在商业运营中。

(2) 地铁货运项目。Clarke[15]试图以减少货运对环境的负面影响和提升运输系统的运营绩效为目的,研究了一种利用先进技术的自动化货运系统。虽然在该系统的布设上没有具体提到管道以及任何形式的地上或地下网络,但Clarke强调的自动化运输理念与货运管道的理念不谋而合。此外,他特别提到了地上基础设施的持续发展,会带来逐渐耗尽的资源与空间的持续冲突,需要"使用专用道路基础设施用于城市货运系统"。之后,英国皇家邮政等针对重启地下邮政铁路基础设施展开了合作研究,旨在通过系统的升级,重新开启通过地下管道向牛津街运送货物,从而减少地面道路的交通拥堵。随着这一研究的发展,关于通过管道进行城市货物自动化运输的研究又被称为"货运管道"。

（3）食物管道项目。英国学者Hodson[16]指出，未来可以将食品通过专用管道进行运输，并将其命名为"食物管道（foodtubes）"。他提出了一个大胆的设想，在英国主要食品生产商和零售商之间建立运输管道，长度可达约3 000 km，并针对这一设想进行了初步的计算，但这个想法仍处于概念发展阶段。

其他的一些研究进一步明晰了货运管道在当前和未来可能的用途，包括运输生活垃圾、骨料和矿物废料等。由于货运管道是资本密集型产业，系统建设的总成本不仅包括系统初始建设和安装费用，还包括系统使用寿命周期内的运营和维护等后期投入，这些费用取决于资金的提供方式，从而影响到系统的总成本。Howgego[17]在长期的研究过程中发现，由于一些技术尚处于探索阶段，想要准确地确定货运管道的投资是非常困难的。Egbunike等[14]总结了英国各级政府对于货运管道的主要态度，相关政策内容如表3-2所示。

表3-2　　　　　　　　英国政府文件中关于货运管道的内容

政策文件			相关条款及条款解读	对货运管道态度
发布单位	政策名称	发布年限		
英国国家层面				
交通部	《交通的未来：2030年的网络》	2004年	政府在交通领域促进和研究创新解决方案上给予很大的关注，声明愿意采用任何形式的交通工具，进行与当前模式有关的创新，未提到货运管道或创新运输方式	=
	《提供可持续运输系统：物流视角》	2008年	表示要建立可持续的运输系统，但重点是充分利用现有的基础设施货运网络，未提到创新的运输形式	—
	《建立可持续的交通系统》	2007年	非常注重充分利用现有公路和铁路运输模式，建议通过高效监管和定价，更有效利用现有基础设施，未提到寻求创新的交通方式，未提及货运管道	—
	《爱丁顿运输研究：运输在维持英国的生产力和竞争力的作用》	2006年	鼓励建立技术创新的政策框架，对仍在开发或测试阶段的技术持观望态度，认为它们在成本、可交付性、公众可接受性和效益规模方面存在重大的不确定性和风险	—
环境、运输和区域部		1999年	鼓励以现有公路、铁路和水路运输为基础的渐进式技术发展与创新，而非创造全新的运输方式，未提及货运管道	—
英国地区层面				
东米德兰兹地区议会	《东米德兰兹地区货运战略》	2005年	明确提及货物管道并鼓励应用，战略明确："将持续关注货运管道的用途和潜力，寻求促进更多地区使用这种可持续模式（管道运输），并将密切关注货物管道的技术进展"	++

（续表）

政策文件			相关条款及条款解读	对货运管道态度
发布单位	政策名称	发布年限		
东米德兰兹地区议会	《伦敦货运计划——可持续货运分配》	2007年	地下货运管道可用于机场行李处理，技术的应用可在长期内提供一个快速、可靠和经济的零售分销系统，减少伦敦地面拥堵	＋
	《约克郡运输计划》	2008年	支持未来的管道发展，可为地面运输方式提供降低运费的可能性，强调商业理由会促进创新技术的发展	＝
	《西南地区空间战略草案》	2007年	胶囊管道的应用场景非常有限，但表示会考虑使用管道运送瓷土废料	＝
	《英格兰东北部规划》	2008年	重点表明支持"传统"模式，未提到管道或创新的运输模式	－
	《英格兰东部地区区域货运战略》	2008年	重点是当前运输模式背景下的商业投资提升和创新，未提到货运管道	－
西米德兰兹地区议会	《西米德兰兹地区区域货运战略》	2007年	仅在石油运输的背景下提及管道运输	－
	《英国东南部区域运输战略》	2004年	重点表明支持"传统"模式，未提到管道或创新的运输模式	－
	《西北区域货运战略》	2003年	重点表明支持"传统"模式，未提到管道或创新的运输模式	－
分权政府				
威尔士议会政府	《威尔士货运战略》	2008年	未来可采用电磁学或磁力推进管道运输，使用集装箱运送固体货物，战略明确指出，可创新性地使用管道这种方式。该会议与东米德兰兹地区议会具有相同的地位	＋＋
	《苏格兰货运行动计划》	2006年	重点是更好地利用当前运输模式，管道被确定为一种运输模式，但文件中未提到增加管道的使用或引入创新的运输模式，未提及胶囊管道的使用	－
爱尔兰议会政府	《北爱尔兰区域运输战略》	2002年	指出创新通常是在公共交通背景下产生，但重点是更好地利用现有的交通资源，如公路或铁路资源，未提到货运管道	－

注：＋＋表示非常积极；＋表示积极；＝表示中性；－表示消极；－－表示非常消极。

3.3.2 伦敦地下邮政铁路系统

1863年，英国邮政局率先在伦敦实施了地下运输，该系统由气动调度公司建设，连接尤斯顿车站和西北伦敦分拣局，采用直径约1 m、长约4 km的真空管道。然而，由于无法保持足够的密闭性，该项目在1874年进行了为期10个月的试验后被放弃。

然而，到了 20 世纪初，随着伦敦人口持续增长，道路交通状况进一步恶化，马拉货车的平均速度从 13 km/h 降至 9 km/h，年信件量以 2% 的速度递增，造成空间严重拥挤。为解决这一问题，伦敦专门成立了研究可替代的地下运输系统委员会，主要针对欧洲和北美不同地区的铁路和真空管道系统进行研究，并评估它们在提高伦敦市邮政分拣中心及其与 12 个铁路干线车站之间邮件移动速度、成本和服务水平方面的潜力。

1911 年，该委员会提议建造一条全程自动控制和无人驾驶的地下邮政铁路，该铁路将纵贯伦敦市中心，全长约 10 km，列车运行频率为 40 列/h。1913 年初，议会批准了这项耗资 110 万英镑的计划，旨在提高运输服务的可靠性和邮件处理效率，减少交通堵塞和噪声污染。

整个工程由英国邮政局与伦敦电气地下铁路公司联合建设，主要服务于多个分拣场所之间的邮件运输，其设计灵感源自芝加哥地下货运隧道。1915 年 2 月，隧道开始进行竖井的建造，大部分线路使用盾构方式进行施工，在车站与隧道的连接处采用人工挖掘推进。1927 年 2 月，帕丁顿和西中央区办公室之间的第一阶段线路试运行，同年正式运行。整个系统自 1927 年开放运营，直至 2003 年关闭，运行时间长达 76 年。伦敦地下邮政铁路机车如图 3-14 所示。

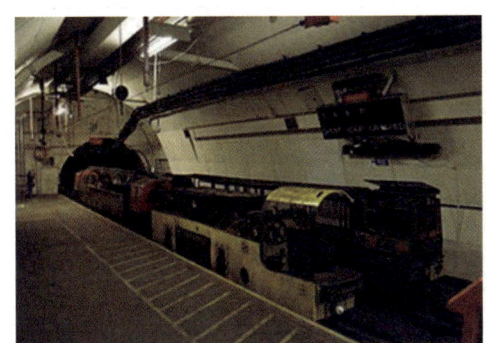

图 3-14　伦敦地下邮政铁路机车

系统隧道设计采用带有钢衬的圆形双轨道结构，内径为 2.74 m，位于地面下约 21 m 处，轨道采用窄轨设计，单轨宽度为 610 mm。车站由 2 个直径为 7.61 m 的隧道组成，每个方向都配备了 2~3 个站台，并设有超车车道。站台之间通过员工通道、邮件通道和控制设备通道连通。车站的入口处，轨道分叉为 2 条直径为 2.13 m 的隧道。车站与地面分拣中心通过电梯连接。为避开地下其他管道和下水道，列车运行的允许最大坡度为 2%。而在车站的出入口处，最大坡度允许达到 5%，以帮助列车减速和加速，并减少制动磨损和功耗。供电系统通过 5 个变电站以 11 kV 交流电供电，电压被转换并整流为 440 V，用于供应主线上的列车驱动和车站内的照明、电梯及输送机运行。列车在核心隧道内的最高运行速度可达 64 km/h，在车站、站台及环路的运行速度保持在 12 km/h 左右。出于安全考虑，人员不得乘坐列车。

伦敦地下邮政铁路系统西起帕丁顿分拣办公室（Paddington sorting office），东至白教堂的东区分拣办公室（Whitechapel eastern district office），线路如图 3-15 所示，全长 10.5 km。最初设 7 个车站，1959 年由于部分隧道改道，增设了 1 个车站以配合新建的西区牛津街邮局。每个车站均与上方的邮局大楼或干线火车站相连，最大的车站位于普莱森特山（Mount Pleasant）下方。

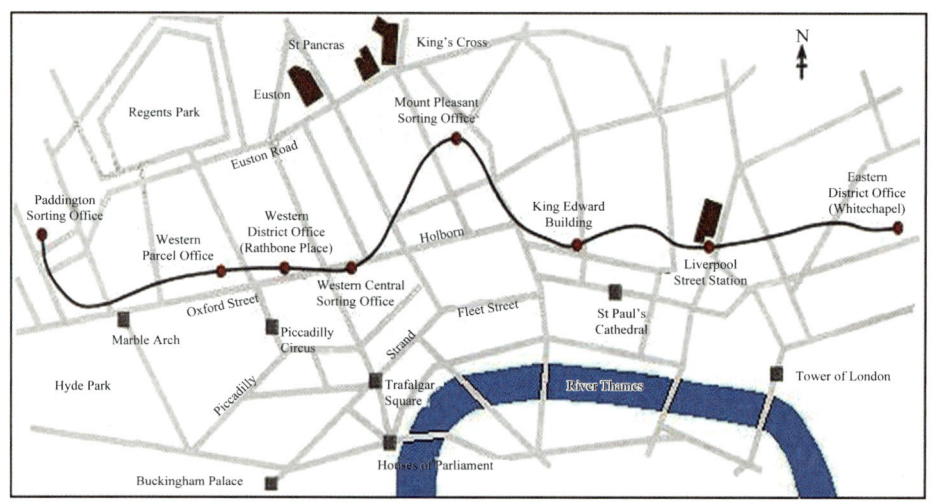

图 3-15　伦敦地下邮政铁路（黑色线路）

为了满足邮政交通需求，特别是在高峰时段，铁路需按照预定的运输"间隔"运行。一旦邮件从分拣办公室地面的滑槽或传送带发送出去，就被视为已从铁路"出发"，当该邮件再次出现在目的分拣办公室或目的车站时，被视为已由铁路"交付"。故障导致的运行延迟平均每年约为 600 min，相当于每 10 万 miles（约 16 万 km）存在 30 min 的延迟。根据 1953 年以来的统计数据，工厂故障和员工失误导致的延误分别占总延误的一半，但这些延误很少会影响邮件服务。

系统每周的工作时间为周一上午 10 点到周日上午 8 点，每天工作 22 h，工作日的上午 8 点到 10 点会关闭系统进行维护。1970 年，伦敦地下邮政铁路系统的货运量达到顶峰，运输总量高达 1 700 万件，包裹处理量达 7 万件/d。列车采用 2 min/列的运行模式，但这种方式只使用了整个隧道网络总理论容量的 46%。显然，这种现代化的地下城市运输系统有着巨大的潜力，可以更短距离地运输更广泛的物品，实现运输的自动化。

1974 年，邮件流量持续增长的速度已使当时的地下邮政铁路系统超负荷工作，包裹的处理和分类工作不得不集中在伦敦西北区和东区的新仓库中进行。因此，该系统在 1979 年购入了 34 列新型列车替换老旧列车。由于早期的机电系统是根据每个车站的控制点独立设置的，这就造成了大量对人力和定制零件储备的需求，从而导致运行成本增加。购入新列车后，邮件在这些办公室和车站之间的运输成本比公路运输低 40%，这表明地下邮政铁路系统仍然是伦敦市中心最具成本效益的邮件运输方式。该系统共有50辆列车投入使用,每辆列车长8 m,重约5 t,最大载重量为1 t。这些列车可以单独或双联运行。1987年,有人提议将地下邮政铁路网络的控制系统从各个车站的独立机电设备转移到位于芒特普莱森特的中央计算机控制系统,新的中央控制系统于1993年投入使用,总投资约为100万英镑,除了计划外的临时调度,整个系统的运行可以完全实现自动化。

2003年4月,英国皇家邮政发布了一则新闻稿,宣布该铁路将关闭并封存。然而,根据大伦敦当局的一份政府工作报告,该线路平均每天运送400万封信件和包裹,该报告倡导对这条铁路的使用,并对每周以80辆卡车数量增长的道路交通状况表示批评。英国皇家邮政和通信工人工会则持相反的态度,他们认为使用铁路比使用公路来完成同样的任务需要付出更多的费用。尽管存在争议,但该铁路还是于2003年5月31日正式关闭了。

伦敦地下邮政铁路系统的运输业务效益显著,它可以高效地将书信、包裹等邮件从伦敦市中心传输到其他地区,提高了邮政服务效率。相比传统的陆路运输方式,地下邮政铁路系统避免了邮政运输车辆对伦敦市中心道路交通的干扰,减轻了货物运输可能导致的市区交通堵塞,有利于缓解交通拥堵问题,减少尾气和噪声污染,从而有益于提升城市环境质量。在邮件运输的时效性和运输量上,都展现出了显著的优势。

3.3.3 摩尔地下货运系统

随着经济的增长,英国城市交通面临的拥堵问题日益凸显。据统计,近84%的城市交通拥堵发生在市区。在早高峰期间,货运车辆占据了交通流量的30%,其中65%的货运行程是针对零售业的。由交通问题造成的拥堵成本为52~800英镑/(人·年$^{-1}$),而且拥堵速度以每年超过1.1%的比例持续增加。在环境污染方面,货运车辆是引发空气污染的主要因素。在安全运行方面,尽管货运车辆只占英国公路车辆总数的4%,然而其却导致了公路死亡总人数中的13%。因此,解决英国公路货运车辆问题的紧迫性不容忽视。

为此,摩尔(Mole)公司提出了"Mole+城市地下物流解决方案"的理念。这是一种利用货运管道系统的技术解决方案(又称摩尔地下物流系统),部署在现有或新建城区中,用于安全有效地运输各类货物[18]。此外,摩尔公司还提出将货运管道的优势与整合"最后一英里"物流的关键供应链技术相结合,提供无缝连接的供应链系统。

2015年,英国政府提供资金资助,用以支持摩尔公司在北安普敦的应用研究[18]。北安普敦是英格兰南部城市,处于英国物流三角的中心位置,是英国最大的贸易镇之一。摩尔地下物流系统在北安普敦的应用主要涉及商品分销运输、原材料运输和生活垃圾运输方面。该系统的货运管道设计为沿道路敷设的"智慧走廊",内部包含货运通道、供热管道和电力管道,具体形式如图3-16所示。系统的容量和系统设计参数如表3-3所列,每日可运输12 h,预计每日运输能力为1 440个托盘。

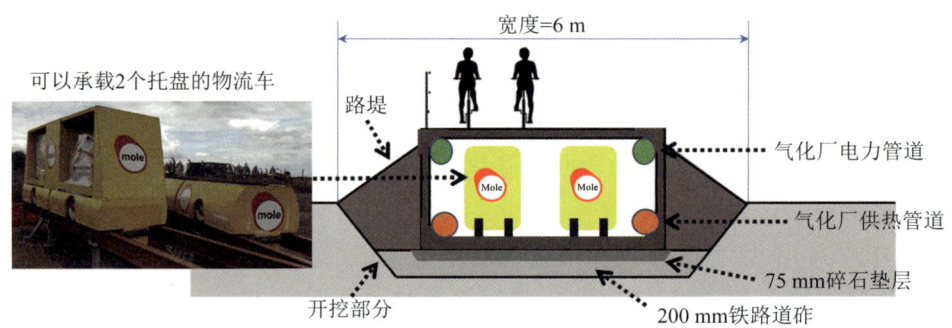

图 3-16　摩尔地下物流系统货运管道形式示意

表 3-3　摩尔地下物流系统设计参数

参数	数值
物流车速度	13.5 m/s
单程旅行时间	360 min
装载或卸载时间	60 s
物流车的数量	14 辆
总周期时间	840 min
车辆循环时间	60 s
每车可承载的托盘数量	2 个
每日可运输时间	12 h
每日可运输的托盘数量	1 440 个
管道长度	4 800 m

物流车厢的设计和配置取决于供应链的具体应用情况。例如，海运集装箱的运输需要坚固的结构以应对可能的恶劣环境，城市内的托盘运输需要快速的多模式交通接口以提高效率，仓库集装箱的运输则需要轻量级的结构以减轻负载。尽管应用场景不同，但所有设计都必须遵循一些共同的设计原则。首先，物流车辆不设驱动装置，主要由安装在轨道上的直线感应电动机的电磁波推进，这样可以减少能源消耗并提高运输效率。其次，减少车辆车轮的摩擦和气动阻力，这样有利于提高运输速度并降低运行成本。对该系统的研究表明，地下物流车辆运营成本只占卡车运营成本的 15%，可实现精益仓储和远程库存管控。由于运输过程不受天气影响，所以货物交付的可靠性高，有助于减少交通事故和降低道路维护成本。在社会效益方面，该系统可以实现更安全的货物运输，减轻道路拥堵，货物在封闭的地下空间中以适当的速度自主运行，从而减少了交通堵塞和安全事故。在环境效益方面，采用导轨直线感应电动机的磁推进与控制装置能够减少管道设施的损耗，并降低污染物排放、噪声和视觉影响。摩尔地下物流系统与公路运输的比较分析结果如表 3-4 所示。

表 3-4　　摩尔地下物流系统与公路运输比较

内容	摩尔机车/管道	卡车
驾驶员雇佣费用/[英镑·(人·min)$^{-1}$]	0	0.38
燃料费用/(英镑·min^{-1})	0.1	0.5
轮胎、维修和养护费用/(英镑·min^{-1})	0.015	0.16
可变成本/(英镑·km^{-1})	0.115	1.04
通道铺设成本/(英镑·km^{-1})	100万~500万	800万~4 000万
皮重/t	1.2	18
碳排放	(电能)非常低	(柴油)高
空气污染	可以忽略	大
视觉和听觉影响	可以忽略	大
供应链运作	即时处理	批量处理
对交通条件的敏感性	可以忽略	高
车辆利用	无限制	司机注册
交通事故死亡人数/(人·年$^{-1}$)	0	386
交通事故严重受伤人数/(人·年$^{-1}$)	0	3 200

摩尔公司为此开发了一条长为 50 km 的摩尔系统运输管道概念模型，每个方向最大吞吐量可达 1 000 万 t。整个系统的运营成本预计为 11.24 亿英镑，年货运量可达 3.33 亿 t，年运输里程预计可达 3.98 亿 km。如果可能的话，将该管道系统完全取代公路和铁路运输，供应链运营成本预计可减少约 27%。在考虑运输模式转换的环境和社会影响时，将货物从道路转移到更环保的地下管道系统具有显著优势。这种转变在减少道路损坏、降低事故发生率和减少气候变化影响等方面有着显著的积极影响。根据转换效益价值理论，地面到地下的交通模式转换所带来的社会环境节约效益可达 1.98 亿英镑。

从更宏观的角度来看，如果利用管道系统，理论上将可能为城市交通节省高达 5 亿英镑的成本，相当于道路交通运营、社会和环境外部成本的 38%。这些数据显示了地下管道运输方式的潜力，不仅在经济层面上具有优势，同时也可在环境和社会层面上提供重要价值。

3.3.4　Magway 胶囊管道项目

英国是全球范围内交通拥堵问题较为严重的国家之一。2016 年的数据显示，英国的道路运输成本高达 308 亿英镑，其中，重型货车产生的交通负面影响高达 170 亿英镑。因此，英国的 Magway 公司提出了建立一个地下物流网络的构想，以取代传统的地面卡车货运方式。Magway 成立于 2017 年，是一家致力于为货物运输提供创新、可持续和高效解决方案的英国科技公司。他们设想使用磁浮管道进行货物运输，这一运输系统将有效减少对重型和轻型货车的依赖，从而显著减轻道路交通压力。预计通过该系统，可以将现有

90%的包裹转移到地下运输。Magway 系统还具有低噪声和低碳排放等明显优势,有助于节省成本并减少对环境的负面影响,不仅能提高货物运输效率,还能为城市物流领域的可持续发展和绿色改造作出积极贡献。

Magway 旨在整合自动化和零排放技术,利用线性电机和地面/地下管道网络高效地运输货物。该系统采用小型托盘形式运输常见的快递包裹、各类日常生活所需品以及医疗物资。此外,它还适用于采矿和建筑行业,可替代传统的输送机和化石燃料动力车辆来移动散装材料。Magway 计划的首条地下物流线路长约 32.2 km,从伦敦北部的哈特菲尔德(Hatfield)延伸到伦敦西部的皇家公园(Royal Park)。该系统能够以约 50 km/h 的速度运行,相邻两辆小车之间的时间间隔不足半秒。

Magway 运输舱体为磁悬浮胶囊,上部车身与底盘相连,底盘提供了稳定支撑,确保上部车身能够安全承载货物(图 3-17)。根据预期的使用目的不同,磁悬浮胶囊的设计和种类会有所变化。例如,用于城市仓储可能会采用小巧紧凑的设计,而处理大规模散装材料可能需要尺寸更大、性能更高的设计。为确保大宗货物运输的连续性,可以将多个胶囊车辆组合在一起,形成小型运输列车。这种列车能同时运输多个货物到同一目的地,并实现自动装卸。底盘是运输系统的核心结构,其位于轨道上,支撑着上部车辆。一组特定排列的磁铁固定在底盘底部,通过这些磁铁产生的磁场,可以提供驱动力,使磁浮列车沿轨道行驶,而无需物理接触。

图 3-17　Magway 系统概念(左)及地下磁悬浮胶囊运输实验(右)

Magway 主要采用直径为 1 m 的小型管道进行货物运输,这些管道可安装在现有基础设施旁边。配送车辆在配送中心、转运中心等重要站点之间运行,在站点的装卸区域设置了"平行装卸区",可同时有序地将货物送入主线轨道。主线轨道上设置了道岔,以便在运输过程中提供运行舱体的往返互联。与传统卡车运输需要 1 h 的装卸时间相比,Magway 的自动化装卸系统大大缩短了这一时间,最快只需 10 s。轨道部分采用模块化设计,提供了安装方式上的灵活性,可根据货物流动的需求,利用各种轨道的可用空间进行分解和连接。动力装置采用高效的线性同步电磁机,其产生的电磁波能够高效驱动沿轨道运载的多节车厢。

在车厢设计方面,Magway 设计和开发了符合空气动力学的流线型车厢(图 3-18,称为子弹列车)。车辆的最高行驶速度可达 300 km/h,但过高的行驶速度会显著增加气动

图 3-18 Magway 子弹列车概念

阻力,降低系统的整体效率。为了在能源效率和配送时间之间找到最佳平衡,设定了 54 km/h 作为最优行驶速度。目前,Magway 公司已完成了完整的 1 km 商业试点设计,其中系统的最大有效载荷为 250 kg。工程的建设成本取决于工程设计和线路长度,Magway 管道的建设成本预计为 150 万～350 万英镑/km,管线及站点建设成本约为 150 万英镑/km,短途线路的建设总成本预计在 300 万～1 000 万英镑之间。以伦敦现有的 850 km 管道网络长度为基准,如果建设整个伦敦的地下管道运输网络,预计投资额在 50 亿～70 亿英镑,建设时间为 20～25 年。一旦工程建设完毕并投入使用,也可以考虑重新利用那些已经在城市下方安装但尚未投入使用的基础设施,例如已废弃的伦敦地下邮政铁路。

3.4 德国 CargoCap 系统研究

3.4.1 发展动因

在德国,道路交通已处于满负荷状态,频繁出现交通堵塞和延误。在总长为 11 000 km 的高速公路网中,约有 10% 的路段被迫变成"停车场",直接经济损失高达 1 000 亿欧元。预计未来这种情况将进一步恶化,依赖公路进行货物运输的公司将面临货物交付时间不确定的风险,这对业务运营和客户满意度产生了负面影响。同时,大规模的公路货物运输可能导致环境污染加剧、土地资源过度使用以及交通事故增多等问题。

尽管处于信息时代,城市的经济和发展效率仍然受到公路、铁路、航空和水路运输的严重制约,尤其是大城市和特大城市更容易受到其带来的负面影响。受资源、空间、经济等方面的影响,传统的交通基础设施已渐渐不能满足日益增长的交通需求,车辆的增长速度明显超过了公路网的建设速度。随着工业和企业的快速发展,对运输系统可靠性和高效性的需求越来越高,而交通的顺畅性和区域限制之间的矛盾也日益显著。

2000 年,咨询公司 Forrester 的研究报告指出,随着货运需求的不断增长,尤其是电子商务的快速发展,与之相关的货物运送量也将显著提升。报告预测,到 2004 年,由网络交易产生的货物量将增长 10%,并且货物运输将呈现出包裹体积更小、运输距离更长、投递频率更高等特点。这种发展趋势不仅会对日常交通造成压力,还会在一定程度上对交通基础设施以及整个环境产生影响。

面对这种趋势,早在 1998 年,北莱茵-威斯特法伦州教育科学和研究部就支持波鸿鲁尔大学成立了"运输与供应系统"跨学科研究组。该研究组的任务是探索一种利用管道运输固体货物的创新技术。

经过深入研究,波鸿鲁尔大学 Stein 教授研究团队研制了 CargoCap 地下运输管道体系[7],其应用构想如图 3-19 所示。为了提高运输效率,满足不同用户的需求,该体系的主要特点包括:第一,货物卸载区域被设置在地面,以便 CargoCap 可以直接通过运输管道运送至地面,如果条件合适,卸载区域还可与地面的仓库建立连接;第二,引入垂直输送机,以满足不同客户的配送需求;第三,对于工业区或商业中心,采用更深层次的地下配送系统,并通过传统输送带或无人驾驶运输系统进行分散配送。

(a) 地下物流配送入户

(b) 城市地下仓储配送

图 3-19　德国 GargoCap 系统应用构想

3.4.2　项目概况

CargoCap 系统借助城市地下管道网络实施货物运输,实现了快速、准时、安全可靠且经济高效的运输方式。该系统采用特殊设计的胶囊式人工智能运输车,如图 3-20 所示,该车能在直径为 2 m 的管道内运送 2 个欧洲标准托盘,其车身尺寸适应了欧洲大部分的货物运输规格。车身设计遵循空气动力学原理,长、宽、高分别为 1 200 mm、800 mm 和 1 050 mm。车辆具备后轮驱动,侧向导轮可以保证车辆在管道内稳定行驶或进行轨道切换。车轮的动力驱动主要由装有变频器的三相异步电机提供。

作为一种新型智能运输系统,CargoCap 系统具备环保、快速和灵活的特点。由于无交通堵塞、红灯或意外刹车等问题,货物运输时效性得以保证。该系统能够精确完成从单

图 3-20　CargoCap 系统胶囊车示意

个业务站点到中央仓库以及分销机构的现场交付。在施工技术方面，CargoCap 系统采用直径为 1 600 mm 的顶管，并采用无沟槽顶管方法进行施工，具有工期短、对交通和环境干扰小等特点。在动力设计方面，考虑将线性感应电机、磁悬浮技术、无接触能量传输等新兴技术应用到系统中。在车辆运行方面，由计算机控制运输单元自主运行，可通过排列编组提高运力，编组之间的最小间距为 2 m，运输速度恒定在 36 km/h。正是由于这些先进技术和设计，CargoCap 系统在运输方面的快速、简易以及可扩展性得以体现，这意味着随着交通需求的增加，地下交通网络也能相应扩展。

CargoCap 系统试点在德国鲁尔地区开展。该系统提出了两条自东向西的地下管道运输路线方案，并命名为"鲁尔区线路（Ruhrgebiet cours）"。试点项目从技术、法律和经济方面进行了综合研究。线路沿联邦 A40 公路，经由多特蒙德、波鸿、埃森和奥伯豪森到达杜伊斯堡，总长 75 km，线路规划如图 3-21 所示[8]。在站点选择上，重点关注城市中心区域、工业园区、商业中心、物流中心、机场等地，目的是在货物被卡车运至工业区和人口密集区的外围之后，能够通过地下运输方式将其无干扰地运送到工业区和城市中心区域，不对地面交通造成影响。同时，该系统保证了运输的高效性与安全性，将可能对第三方造成的损害风险降至最低。

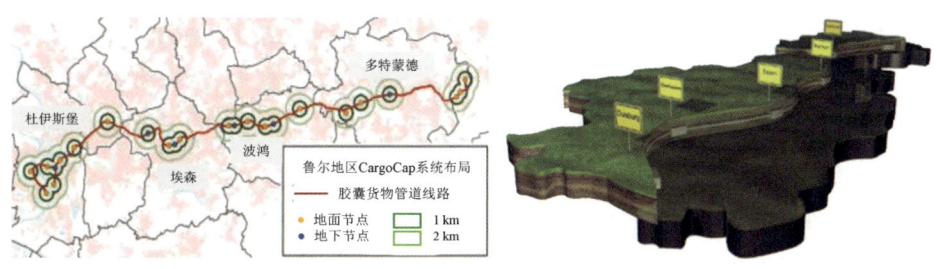

图 3-21　德国鲁尔地区地下物流线路规划

3.4.3 系统设计与评估

试点项目通过收集鲁尔地区的货运统计数据的,从货物品类、运输能力、运输成本三个方面完成了 CargoCap 系统的盈利能力评估[9]。在货物品类方面,德国约有 2/3 的货物可通过 CargoCap 系统运输。该系统能以更高效、更经济的方式对货物进行运输和分配,尤其对于一些对速度和可靠性有严格要求的货物(如生鲜食品、投资品、高价值消费品等)具有重要意义。在运输能力方面,根据 1998 年的数据,CargoCap 方案的最高运输能力预计达到 13.27 亿 t·km,其中包括 1 300 万 t 的食品。因此可得出结论,CargoCap 系统在货物运输方面具备足够的能力以满足当时的运输需求。

在运输成本方面,通过对鲁尔地区内部流通、出口和进口的平均市场价格进行建模,并与公路运输成本进行比较,结果显示 CargoCap 系统在该地区具有商业可行性。图 3-22 显示达到盈亏平衡所需的运输量为 1 000 万 t·km。初始设定的"鲁尔区线路"在 80 km 长的线路上无法盈利,需进一步扩张至鲁尔地区并向莱茵河地区延伸。虽然将 80 km 长的线路延长至 173 km,将使投资成本增加 3 倍,但商业成功的可能性会增加 5 倍以上。

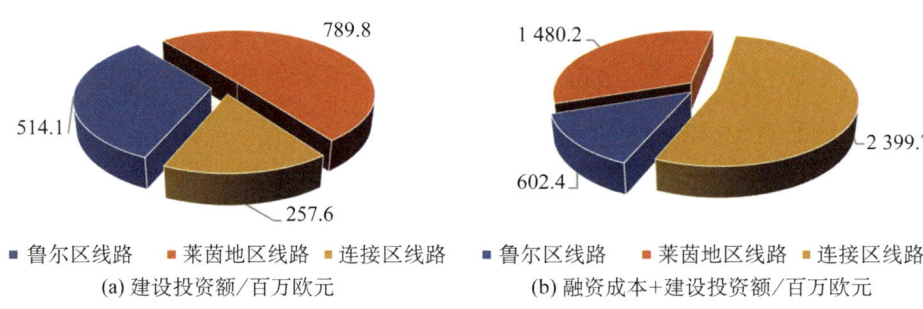

图 3-22 CargoCap 系统的运输容量及投资测算结果

尽管投资成本的增加会带来一定的风险,但如果成功实现线路扩张,将能够更好地满足需求并实现更高的商业利润。这表明在鲁尔地区和莱茵河地区的扩张具有潜在的经济效益,并值得进一步研究和考虑。

相较于其他运输方式,CargoCap 系统具有独特的优势,在高效率、高质量完成运输服务的同时,可以有效降低运输成本。无论是在工厂内部,还是在工厂间的物流供应链中,都可被广泛地应用并作为一种高效和经济的运输方式。

在工厂的生产流程中,内部物流的质量和可靠性非常重要。作为商业物流体系的一环,CargoCap 系统能够优化运输过程、降低库存成本,进而推进企业发展和扩大生产规模,这源于对工厂内部物流质量的维护和提升。面向零售客户和消费者,CargoCap 系统构建了城市地区之间的高效连接,为其提供包括外部库存管理、选择性购买、自动订购系统,以及分包和终端包装材料的处理等服务。综上所述,CargoCap 系统以其高效和可靠的物流服务,为工厂和客户提供了实质性的帮助,提升了物流的整体效率,降低了成本,优化了生产和消费的过程。

一旦货物到达目的地,常规的托盘卸货设备会自动进行卸货操作。随后,通过垂直和水平输送机、转盘或脚轮轨道进行进一步运输,最终由垂直输送机将托盘送至地面的工作地点。这一系列精细有序的物流运输系统有效地确保了货物运输的顺畅和准确性。

作为专为区域交通需求设计的运输方式,CargoCap 系统的优势不会因跨区域交通流量的增加而减少。同时,系统的建设和运营还将直接带来就业效益,促进就业市场的繁荣。

CargoCap 系统的运营模式可减少重型卡车对道路的损坏,降低道路维护成本。尽管 CargoCap 系统作为一个私营系统,但其运营对公共效益有积极影响。作为城市基础设施,其规划和建设对地区和城市的发展至关重要,因此,政府和民众有权对其进行监督和管理,主要体现在线路的规划和设计上。项目的实施应由议会和国家政策驱动,各级政府和公共服务部门应承担一定费用,并积极参与其中。

2005 年 7 月,波鸿鲁尔大学建立了一个 1/2 原型系统,用于测试胶囊车的空气动力学设计和自动驾驶功能,重点关注 CargoCap 系统的节能运行和智能驾驶。2009 年,利用射频识别技术对车辆进行了深入的实验研究,以实现车辆之间的距离控制。同年 8 月,在德国联邦环境基金会的资助下,"CargoCap 地下货物运输系统能源效率优化研究"项目启动。该研究对管道中胶囊车的空气动力学设计进行了流体动力学模拟,并在空气动力学试验台进行了验证。

3.5 瑞士 Cargo Sous Terrain 项目

3.5.1 发展背景

2010 年,根据瑞士联邦公路局和瑞士联邦空间发展署的估算,瑞士公路货运量在未来 30 年内将增长 37%。如何在兼顾企业效益和社会效益的同时,妥善处理好交通拥堵问题,成为区域交通管理的核心挑战。为了改善国家交通基础设施,减轻公路和铁路网络的负担,瑞士政府和企业联盟共同设立了 Cargo Sous Terrain(CST)这一地下货物运输系统项目[19]。作为一种可行的并且有助于应对日益严重的公路、铁路运输问题的解决方案,CST 项目为助力未来城市经济发展和应对交通流量增加提供了一种创新性的解决思路。

CST 项目通过在地下 50 m 深度开辟一条专用货运隧道,用以解决区域物流运力不足的问题,提升运输效率并降低非生产性成本。隧道可运输托盘、集装箱、单个物品和散装货物,以满足市场主体(包括生产者、零售商和物流商)的多样化货运需求,同时具备存储功能。初步评估显示,该项目的实施可使城市地面交通量减少 30%,噪声排放降低 50%,从而促进瑞士城市的可持续发展。此外,该项目有望成为全球范围内正式投产使用的首个大规模现代化地下物流项目。

CST 项目的首条隧道已经开工建设第一阶段,连接苏黎世和哈金根-尼德比普地区,全长 67 km,穿越 55 个城市,共设 10 个枢纽节点,并逐步扩展至瑞士其他重要的物流和配送中心。该项目预计于 2026 年完成设计，首段线路将于 2031 年开始运营，预计总成本为 29 亿瑞士法郎。

CST 项目的第二阶段计划在瑞士建立一个综合的物流系统和货运基础设施网络，预计于 2045 年完工，总长度达 450 km，连接康斯坦茨湖和日内瓦湖，并延伸至巴塞尔、卢塞恩和图恩等地。项目完成后，地下货运量有望达到地面公路货运量的 40%。整个项目分为多个阶段建设，包括软件、枢纽设施以及地下和地面车辆的建设。第二阶段总成本约为 30 亿瑞士法郎。具体的线路规划如图 3-23 所示。

图 3-23 瑞士 CST 项目地下物流线路规划

表 3-5 列出了 CST 项目自 2016 年开展可行性研究以来发展历程中的里程碑事件。

表 3-5　　　　　　　　　　CST 项目开发历程

时间		里程碑事件
2016 年	1 月 26 日	企业和用户共同开发，可行性研究取得积极成果
	5 月 12 日	获得 Hyperloop One 对 CST 项目的投资
	6 月 8 日	政府对 CST 地区持开放态度
	8 月 10 日	获得新的合作伙伴 METTLER TOLEDO 集团的投资
	10 月 28 日	咨询公司 CSD Ingenieure AG 加入董事会
	11 月 24 日	① 政府：联邦委员会商讨 CST 项目的实施方案； ② 投资者/运营商：启动谈判，与各州进行对话，探讨下一步执行方案
2017 年	2 月 16 日	"爱因斯坦计划"报道了 CST 项目
	3 月 21 日	全球领先的企业应用软件供应商德国思爱普公司（Systems, Applications & Products in Data Processing，SAP）提供 SAP Leonardo 物联网平台，助力 CST 项目
	3 月 24 日	通过创办股份公司，CST 项目实现了从私人资金融资转向股权融资模式
	9 月 7 日	瑞士最大的零售和批发公司之一 Coop（Coop Genossenschaft）集团，瑞士最大的零售商和超市连锁集团 Migros 等公司确定参与 CST 项目

（续表）

时间		里程碑事件
2018年	1月23日	① 在瑞士等欧洲各国和中国的全球合作伙伴的支持下，CST项目成功筹集了1亿瑞士法郎资金； ② 在各州推动下，项目启动立法进程
	9月28日	① 瑞士联邦委员会下达CST项目建设征求意见稿； ② 瑞士本土公司在CST项目中占据了主导地位，这表明瑞士的利益在CST项目中具有较大的影响力和控制权
	12月6日	① CST项目加速了数字物流解决方案，并扩大了在瑞士的股东基础； ② 即将颁布与CST项目实施相关的法律
2019年	4月3日	瑞士联邦委员会开始就地下货物运输系统CST项目进行磋商
	4月25日	① CST项目引入了铁路运输，以减少对环境的负面影响，尤其是CO_2的排放； ② 参与CST项目的瑞士股东获得融资，这将有助于支持他们在CST项目的发展和运营方面发挥更大的作用
	7月10日	① CST项目咨询过程结束，且有新的瑞士投资者参与其中； ② 引入了具备相关物流和融资领域专业知识的人员加入项目，有助于优化物流运作、改善融资策略，提供更加全面的解决方案和支持
2020年	1月29日	① 瑞士联邦委员会设立特殊法律支持CST项目，意味着政府对CST项目的发展和运作给予了法律支持； ② 在磋商过程中，CST项目得到了各方的认可和支持； ③ 相较于传统货运方式，CST项目在生态方面表现出明显优势
	6月9日	有新的投资者加入CST项目，有望在未来实现可行的生态效益，为环境带来积极影响
	10月28日	CST项目相关的法律批文提交议会
	12月8日	① CST项目得到了非物质（如专业意见、合作伙伴关系等）和经济（如资金、投资等）方面的支持； ② 资金流入CST项目的速度比原计划提前，说明CST项目吸引了更多的经济支持，资金流入速度超过预期
2021年	4月16日	瑞士联邦委员会运输委员会明确表示支持CST项目
	4月20日	投资者对CST项目表达了坚定的承诺，说明他们对CST项目的成功有着高度的信心，并愿意为此付出努力
2022年		CST项目进入建设阶段

为了确保CST项目能够按计划顺利实施，瑞士联邦委员会从2016年11月开始进行了与该项目相关的立法工作。历经两年的时间，联邦委员会及各州代表对项目建设相关法律进行了听证和磋商，于2020年1月决定为CST项目建立一系列法律程序，确保涵盖各州之间的地区。这意味着整个CST项目路线的建设将遵循一套统一的法律体系，而不仅仅依赖于各州或地区的批准。2020年10月，联邦委员会向议会提交了有关地下货物运输的联邦法律立法提案。2021年4月，联邦委员会运输委员会明确支持CST项目的建

设。同年6月,《联邦地下货物运输法》获得表决通过,并于2022年8月1日正式实施[20]。该法律框架从瑞士地下货运物流基础设施的规划、建设和运营等方面为投资者提供了法律保障。

在项目融资方面,CST项目获得了瑞士政府的支持,并且融资进展顺利。与其他公共服务设施不同,CST项目采取了自由融资模式,依靠市场和私人投资者筹集所需资金。这意味着投资者将根据项目的商业前景来决定是否投资,并根据投资来获取回报。CST项目得到了来自运输、物流、基础设施、隧道建设、交通规划、地质、能源领域的众多公司的融资和支持,其中以瑞士公司居多。这些公司的支持表明他们对该项目的兴趣和认可,他们不仅提供了资金支持,还能在实施过程中提供新技术支持。

3.5.2 CST系统设计

CST系统设计旨在通过分担地面货流量,减轻公路和铁路网络的负担,改善国家交通状况。随着地下货运网络的扩大,地下物流的发展和覆盖范围将得以拓展,越来越多的企业和组织将会加入其中,利用CST网络进行货物运输和供应链管理。CST系统独立的运输线网和运输方式,能够通过地下隧道有效分担城市原有地面空间的物流,提供从源头到终点的整体物流服务。项目主要为零售贸易(如食品、服装、保健、生活、娱乐等)、工业贸易(如生产、建材等)和物流服务提供商等提供服务。

2014—2016年,CST发展协会投入近400万瑞士法郎用于CST系统的详细可行性研究,涵盖运输、物流、贸易、交通、电信、能源等领域。研究结果显示,私人投资者认识到CST系统在技术创新和科技应用方面的潜力和机会,对于CST系统的发展和实施具有浓厚的兴趣。同时,研究还指出,CST系统的建设和运营将会对社会和环境产生积极影响,预计每吨货物的CO_2排放量将大幅降低,同时噪声污染也将降低50%。

CST系统由城市中心和物流中心之间的隧道系统、城市物流系统以及信息技术控制系统组成。先进的智能化信息控制技术是系统的核心。在隧道设计方面,隧道系统位于地下20~40 m的深度,隧道直径约为6 m,设计为双向三车道,两边车道各设两条轨道作为运输车道,中间车道设置一条轨道,用作服务车道,可用于维修、绕过障碍物或临时储存货物和车辆。在车辆设计方面,使用电磁感应驱动的自动导向车(AGV)进行运输,AGV能够在指定的坡道和升降机上自动拾取和存放货物。这些AGV长、宽、高分别为3.1 m、1.5 m、2.6 m,又被称为"模块化运输单元",可装载两个欧洲托盘。如图3-24所示,这些"模块化运输单元"以30 km/h的速度在隧道两端的轨道上24 h不间断运行,通过物联网技术实现信息的交换和控制,比如控制内部的温度,特别适用于运输易腐烂和冷藏物品。

图 3-24　CST 系统模块化运输单元概念

在隧道空间利用方面，隧道的下部空间可放置电缆和管道，隧道的上部空间用于安装高架输送机系统，使用输送机运输小型包裹，运输速度可达 60 km/h，如图 3-25 所示。

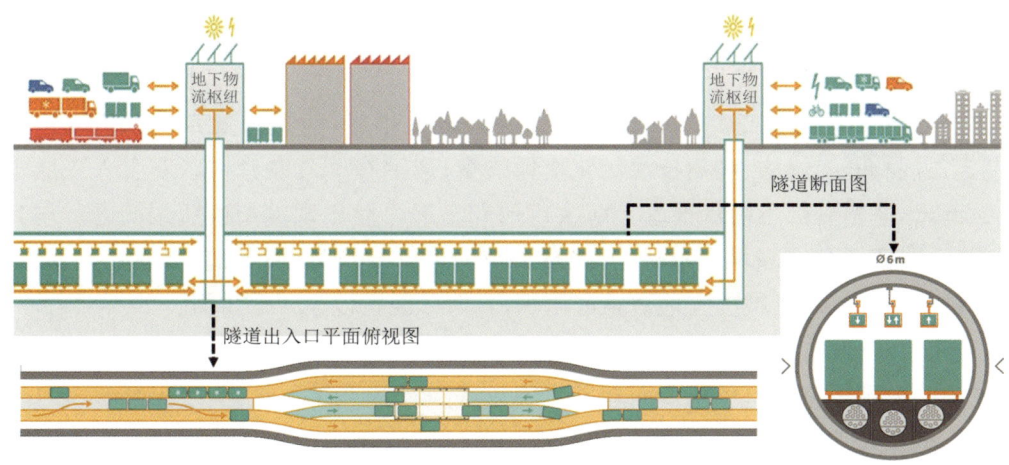

图 3-25　CST 系统线路布局

在多式联运方面，沿着路线分布的枢纽可作为与其他运输工具的接口，供应商可以利用这些枢纽，与其他运输方式（如货车、火车等）进行衔接，实现更加高效的交付和物流流程。隧道内部每隔几千米都会安装一个连接地面配电终端和地下隧道的垂直运输装置。通过垂直运输装置，将托盘与包裹提升至地面道路枢纽，再通过城市物流车辆运输至目的地，如图 3-26 所示。终端实现全自动化装卸操作，确保与城市系统之间的无缝交互。此外，CST 系统各个运输枢纽顶部都将会安装太阳能电池板，有助于满足系统的能源需求。CST 系统依靠可再生能源运行，以实现更加环保和可持续的运营模式。

图 3-26　地面地下一体化物流配送中心概念

3.5.3　项目运作模式与特点

为了应对货运量增加，瑞士当局讨论了各种应对措施，包括开发专门的货物运输路线、制定法规和限流措施、利用技术优化交通流量、取消夜间驾驶禁令以及引入双层电车等。然而，这些措施都不能从根本上解决目前和未来可能出现的交通瓶颈问题。与其他系统相比，CST 系统具备独特的优势，如减少噪声污染、缓解环境问题、有独立运营环境、具备可扩展能力以及可减少土地资源占用等，具体体现在以下 4 个方面。

(1) 助力未来城市货运发展。

物流行业将更依赖单个托盘而非整个拖车或火车的连续运输，实现更高效、便捷、灵活和动态的货物流通。CST 系统引领了这种发展趋势，是一种全新的网络化和数字化货物运输方式。

(2) 提升城市物流运输效率。

CST 系统减少了仓储、装载、拥堵管理和卸货等环节所带来的成本，使现有物流系统更加高效、经济，对环境产生积极影响。此外，CST 系统还能有效减轻城市货运交通负荷，提高城市物流效率。

(3) 提升环境效益。

CST 系统在环境方面表现更出色，每吨货物的 CO_2 排放量可降低 80%，噪声污染可减少 50%。预计在 CST 系统运行的第一阶段，可降低 20% 的交通拥堵，减少地面道路维护和扩建成本。

(4) 经济优势。

CST 系统不受二氧化碳税和重型货车公路费的影响，能在夜间运输，符合瑞士气候保护和可持续发展目标。同时，CST 系统具有很大的国际吸引力，能推动瑞士在国际上树立创新形象,为瑞士经济发展作出重要贡献,创造更多的就业机会。

这些优势和特点表明 CST 系统有望为现有城市物流系统带来改进和创新,应对未来货运需求增长,促进经济和城市可持续发展。

CST 系统主要服务商业客户,涵盖零售、工业、贸易、包裹服务提供商、建材、市政等多个行业领域。私人客户也可以通过物流服务提供商使用 CST 系统。为了提供优质、高效和灵活的服务,CST 系统通过高度自动化实现与计算机系统、后勤服务人员和最终客户的无缝连接,实现货物运输的实时监控和管理,运输过程协调且高效。CST 项目对未来市场的容量和可运输商品数量进行了预测。预计至 2030 年,城市货物地下运输量可达 9 300 万 t,CST 系统的运输总里程可达 3.27 亿 t·km。

CST 系统的所有权将以功能分离的形式进行,即所有者和运营商分开。投资者将向所有者提供长期的资金支持。所有者负责 CST 系统的筹资和建设,在前 5 年内,每年提供 2 000 万瑞士法郎的股权,并在获得相关许可证前融资 1 亿瑞士法郎用于整个项目的准备工作。在建设阶段,总承包商提供股本资金,投资者提供额外的财务支持,以确保项目获得足够的资金支持。在运营和维护阶段,运营商持续为使用 CST 系统的用户提供服务,投资者提供资金支持系统的运作和维护。为了保证 CST 系统的稳定运行,负责公共事务管理的政府部门将对主要物流枢纽进行管理。

3.6　意大利 Pipe§net 系统

3.6.1　系统介绍

Pipe§net 是意大利佩鲁贾大学 Franco Cotana 教授团队提出的一种轻型创新货物运输系统[10],由真空密封的管道网络构成。货物运输胶囊通过电动线性马达,在极低摩擦条件下变速度移动。该系统的设计理念为:以管道的形式运输货物,大质量物品以较慢的速度运输,小质量物品以较高的速度运输,均可有效减少摩擦和阻力,降低运输的能量成本。尽管运输方式与传统方式不同,亦可实现与传统方式相同的运输能力。运输胶囊最大有效载荷可达 50 kg,容量为 250~400 L,可以设计为适应标准化运输单位的欧洲托盘进行运输。该系统主要适用于个人快递包裹或购物中心商品(如食品、衣服、家居用品、个人护理产品、玩具、文具、电子产品等),医院的药品及洗涤用品,农副产品及生鲜,生产现场的加工产品,以及废弃物等运输。类似于家具这样的大件物品,超出了胶囊的尺寸,不适合通过 Pipe§net 进行运输。

与传统的货运系统相比,Pipe§net 专注于小体积货物的运输,从而避免了在创新发展过程中遇到的许多关键问题,如建筑结构的复杂性、基础设施建设的整体尺寸、土地资源的占用、运输的安全性等。借助 Pipe§net 系统,小体积货物可以通过快速、高效的运输方式实现从一个地点到另一个地点的无缝衔接。随着电子商务的迅速发展和普及,系统的引入为日益增长的市场需求提供了有效的解决方案。

通过多式联运和共享解决方案,供应链可以更加灵活高效地运作。PipeŞnet 系统作为一种创新的"第五类"货运系统,具备独有的特点和优势,能够应对传统系统难以解决的问题,具体体现在以下几个方面。

(1) 运输能力:通过高速运输线路网络覆盖,实现高效的货物运输能力。

(2) 缓解交通拥堵:通过减少地面道路交通压力,减少拥堵和交通事故的发生。

(3) 低能耗:系统运行时能源消耗较低,具有较高的能源效率。

(4) 环境影响:减少空气和噪声排放,有效降低环境污染。

(5) 快速交付货物:能够快速实现将货物从一个地点交付到另一个地点。

(6) 多式联运:能够与现有交通运输设施实现无缝、无负担对接,提供更多的物流供应链优化解决方案。

(7) 成网优势:随着系统网络的发展,站点的广泛分布可实现"门到门"运输的潜力。

(8) 地理优势:可穿越环境脆弱地区、高度密集的城市区域、地形复杂的地区以及有价值的历史城市中心等。

在欧盟项目"CIVITAS+Renaissance"的资助下,佩鲁贾大学的大气物理学研究中心(CIRIAF)展开了一系列研究和实验[10]。此外,意大利瓦鲁加蒂公司参与了原型机制造工作,Mechatronic 公司负责直线电机相关工作,Angelantoni Industrie 公司和 AnsaldoBreda 公司参与了项目融资,提供了资金支持。研究结果表明,PipeŞnet 系统在补充市中心零售商供应链方面具有潜力和优势,管道系统能够在 3 h 内满足城市中心 5 200 个包裹的运输需求。除此之外,系统还考虑利用磁悬浮等技术减少摩擦,实现胶囊的高速运输。

PipeŞnet 系统的线路设计如图 3-27 所示。系统由 4 条不同的管道组成,其中 2 条用于常规货物运输,2 条用于应急与维护。每隔 10 km 设置一个交换站(SI),当常规货运管道发生故障、维修和临时交通堵塞时,作为常规运输管道和应急与维护管道之间的转换点;每隔 2 km 设置一个供应站(SA),提供电力、交通控制和真空泵等设备和功能。

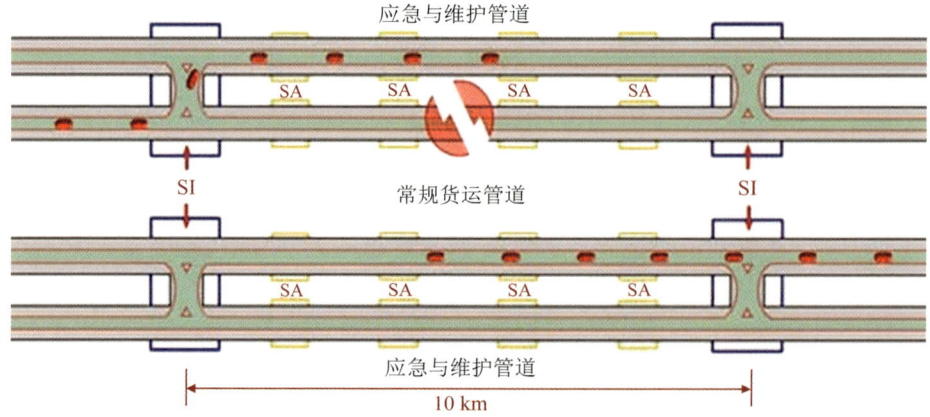

图 3-27　PipeŞnet 系统线路配置

运输胶囊在站点完成装运和接收后,通过一系列安全措施和协议确保货物和胶囊的安全。站点和管道的结构设计如图 3-28 所示,主要有以下几方面的功能。

(1) 自动装载和卸载系统:站点配备自动化的装载/卸载系统,用于将货物装载到胶囊中或从胶囊中卸载货物。

(2) 空气锁:站点设有空气锁,维持管道系统气压恒定,确保胶囊进出站点时安全。

(3) 完整性检查:站点对运输胶囊的完整性进行检查,确保胶囊在运输过程中未受损或漏货。

(4) 化学/物理参数检查:检查货物的化学/物理参数,确保符合运输要求。

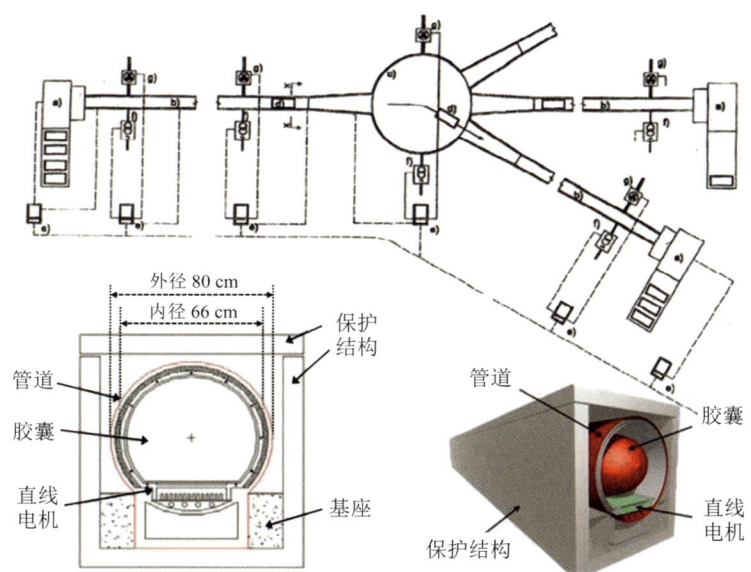

图 3-28　Pipe§net 系统站点和管道结构设计

胶囊作为与管道相匹配的圆柱形容器,具备真空完整性和防火性能,根据包裹尺寸和质量确定相应参数,以满足最大运输需求。运输管道可采用金属、复合材料或高阻力波纹聚合物材料制成,必要时可放置在混凝土箱的保护结构内。电机和胶囊导向器位于管道内。Pipe§net 系统可利用现有的运输网络设施(特别是铁路或公路)铺设,以提供货物运输服务的灵活性和可靠性。Pipe§net 系统主要技术参数如表 3-6 所列。

表 3-6　Pipe§net 系统主要技术参数

指标		单位	数值
运输速度	低速模式	km/h	300
	高速模式	km/h	1 500
运输能力	低速模式	kg/s	456
	高速模式	kg/s	977

(续表)

指标	单位	数值
最大有效载荷质量	kg	50
最大有效载荷体积	L	250～400
胶囊质量	kg	10～20
胶囊直径	cm	60
胶囊长度	cm	80～120

PipeSnet系统有以下特点。

(1) 动力系统：采用线性同步电机提供推进力，转子在平移磁场中平移，类似于旋转同步电机。

(2) 磁悬浮技术：引入磁悬浮技术实现长距离高速运输，降低能源消耗。永磁体、高温超导体、电磁悬浮和电动悬浮是主流技术路线，可兼容PipeSnet系统。

(3) 悬挂系统：设置特定的悬挂系统，减少摩擦，提升速度。可采用电磁悬浮和高温超导体等无摩擦悬挂作为解决方案。

(4) 真空技术：泵送系统维持运输管道真空密封环境，降低空气压力，减少阻力，提升运输速度。

(5) 控制系统：采用可靠的信息控制系统实现胶囊智能化控制，根据多种因素生成胶囊运输调度，以实现快速、可靠的货物交付。

3.6.2 系统评估

佩鲁贾大学通过一系列实验和研究，对PipeSnet系统进行了全面的评估，主要从成本与节能、交货时间、环境影响、社会经济效益和工程应用5个方面进行考量[10]。

1. 成本与节能

经测算，与公路运输相比，PipeSnet系统在降低能源消耗的同时，预计可节约总成本40%。

2. 交货时间

PipeSnet系统采用胶囊运输，低阻高速的方式有效提升了货物的交付速度。大量实验表明，不同运输方式之间的交货时间存在显著差异，具体数据如表3-7所列。

表3-7　PipeSnet系统与公路运输的交货时间差异分析

距离/km	交货时间		
	公路运输	低速模式 ($V=300$ km/h)	高速模式 ($V=1\,500$ km/h)
10	10 min	1 min 54 s	—
20	20 min	3 min 36 s	—

(续表)

距离/km	交货时间		
	公路运输	低速模式 ($V=300$ km/h)	高速模式 ($V=1\,500$ km/h)
50	50 min	8 min 48 s	2 min 42 s
100	1 h 15 min	17 min 18 s	4 min 42 s
200	2 h 30 min	—	8 min 42 s
500	5 h 33 min	—	20 min 41 s
1 000	11 h 6 min	—	40 min 40 s

3. 环境影响

相较于道路运输，Pipe§net系统可有效减少大气污染物排放和噪声污染。表3-8的排放分析结果显示，Pipe§net系统本身无局部排放，其集中排放量远远小于货运卡车的局部排放量。此外，Pipe§net系统易于与现有交通基础设施（如道路、铁路等）实现整合，管道的横截面面积小，减少了对景观的视觉影响，也降低了对环境的影响。

表 3-8　Pipe§net系统排放分析

排放类型	$CO_2/(g \cdot km^{-1})$	氮化物$/(g \cdot km^{-1})$	$PM_{10}/(g \cdot km^{-1})$
Pipe§net（局部排放）	0	0	0
Pipe§net（集中排放）	244	0.27	0.02
卡车（局部排放）	300	1.4	0.3

4. 社会经济效益

Pipe§net系统替代部分地面道路货运可显著降低道路事故发生率，从而减少伤亡人数。根据意大利高速公路协会2004年发布的报告，假设将30%的货运量转移到Pipe§net系统进行运输，意大利高速公路的年事故率将降低7%，年受伤人数将降低5.5%，年死亡率将降低10%。

5. 工程应用

Pipe§net系统在多种不同物流背景下均可应用，如多式联运中转节点与城市中心的连接、工业区之间的连接等。为了进行整个概念的初步测试，建造了第一款样机，如图3-29(a)所示。Pipe§net管道采用常用的波纹高密度聚乙烯（HDPE）制作，同时设置了小段管道用于模拟内部胶囊的运行，如图3-29(b)所示。该样机通过传播和展示最新的研究成果，在罗马、博洛尼亚、里米尼等地举办的展览和活动中进行展示，吸引了更多关注和支持，促进了项目的发展。

(a) 测试管道　　　　　　　　(b) 管道内部

图 3-29　Pipe§net 样机测试

3.7　欧洲城市轨道交通货运实践

欧洲货运电车的发展始于 19 世纪后期，当时一些城市开始采用由电力驱动的有轨电车运输货物。随着技术的不断进步和工业化的加速，越来越多的企业和城市开始使用货运电车解决物流运输问题。欧洲货运电车的主要运输模式是客货协同运输。

20 世纪初期，欧洲货运电车迅速发展，逐渐转向使用电力驱动的货车，以满足不断增长的市场需求。目前，欧洲各国政府和企业高度重视和支持货运电车行业，在新技术和环保方面持续进行创新发展。由于其环保、安全和高效的特点，货运电车在城市化进程中得到了广泛应用，并取得了显著的成功。

在过去的 20 年里，重新将物流配送纳入城市客运交通体系规划的倡议受到了广泛关注。表 3-9 列举了与轨道交通货运相关的项目实践。德累斯顿、苏黎世、巴黎等欧洲城市率先设立了货运电车和轻轨的试点线路，这些线路不仅满足了日常通勤需求，还为工厂向市区门店的商品供应提供了便利。试点项目的成功表明，以城市轨道交通为载体的货运技术和运营方式已初步形成，并得到了社会的认可。然而，早期系统以地面单线运输为主，速度较慢，运载能力较低，难以有效解决城市层面的物流问题。随后，各国提出了以地铁为基础的货运系统概念[11]。

表 3-9　　　　全球城市轨道交通货运项目概况

系统名称	国家/地区	设施	规模	协同模式	状态	年份	货运类型
Mail Rail	伦敦	地铁	SLL	客货分线	废止	1927	邮件
Cargo Tram	德累斯顿	电车	SLL	货运专列	运行	2000	B2B 包裹
未披露	阿姆斯特丹	地铁	NG	客货混载	倡议	2000	B2B/B2C 包裹
Garbage Trains	纽约	地铁	NG	人带货	运行	2002	城市垃圾
Cargo Tram	苏黎世	电车	SLL	人带货	运行	2003	城市垃圾
Güterbim	维也纳	轻轨	SLL	人带货	破产	2004	工业零件、材料

（续表）

系统名称	国家/地区	设施	规模	协同模式	状态	年份	货运类型
CITIPOST	不来梅	电车	SLL	人带货	运行	2004	邮件
City Cargo	阿姆斯特丹	轻轨	SLL	客货混载	运行	2007	B2B 包裹
Monoprix	巴黎	城际捷运	TP	客货混载	运行	2007	B2C 包裹
Amtrak	美国	城际捷运	NG	未披露	运行	2010	C2C 包裹
未披露	札幌	地铁	NG	人带货	倡议	2013	快递箱
未披露	纽卡斯尔	地铁	SLL	人带货	倡议	2016	航空托盘
Tram Fret	巴黎	轻轨	TP	客货混载	运行	2017	B2B 包裹
Grand Paris	巴黎	地铁	NG	货运专列	研发	2018	B2B/B2C 包裹
设施服务环	北京	地铁	SLL	未披露	倡议	2018	B2B/B2C 包裹

备注：SLL 表示城区局部单线；NG 表示全城网络；TP 表示市郊单线；B2B 表示企业到企业；B2C 表示企业到客户；C2C 表示客户到客户。

3.7.1 德国德累斯顿货运电车

大众集团的"透明"工厂坐落于德国德累斯顿市中心，以其全透明玻璃幕墙的外立面而闻名，这种独特设计使得参观者和顾客可以透过玻璃幕墙观看汽车的生产过程。该"透明"工厂建于 2002 年，是为了生产大众汽车集团的高端豪华轿车"辉腾（Phaeton）"而建立的。

该工厂并非生产零部件，而是负责将零部件进行总装。因此，在工厂投产之前，大众集团就面临着如何将零部件从其他城市运输到工厂的难题。所有车身和相关部件首先运抵位于德累斯顿市弗雷德里希火车站的大众集团物流中心，然后再转运至工厂。由于运输过程中不可避免地需要穿越中心城区，为了减少货车产生的噪声和废气污染，选择一种环境友好且具有高运载量的运输方式显得尤为重要。

在建厂初期，大众集团便与德累斯顿市公共交通总公司合作，研究利用有轨电车运送汽车零部件的可行性。在时任德累斯顿市公共交通总公司董事穆勒·埃伯斯坦的建议下，大众集团创造性地提出了基于现有有轨电车线网的客货混合运输方案，即利用城市既有地面轨道交通网络，采用货运有轨电车 Cargo Tram 进行货物的运输。Cargo Tram 是基于现代低地板有轨电车改造而成的，可与客运有轨电车共线运营。2000 年 3 月 3 日，德累斯顿市公共交通总公司和大众汽车制造德累斯顿有限公司签署了《货运电车运输合同》，计划投入 2 辆 Cargo Tram 进行运输。

整条线路全长约 5.5 km，正常行驶状态下起点为弗雷德里希火车站的大众集团物流中心，途经邮政广场、格鲁纳大街、斯特拉斯堡广场，最终到达"透明"工厂，全程耗时约 25 min，每天往返运输 3 次。该线路与城市有轨电车 1 号、2 号线共线运营，如遇线路故障或交通事故，则可视情况选择绕行。该方案运营方式灵活，但运输车辆的质量较大，为了避免对桥梁造成损害,不允许跨河运行。

Cargo Tram 的车厢由位于德国格尔森基兴的沙尔克·艾森呼特机器制造有限公司制造,每辆车的成本约为 650 万德国马克。该车厢于 2000 年 11 月 16 日在德累斯顿正式启用,并于 2001 年 1 月 3 日进行了首次测试运行。

每列 Cargo Tram 采用 5 节车厢编组的形式,标准配置 3 节货运车厢和 2 节控制车厢,控制车厢位于列车的两端,配备司机室,也可装载一定的货物,允许列车双向行驶。控制车厢重 21.8 t,可装载 7.5 t 货物;中间 3 节货运车厢承担主要的货物运输任务,每节车厢重 17.4 t,最大载货量为 15 t,其编组形式如图 3-30 所示。控制车厢和货运车厢的详细技术参数如表 3-10 所列。

图 3-30　Cargo Tram 列车编组

表 3-10　　　　　　　　　Cargo Tram 车辆技术参数

项目	控制车厢	货运车厢
建造时间	2000 年	2000 年
首次运营时间	2000 年 11 月 16 日	2000 年 11 月 16 日
轨距/mm	1 450	
车长/mm	11 925	11 850
车体宽度/mm	2 200	2 200
转向架轴距/mm	1 900	1 900
自重/t	21.8	17.4
最大载重量/t	7.5	15
总容积/m^3	26.8	53.5
最高速度/(km·h^{-1})	50	50
每列车所需模块数	2	3
地板形式	低地板	低地板
造价/(万欧元·列$^{-1}$)	约 430	

在运抵弗雷德里希火车站的大众集团物流中心的所有部件中,由于车身部分体积较大,仍选择以传统的货车运输方式运送至工厂。其余零部件则被放置在一个特制的标准箱体内,便于转运且可以确保运输过程中的稳定性。

通过表 3-10 中的车辆技术参数计算可知,一列 Cargo Tram 的总装载能力为 60 t,而一辆德国常见的 18 m 载货汽车的装载能力约为 20 t。因此,Cargo Tram 的运能相当于传统货车的 3 倍,在同等运量和运距的情况下,总能耗约为传统货车的 68％,再考虑到其完全采用电力驱动,节能环保效果更加突出。

此后,Cargo Tram 车辆一直服务于大众辉腾的生产运输。直到 2016 年 3 月,大众辉腾轿车停产,这意味着 Cargo Tram 在德累斯顿的服务结束。然而,到了 2017 年 3 月,Cargo Tram 重新启动,用于运输所生产的大众 e-Golf。2020 年,大众集团计划停产大众 e-Golf,为了适应新车型的生产需求,计划调整物流流程和设施,确保高效地生产和交付。同年 10 月 19 日,大众集团宣布 Cargo Tram 将保持运营至 2020 年 12 月底。然而,巧合的是,2020 年 12 月 10 日,Cargo Tram 在运输途中与一辆面包车相撞,提前结束了服役生涯。目前,库房内仍停放着两列 Cargo Tram,尚不清楚其是否会在未来为其他公司提供货物运输服务。

3.7.2 奥地利维也纳货运电车

为解决维也纳城市内部大宗货物运输的问题,维也纳线网公司(Vienna Linien)、维也纳可持续发展公司(TINA Vienna)、维也纳咨询公司(Vienna Consult)和维也纳地方铁路公司(Wiener Lokalbahnen AG)共同合作,于 2005 年 5 月启动了 GüterBim 货运有轨电车项目的试运营(图 3-31)。GüterBim 的意思是"在城区范围内利用现有客运线路进行货物运输"。该项目是维也纳交通局智能基础设施计划的重要组成部分。

图 3-31 维也纳 GüterBim 货运有轨电车

GüterBim 货运有轨电车由一辆牵引车和一辆挂载集装箱组成,这些集装箱是由维也纳线网公司的车间特制的,外部覆盖着绿色篷布。有时,牵引车还会挂载运输转向架的平板车。从 2005 年 8 月开始,维也纳线网公司将其主要货物运输工作交由 GüterBim 货运有轨电车完成。这些有轨电车不定期地在各车辆段的物资库之间穿梭,运输包括座椅、轮胎、蓄电池、转向架等易损耗品。

在进行了一段时间的公司内部运输后，GüterBim 货运有轨电车开始尝试向社会提供对外运输服务。它先后受到建筑公司、日用品公司甚至香水厂等厂家的委托，完成了不同类型货物的运输任务，并取得了良好的效果。当地媒体对此高度关注，并希望未来能够扩大其在城市物流方面的应用范围。然而，令人遗憾的是，经过两年的试运营，该项目于 2007 年因运营成本过高和缺乏政策支持而最终停运。类似的项目，如荷兰阿姆斯特丹的 City Cargo 货运有轨电车，也在经过了一段时间的试运营后被搁置。

之后，在维也纳线网公司和奥地利应用科学研究组织（Fraunhofer Austria）的持续推动下，计划于 2024 年开始进行新的货运电车项目。项目计划在维也纳现有的电车路线上增设专门的货车车厢，货车车厢将被安排在现有客运电车的运营周期内，同客运车辆一起进入电车站，将包裹从一个站点交付到另一个站点。项目支持快递和外卖服务等业务，并且随着运营和服务范围的扩大，将覆盖至奥地利农村地区。

在技术方面，货运电车将利用太阳能和电池存储技术，根据电池需要，在运营过程中自动充电。由于货运电车将利用城市既有交通设施，所以可以更高效、省时地交付包裹，同时降低费用。该方案的实施将有助于减少城市内的货车流量，并减少因货车造成的碳排放，旨在解决城市交通堵塞和空气污染问题，同时提高城市的生态可持续性，并为居民提供更方便和经济的货运服务。

3.7.3 瑞士苏黎世货运电车

作为瑞士人口最多的城市，苏黎世每天都会产生大量的生活垃圾、废水以及其他固体废弃物。生活垃圾与废水可以通过城市市政设施得到有效处理，而对于大件废弃物如废旧家具、平板玻璃、砖石等，常规渠道无法进行回收。对于那些没有小型货运汽车的家庭来说，将大件废弃物送至回收站并非易事，通常需要为购买上门回收服务支付额外费用。

为了解决这一问题，苏黎世废物回收与循环利用公司（ERZ）同公交公司（VBZ）合作推出了 Cargo Tram 废物回收计划。该计划通过利用现有有轨电车线网，增设专门用于废物回收的货运有轨电车（即 Cargo Tram 专列），以帮助市民处理回收大件废弃物。Cargo Tram 专列由一辆牵引车和两辆拖车构成，具有载重大、无污染的优点，如图 3-32 所示。牵引车采用翻新的老旧客运车辆，成本仅为 3.2 万欧元。

Cargo Tram 专列选择了苏黎世有轨电车线路中的 9 个站点作为停靠点，每月在各停靠点出现一次，每次停靠 4 h。根据规定，在专列停靠站点期间，仅接受市民步行、骑车或乘坐其他公共交通工具前来投递，不允许开车专程载货投递。运输的单件物品质量不得超过 40 kg，长度不超过 2.5 m，不允许运输沙子、砾石、液体或有害物质。这 9 个停靠点均设在有轨电车线路末端的灯泡折返线处，该区域可容纳较多市民前来投送大件废弃物，不会造成交通拥堵。

图 3-32　苏黎世 Cargo Tram 专列

据统计，Cargo Tram 专列在投入运营后的第 1 年内，在所有停靠点共进行了 94 次回收，回收大件废弃物总计 785 t，其中一般大件垃圾 644 t，金属 141 t，每次回收的运营成本约为 3 200 欧元。相较于传统货车运输，Cargo Tram 能够显著减少污染物排放，如 CO_2 约 4 911 kg，氮氧化物约 80.6 kg，PM_{10} 约 2.3 kg，挥发性有机物约 4.2 kg，CO 约 14.6 kg。

此后，苏黎世在 2008 年推出了货运电车路线。该项目利用现有有轨电车线网，起点为市中心的苏黎世机场，终点为苏黎世南部的一个物流中心，全长 15 km，共 23 个电车站点，每天运行数次。这条线路采用标准的轨道电车技术，具备大型货车车厢，每辆车厢能够承载 20 多个标准集装箱或 120 多个货物容器，总装载量约为 17 t，年运输量可达 30 万 t。截至 2021 年，该项目已经扩展到了 5 条线路和 50 多个运营站点，有效减少了尾气排放和交通拥堵。

3.7.4　英国纽卡斯尔地铁客货联运研究

货运配送在英国的经济和发展中扮演着重要角色，但由此引发的交通拥堵和污染问题也日益受到关注。2015 年，英国国内货物运输总距离达到 1 840 万 km，重型货车载货量达到 16.5 亿 t，比上一年增长了 11%。位于英国纽卡斯尔的泰恩-威尔（Tyne and Wear）地铁线建于 1980 年，是英国第一个现代轻轨系统。该系统连接了纽卡斯尔和桑德兰，设有 60 个车站，每年运送乘客总量可达 3 800 万人次，为该地区的社会和经济发展作出了重要贡献。泰恩-威尔地铁公司的负责人表示，每在地铁上投资 1 英镑，可以获得 8 英镑的回报。这表明，将货运服务引入地铁系统中可能带来可观的经济效益。

为了推进这一设想，计划在泰恩-威尔线的 Palmersville 站点建立一个微型物流整合中心，用于整合周边企业的货物。整合后的货物将被装载到改装后的地铁列车上，列车从

Palmersville 站出发,经过既有轨道,运抵 Jesmond 地铁站和 Manors 地铁站。该系统计划在晚上开放使用,运抵 Jesmond 地铁站和 Manors 地铁站的货物将由电动汽车或人工进行分类和运输[21]。研究人员在设计具有货运功能的地铁车厢时,提出了三种设计方案[12]。

设计方案一:对现有客运地铁车厢的内部空间进行改造,投资成本较低。该方案可通过使用轮式箱子来运输货物上下车厢,充分利用客运车厢的开放空间,如图 3-33(a)所示;或者通过在既有地铁座椅上搭设运输平板,用于摆放货物,这种方式适合体积较小的货运包裹,如图 3-33(b)所示。

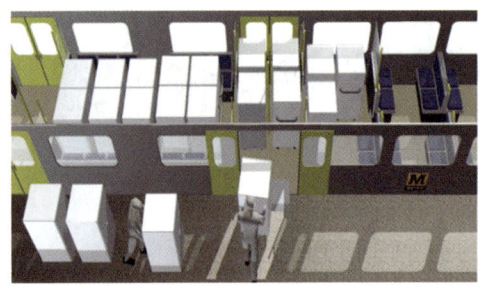 

(a) 车厢设计1　　　　　　　　　　　(b) 车厢设计2

图 3-33　地铁车厢货物装载方案

设计方案二:设计一个可重新配置的车厢,能够同时提供货运和客运服务。该方案也有两种方式:其一,采用了创新的横向座椅设计,在货运服务期间,座椅可以折叠起来,以增加列车的竖向空间,有利于货物运输;其二,利用靠近转向架的纵向座椅,可使座椅折叠成一个平坦的运输平台,在低货运量时期用来存储较小的包裹,如图 3-34 所示。

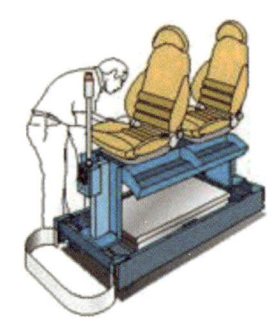 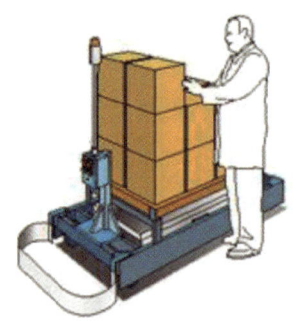 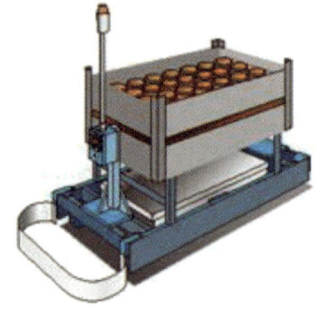

图 3-34　客货两用座椅设计

设计方案三:设计一个使用地铁系统的全自动货运系统,以双轮的自动导向车(AGV)作为货物集装箱,直接将货物分配给客户。该系统利用射频识别技术来识别商品,提高系统的运营效率。AGV 尺寸约为 $1\text{ m} \times 1.5\text{ m} \times 1\text{ m}$,占地面积约为 1.08 m^2,单个 AGV 能够承载约 500 kg 的货物,具有自动滑动门,方便取送货物。具体设计形式如图 3-35 所示。

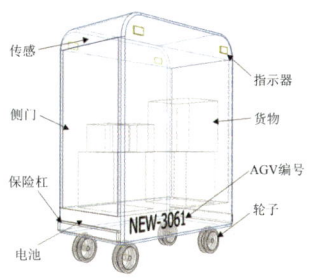

图 3-35　地铁货运单元设计

该项目计划主要针对中小型包裹、低密度高价值商品和可回收材料进行运输,因此可以根据货物类型、资金压力以及组件材料的不同选择不同的设计方案进行客货联运。目前,英国纽卡斯尔客货联运项目仍处于可行性研究阶段。

3.7.5　法国巴黎地铁货运

法兰西岛大区(法语:Île-de-France)是法国的一个行政区域,也是法国最重要的地理、经济和人口中心之一,拥有许多商业、文化和历史景点,如埃菲尔铁塔、卢浮宫和巴黎圣母院等,因此被称为"大巴黎地区",同时也是法国首都圈。据统计,大巴黎地区的货运量每天可达 1 000 000 件,其中 90% 通过公路进行运输。

大巴黎地区的货运交通带来了一系列城市问题,比如货运车辆占用了近 20% 的道路空间,导致了严重的交通拥堵;货运带来的污染物排放量呈直线上升;货车尺寸和载重过大引发道路安全隐患;由于城市扩张,市中心与物流中心的平均距离从 1974 年的 6 km 增加至 2008 年的 16 km。

2008 年,巴黎有轨电车网络不断扩张,包括新建线路 4 条(T5、T6、T7、T8 线路)以及 T1~T4 线路的延长。该地区政府设想通过利用以上有轨电车网络和基础设施,将其扩展至货物配送领域,以提升城市物流效率和可持续性。通过整合现有交通系统和资源,为城市居民和商业活动提供更加方便、可靠的货运服务。

2010 年,由巴黎城市规划工作室(Atelier Parisien d'Urbanisme,APUR)发起和实施了名为 Tram Fret(法语:Tramway de Fret)的有轨电车运输货物项目的可行性研究[13]。该工作室通过与物流商合作,研究利用有轨电车运输货物的条件,为了降低成本,设置了如下应用场景。

(1) 有轨电车通过特定分支机构直接为购物中心或超市提供服务。有轨电车可以在购物中心或超市附近设置专门的货物装卸站点,直接将货物运送到这些商业中心,减少传统货车进入市区所带来的交通拥堵和环境污染问题。

(2) 有轨电车将直接为装载有轨电车的存储仓库提供服务。有轨电车可以连接到专门的存储仓库,将货物从仓库直接运送至目的地,提高货物运输的效率并减少物流成本。

(3) 客货联运。利用现有客运网络,开展货物运输,可选择在相同的站点停靠,但需要将货运时间与客运时间分开。因此,需在站点设置专门的区域进行货物的装卸。

这并非巴黎第一个基于城市既有基础设施进行货运的例子。早在 2007 年,法国最大的零售商之一 Monoprix 超市已经将货物配送方式从传统货车转向城市铁路和天然气车辆的组合,为其在 90 个地点提供运输服务。这种模式的运输成本比传统模式要高出 26%,但节省了大量的环境成本,目前该模式仍在持续运行。

同年,Tram Fret 项目设立指导委员会,汇集了所有对城市客运、交通、货运感兴趣的机构参与,包括法兰西岛地区和跨部门设备与发展局、法兰西岛规划与发展研究所、巴黎交通管理局、法兰西岛交通联盟、能源环境与环境管理局等。该委员会旨在指导 Tram Fret 的研究工作,监督项目进展,并提供财力、人力和技术支持。2010 年,该委员会召开了两次会议,会议纪要见表 3-11。

表 3-11　　　　　　　　　　Tram Fret 项目会议纪要

会议召开时间	参与方	会议纪要及意义
2010 年 6 月	来自大众配送、运输和物流的参与者以及指导委员会的成员	① 会议提升了人们对 Tram Fret 的认知,并为未来的公共/私人合作打下了重要基础; ② 会议鼓励潜在项目用户去思考和探索 Tram Fret 的实际运用场景和可行运输方式
2010 年 8—10 月	单独会议	① 通过数据分析,参与者的商店大多数位于电车线路附近,有利于通过 Tram Fret 进行运输;但是为这些商店提供服务的仓库大多数都在离电车线路较远的地方,这可能会导致运输和物流方面的成本及难度增加; ② 计划于 2012 年底建成一个示范点,先通过 T2 和 T3 线路,为其线路所在区域的仓库提供便捷、经济、高效的运输和物流解决方案

2011 年,Tram Fret 进行了一次试点测试,旨在客运服务时间段内引入空载电车,以观察额外的电车交通是否会对乘客的出行造成干扰,如图 3-36 所示。这项试点测试取得了成功,每辆重达 80 t 的电车都能在客运服务时间内顺利运行,且不会影响乘客的出行速度。其运输过程可分为以下三个阶段。

图 3-36　Tram Fret 电车货运试点

（1）货车运输阶段：传统货车负责将货物从远郊仓库运输至可连接有轨电车的仓库。即货物首先被装载到传统货车上，通过道路运输，从远郊仓库运至可连接有轨电车的仓库。

（2）Tram Fret 站点转运阶段：货物从货车转移到有轨电车进行运输。一旦货车到达可连接有轨电车的仓库，货物将通过提升设备、货物传送带或其他装卸工具转移至有轨电车上。

（3）Tram Fret 运输阶段：通过有轨电车将货物运往目的地。载有货物的货运有轨电车将启动，并沿 T2 或 T3 线路行驶。有轨电车将在与轨道相连的一个或多个目的地停靠，卸下货物，完成运输。

在大巴黎地区运行的 8 条有轨电车线路中，有 6 条线路采用轨道运输，另外 2 条线路则采用轮胎运行。根据规划，Tram Fret 网络将分阶段建设，到 2015 年，已有 4 条线路相互连接，形成了更大的运行网络。同时，其他公共交通系统线路也可被纳入其中。这些线路的加入将使 Tram Fret 线网呈环状或放射状发展，尤其为人口密集区域（如拉德芳斯-莱斯福维勒沿线、热讷维耶港、靠近圣但尼市的 La Plaine 商业和工业区等）提供更加便捷和高效的物流解决方案。

参考文献

[1] Vernimmen B, Dullaert W, Geens E, et al. Underground Logistics Systems: A way to cope with growing internal container traffic in the port of Antwerp? [J]. Transportation Planning and Technology, 2007, 30(4): 391-416.

[2] Visser J G S N. The development of underground freight transport: An overview[J]. Tunnelling and Underground Space Technology, 2018, 80: 123-127.

[3] Visser J, Wiegmans B W, Konings R, et al. Review of underground logistic systems in the Netherlands: An ex-post evaluation of barriers, enablers and spin-off[C]//Proceeding of the 5th ISUFT International Symposium on Underground Freight Transportation. Arlington, USA, 2008.

[4] Verbraeck A, Saanen Y A, Valentin E C. Designing effective terminals and their control systems for the Underground Logistics Systems Schiphol [C]//Proceeding of the 2nd ISUFT International Symposium on Underground Freight Transportation. Delft, Netherlands, 2000.

[5] Pielage B J. Underground freight transportation. A new development for automated freight transportation systems in the Netherlands[C]//ITSC 2001. 2001 IEEE Intelligent Transportation Systems. Proceedings (Cat. No. 01TH8585). IEEE, 2001: 762-767.

[6] Pielage B A. Design approach and prototype of automated underground freight transportation systems in the Netherlands[C]//Transport, Infrastructure and Logistics, the Hague. Delft University Press, 2000: 1-25.

[7] Stein D, Schoesser B. CargoCap-Transportation of goods through underground pipelines: Research project in Germany[C]//ASCE International Conference on Pipeline Engineering and Construction. Maryland, USA, 2003.

[8] Dietrich S, Robert S, Dietmar B. CargoCap: Feasihility study of transporting containers through underground pipelines[C]//Proceeding of the 4th ISUFT International Symposium on Underground

Freight Transportation. Shanghai, China, 2005.

[9] Beckmann H. CargoCap: A new way to transport freight[C]//Schiller Institute Conference. Kendrich, Germany, 2007.

[10] Cotana F, Rossi F, Marri A. Pipe§net: Innovation in the transport through high rate small volume payloads[C]//Proceeding of the 5th ISUFT International Symposium on Underground Freight Transportation. Arlington, USA, 2008.

[11] Cotana F, Rossi F, Marri A. Pipe§net: Application study and further development of system[C]// Proceeding of the 6th ISUFT International Symposium on Underground Freight Transportation. Shanghai, China, 2010.

[12] Motraghi A, Marinov M V. Analysis of urban freight by rail using event-based simulation[J]. Simulation Modelling Practice and Theory, 2012, 25: 73-89.

[13] Kelly J, Marinov M. Innovative interior designs for urban freight distribution using light rail systems[J]. Urban Rail Transit, 2017, 3(4): 238-254.

[14] Egbunike O N, Potter A T. Are freight pipelines a pipe dream? A critical review of the UK and European perspective[J]. Journal of Transport Geography, 2011, 19(4): 499-508.

[15] Clarke M. Metro Freight: The Automation of Freight Transportation[M]. Cranfield School of Management, 1993.

[16] Hodson N. Pneumatic Transport-State of the Art-Desk research [EB/OL]. [2023-07-21]. http://www.noelhodson.com/index_files/StateoftheArt-foodtubes2FEB07.htm.

[17] Howgego T, Roe M. The use of pipelines for the urban distribution of goods[J]. Transport Policy, 1998, 5(2): 61-72.

[18] Miles R, Gough A, Silverthorne B. The northampton mole project—A case study of the application of freight pipelines in an urban environment [C]// Proceeding of the 7th ISUFT International Symposium on Underground Freight Transportation. Arlington, USA, 2016.

[19] CST. Cargo Sous Terrain [EB/OL]. [2023-07-21]. https://www.cst.ch/.

[20] Swiss Federal Council. FF 2020 8537 Message Regarding the Federal Law on Underground Freight Transport [EB/OL]. (2020-11-24) [2023-07-21]. https://www.fedlex.admin.ch/eli/fga/2020/2362/de.

[21] 胡万杰,董建军,陈志龙. 基于地铁货运系统的城市物流发展模式探讨[J]. 铁道运输与经济, 2022, 44(2): 8-15.

[22] Tramfret. Tramfret Project [EB/OL]. [2023-07-21]. https://tramfret.com/.

第4章
日本地下物流系统研究

1991年,在东京召开的城市地下空间国际学术会议上通过了《东京宣言》,宣言指出:"21世纪是人类开发利用地下空间的世纪。"根据日本《大深度地下公共使用特别措施法》,地表以下40 m(或更深)的私人土地和公共土地下的空间使用权均归国家或地方政府所有,以便保留该空间用于公共基础设施建设。这一公共设施性质保证了地下物流系统在城市中心成网建设方面能够获得政策支持和民众认可,而不仅仅是在经济和技术上可行。随着城市用地稀缺问题加剧,日本学者提出了建设"人在地上、货在地下"的分层城市概念,进一步推动了利用城市深层地下空间发展大型地下物流配送系统的工程倡议。本章将介绍20世纪90年代日本在城市地下物流配送方面的研究成果[1-3]。

4.1 日本地下物流发展动因

日本城市以其密集的卡车流量而闻名,特别是在20世纪90年代的东京都市区,卡车的数量占据了车辆总数的一半以上。在其他地区,如东名高速公路(连接东京和名古屋的高速公路),白天卡车数量占车流量的比重约为70%,夜间则高达90%。人口集中、货车占比高、货运任务繁重,这些都是造成东京道路交通功能严重下降的重要原因。据1995年的统计数据,东京地区货车每天要进行259万次的运输,占东京地区进出运输总量的35%。

经济的高速发展为货运业带来了巨大的机遇,但同时也使其不得不应对随之而来的诸多挑战。大型货车排放的氮氧化物、悬浮颗粒物及其他有害气体已成为城区空气污染的主要来源。大型卡车引发的交通事故不仅造成了巨大的经济损失,还带来了噪声污染、环境污染等一系列城市问题。与此同时,日本货运业还面临着年轻劳动力不足和现有劳动力老龄化等严峻问题。

1997年,在日本京都召开的《联合国气候变化公约》第三次缔约方大会上通过了《京都议定书》,规定了签约国减少温室气体排放的要求。日本承诺在2008—2012年期间将温室气体排放量减少6%。为了达到这个目标,日本交通运输部门设定了具体的减排目标——到2010年,CO_2排放量减少15.1%。

然而,传统的城市规划与交通对策已无法从根本上解决上述问题,急需创新的物流运输方式,在实现更高效物流配送的同时,改善环境并降低污染。日本学者Eiichi Taniguchi将这种创新性解决方案的概念称为"城市物流",即在交通拥堵以及能量消耗的约束下,城市企业在市场经济框架内实现物流与运输整体最优化的过程。"城市物流"需满足以下先决条件:

(1) 先进的信息系统;
(2) 协调的货运系统;
(3) 公共的物流终端;
(4) 装载要素的控制;
(5) 地下货物运输系统。

东京都市区"一体化物流愿景(Integral Physical Distribution)"规划提出有效利用深层地下空间。如图4-1所示,通过在地下40 m以下深度建设城市地下物流系统,以满足东京地区不断增长的货运需求、缓解道路交通拥堵、改善工作条件、减少交通事故发生、减少CO_2排放、减小环境压力、高效利用港口土地、改善港口地区景观。

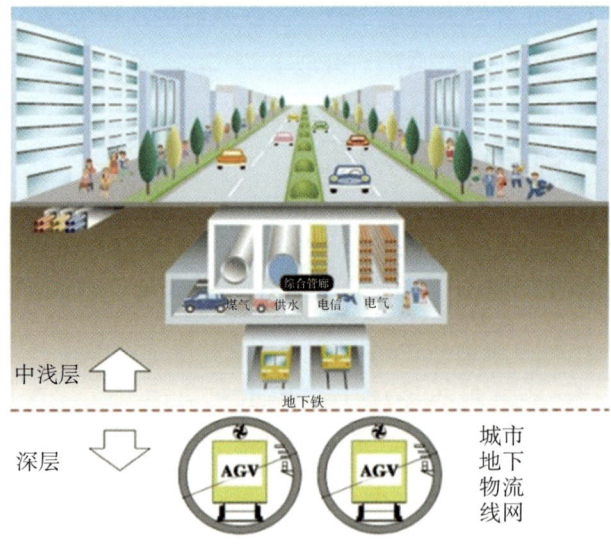

图4-1 利用城市深层地下空间建立地下物流系统

城市地下物流系统的显著特征包括:
(1) 使用电能能源驱动,减少空气污染和有毒气体排放;
(2) 运输车辆在专用道路上行驶,减少噪声污染和对周边居民的影响;
(3) 分担部分地面货运量,减少路面货运车辆造成的交通拥堵,降低交通事故风险;

(4) 利用地下隧道进行货物运输，最大程度地减少对地面空间的占用；

(5) 使用自动运输车辆进行运输，提高运输的安全性和效率；

(6) 全自动的地下货运系统可实现定期稳定的货物运输，提高货运的准时性和可靠性；

(7) 有效应对应急突发状况，实现快速高效的货物配送。

4.2　项目规划与评估

日本地下货物运输系统(Underground Freight Transportation System，UFTS)计划在地下建立一个运输网络，能够实现货车与地下自动运输车辆在终端的转运，并且随着运输网络的发展覆盖城市更多可送达区域。

早在 20 世纪 80 年代，日本建设省土木研究所(现日本国土交通省土木研究所，即 PWRI)就开始了对 UFTS 的研究和现场试验。PWRI 开发了两用卡车(DMT)，这种新型电动卡车在外部供电的情况下，不仅可以在地下隧道中的专用导向车道上行驶，也可以由电池驱动在正常地面道路上行驶。DMT 设计时速为 45 km，可实现无人驾驶，容量设置为 2 t，能够满足货物从原产地连续运送至目的地的需求，由于其在专用隧道进行运输，不受其他车辆的干扰，所以平均运输速度可达到普通道路运输速度的 2 倍。

1992 年，Koshi[1]进行的一项专项研究估计了在日本东京中心地区建造 UFTS 的影响。假设采用直线电机驱动运输车辆，300 km 的地下专用运输隧道可承担约 30% 的路面货运量，氮化物和 CO_2 的排放量将分别减少 10% 和 18%，能耗将减少 18%，平均行驶速度将提高 24%。

1994 年，日本邮电政策研究所提出了名为"东京 L-net"的地下物流系统概念，旨在改善东京地区的邮件收发服务。该项目计划在地下 50～70 m 范围内建设一套电力运输隧道网络[2]。除了邮件服务，该地下运输网络还可以用于运输其他商品，包括纸张、杂志和食品等物品，其节点概念如图 4-2 所示。1995 年，日本城市环境研究小组提出了"Logistics LAN"倡议，旨在对小型市区(包括新发展区、重建区和商业区)引入 UFTS 进行可行性评估。

表 4-1 列出了东京 UFTS 项目中各阶段建设过程中的预期交通量计算结果。根据 1990 年公路交通普查数据，空载卡车与满载卡车的比例为 45%。地下物流网络各阶段的规划路线如图 4-3 所示。待修建的一级地下线路长度为 70 km，二级线路为 102 km，整个地下物流网络(包括待修建的三级公路)总长为 201 km。每个阶段的规划建设时间为 10 年。从提高运输效率(增加运输量、缩短运输时间)、改善城市环境(降低有害气体排放量、减少交通事故)等方面来看，系统建成后可通过公共或私营业务获得相应的收益。UFTS 建设期的运营收入分析结果如表 4-2 所列。

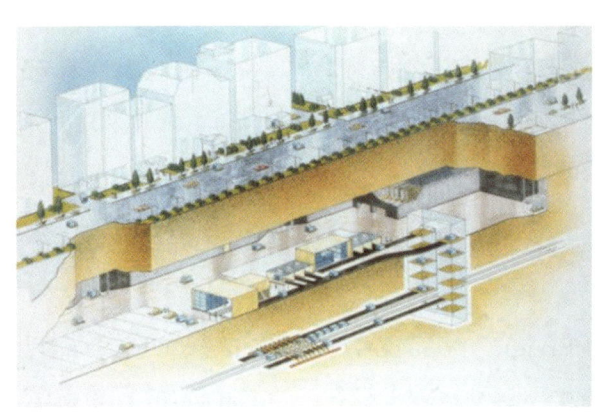
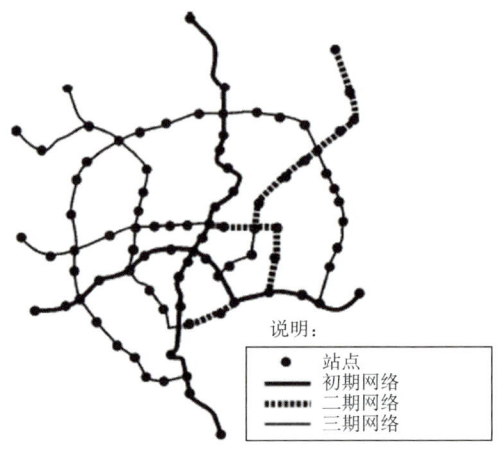

图 4-2 "东京 L-net"地下物流系统配送节点概念　　图 4-3 东京 UFTS 地下物流网络规划

表 4-1　　　　　　　东京 UFTS 对城市交通量的影响分析

场景	指标	第一阶段线路建成后	第二阶段线路建成后	总体网络建成后
装载卡车估计	总体货运交通量/[千辆·(km·d^{-1})]	2 467	2 802	4 410
	地下货运交通量/(千辆·d^{-1})	132	150	222
	路段平均交通量/(千辆·d^{-1})	35	27	22
	车辆平均行驶距离/km	18.7	18.6	19.9
所有卡车(含空卡车)估算	总体货运交通量/[千辆·(km·d^{-1})]	3 579	4 065	6 399
	地下货运交通量/(千辆·d^{-1})	191	218	322
	路段平均交通量/(千辆·d^{-1})	51	40	32
	车辆平均行驶距离/km	18.7	18.6	19.9

表 4-2　　　　　　　东京 UFTS 建设期的运营收入分析

指标		一期网络	二期网络	三期网络
代替的地面卡车数量/(亿辆·年$^{-1}$)		0.48	0.55	0.81
城市卡车总里程数/[亿辆·(km·年$^{-1}$)]	地面	0.96	1.10	1.62
	地下	9.00	10.23	16.10
地下物流收入/(亿日元·年$^{-1}$)		1 705	1 936	3 039

从表 4-3 中可以看出,无论是在不同的建设年限还是不同的网络建设阶段,系统的内部收益率都相对较低。以 30 年使用年限为分析周期,系统的内部收益率为 3.8%,即使将使用年限延长至 50 年,内部收益率也仅上升了 0.4%。这表明系统的盈利能力相对较低。因此,在决策过程中,需要综合考虑其他因素,如社会效益、环境改善和交通拥堵缓解

等,确定 UFTS 的盈利能力和可持续性。

表 4-3　　东京 UFTS 内部收益率变化情况分析

网络阶段	分析周期		
	网络投入使用 30 年	网络投入使用 40 年	网络投入使用 50 年
初期网络	3.8%	4.1%	4.2%
二期网络	3.2%	3.5%	3.7%
三期网络	2.6%	3.1%	3.3%

从表 4-4 中可以看出,在系统建设的不同阶段,UFTS 带来的外部效益逐渐增加。随着系统的建设,可有效减少 CO_2 和 NO_x 的排放量,同时有效减少交通事故数量。初期网络建成后,每年的外部效益约为 9 100 亿日元,二期网络建成后达到约 9 800 亿日元,整个网络建成后将达到约 1.2 万亿日元。从表 4-5 中可以看出,虽然系统的建设和运营成本相当高,但与带来的外部综合效益相比,仍然是非常可观的。因此,UFTS 的建设具有合理性[3],可以有效解决城市问题,促进城市经济和社会的发展。

表 4-4　　东京 UFTS 各阶段外部效益分析

外部综合效益	初期网络	二期网络	三期网络
运输相关效益/(亿日元·年$^{-1}$)	145	142	116
时间相关效益/(亿日元·年$^{-1}$)	8 490	9 084	11 360
CO_2 排放量减少的价值/(亿日元·年$^{-1}$)	44	48	68
NO_x 排放量减少的价值/(亿日元·年$^{-1}$)	345	392	617
交通事故减少的价值/(亿日元·年$^{-1}$)	83	94	149
总计/(亿日元·年$^{-1}$)	9 107	9 761	12 309

表 4-5　　东京 UFTS 建设、维护和管理成本

建设和运营成本		初期网络	二期网络	三期网络
建设成本	基础设施/亿日元	13 154	17 831	31 398
	其他基础设施/亿日元	5 193	6 478	10 440
	总计	18 347	24 309	41 838
车辆购买成本/亿日元		2 016	2 291	3 391
其他维护和管理成本/(亿日元·年$^{-1}$)		349	414	661

注:交通道路、车辆和转运设施是基础设施的一部分,就建设成本而言,其他所有设施都被归类为基础设施以外的设施。

然而,对于 UFTS 的具体实施仍存在一定的不确定性,主要体现在以下几个方面。首先是盈利能力,根据预测结果,UFTS 的内部收益率相对较低,这意味着系统的盈利能

力可能受到限制。其次是运输价格，运输价格是 UFTS 成功运营的关键问题之一。确保运输价格的合理性和竞争力对于吸引托运人和货运公司使用 UFTS 至关重要。最后是传统货车货物向 UFTS 的转变，货物从地面到地下的转换过程存在一定的困难，托运人和货运公司对 UFTS 的服务水平和可靠性并不十分信任，这可能导致他们对将货物转移到地下系统运输的规模和速度持保留态度。

在进一步推进 UFTS 的实施过程中，公共部门应发挥其重要作用，具体可采取以下措施：

（1）提供资金支持。通过对 UFTS 进行补贴，帮助系统保持良好的财务状况，用于建设和维护基础设施、购买先进技术和设备、培训操作人员等。

（2）制定监管政策和规范。加强对城市中心区域货车的监管，限制传统柴油货车进入中心区域，鼓励使用 UFTS 系统。

（3）协调利益相关者。促进利益相关者之间的合作和协调，解决潜在的冲突和问题，确保各方利益得到平衡。

（4）推动研究和创新。支持相关研究和创新项目，促进 UFTS 技术的发展和改进。

（5）宣传和推广。提高公众对 UFTS 的认知和接受度，鼓励公众加入和使用该系统。

（6）监测和评估。建立监测和评估机制，评估 UFTS 对城市交通、空气质量等方面的影响，根据评估结果进行必要的调整和改进。

在 21 世纪，需要以更低的成本获得更快、更可靠的物流系统。在这个背景下，UFTS 被视为满足这一需求的创新解决方案，尤其是在大城市中心地区，它对改善交通条件和城市环境具有显著的益处。公共部门和私人企业之间的合作是实现 UFTS 的关键要素。

参考文献

[1] Koshi M. An automated underground tube network for urban goods transport[J]. Journal of International Association of Traffic and Safety Sciences，1992，16(2).

[2] Taniguchi E. Underground freight transport systems as city logistics measures[C]//The 3rd International Symposium on Underground Freight Transportation by Capsule Pipelines and Others Tube/Tunnel Systems：Ruhr-Universität Bochum. 2002：19-20.

[3] Kashima S, Nakamura R, Matano M, et al. Study of an underground physical distribution system in a high-density, built-up area[J]. Tunnelling and Underground Space Technology, 1993, 8(1)：53-59.

第5章
美国地下物流系统研究与实践

美国是最早支持并实现地下货物运输的国家之一。早在20世纪初,芝加哥就建立了至今规模最大的城市地下货运隧道网络。地下物流系统在美国主要被视为一种新型管道运输技术,相关实践更加注重提升地下运输功能而非通过地下方式提供整体物流过程。在美国,关于地下物流系统的探讨大多集中在港口、干线运输和工业运输领域。长期以来,美国公共部门对于货运管道的潜在应用和创新技术保持高度关注,资助了多个州开展地下物流系统的可行性研究。本章以芝加哥地下货运隧道、洛杉矶阿拉米达走廊、纽约港地下气动输送系统和得克萨斯地下物流系统为案例,介绍了美国的地下物流系统研究与实践。其中,纽约港案例摘自前国际地下物流学会主席Henry Liu博士团队研究成果[1-2],得克萨斯案例编汇了现任主席Mohammed Najafi教授团队的研究成果[3-7]。

5.1 芝加哥地下货运隧道

5.1.1 线路规划与系统设计

1899年,芝加哥市授权新成立的伊利诺伊电话电报公司在芝加哥街道下方建设公用事业隧道,以支持其电话电缆网络建设。最初的计划是将隧道内填满电话电缆,并保留一条宽约36 cm、高约183 cm的通道,用于日常维护。由于市政府拒绝在地下建设楼梯井通往隧道,所以原计划被修改为在隧道内铺设铁轨,以便运输电缆卷轴。1903年,该隧道获准用于货物和邮件的运输。1914年,97 km长的芝加哥货运隧道完成建设,线路布局如图5-1所示。由于当局政府要求隧道的建造深度至少为6.86 m,以便为地铁预留足够的空间,所以芝加哥货运隧道的实际建造深度为12.19 m。如图5-2所示,隧道截面呈鸡蛋形,高为2.29 m,宽为1.83 m,隧道壁厚度为25 cm,地板厚度为36 cm。干线部分的隧道高度为4.27 m,宽为3.89 m。隧道铺设轨距为610 mm的轨道,铺设时没有使用路枕轨,而是将其直接安装在混凝土地面上。主线弯道半径为4.88 m。隧道系统的坡度设置控制在1.75%以内。

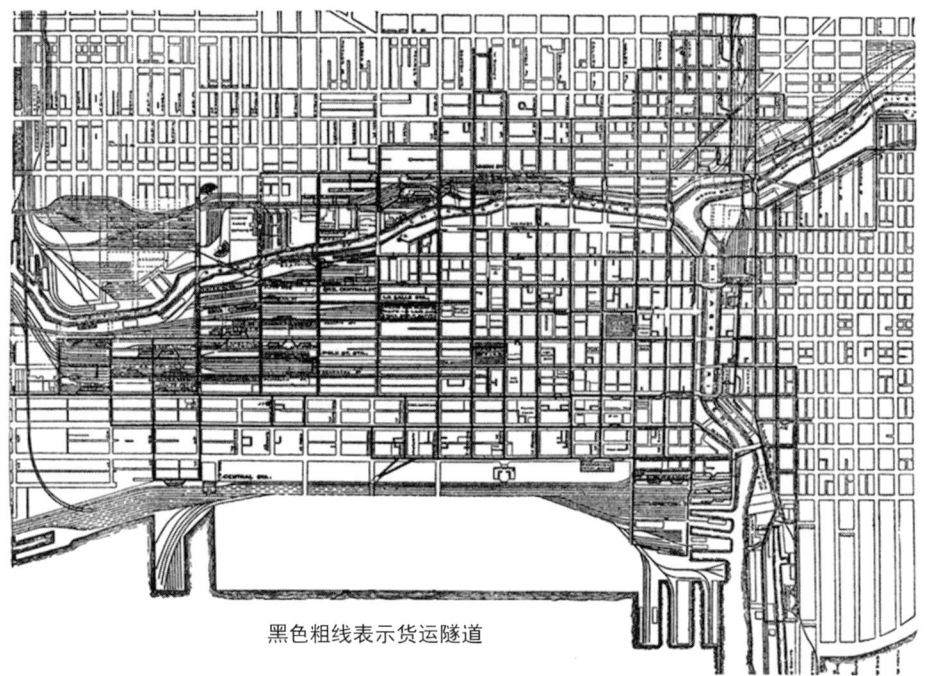

黑色粗线表示货运隧道

图 5-1　芝加哥货运隧道线路图

图 5-2　货运隧道内部影像

在施工过程中,隧道穿过了大面积的黏土区域,采用改进的刨刀切削黏土进行挖掘,并使用 71 个电动水泵排水。为确保施工的安全和稳定,部分隧道在挖掘的过程中需要进行加压。隧道公司专门生产了 900 辆容积为 0.36 m^3 的小车,用于将废土运送到地面。整个隧道共设 19 部电梯,其中 5 部电梯连接地面交通车站,方便公众取货。1903—1904 年期间,伊利诺伊电话电报公司为该隧道配置了 22 辆 L. M. 级内燃机车,每辆机车重达 4.54 t,配备两个 15 kW 的曳引电动机。同时,隧道公司购买了大量的平板车、挖掘车和煤灰车用于相关的运输、挖掘等工作,如图 5-3 所示。早期的地下货物运输以百货公司的商品、邮件、煤炭以及废弃矿物等为主。1914 年,芝加哥货运隧道的总运输量达到

55.2万t,其中,日常商品、邮件等货物24.9万t,煤等挖掘废料30.3万t[8]。

(a) 邮政车辆

(b) 煤炭车辆

图5-3 芝加哥货运隧道车辆

5.1.2 地下运输业务模式

1906年8月,芝加哥货运隧道正式开始运营。此时已完成72 km的隧道建设,地下网络连通4条铁路线路和40个客户终端,共有568名雇员、67台机车和400辆货车共同完成隧道运营。隧道的主要运营时间为早上7点至下午5点,晚间则用于清理挖掘垃圾以及运输煤炭。所有的运输工作均在电话调度系统的授权下进行,为了方便工程师与调度员保持联系,在每个街道交叉口都安装了拨号电话。

根据1916年的运营数据,隧道网络承担了芝加哥主城区18%的货流量。1929年,该隧道配有150台机车、2 693辆商品货车、151辆煤车和400辆挖掘车。每天可处理200～300班列车运输任务,每班列车装备10～15节车厢。芝加哥隧道的主要货物类型和运输模式如下。

(1) 百货商品。隧道面向36个工业厂商供货,包括芝加哥的多个大型百货商店。1913年,该隧道向公共车站发送了23.1万车货物,向工业客户发送了17.7万车货物,向铁路货运枢纽发送了13.4万车货物。1914年,该隧道通过电梯与芝加哥地区的26条铁路、2条船运线和4个隧道站连接,这意味着货运隧道可以通过地下方式直接将货物运往这些地点。

(2) 邮件。隧道的邮件服务始于1906年9月,伊利诺伊隧道公司专门针对邮件运输服务与邮局和客运站签订了合同。然而,由于在合同期间,隧道公司未能按时交付邮件,导致隧道邮件服务在两年的合同期满后终止。

(3) 煤炭。1913年,隧道共完成了16 414次煤炭运输任务,相当于52 531 t煤炭。芝加哥市区有22栋建筑与隧道连接,用于运输煤炭,包括芝加哥商业国民银行、Marshall Field百货公司、市政厅、政府大楼等。1915年,隧道设置了两个煤炭接收站,地面铁路车辆将煤炭倒入轨道下的储料仓,通过斜槽将煤炭输送到运输车辆中。到了20世纪40年代末,随着供暖能源改为天然气,隧道的煤炭运输业务随即停止。

5.2 纽约市地下输送系统研究

5.2.1 研究背景

纽约面临着严重的城市问题。卡车作为主要的货物运输方式,给城市道路和高速公路造成了严重拥堵,引发了一系列负面影响,例如:由于交通拥堵导致的通勤时间增加和生产效率下降;道路交通事故增多,造成人员伤亡和车辆损失;废气排放量增加和能源浪费;噪声污染;应急情况下的疏散困难;影响城市形象;等等。为此,纽约市政府及相关部门采取了一系列政策和措施,包括增加自行车和公共交通的使用、发展客货运轨道设施、采用智能交通系统、修复和改造老旧街道、加强部门间协调等。这些措施在一定程度上缓解了城市拥堵问题,但由于城市空间和资源有限,未能从根本上解决拥堵问题。所以,迫切需要通过创新货物交通运输技术和方式来改善城市问题。

Henry Liu 博士提出使用"货物管道"替代卡车运输。2002 年,在纽约州能源与发展局(NYSERDA)的支持下,进行了基于气动舱体管道(PCP)技术的地下货物运输系统的技术和经济可行性研究[1]。研究主要涵盖了 6 个方面。

(1) 原料运输:将原料从供应点运送到生产或加工场所。

(2) 固体废物运输处理和再利用:将城市中产生的固体废物运送到处理设施并进行回收再利用。

(3) 邮件和包裹运输:提供快速、高效的邮件和包裹传送服务。

(4) 货物运输方式:灵活运用不同的运输方式,如托盘、板条箱、箱包或包装袋,以适应不同类型和尺寸的货物。

(5) 海港与内陆集装箱运输:连接海港和内陆处理站,提高港口物流效率。

(6) 大型食品市场轮渡与卡车运输:解决大型食品市场周边轮渡与卡车运输问题。

由于 PCP 技术已成功在矿物运输和固体废料运输领域实现了商业化应用,考虑到纽约市在地下隧道工程中的丰富经验,基于 PCP 的自动化地下货物运输系统在技术上具备可行性。研究人员估计,在纽约市建立一个大型 PCP 网络,可将全市的货运卡车使用量降低 70%。

5.2.2 系统制式分析

PCP 系统利用轮式胶囊通过地下管道运输货物。该系统可以运输绝大部分小于管道直径的货物,通过使用计算机控制技术和特殊扫描仪,实现自动化高效运输。目前已成功开发了两种类型的 PCP,一种是圆形管道,另一种是矩形管道,如图 5-4 所示。

以上两种形式的 PCP 都可以考虑在纽约市使用。圆形制式管道更适合运输散件物体,如粉碎的矿物质、邮件、小包裹、杂货和固体废物垃圾等。方形制式管道则可根据应用

(a) 圆形管道　　　　　　　　　　　(b) 矩形管道

图 5-4　轮式 PCP 的两种形式

场景往更大尺寸上扩展，运输内容包括周转箱、集装箱和托盘等货物。PCP 系统计划置于地下空间深层区域，从而避免对地基、下水道等既有地下基础设施的干扰。PCP 技术在纽约市的应用考虑从以下 4 个方面展开[2]。

1. 气动舱体管道制式

随着纽约各类市政设施、过街通道、地铁等地下工程建设的开展，市场对建筑原材料的需求不断增加，同时，在隧道挖掘过程中会产生大量的建筑垃圾，这些原材料和建筑垃圾通常利用卡车进行运输。对于一些埋深较深的隧道路线，普遍的做法是通过大型垂直升降梯将卡车下放至专用隧道中。该模式成本昂贵，运输的过程可能会造成拥堵、环境污染，并且存在一定的安全隐患。然而，使用临时的地下货运管道运输建筑材料和建筑垃圾，可以有效避免上述问题。由于 PCP 舱体体积比卡车要小，所以通过传统的升降梯或空气动力系统即可进行垂直移动。地下货运管道的入口可以设置在远离城市中心区域的地方，增加施工过程的安全性。PCP 设施通常只在隧道建设过程中使用，工程完成后会拆除，因此不会对城市交通产生长期影响，保证建设期间的交通流畅。

2. 地下垃圾运输制式

根据 2002 年纽约卫生部门的统计数据，纽约市每天产生近 1.2 万 t 的固体垃圾。这些垃圾通过卡车运往 9 个海上垃圾中转站，压缩后再通过船只外运。这一庞大的垃圾处理系统需要巨额的投入和运营成本，据统计，纽约市 2002 年用于垃圾处理的费用已经超过 10 亿美元。

PCP 系统可以应用于城市主要垃圾中转站之间的运输。该系统建立 1 条主线和 9 条分支，每条分支的末端都连接不同的垃圾中转站，收集的垃圾最终通过主线直接运送到外部的垃圾处理厂。主线和支线均由两个管道构成，一个用于发送装满垃圾的舱体，另一个用于回收空舱体。整个系统的管道总长度约为 306 km，可 24 h 不间断运作。预计该系统每天可运送压缩固体垃圾 1.8 万 t，能够满足未来 20 年的垃圾处理需求。基于 PCP 技术的垃圾回收系统设备可参考日本住友金属工业公司开发的石灰石管道输送设备，如图 5-5 所示。

(a) 站点入口鸟瞰图　　　　　　　　(b) 原料装载设备

图 5-5　运送石灰石的舱体和装卸设备

根据测算,纽约市建设该系统的费用约为 7.5 亿美元,系统运行及维护费用约为每年 2 200 万美元。此外,地下垃圾运输及处理费用为每吨 7 美元。进一步分析显示,PCP 系统可将每吨垃圾的运输成本降低 20 美元,每年为纽约市节省近 1 亿美元的公共支出。

3. 地下邮件和包裹运输制式

设想将 PCP 管道应用于纽约市与华盛顿特区之间的快递服务,在内瓦克、特伦顿、费城、巴尔的摩和华盛顿特区 5 个沿线地区设置货物进出站点。系统由 5 条分支管道组成,分别连接位于不同城市的进出站点,纽约市位于管道的末端。在托盘运输方面,纽约地区的道路运输对象主要为扁平箱和板条箱。标准的扁平箱尺寸为长 1.22 m、宽 1.02 m,而 PCP 矩形舱体的尺寸约为长 6.4 m、宽 1.22 m、高 1.22 m。PCP 矩形舱体能够容纳 5 个完全装载的扁平箱。与固体垃圾运输系统类似,地下托盘运输可在管道沿线设置直线感应电机,以取代送风机实现舱体推进。

管道截面设计如图 5-6 所示。在动力系统设计方面,有轨道式和磁悬浮式两种方案。相比之下,矩形 PCP 舱体更适合在铁轨上运行,主要出于以下考虑:

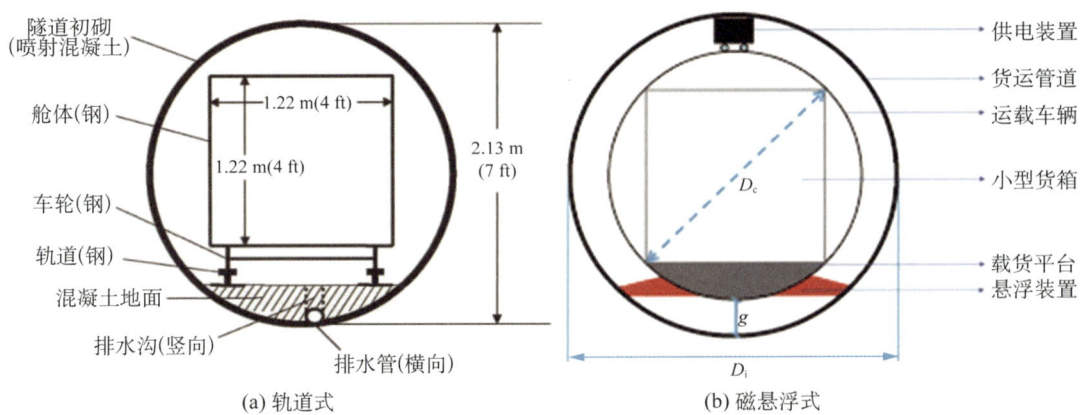

(a) 轨道式　　　　　　　　(b) 磁悬浮式

图 5-6　托盘运输 PCP 系统截面设计

(1) 铁轮摩擦力小,能节省能源。
(2) 可使用标准的铁路转换和控制设备,在分岔点和末端更易控制舱体。
(3) 铁轮不会因轮胎温度过高而增加磨损和维护费用。

地下物流节点具备货物装卸功能,纽约方向的货车在节点将货物从集装箱卸入运输舱体,通过地下管道运输网络送至其他站点,这样的方式可避免卡车进入市区行驶。

经测算,该系统建成后管道长约 386 km,其中的 306 km 线路沿着美国 95 号州际公路铺设。系统的设计时速为 56.35 km,不受恶劣气候影响,将包裹从纽约到华盛顿特区的运输时间缩短至 6 h。预估系统的运输能力为 5.02 万 m^3/d,相当于 3.1 万 t 的邮件和包裹,远超出了当时城市地面邮政的运输能力。在成本测算方面,沿着公路段铺设管道及其附属设施需花费约 220 亿美元,管道运行及维护总费用约为 1.16 亿美元/年。其中,每个地下终端节点的建设成本为 7 700 万美元,运行和维护成本为 1 100 万美元/年。预计每吨货物管道运输 1 km 的费用为 2.5 美元,与传统地面运输方式相比,具有价格竞争优势,同时还为纽约开辟了新的地下空间,为未来可能的自然或人为灾害、战争提供掩蔽场所,并带来积极的社会效益和环境效益。

地下托盘运输系统的节点站台布局设计如图 5-7 所示。垂直电梯将托盘千斤顶和小型电动车辆提升到地面,并在需要返回车站时将其下降至地下管道。PCP 管道和站台置于基岩层,避免干扰其他地下结构,如建筑基础、下水道、管道、电缆和地铁系统等,这些既有的地下结构通常位于纽约市地面以下 23 m 处。

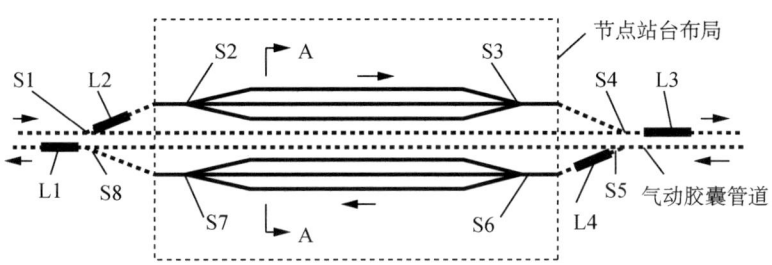

图 5-7 地下托盘运输系统节点站台布局

4. 地下集装箱运输制式

纽约港大量闲置的集装箱占据了宝贵的港口空间,并存在安全隐患。由于面临恐怖袭击的威胁,港口当局要求对每个进港的集装箱进行检查。然而,这种例行安全检查会导致大面积的运输延误和货物积压。

为了解决这个难题,研究人员建议为港口集装箱设计一个地下专用 PCP 运输系统。进港的集装箱可以通过 PCP 直接运输到内陆安全地点,由海关进行检查和处理,最后通过卡车或火车转运到目的地。该系统采用双向隧道,一条隧道用来运输离港集装箱,另一条平行隧道则用来运输从同一检查站到港口的集装箱。该系统可以极大地提高港口的安全性,解决进港拥堵问题。

考虑到国际标准集装箱尺寸为 12.2 m×2.4 m×2.9 m,圆形隧道直径应不小于 4.57 m,使用的舱体尺寸约为 12.8 m×2.6 m×3.05 m,每个舱体可以装载 1~2 个标准集装箱。在截面设计方面,对于靠近港口和城市地区的部分,需要在水位以下 30~45 m 处的硬基岩中钻出一条圆形隧道。在农村地区,为了节约施工成本,隧道可上升到地下 1.5 m 深度处进行开挖,挖掘面为矩形,截面尺寸宽约 2.75 m、高约 3.35 m。由于同一 PCP 系统两部分的截面形状不同,必须使用开放式运输载具,有利于为系统提供动力。

在动力设计方面,鼓风机驱动的系统最大运输效率约为 40 s/列,单条隧道一小时内可发送 270 个舱体。双向地下线路预计每年可完成 75.6 万个班次列车服务。当采用直线感应电机时,系统运输能力可提升 5 倍以上,即最多完成 380 万个列车班次服务(760 万个标准集装箱)。2003 年,纽约新泽西港的吞吐量为 410 万个标准箱,这意味着使用 PCP 能够完全满足当时的疏港交通任务。

在管道设计方面,集装箱 PCP 系统设置 4 个入口和 1 个出口,如图 5-8 所示。纽约港的各个码头通过分支管道连接 PCP 主线,分支管道的直径约为 4.57 m,可在海平面以下 30~45 m 处的岩床上进行建造。

在 PCP 列车运行方面,其编组模式参照铁路列车的编组模式,如图 5-9 所示。

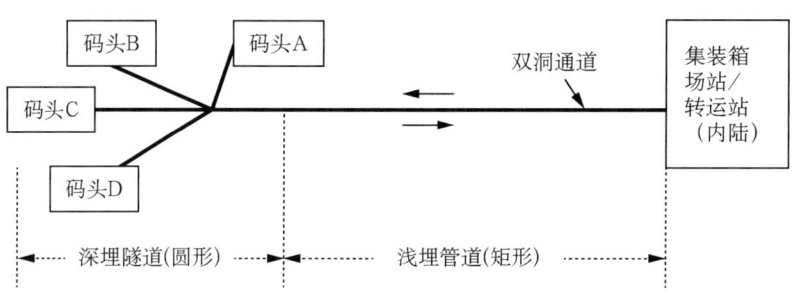

图 5-8 地下集装箱 PCP 系统布局示意

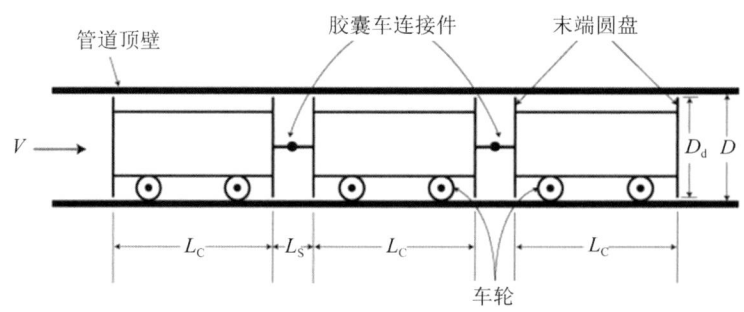

图 5-9 矩形截面三节编组 PCP 列车示意

在系统的运行维护方面,管道本身的维护工作并不复杂,与天然气和石油管道的维护方式类似。集装箱舱体和车轮是重点维护对象,车轮在使用 1.6 万 km 后需要进行检查和润滑,舱体应每 6 个月进行一次检修。作为固定装置,直线感应电机不需要太多的维护,唯一需要经常检查的是电机的内表面以及电机与列车之间的间隙,以确保其正常工作。

在经济方面,建设整套集装箱 PCP 系统将花费约 20 亿美元,系统满负荷运行下的运维费用为 3.12 亿美元/年。在设计能力范围内,PCP 运输一个标准集装箱需花费 17 美元。假设港口对每个集装箱征收 30 美元的地下运输费,则 PCP 系统的年运营收入为 2.86 亿美元,即使以最大运输能力的一半进行计算,该系统仍可获得近 6 000 万美元/年的经营收入。

5.3 洛杉矶阿拉米达走廊

5.3.1 项目背景

20 世纪 80 年代,随着洛杉矶市港口的迅速发展,城市物流需求也迅速增长。然而,洛杉矶城市交通运输系统已有超过 100 年的历史,交通网络的不完善制约了整体交通基础设施的发展,加上港口货运量的快速增长,洛杉矶的城市道路承受了巨大的负荷。位于圣佩德罗湾的洛杉矶港和长滩港是美国集装箱吞吐量排名前两位的大港,圣佩德罗湾港群的集装箱吞吐量从 1995 年的 530 万箱增长到了 2016 年的 1 560 万箱,港口的快速发展导致了严重的港城矛盾。

圣佩德罗湾港群有 4 条集疏运铁路连接洛杉矶港和长滩港,形成了 200 多个平面交叉道口。每天约有 35 列火车以 16 km/h 的速度通过这些道口,铁路与地面车辆产生了严重的路权冲突,导致交通事故频发。与此同时,随着洛杉矶城市发展,还出现了用地受限、交通效率低下、噪声和环境污染等问题。1981 年,南加州政府协会成立了港口咨询委员会,旨在监督港口项目的规划,确保其能够满足持续增长的货物需求。1984 年,该协会采纳了港口咨询委员会的计划,决定将现有的 4 条 150 km 的低速铁路合并为一条 36 km 长的路线,即阿拉米达走廊。这一走廊包括一系列桥梁、地下通道、立交桥和街道改善设施,旨在将集装箱列车与城市交通分开,创造一个更高效的运输网络。

为了推进阿拉米达走廊的建设,加州政府采用了 PPP 模式。1997 年,通道改造工程正式开始,2002 年完成通道铺轨并开始试运营。该项目旨在将两个港口与洛杉矶市中心之间的周转时间从 2 个多小时减少到 45 min,减少火车排放和交通拥堵造成的污染,提高铁路沿线的安全性。

5.3.2 工程概况

阿拉米达走廊的核心是一条长 16.09 km、深 10.06 m、宽 15.24 m 的开放式沟渠,名为中部走廊沟渠,如图 5-10 所示。此沟渠允许货运列车以 64 km/h 的速度行驶,而且无需担心交叉路口的碰撞或在穿过社区时不得不按喇叭的问题。

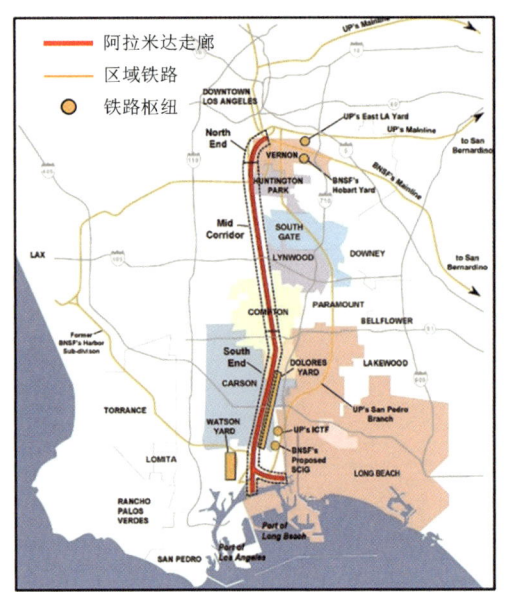 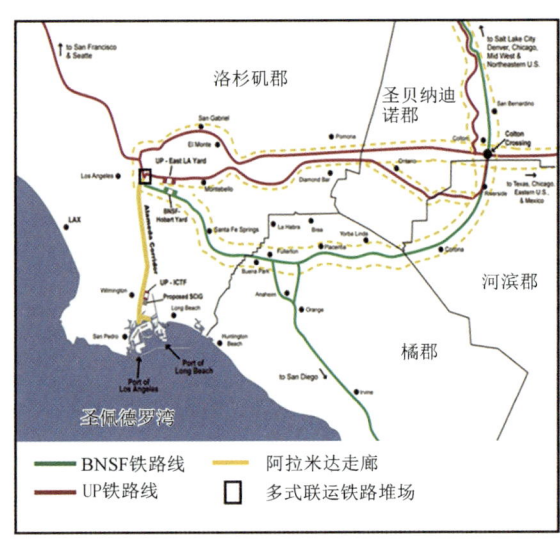

图 5-10　阿拉米达走廊位置图

该走廊由北端线路、走廊中部沟渠和南端线路三部分组成。走廊中部沟渠位于阿拉米达中心街道下方,可容纳两条轨道和一条用于维修的道路。沟渠有 7.5 m 的高空净空,可供双层集装箱列车通过,如图 5-11 所示。该走廊还包括一条长为 9.01 km 的上坡绕行轨道,连接着 17 个平交道口和一个分离的铁路道口,向外部区域延伸,覆盖了洛杉矶周边的多个地区,为集装箱多式联运提供了便利。

图 5-11　货运列车穿越城市地区

阿拉米达走廊项目的建设资金约为 24.31 亿美元,其中约有一半来自长期债券;港口基础设施的投资额占项目资金的 16%;洛杉矶大都会交通管理局投资了 3.47 亿美元,其他州和联邦投资了 1.54 亿美元。阿拉米达走廊的建成对于缓解港口运输矛盾和减少交通延迟损失作出了巨大贡献,使交通延迟损失降低了 90%。

阿拉米达走廊项目成功的关键在于联邦政府的支持。1995 年,该项目被国家公路系统指定为重点发展的多式联运项目。1997年，时任美国总统比尔·克林顿批准向该项目提供4亿美元的联邦贷款。联邦政府的支持源于当时的承诺，即使用私营部门的资金向铁路公司收取铁路集装箱费用。

项目采用了"设计施工总承包"的管理方式，将设计单位与承包商视为一个整体共同承担项目责任，提高项目的效率和质量。这种项目管理模式促成了阿拉米达走廊项目在预算范围内按时交付，受到了美国众议院的赞誉。

阿拉米达走廊项目的目标是扩大铁路的运输能力，吸引铁路货运量。根据2003年的运营数据，该走廊提供了超过1.4万列的火车班次服务。2006年，列车服务数量提升至2万列，通过整合货运铁路运营，直接减少污染物排放1.3万t。

阿拉米达走廊项目的成功实施总结如下。

(1) 有效解决了货运铁路分割市区的问题，避免了市区的交通拥堵。货物通过货运走廊快速运输，减轻了市区的道路交通压力。

(2) 列车运行速度提高了一倍，货物可以更快速地从港口运输到内陆地区，加快了物流流程。

(3) 大量卡车运输引起的尾气污染和噪声问题得到有效解决，废气排放减少了80%以上，噪声降低了90%。

(4) 为当地创造了超过2.6万个就业岗位，对于促进阿拉米达地区经济发展、降低失业率具有积极作用。

(5) 从经济效益上看，列车运行时间减少了30%，等待时间减少了75%，港口的交通延误减少了90%，使得物流运输更加高效，提高了运输链的效率。此外，减少了23%的集装箱卡车转运量，节省了大量的卡车短驳费用。

(6) 实现了港口的铁水联运，其中有1/3的货物通过阿拉米达走廊连接沿海港口和内陆场站。特别是洛杉矶港有60%的货物通过该走廊运往全美，解决了沿海港口和内陆场站之间的衔接问题，实现了高效、快捷的连接。

(7) 铁路的运行速度由不足20 km/h提升至65 km/h，运行效率提高了4倍，走廊可满足每天150列火车的通行需求。

(8) 现在港区与场站之间的列车运行时间由原先的2 h降低至30~45 min，每天运行的列车数量最高可达60列，货物可以更频繁地从港口转运到铁路场站，加快了货物的流动速度。

5.4 得克萨斯地下物流系统研究

5.4.1 休斯敦地下物流网络研究

1. 研究起因

休斯敦港是美国第二大国际商港，货物吞吐量超过2亿t，每年在港挂靠的商船超过

7 000 艘。然而,从港口到港口腹地的运输 80% 以上由卡车完成。由于当时高速公路网络的能力不足以满足港口货流量快速增长的需求,大量的运输卡车导致了州际公路和小型道路的严重拥堵。扩建公路是一种暂时缓解拥堵的方法,但这种无序的扩张同样会占据大量地面道路资源,并且加剧环境污染。

1999 年 9 月,在密苏里大学哥伦比亚校区举行了第一届国际地下物流研讨会。随后,美国得克萨斯农工大学与荷兰代尔夫特理工大学展开了合作,对休斯敦地区的加尔维斯顿湾运输问题进行了调研。

2. 休斯敦 2000 计划——加尔维斯敦海湾腹地运输

休斯敦 2000 计划提出了 5 个交通解决方案,涵盖了从微小改进现有系统到创新性提出地下物流系统[3],具体内容如下。

1) 0+方案

0+方案的核心思想是不对现有基础设施进行大规模改变,而是集中对现有道路进行改进。由于不需要大量新建设施,该方案的资金投入较小,有利于纳入交通部门的近期建设规划。主要措施包括升级和改造 S225 和 S146 两条高速公路,将其从州际公路升级为美国国家公路,引入道路信息管理系统等。然而,虽然公路升级可以提升通行能力,但面对不断增长的货运量,交通拥堵问题仍然存在。因此,0+方案并非解决休斯敦地区交通问题的长久方案。

2) 附加建设方案

附加建设方案的思路是在高速公路上建造连接码头的轨道和专用车道。码头集装箱可以直接进入轨道,通过铁路运输进出港口,从而减少对道路的依赖。专用车道则是为特定类型的车辆提供独立车道,以提高交通流动性。在休斯敦地区,已经为公共汽车、货车和汽车保险箱提供了专用的车道。新的专用车道将建在现有车道的右侧,如图 5-12 所示。此方案中的卡车排放量较低,因为大部分集装箱将通过铁路进行运输。与 0+方案相比,专用车道的建造成本会更高。但是运营成本远远降低,并且征收燃油税可以帮助支付专用基础设施建设的投资,所以该方案比 0+方案更具可行性。

图 5-12 高速公路增加专用道

3) 专用通道多拖挂方案

专用通道多拖挂方案(Multi-Trailer Towing Scheme for Dedicated Channels,MODL)是专为港口集疏运设计的一个全新系统,如图 5-13 所示。该系统旨在简化物流链,使集装箱在运输过程中无需更换承运平台。无论是通过轨道还是其他运输方式,都可以将集装箱装载到拖挂平台上。MODL 方案提出的拖挂平台与卡车底盘类似,不同的是该系统具有"轨道跟踪"功能,即拖车能够自动形成车列。因此,系统无需铺设轨道,拖车可以牵引载具按队列精确沿道路行驶。单个拖车可同时牵引 5~7 个托运平台。MODL 系统将设置在道路中央,拥有专用通道,确保了运输的安全性。相同运力条件下,MODL 与附加建设两种方案在运营和建设费用上大体相当。

图 5-13　MODL 方案概念示意

4）铁路枢纽方案

铁路枢纽方案利用了城市东北部已建设的一个枢纽和城市内部的三个运输终端，如图 5-14 所示。该方案采用经济高效的专用轨道，在枢纽与各终端之间往返开行列车。由于列车技术已相当成熟，且枢纽和各种终端设施已经完备，所以在现有轨道附近建设新的轨道，可以确保安全性和可靠性，提高集装箱运输能力。与 MODL 或附加建设方案相比，铁路枢纽方案的投资要低得多，因为轨道的成本可以通过收取货物运费来弥补，并且这些费用很容易估算。所以，铁路枢纽方案是可行的。但是该方案的可扩展性较弱，如果需要与未来的地下物流系统衔接，则需要对铁路附属设施进行改造。

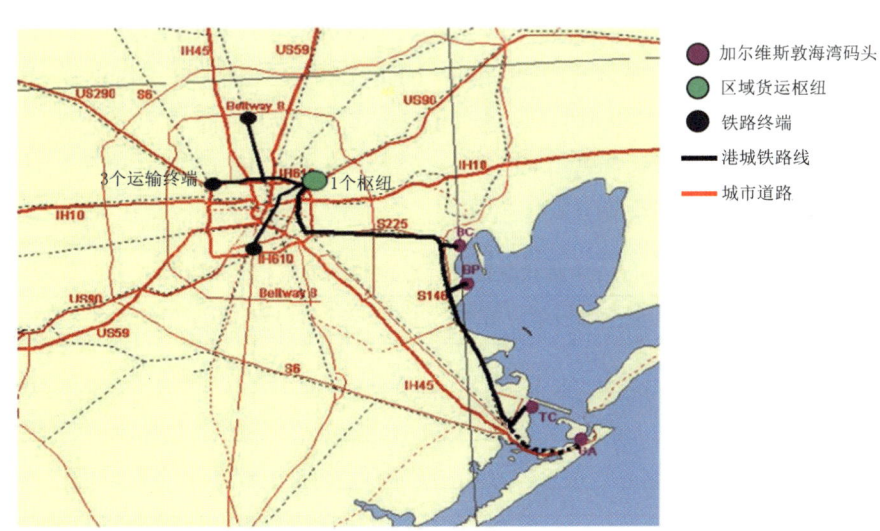

图 5-14　休斯敦地区铁路枢纽系统概念示意

5) 地下物流系统

地下物流系统(Underground Logistics System，ULS)由地下隧道组成，使用自动引导车辆通过在隧道中移动将货物运送到目的地。休斯敦地区的 ULS 线路不需要完全设置在地下。在此方案中，码头区域与 ULS 相衔接，从根本上改变物流链。为了降低 ULS 的成本，应根据运输货物的类型设置最佳管道直径。如果管道直径较小，则需要将集装箱拆解后再换装成更利于地下运输的标准托盘。ULS 方案与铁路枢纽方案相似，主要区别在于终端与中转站之间的地下连接。ULS 方案的建设运营成本更高。计划中也明确说明，当时 ULS 方案也仅仅是作为一种创新性的设想被提出来的，暂时并不可行。

3. 休斯敦 2001 计划——休斯敦地下物流系统

2001 年，得克萨斯运输研究所获得了政府资助，用于研究在得克萨斯州到墨西哥之间建设地下货物运输系统的可行性。休斯敦 2001 计划的研究小组对当地地下集装箱运输的可行性进行了调查，并提出了设计方案[4]。对于休斯敦及其周边地区来说，地下施工仍然是一个相对陌生的领域。由于该地地域广阔、通行距离较远，大多数居民倾向于开车出行，而不是使用公共交通工具。

1) 休斯敦已有地下基础设施

休斯敦已建立了一个庞大的地下基础设施网络，主要由管道组成，在商业区域也有一些地下人行隧道。然而，休斯敦并没有地下货物通道或客运交通系统。更糟糕的是，休斯敦是一座没有分区规划的城市，因此没有人准确地知道这些管道穿过地下的具体位置。换句话说，人们无法确定管道的准确布局和路径，这增加了地下工程建设的复杂性。

2) 休斯敦港物流量

休斯敦港流通的货物可分为国际货物、国内货物和州内货物。国际货物是指往来于加尔维斯敦海湾码头和休斯敦之间的集装箱，国内货物是指往来于美国其他各州与休斯敦之间的货物，州内货物是指产销地均在得克萨斯和休斯敦的货物。对货流量的预测是地下物流系统容量计算的基础。40 尺柜(FEU)和 20 尺柜(TEU)均为集装箱的国际计量单位，一个标准 TEU 有 8 个托盘，一个 FEU 则有 18 个托盘。自然箱(Box)是统计集装箱数量的术语，一个 FEU 或者一个 TEU 都可被称为一个自然箱。为了统一衡量标准，将不同标准的集装箱转换成 TEU 进行计算。表 5-1 显示了 2001 年对休斯敦港在 30 年后的集装箱数量预测结果。

表 5-1　　休斯敦港集装箱数量预测结果(至 2030 年)

货物流量	进口自然箱数量/万 TEU	出口自然箱数量/万 TEU	合计/万 TEU
国际	10	13.7	23.7
国内	69	50	119
州内	33	63	96
合计	112	126.7	238.7

3)地下货物运输

地下货物运输系统的基本要素包括隧道、物流中心、枢纽及车辆。根据休斯敦的实际情况,从效率和成本的角度考虑,需要对集装箱拆箱,形成托盘,装入一个直径相对小的隧道系统中进行运输。运输流程为:集装箱到达枢纽,将集装箱货物拆装入托盘,每个托盘分别运往不同的目的地,将托盘引入自动导向车,自动导向车进入地下物流系统的专用通道行驶,到达离托盘目的地最近的配送中心,经过卸货、分拣后,客户可在配送中心进行收货。自动导向车配有橡胶车轮,可在隧道以外的地面专用通道上行驶。车辆的长、宽、高分别为 354 cm、80 cm 和 112 cm,每辆车可以容纳 4 个标准托盘,车辆在隧道中的最大速度可以达到 45 km/h,最大行驶坡度为 12%,相邻两类车之间的最小发出间隔为 7 s。

4)地下物流网络规划

研究小组综合考虑了用户需求、施工难度和可扩展性等因素,提出了休斯敦地下物流网络布局方案,如图 5-15 所示。整个地下网络包含 1 个枢纽节点、24 个配送中心,覆盖休斯敦市主要地区。

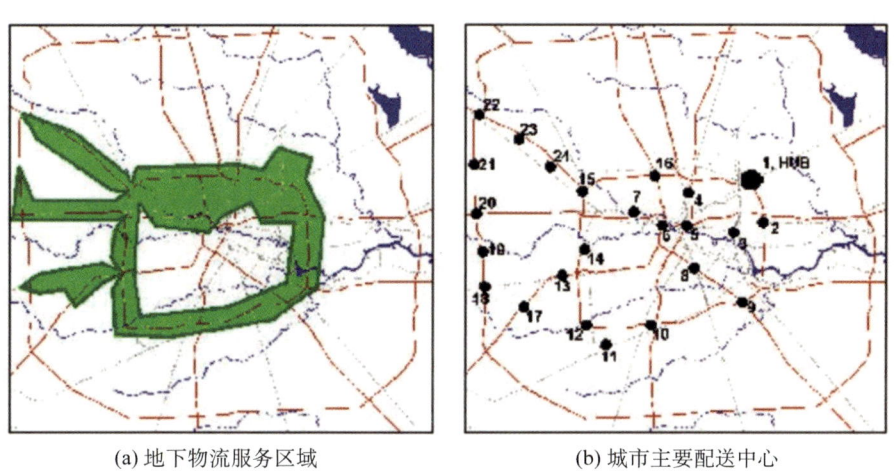

(a) 地下物流服务区域　　(b) 城市主要配送中心

图 5-15　休斯敦地下物流网络布局方案

5)系统、枢纽和配送中心的能力

当时,研究小组预计地下物流系统建成后能够承担休斯敦市 54.9% 的货运量。以预测的货运需求为基准,到 2020 年,地下物流系统可运输约 147.5 万个自然箱,即 2 400 万个托盘。如果在建成当年即投入运营,地下网络的货运承载量基本是满负荷的,后期考虑可在休斯敦市西边再建立一个枢纽节点,对系统进行扩容。在满负荷货运作业下,地下物流网络预计需要配置 735 辆自动导向车。由于所有利用地下物流系统进行运输的货物都得经由枢纽节点转运,所以根据功能测算,枢纽节点的建筑面积大约为 4.4 万 m^2,配送中心建筑面积约为 1.015 万 m^2。

6)隧道建设方法

隧道由两条单线隧道组成,每条隧道的外径为 3.4 m、内径为 3.1 m,隧道上方的覆土层不少于 5.2 m。使用顶管法施工是建设地下物流系统隧道最便捷和经济的方法,但由于大部分隧道区段需要更长的顶推距离,所以每隔约 82 m 需设置一个顶推站,这样累加起来最大顶推距离可达约 1 006 m。由于顶管法可能对环境造成一些不良影响,如地面下陷、地下水位变化等,所以需要通过采取一定的措施来降低这些负面影响。如果遇到断层,需要把刚性管段和柔性管段结合起来使用,以应对断层处隧道两侧的不同应力。用于隧道施工的顶推设备需要安装在竖井中,包括顶管机和混凝土管。

7) 休斯敦 2001 计划研究建议

地下物流系统可以帮助解决休斯敦地区货物运输量带来的诸多问题。研究从多个方面进行了论证,打消了当地居民和政府对整体地下物流解决方案的质疑态度。休斯敦地区的地质条件适宜开展地下隧道建设,地下物流系统的引入对于城市居民、物流商以及整个区域的经济贸易将带来巨大的效益。

5.4.2　得克萨斯 UFT 系统研究

1. 研究概况

根据《北美自由贸易协定》研究报告,从 2003 年到 2030 年,得克萨斯州公路和铁路上的运输吨位预计将增加近 207%。其中,卡车数量将增加 263%,铁路单位数量将增加 195%,未来将对得克萨斯州的高速公路和铁路系统产生深远的影响。此外,巴拿马运河扩建后,大型船舶将抵达休斯敦港,港口货物量将持续增长。因此,寻找解决三个港口的道路交通拥堵、交通安全以及污染问题的方法迫在眉睫。

在美国联邦公路局(FHWA)和得克萨斯州交通部(Texas Department of Transportation,TxDOT)的拨款赞助下,得克萨斯运输研究所对在德州开发地下货运管道系统的可行性展开研究[5]。该项目将地下货物运输(Underground Freight Transportation,UFT)定义为一种大型自动运输系统,以多式联运的方式,通过地下管道或隧道运输货物,并成为得克萨斯州多式联运系统的重要组成部分。得克萨斯州专门为此成立了利益相关者委员会,旨在为该项目提供指导和建议,确保项目的实施和运作对各方都有利,促进组织发展和实现整体利益。

如图 5-16 和表 5-2 所示,得克萨斯 UFT 系统共规划了 3 条线路[6],线路情况具体如下。

1) 线路 1:休斯敦港至达拉斯

该线路长 402 km,起点位于休斯敦港口码头,终点位于达拉斯南部的兰开斯特联运码头。线路需开挖大型隧道以运输集装箱,共设置两条单线隧道和一条双线隧道。

2) 线路 2:拉雷多过境线

拉雷多过境线起始于墨西哥新拉雷多世界贸易大桥的西南端,终止于联合太平洋多式联运码头北侧的 35 号高速公路。该线路长约 6.4 km,距离墨西哥边境一侧不到 1.6 km。为了避开洪水区,墨西哥一侧的出/入口竖井应距离河流至少 305 m。因此,在施工作业期间,应确保出/入口竖井不受地表径流影响。

3)线路 3:休斯敦港至贝敦内陆卫星配送中心

线路 3 计划在休斯敦港和贝敦内陆卫星配送中心之间的地下运输货物,从巴伯切终端的西侧到高速公路 IH-10 和 SH-146 交汇处东北角的终端,总长约 24 km,大部分位于 TX-201 公路下方。

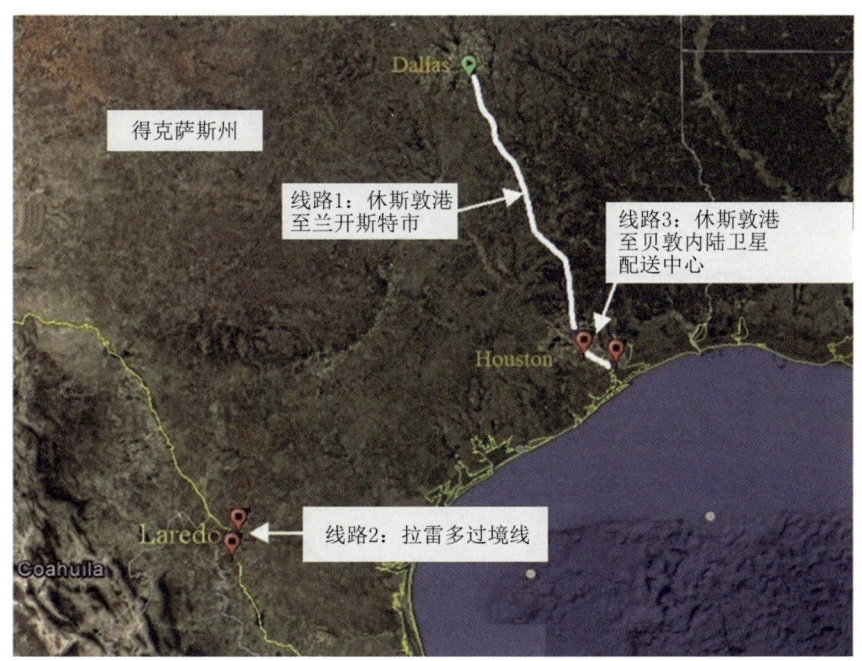

图 5-16　得克萨斯 UTF 系统线路规划

表 5-2　　　　　　　　　　UTF 系统线路预计工期及施工参数分析

线路	分段	长度/km	货物类型	建造方法	工期
线路 1	1	160	集装箱	隧道	50 个月
	2	160	集装箱	明挖法	
	3	82	集装箱	隧道	
线路 2		6.4	集装箱	隧道	13 个月
线路 3		24	集装箱 板条箱 托盘	隧道	33 个月

车辆设计方面,板条箱和托盘使用封闭式车辆运输;集装箱不宜使用有盖车辆,因此,采用具有矩形截面的开放式平板车辆即可满足运输需求。对于运输环境敏感的物品,如生鲜食品、药品、鲜花等,需对车厢进行特殊设计。隧道中需要额外的空间用于公用设施,如走道、维护等。适用于各类型货物的车辆尺寸设计如图 5-17 所示。

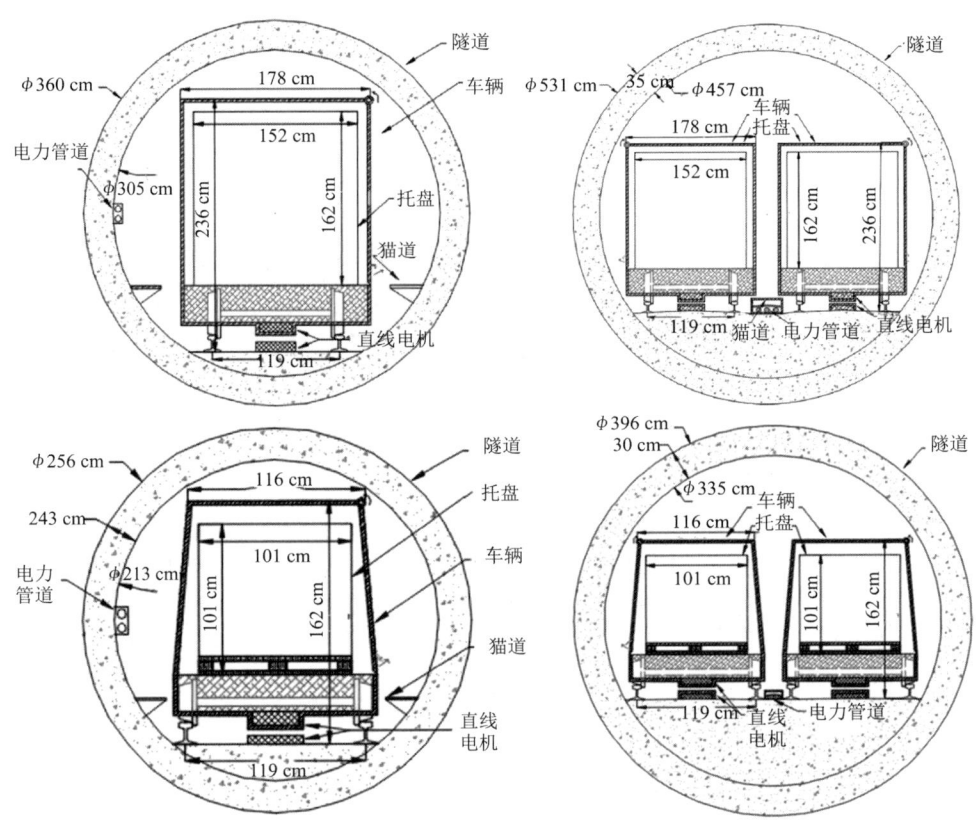

图 5-17　得克萨斯 UFT 系统车辆设计

得克萨斯 UFT 系统采用两条单向隧道设计，考虑自动导向车的型号尺寸，每条隧道的外径为 3.4 m、内径为 3.1 m，隧道上的覆土层厚度不小于 5.2 m。在推进系统设计方面，计划采用直线感应电机驱动车辆，建议采用铝外壳（良导体）和钢（铁磁）的内部结构。与其他能源一样，直线感应电机的能量消耗与运行速度和加速度有直接关系。将地下运输速度保持在较低水平，可以降低系统的功率和运行成本。较低的速度也可减少对轨道、车辆、隧道系统的磨损。根据美国联邦公路管理局的数据，在休斯敦和达拉斯之间的 IH-45 公路上，卡车的平均速度约为 87 km/h。此外，连接休斯敦和达拉斯市区的货运铁路系统运行平均速度为 48~53 km/h。因此，休斯敦港至达拉斯 UFT 线路的设计速度为 72 km/h。这一速度足以与卡车或货运列车的速度媲美，且不受交通情况的影响，能够将能源消耗降至最低。

2．系统成本分析

相关研究对得克萨斯 UFT 系统的 3 条线路进行了成本估算[7]，包括建设成本、运营工具成本、直线感应机成本和土地征收成本。

1）建设成本

建立数学模型描述建设成本和位置、时间之间的关系，结合历史数据和经验，预测和调整 UFT 系统的建设成本：开挖成本按照每米 1.5 万美元计算（不含混凝土隧道成本）；两个混凝土隧道的制造、运输和安装成本约为每米 1.7 万美元，考虑到 15% 的应急费用，明挖回填施工的总成本约为每米 2.4 万美元。

2）运载工具成本

根据美国铁路行业数据估算 UFT 系统的车辆运行成本，结果如表 5-3 所示。

表 5-3　　　　　　　　　　UFT 系统车辆运行成本

车辆形式	空车重/t	成本/(美元·车$^{-1}$)
集装箱	5.0	90 000
板条箱	2.3	42 000
托盘	1.0	18 000

3）直线感应电机成本

UFT 线路每千米需要配置 13 个线性感应电机。每台电机的成本约为 2.5 万美元，包含了设备采购、安装以及为隧道和终端提供控制所需的各项费用，每千米成本总计约为 31 万美元。

4）土地征收成本

用于建设得克萨斯 UFT 线路各终端节点的土地征收成本如表 5-4 所示。

表 5-4　　　　　　　　　　UFT 系统土地征收成本

终端节点位置	地下运输类型	终端面积/m²	单位成本/(美元·m^{-2})	总成本/美元
休斯敦市	托盘	35 200	12.73	448 096
休斯敦市	板条箱	86 180	12.73	1 097 071
休斯敦市	集装箱	89 000	12.73	1 132 970
拉雷多市	集装箱	89 000	9.12	811 680
兰开斯特市	集装箱	89 000	3.70	329 300

综上所述，结合系统建设成本、运载工具成本、直线感应电机成本和土地征收成本，得出得克萨斯 UFT 系统不同线路的总成本，如表 5-5 所示。

表 5-5　　　　　　　　　　得克萨斯 UFT 系统各项成本

线路及货运类型	长度/km	隧道成本/美元	轨道成本/美元	垫层成本/美元	车辆成本/美元	电机成本/美元	终端土地成本/美元	处理成本/美元	总成本/百万美元
休斯敦港—达拉斯集装箱	402	11 652	502	978	120.50	12.50	1.43	8.80	13 275.23

(续表)

线路及货运类型	长度/km	隧道成本/美元	轨道成本/美元	垫层成本/美元	车辆成本/美元	电机成本/美元	终端土地成本/美元	处理成本/美元	总成本/百万美元
拉雷多过境线集装箱	6.4	187	8	16	1.98	0.20	1.58	8.80	223.56
休斯敦港—贝敦内陆卫星配送中心集装箱	24	700	30	59	7.20	0.75	2.2	8.80	807.95
休斯敦港—贝敦内陆卫星配送中心板条箱	24	450	30	24	5.12	0.75	2.0	4.48	516.35
休斯敦港—贝敦内陆卫星配送中心托盘	24	315	30	20	2.19	0.75	0.88	4.48	373.30

3. 系统收益评估

基于当前休斯敦市的卡车运输收费标准估算 UFT 系统的收入，即每箱货物运输收费 0.4 美元/km。项目建设划分为 4 个阶段，每个建设阶段持续 1 年，相隔 5 年之后再进行下一阶段建设。各阶段工程投入运行后，产生运营和维护费用。调查显示，系统运行 40 年后，10 亿美元的基础建设投资会产生 3.1 亿美元的净现值，即其内部收益率为 10.3%，高于市场平均收益率。因此，该项目具有经济可行性。假设不引入 UFT 系统，而是通过卡车每年运输 1 470 万箱货物，则每天需要额外使用卡车约 4 000 辆。卡车对道路造成的破坏、交通堵塞以及空气污染和噪声等问题将间接影响高速公路的使用并引发一系列城市问题。据估算，每千米卡车运输对交通拥堵、空气污染、噪声和安全问题带来的间接损失为 54 美分。UFT 系统的运行每年将节省 1 960 万美元的公共支出。

4. UFT 环境影响评估

在施工和运营两个阶段，从正面影响和负面影响两个方面，对得克萨斯 UFT 系统的各条线路环境影响进行评估。

UFT 施工阶段的负面影响：空气、噪声和水污染，尘土，振动，交通干扰，以及对邻近公用事业、路面和其他构筑物的损害。这些因素可能给当地居民带来不便和环境负担。正面影响：创造就业机会，通过销售新的建筑材料、建筑设备和工具等，改善当地经济。

UFT 运营阶段的负面影响：发电机组排放引起的空气污染和由于 UFT 运行而导致的税收损失。正面影响：减轻空气污染、噪声和水污染，缓解交通拥堵和降低事故率，减少地面基础设施需求（例如路面、桥梁、交通工具），减少石油消耗，节约土地使用，提高交通安全性。

UFT 系统的社会成本与效益的计算框架如图 5-18 所示。表 5-6、表 5-7 和表 5-8 分别呈现了 3 条 UFT 线路的环境影响评价结果。

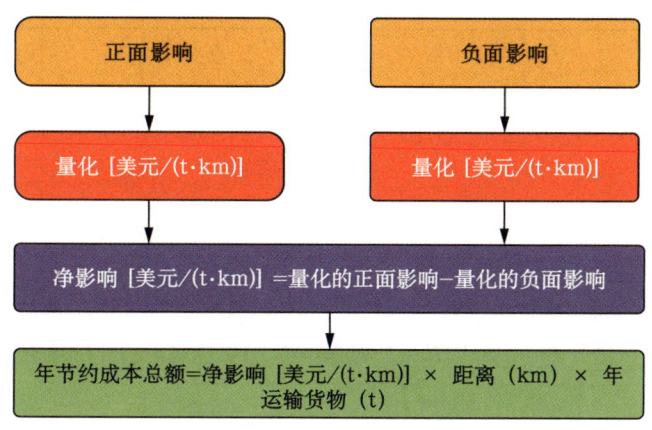

图 5-18 UFT 系统的社会成本与效益计算框架

表 5-6 休斯敦港—达拉斯 UFT 环境影响评价结果

指标	正面影响 /[美元·(t·km)$^{-1}$]	负面影响 /[美元·(t·km)$^{-1}$]	年度收益 /美元
空气污染	0.017 7	—	372 124 800.00
噪声污染	0.000 28	—	5 886 720.00
水污染	0.000 047	—	988 128.00
交通拥堵	0.002 2	—	46 252 800.00
基础设施维护成本	0.000 514	—	10 806 336.00
交通事故	0.002 9	—	60 969 600.00
电税收入	0.000 07	—	1 471 680.00
油料税收入	—	−0.001 38	−29 013 120.00
轮胎税收入	—	−0.000 09	−1 892 160.00
合计	0.023 711	−0.001 47	467 594 784

表 5-7 拉雷多过境线 UFT 环境影响评价结果

指标	正面影响 /[美元·(t·km)$^{-1}$]	负面影响 /[美元·(t·km)$^{-1}$]	年度收益 /美元
空气污染	0.017 7	—	5 953 996.80
噪声污染	0.000 28	—	94 187.52
水污染	0.000 047	—	15 810.05
交通拥堵	0.005 07	—	1 705 466.88
基础设施维护成本	0.000 514	—	172 901.38
交通事故	0.002 9	—	975 513.60

(续表)

指标	正面影响/[美元·(t·km)$^{-1}$]	负面影响/[美元·(t·km)$^{-1}$]	年度收益/美元
电税收入	0.000 07	—	23 546.88
油料税收入	—	−0.001 38	−464 209.92
轮胎税收入	—	−0.000 09	−30 247.56
合计	**0.026 581**	**−0.001 47**	**8 446 938**

表 5-8　休斯敦港—贝敦内陆卫星配送中心 UFT 环境影响评价结果

指标	正面影响/[美元·(t·km)$^{-1}$]	负面影响/[美元·(t·km)$^{-1}$]	年度收益/美元
空气污染	0.017 7	—	22 327 488.00
噪声污染	0.000 28	—	353 203.20
水污染	0.000 047	—	59 287.68
交通拥堵	0.002 2	—	2 775 168.00
基础设施维护成本	0.000 514	—	648 380.16
交通事故	0.002 9	—	3 658 176.00
电税收入	0.000 07	—	88 300.80
油料税收入	—	−0.001 38	−1 740 787.20
轮胎税收入	—	−0.000 09	−113 529.60
合计	**0.023 711**	**−0.001 47**	**28 055 687**

参考文献

[1] Liu H,崔建强,林冬. 纽约市地下物流可行性研究及对世界其他主要城市的启示[J]. 现代交通技术,2008(4):86-92.

[2] Liu H. Feasibility of underground pneumatic freight transport in New York City[R]. New York: New York State Energy Research and Development Authority, 2004.

[3] James A P, Dixon A G. Differential drayage and short-haul costs of container movement among ports in Galveston Bay, Texas[J]. Proceeding of ISUFT2000, 2000: 28-29.

[4] James A P, Sanders F M, Arends G. Houston projects 2000 and 2001-research leading to the design of a palletized cargo consolidation and distribution ULS for Houston, Texas[C]// Proceedings of the International Symposium on Underground Freight Transportation. Bochum, 2002.

[5] Roop S S, Roco C E, Morgan C A, et al. Technical and economic feasibility of a freight pipeline system in Texas[R]. Austin: The Texas Dept. of Transportation, Research and Technology Implementation Office, 2004.

[6] Najafi M, Ardekani S, Shahanadashti S M. Integrating underground freight transportation into

existing intermodal systems (Report No. 0-6870-1)[R]. Austin：The Texas Dept. of Transportation，Research and Technology Implementation Office，2016.

[7] Janbaz S，Shahandashti M，Najafi M，et al. Lifecycle cost study of underground freight transportation systems in Texas[J]. Journal of Pipeline Systems Engineering and Practice，2018，9(3)：05018004.

中国实践篇

第6章
上海港地下物流系统规划案例研究

随着经济全球化和贸易一体化的发展,大型港口扮演着越来越重要的角色。从港口发展的历程来看,与之紧密相连的港口集疏运是支撑和制约港口发展能力最重要的因素。日益增加的货物吞吐量对于港口集疏运能力提出了更高的要求。目前,城市疏港交通普遍依赖道路方式,大量卡车进出港口对城市地区造成了严重的负面影响,例如货运交通拥堵、环境污染、土地贬值等。在中国上海,国内学者较早开始关注建立地下物流系统以缓解上海市面临的港城矛盾。本章首先概述上海市政工程设计研究总院和同济大学团队关于上海外高桥港区至嘉定物流园区地下物流线路规划研究工作[1-6],随后介绍上海海事大学团队关于地下集装箱物流系统布局设计[7]、地下集装箱物流系统自动导引车调度[8]和地下物流系统运输网络[9]的研究成果。

6.1 上海港案例背景分析

6.1.1 上海港集疏运现状

上海港位于中国大陆海岸线中部、长江入海口处,是我国最重要的港口之一。自2010年起,其集装箱吞吐量居世界第一。上海港有两个主要的集装箱港区,一个是洋山港区,位于浙江省舟山市境内,主要用于远洋运输;另一个是外高桥港区,位于上海市浦东新区东北部,主要用于中短途航运、中转和部分远洋运输。上海港集装箱吞吐量长期保持3%~5%的增长趋势,2023年达到4 900万 TEU(图6-1),其中,外高桥港的集装箱吞吐量突破2 500万 TEU。从上海港及其腹地的经济属性来看,上海港集装箱吞吐量有很大的发展潜力,在未来若干年内,其集装箱吞吐量将仍会以较快速度增长。

在世界范围内,由于历史原因和港口本身的功能,大型集装箱港口常常依城而建。外高桥港与上海市中心的距离约为18 km,紧邻上海市外环线东北段。全市有将近70%的集装箱堆场围绕聚集在港区外围,从2017年开始,平均每月有超过33万辆卡车进出外高桥港区,且这一数字还在快速增加。大量的过境货运车辆给城市带来了诸多负面影响,部

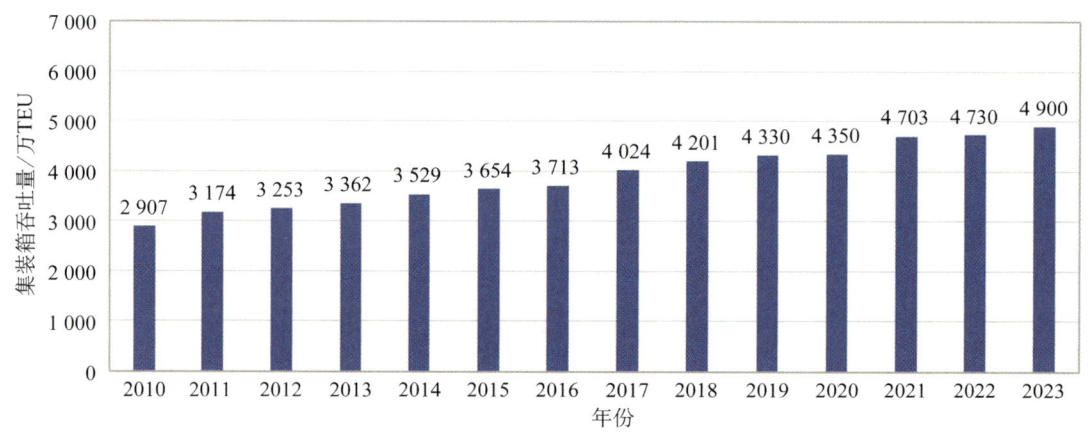

图 6-1　上海港集装箱货物吞吐量

分地区的道路饱和度超过 1，货车比例超过 0.8，尤其是外环线隧道长期拥堵，产生了严重的噪声、尾气排放等污染，上海北部的土地价值也因此受到影响。

从环境角度来看，重型卡车在机动车总数中的占比虽然不高，却是造成交通污染的主要根源。根据全球各大城市交通环境数据统计，重型卡车的氮化物和颗粒物（PM_{10}）排放量占城市交通排放总量的 30%～60%。由于集装箱吞吐量持续增长，公路集疏运比重居高不下，以公路为主的集疏运模式对城市交通和环境造成了严重的负面影响。根据 2017 年运营数据，公路、内河和铁路在上海港集疏运方式中的占比分别为 69.5%、30.3% 和 0.2%。这一结构表明，上海港的公路集疏运比例过高，随着集装箱吞吐量的进一步增加，城市道路将难以承载更多的进港卡车。因此，亟须优化现有疏港方式，实现货运交通的合理分流[1]。

为了缓解港城矛盾，降低负面影响，《上海市城市总体规划（2017—2035 年）》提出要优化物流运输结构，合理规划布局货运场站，充分发挥江海、海铁等联运方式，缓解道路运输所造成的交通、环境、生态和社会问题。江海联运方面，外高桥和芦潮港是规划的两个内河集装箱港区，外高桥内河港区尚未完全投入使用，芦潮港内河港区已投入运行，但集装箱运输量不饱和，处于亏损状态。从国际先进港口发展经验看，铁路是腹地型门户港重要的集疏运方式，一般占 10%～20%。然而，上海港海铁联运的业务量长期保持在 7 万～11 万 TEU 的水平，仅占港口集装箱吞吐量的 0.2%～0.4%，一个主要原因是港区用地限制，铁路进港区困难。上海港的发展使得航线由原来的张华浜、军工路等黄浦江岸线转移至外高桥港和洋山港，但铁路专用线没有同步延伸至两大港区，港站分离导致了海铁联运需要额外增加两次装卸和一次短驳，驳运成本较高。另一个原因是面向长三角的货源腹地特征使得公路运输极具优势，与之相比，铁路缺乏吸引力。发往上海本地和长三角的货箱数量约占上海港到港货箱总量的 90%，运距多在 500 km 以内，这一范围正是公路运输的优势区域。相比而言，海铁联运环节复杂、手续烦琐，运输时间较长且不稳定，缺少竞争力[2]。

为解决港城矛盾,在支撑港区发展的同时促进城市融合,需要采用更集约、更绿色的集疏运方式。鉴于扩建城市道路和推行多式联运都难以缓解上海港的交通压力,从 2005 年开始,研究部门和管理者开始探讨面向上海港建立地下集装箱运输系统的可行性。2006—2008 年,上海市政设计研究总院率先提出建设洋山港至外高桥港、洋山港区至芦潮港物流园区的地下物流线路。该方案旨在将原先从陆路分散进入港口的货物集中在外围物流综合枢纽,再通过地下通道转运至港口,从而减少大量卡车穿城[3]。随后,这一概念得到了进一步拓展,研究人员提出连接外高桥港与上海市西北部嘉定物流园区的一条地下集疏运线路。根据系统设计,该线路能够搭载自动化直线电机驱动的轨道式集装箱运输系统,地下物流车辆携带集装箱快速穿过长约 30 km 的双管式地下隧道,将外高桥港约 35% 的集装箱转移至嘉定物流园区进行集中处理。这一方案有望解决外高桥港地区公路运输比例过高、交通拥堵等问题,促进港城融合发展。

6.1.2 港口集疏运交通分析

本节介绍 Hai 等[5]对上海外高桥港集疏运交通情况的研究情况。所采集的数据包含了 2019 年 3 月 27 日至 2019 年 5 月 26 日期间上海市部分高速公路路段、收费站分时段交通流数据以及外高桥港附近各类货运车辆的通行记录,观测地点覆盖了上海市疏港交通的主要公路干线和出入口。

根据上海外围高速公路流量调查结果,日均流量超过 4 万 pcu(标准车)的路段有 G1501 北段、G2-G60 西段、G2、G15-G60 以北、G50 嘉松中路至徐泾以及 G60;日均流量为 2 万～4 万 pcu 的路段有 G1501 东段、S2 和 S4,如图 6-2(a)所示。上海外围高速公路货车比例分布数据表明,货车占比超过 0.6 的公路有 G1501、G15-G60 以北、S2 南段和 S4 南段;货车占比达到 0.4～0.6 的路段包括 G1501 南段、G15 南段、S4、S2、S32 和 S19,如图 6-2(b)所示。

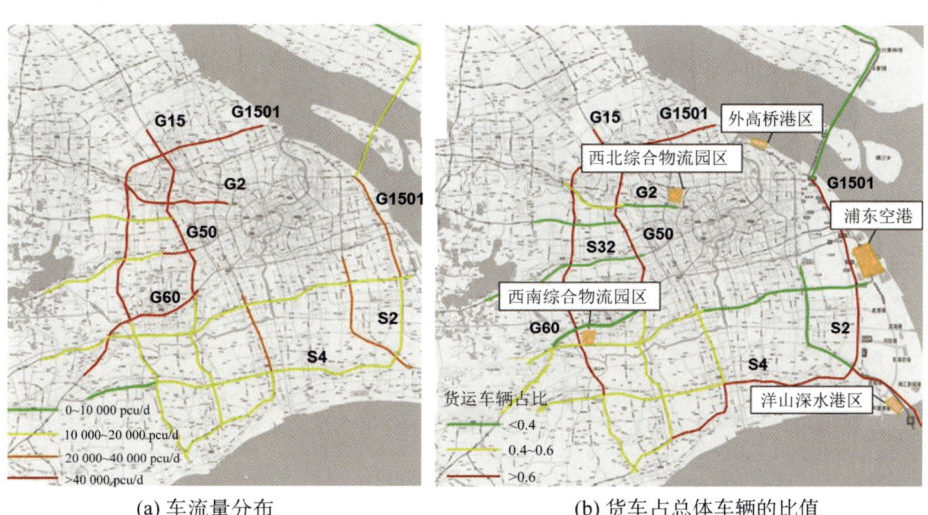

(a) 车流量分布　　　　　　　　(b) 货车占总体车辆的比值

图 6-2　上海外围高速公路交通情况

外高桥港区的道路集疏运方向主要有西向(至上海本地、江苏和浙江)和北向(至江苏北部等地区)。大量货箱将通过上海市域快速路网向西集散,经过外环高速和绕城高速与上海西部干线公路网连接。现有集疏运道路主要有三段,分别为外环高速宝山段(外环隧道至南大路)、外环高速嘉定段(南大路至京沪高速)和绕城高速宝山段(外环隧道至浏翔公路)。各道路的全方式日交通量和日货运交通量数据如图 6-3 所示。从交通流量来看,外环高速交通量较绕城高速更大,宝山段货运交通量最大。从方向上看,外环高速宝山段、嘉定段和绕城高速宝山段的货运交通的外圈流量大于内圈流量,由于外环高速和绕城高速共用外环隧道,12 h 货车断面流量最高达到 6 万～7 万 pcu,极易导致此区域交通拥堵和混乱。

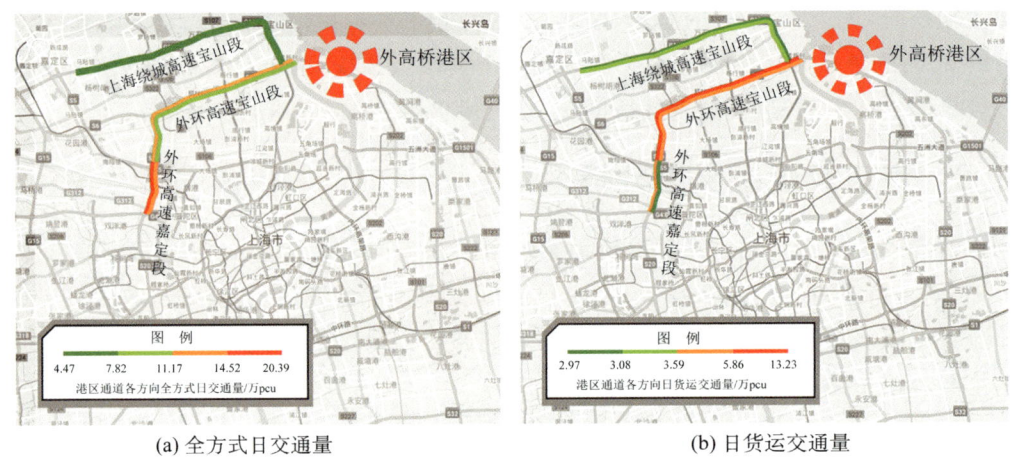

(a) 全方式日交通量　　　　　　　(b) 日货运交通量

图 6-3　外高桥港集疏运通道各方向日交通量

根据 2019 年 7 月收集的集疏运通道各方向交通量数据(图 6-4),全部路段均是小型客车占据了较大的比例,与绕城高速相比,外环高速小型客车的占比更大,货车以铰接/拖挂车为主。

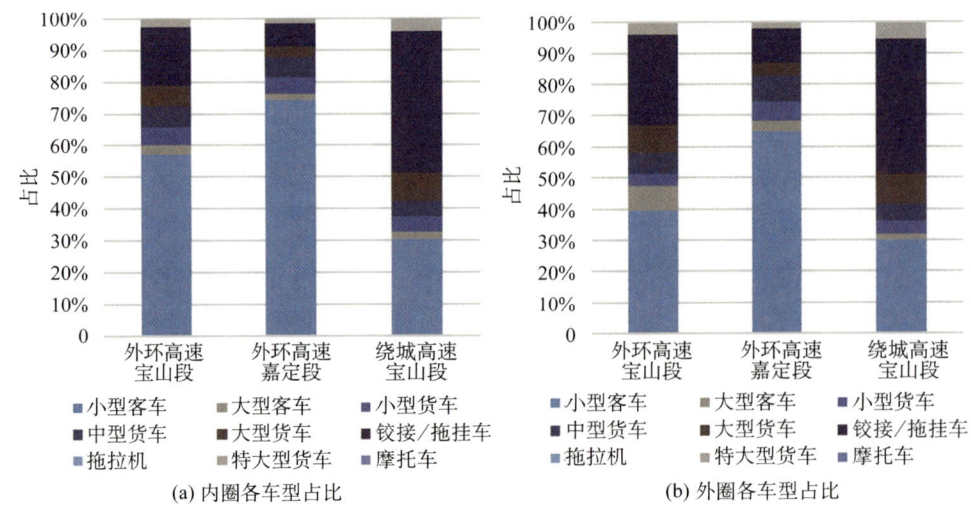

(a) 内圈各车型占比　　　　　　　(b) 外圈各车型占比

图 6-4　外高桥港集疏运通道各方向车辆分布

6.2 上海港地下物流系统建设思路

6.2.1 系统构思

1. 港口地下物流的优势

港城矛盾主要体现在两个方面：一是对港区周边区域的负面影响。目前，服务于上海两大港区货物中转集散的集装箱堆场主要围绕外高桥港区聚集在港区周围，给周边道路交通和城市环境带来了极大的负面影响。二是对城市整体的负面影响。港口陆路集疏运交通穿越城市，不仅占用城市道路资源，大型货运车辆也降低了道路运行效率和安全度，并带来空气和噪声污染、城市生态与景观污染、沿线用地品质降低等一系列负面影响。表6-1详细列出了港口各种集疏运方式的优劣。

表 6-1　　港口集疏运方式比较

运输方式	运输效率	能耗	运输成本	安全性/可靠性	环境影响	土地占用	适用性
铁路	较高，运输时间固定，灵活性较差	一般	较低	一般	割裂城市板块，噪声大	一般，专用通道、堆场占地大	大批量货物，300 km以上长途运输
专用高速公路	较低	高能耗，高排放	高，运输成本随距离增加迅速	事故多，受天气影响大	尾气污染严重，造成交通拥堵	多车道，占地大	小批量货物，短途运输
地下物流系统	高，运输组织灵活，全自动化	低，全电力驱动	低	位于地下，受外界影响小	无污染，对城市环境影响小	几乎不占用地面空间	大批量货物，接驳运输

面对不断增长的港口吞吐量，应如何提高港口集疏运能力，并优化集疏运结构？

一种思路是优化现有交通运输系统。一方面是扩大运能，增加基础设施建设（如铁路通道深入内陆腹地），使用更大的运载工具（如双层集装箱列车）。另一方面是提高铁路吸引力，铁路进港区，海铁无缝衔接；利用铁路无水港拓展腹地，支持船公司在内陆铁路站设置提还箱点，解决空箱调运问题。

另一种思路是发展新型货物运输系统。上海港货源腹地以本地和长三角为主，铁路运输很难与公路运输竞争，在此背景下另辟蹊径——发展地下物流系统，优化市内货运结构是一种潜在的解决方案。《上海市城市总体规划（2017—2035年）》也提出探索建立基于地铁、车辆、舱体等多种模式的地下物流配送系统，提高物流效率。

2. 港城地下集疏运模式分析

范益群等[2]提出港城地下集疏运系统的"点-线"布局模式，如图 6-5 所示。"点-线"布局模式总体上包括地下货运枢纽节点、地下专用通道、专用运输车辆以及港区。枢纽节点与港区之间通过大容量、自动化运输的地下专用通道连接,枢纽节点通常设置在城市郊区的物流园区或大型物流基地。原先分散进入港口的货物首先在城市外围枢纽节点集中,再通过地下通道分批次运输到港口,跨越市中心区域,实现高效、集约化运输。

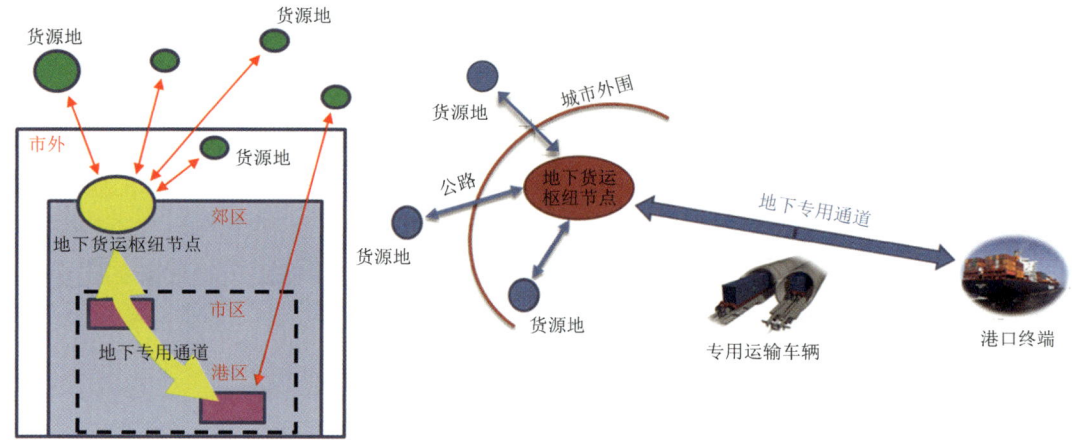

图 6-5 港城地下物流"点-线"布局模式

基于"点-线"布局模式,外高桥港地下物流系统设计主要考虑两种功能:一是构建港区周边堆场与港口作业区之间的地下连接,实现港区内部地下驳运;二是构建内陆枢纽与港区之间的地下连接,实现短途地下集疏运。外高桥港地下物流系统的构建思路如图 6-6 所示[3]。

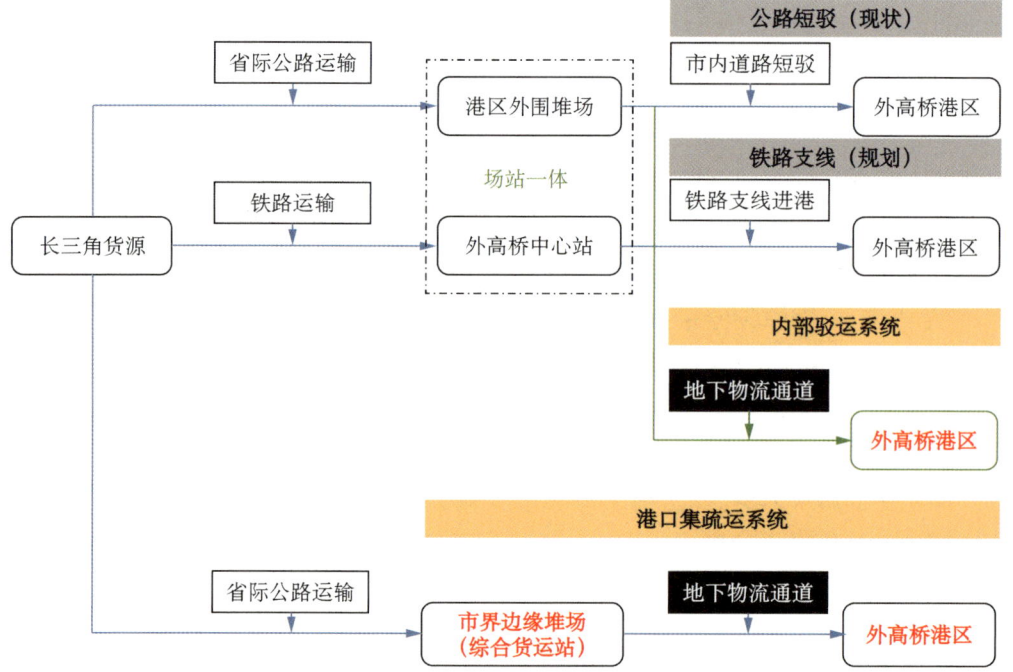

图 6-6 上海外高桥港地下物流系统构建思路

3. 地下物流需求分析

根据近 10 年来外高桥港区的集装箱运输量及各方向的货运比例,采用回归分析法,对未来外高桥港集装箱吞吐量进行预测。设定地下物流系统承担 20%、35% 和 50% 的江苏、浙江方向的集装箱驳运,分别形成低、中、高三种需求情境。吞吐量预测及地下物流运量分配结果如表 6-2 所示,其中,地下物流通道高峰小时运量等于地下物流通道年运量、最大周期变化系数与高峰小时系数的乘积,相关参数取值见表 6-3。到 2030 年,外高桥港与嘉定物流园区之间的地下集疏运需求将达到 580 万~640 万 TEU。

表 6-2 外高桥港集装箱吞吐量预测结果

需求情境	指标	2015 年	2020 年	2030 年	2040 年
低需求情境	港区集装箱吞吐量/(万 TEU·年$^{-1}$)	1 816	1 990	2 477	2 964
	江苏、浙江方向吞吐量/(万 TEU·年$^{-1}$)	854	935	1 164	1 393
	地下物流通道运量/(万 TEU·年$^{-1}$)	427	468	582	697
	地下物流通道高峰小时运量/(TEU·h^{-1})	970	1 063	1 324	1 584
中需求情境	港区集装箱吞吐量/(万 TEU·年$^{-1}$)	1 816	2 033	2 730	3 583
	江苏、浙江方向吞吐量/(万 TEU·年$^{-1}$)	854	956	1 283	1 684
	地下物流通道运量/(万 TEU·年$^{-1}$)	427	478	642	842
	地下物流通道高峰小时运量/(TEU·h^{-1})	970	1 086	1 459	1 915
高需求情境	港区集装箱吞吐量/(万 TEU·年$^{-1}$)	1 816	2 080	2 753	3 727
	江苏、浙江方向吞吐量/(万 TEU·年$^{-1}$)	854	978	1 294	1 752
	地下物流通道运量/(万 TEU·年$^{-1}$)	427	489	647	876
	地下物流通道高峰小时运量/(TEU·h^{-1})	970	1 112	1 471	1 992

表 6-3 地下物流需求预测参数

参数	道路	日期						
		星期一	星期二	星期三	星期四	星期五	星期六	星期日
周期变化系数	外环公路	0.917	0.999	1.150	1.226	1.117	0.912	0.738
	绕城公路	0.975	1.124	1.182	1.192	1.184	0.853	0.585
高峰小时系数	外环公路	0.065 7	0.063 2	0.066 4	0.065 2	0.067 7	0.061 8	0.069 5
	绕城公路	0.063 6	0.066 8	0.066 2	0.065 1	0.064 6	0.070 0	0.069 3

6.2.2 线路方案分析

1. 地下集疏运通道

1) 选线方案

根据项目前期研讨,研究者提出了外高桥港至嘉定物流园区的三种地下物流备选线路[5]，如图6-7所示。线路1的总长度为30.4 km，始于外高桥二期，经张华浜码头，沿长江西路，穿过上海大学、南翔等，进入嘉定物流园，在张华浜码头处设地下出入口，可将张华浜码头处的集装箱通过地下方式运往嘉定。张华浜—嘉定区间穿越市区，线路需要位于深层地下空间，不设吊装口。线路2的总长度为31.4 km，整条线路基本位于外环公路下方区段，大部分隧道区间可以利用较浅的地下空间进行建设。线路3的总长度为36.2 km，位于外环线以北，线路连接多个集装箱堆场区域，通过设置多个地下出入口实现沿途集装箱整合运输。

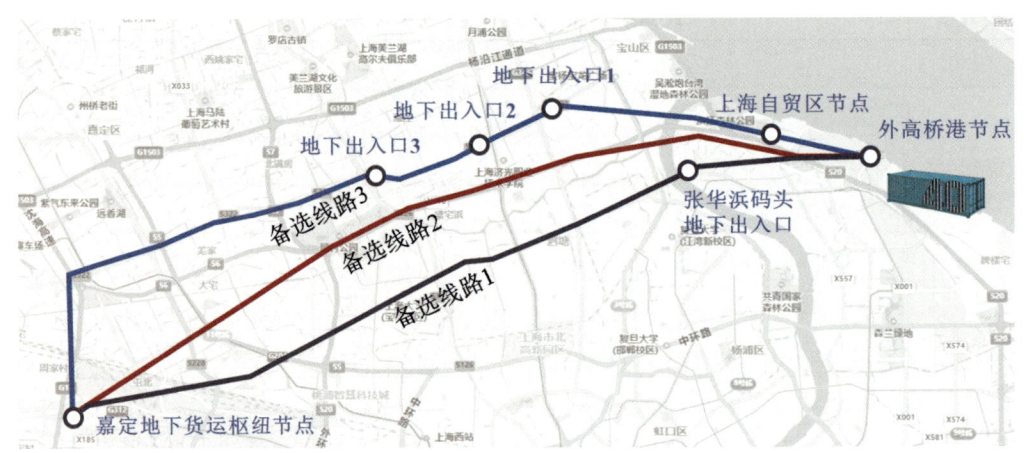

图 6-7 地下集疏运线路方案

2）通道断面布置

以 40 ft（约 13.3 m，国际标准尺寸）集装箱为对象布置地下物流通道断面。通道敷设方式有单管双向（外径为 9 m）和双管双向（外径为 5.5 m）两种方案，如图 6-8 所示。原则上，地下物流通道宜采用浅埋方式，沿城市主干道路，在规划红线范围内敷设，达到减少工程造价的目的。部分地段考虑到沿线既有地下设施建设情况和未来地下空间预留，可利用中、深层地下空间建设。根据系统设计，上海港地下物流系统通道的平均埋深为 25.3 m。

3）运输流程

选择上海西北地区主要物流门户之一的嘉定物流园区建立地下货运枢纽节点，外省到达物流园区的出口集装箱通过内部车辆驳运至园区地下物流车场，采用龙门吊、竖井等设备完成地下物流车辆（Underground Logistics Vehicle，ULV）集装箱装载。ULV 采用轨道制式，从地下货运枢纽节点编组发出，通过地下转运通道进入港区。在外高桥港区，隧道连通周围多个堆场区域。ULV 抵达堆场停靠后，通过龙门吊将集装箱从隧道中吊起，放入堆场后方暂存区，最后通过港口 AGV 将堆场处的集装箱驳运至船舶。整个运输过程如图6-9所示。进口集装箱的地下运输过程同理，不再赘述。该运输过程能够实现港区与物流园区之间集装箱的自动化运输与装卸，使得港区物流功能通过地下方式在内陆得到延伸[6]。

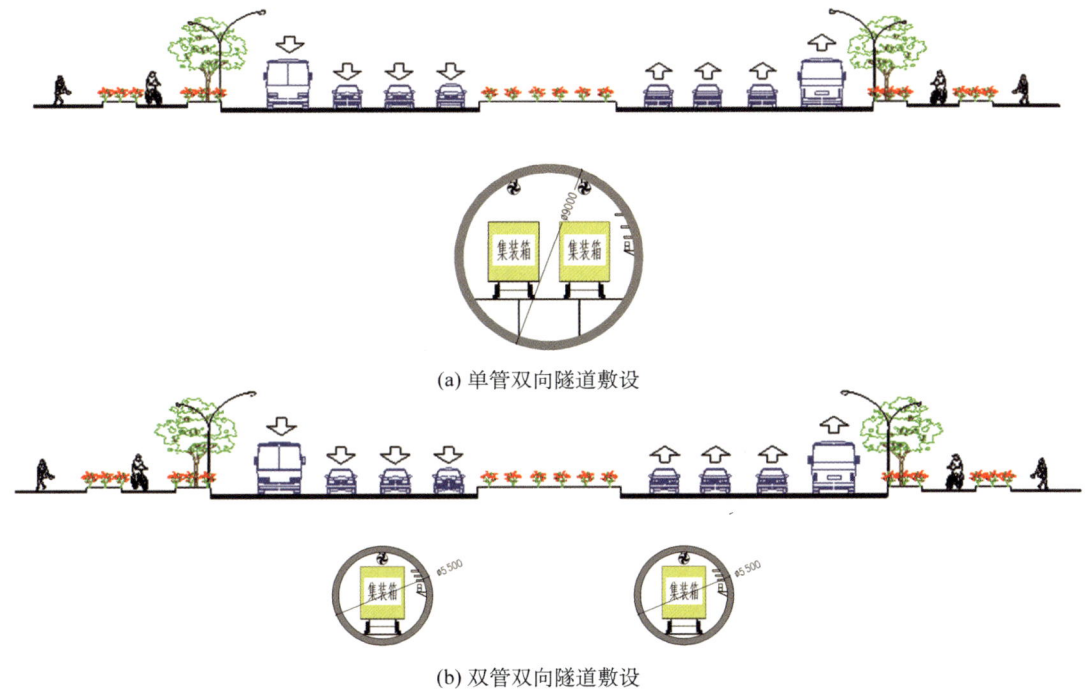

图 6-8　地下物流通道敷设方式

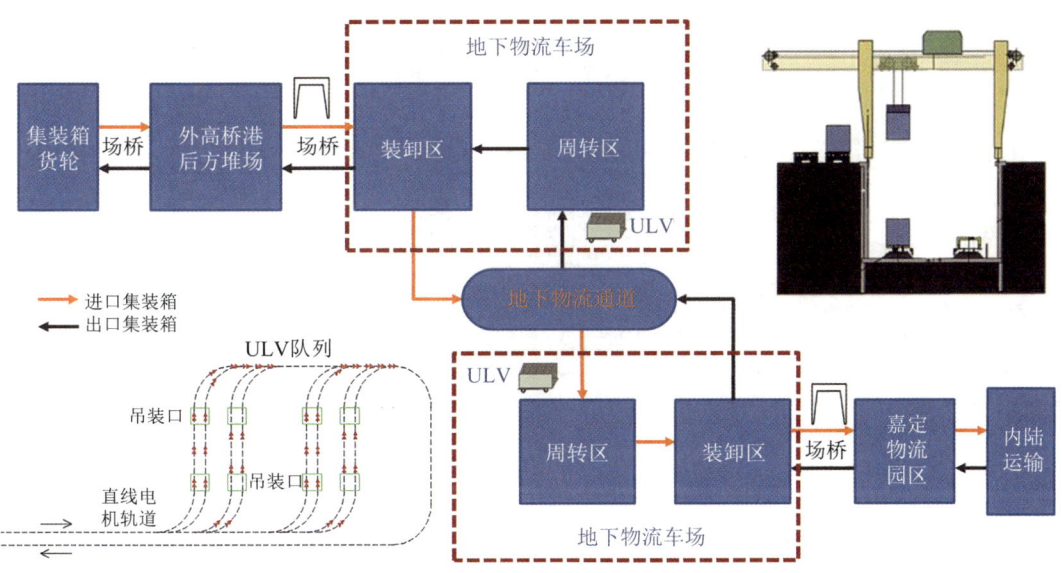

图 6-9　外高桥港地下集疏运运输过程示意

2. 地下货运枢纽节点

1) 枢纽节点建设规模

位于嘉定物流园区的地下货运枢纽节点是上海港地下物流系统的重要建设对象,根

据系统应达到的地下货物运输量,对枢纽节点的建设规模进行估算,即

$$S = (1+\omega) \cdot (1+\theta) \cdot L \cdot i_1 \cdot i_2 \cdot \alpha/365 \qquad (6-1)$$

式中,S 为地下货运枢纽节点建设总面积;L 为地下物流通道的预计年货运量;i_1 为规划目标年份第三方物流占全社会物流市场的份额;i_2 为规划目标年份第三方物流通过物流园区发生的作业量与第三方物流全部业务量的比例;α 为物流园区单位生产能力用地参数;ω 为其他用地面积的配比系数;θ 为预留用地系数。

在上海港案例中,L 取值为 5 281 万 t,其余参数可根据经验值标定,参考范围如下:i_1 取 20%~60%,i_2 取 70%~90%,α 取 20~50 m²/t,ω 取 25%~35%,θ 取 3%~5%。在此基础上,预测 2030 年嘉定物流园区地下货运枢纽节点的建设面积为 0.72 km²。

2) 枢纽节点布局方案

借鉴国外港口地下物流系统规划类似案例,上海市政工程设计研究总院提出嘉定地下货运枢纽节点的布局方案,该布局包括了地下物流前沿区(装卸区)、堆场区和作业区。其中,前沿区包括地下物流设施、轨道装卸机械等;堆场区包括集装箱设备、场地装卸机械、平面装卸机械等;作业区包括货运站、停车场、维修车间、洗箱场等。嘉定地下货运枢纽节点总体布局如图 6-10 所示。

图 6-10　嘉定地下货运枢纽节点总体布局

3. 地下集疏运设施设备

根据系统设计,上海港地下集装箱运输系统由直线电机驱动轨道集装箱运输系统(Automated Linear Rail Vehicle,ALRV)、自动化轨道式集装箱门式起重机系统(Automated Stacking Crane,ASC)和自动导引运输车系统(AGV)组成(图 6-11)。ASC 俗称场桥,为了满足地下物流车辆装卸效率需求,额定荷载工况下的场桥起升机构速度应达到 40 m/min,空载时为 80 m/min;大车平移速度不应低于 150 m/min,小车平移速度应达到 120 m/min;

场桥采用伸缩式吊具,能够适应不同规格的集装箱。

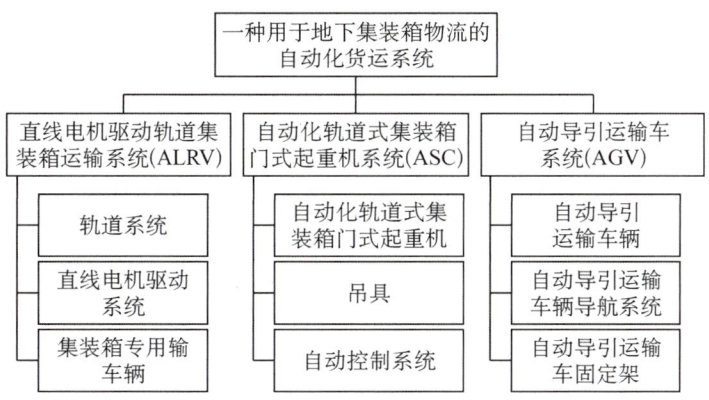

图 6-11　上海港地下集装箱运输系统构成

图 6-12 为上海港地下物流车辆设计示意图。为了满足高频次的集装箱接驳运输需求,选用轻质高强材料制作车辆底盘,单节车辆车身长度为 16 m、宽度为 2.6 m、高度为 3.3 m,车身自重为 5 t,设计载重为 30 t,可两节编为一组运行。车辆地下运行速度约为 49 km/h,加速度为 1 m/s²,采用 380 V/50 Hz 的三相直线电机驱动,单个电机感应板长度为 2 m,电流为 460 A,牵引力为 12.5 kN,支持的转弯半径为 70～80 m。考虑各种因素,两条轨道中间应每隔 50 m 设一处直线电机。

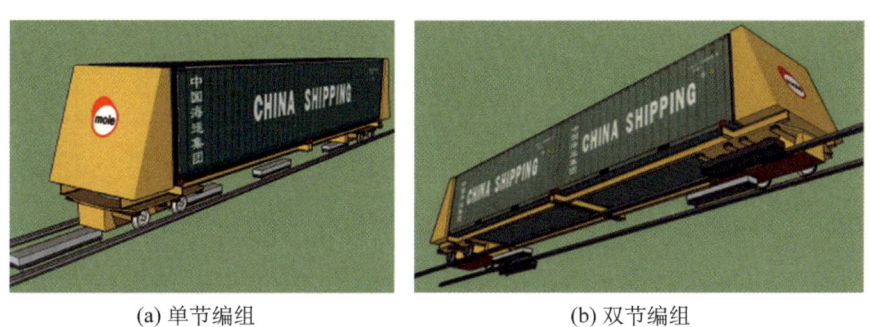

(a) 单节编组　　　　　　　　(b) 双节编组

图 6-12　上海港地下物流车辆设计示意

4. 系统能力与经济分析

1) 运行能力分析

根据需求预测,上海港地下物流通道的集装箱运输能力设计值为 647 万 TEU/年,单方向通道平均每小时要求处理 250 TEU。由此得出地下物流系统的运行参数和装备数量,如下所述。

(1) 地下物流线路运营时长:平均每天 20 h。

(2) 地下通道长度:双向 35 km(考虑终端分支路线)。

(3) 场桥装卸时间:360 s。

(4) 地下物流车辆运行速度：13.5 m/s。

(5) 车辆平均发车间隔（考虑4节编组）：3600/250×4＝57.6 s。

(6) 车辆平均行驶间距：57.6×13.5＝777 m。

(7) 地下物流车辆配置总数：35 000×2/57.6/13.5＝90列(360辆)，考虑10%富余，则共需配备400辆车。

(8) 终端装卸吊装口配置数量：400/4×180/3 600＝5个，考虑30%富余，则需配备7个吊装口。

(9) 地下物流车辆沿隧道单向开行时长：(35 000/13.5＋360)/60＝49 min。

2) 项目经济分析

(1) 工程建造成本。

外高桥港至嘉定物流园区的地下物流线路涉及35 km长的盾构隧道建设。根据工程估算，双管5.5 m隧道造价约为81亿元，单管9 m隧道造价约为82亿元。地下运输设备费用约为87亿元，其中，地下物流车辆和直线电机系统综合成本约为120万元/辆，需要购置400辆，共计4.8亿元；门式起重机系统需要购置12台，单价1 000万元/台，共计1.2亿元；港区、枢纽节点处的自动导引车需要购置80台，单价280万元/台，共计2.2亿元。因此，上述上海港地下物流系统方案的总成本为90亿～95亿元。双管隧道的详细造价如表6-4所示。

表6-4　　上海港地下物流线路双管双向隧道造价

工程及费用名称		单位	工程量	单价/万元	合计/亿元
一、工作井、站场等	1. 始发/接收井	座	2	2 500	0.5
	2. 过站井	座	5	3 400	1.7
	3. 站场	座	2	30 000	6
二、盾构隧道		双线米	35 000	10	35
三、轨道		双线米	33 000	0.38	1.25
四、通信		正线米	30 000	1.22	3.66
五、信号		正线米	30 000	1.3	3.9
六、供电		正线米	30 000	4.85	14.55
七、综合监控		正线米	30 000	0.23	0.69
八、防灾报警、环境与设备监控		正线米	30 000	0.5	1.5
九、通风		正线米	30 000	0.9	2.7
十、给排水、消防与灭火系统		正线米	30 000	0.57	1.71
十一、控制中心		项	1	14 650	1.47

（续表）

工程及费用名称	单位	工程量	单价/万元	合计/亿元
十二、车辆段及综合基地	座	1	68 000	6.8
总计				81.43

（2）运营成本与收益。

公路运输方式和地下物流运输方式下，从外高桥港到嘉定物流园区的集装箱货物运输成本如表 6-5 所示。考虑能源消耗、人工成本、维护费、运输设备折旧费和其他成本（如过路费和搬运操作费），公路运输每两个标准集装箱（即 2 TEU,40 t）的成本约为 340 元，地下物流运输每两个标准箱的成本约为 220 元。公路集装箱的市场运价约为 0.35 元/(t·km)，因此，40 t 货物的公路运价约为 490 元。

表 6-5　　外高桥港至嘉定物流园区集装箱货物运输成本比较

运输成本	公路运输	地下物流运输
自重+载重	40 t(2 TEU)	40 t(2 TEU)
单位能耗	每百千米 40 L 柴油	37 kJ/(t·km)
能源单价	柴油:7 元/L	工业电价:1 元/(kW·h)
能源成本	100 元	15 元
人工成本	100 元	20 元
维护费	70 元	35 元
运输设备折旧费	60 元	30 元
其他	10 元（过路费）	120 元（搬运操作费）
运输成本合计	340 元	220 元

考虑上海港地下物流线路每年运输的集装箱量约为 647 万 TEU，则地下物流系统的年运营费用约为 7.1 亿元。按照现状公路运输成本（即 170 元/TEU），确定地下物流运价，则系统每年的运营收入约为 11 亿元，不考虑资金的时间价值，地下物流项目建设投资的盈亏平衡点出现在系统运营后的第 22～24 年。若进一步考虑项目融资成本（按年利率 6%，30 年期等额本息还款），则每年需还款 6.5 亿元，仅地下物流系统自身运营，每年将有 2.6 亿元的利息无法偿还。

在外部效益方面，地下物流方案实施后，可以释放上海外高桥港区周边道路资源，显著减少道路拥堵，卡车的柴油消费量预计每年节约 4 200 万 L，折合标准煤约 5 万 t；同时，上海港地下物流系统预计每年减少约 42 万 t CO_2 排放，显著提升上海北部地区的环境品质和土地价值。据粗略估算，外高桥港至嘉定物流园区的地下物流线路能够为城市发展和治理带来约 6.5 亿元/年的外部效益。

6.3 基于港口集疏运的地下集装箱物流系统布局设计研究

本节介绍胡筱渊[7]在关于基于港口集疏运的地下集装箱物流系统布局设计问题上的研究成果。

6.3.1 系统整体布局

1. 系统布局的设计原则

1）整体性原则

在对系统进行布局规划前，需要对系统的各个方面进行整体性的统筹考虑，重点对系统的物流、信息流、商流、资金流进行充分整合与处理，从而保证后期系统运营过程的高效、准确、顺利开展。

2）移动最小距离原则

确保系统内各项运营操作具有最合理的运行距离，使得各项运输流程符合作业规程以及物料搬运的先后顺序，尽量避免产生路径重复、迂回等不必要的流动，减少物流的整体成本。

3）布局合理性原则

系统布局过程中尽可能保证空间被充分利用，在垂直和水平方向上对设备、人员、物料的安排适当且有利于二者的配合。此外，应保持设备之间的适当工作距离以及设备改造、工艺调整的维护空间。

4）流程顺利原则

维系系统内各设备和作业环节的作业量均衡，确保系统整体以稳定合理的速度运营。此外，为确保流程顺利，要求相关设备的运输和作业能力与系统的需求相匹配，以减少设备的超负荷或闲置情况的产生。

2. 系统布局的影响因素

1）自然因素

对系统进行规划布局前需要充分考虑系统的功能特点及其所处的自然地理位置，考虑到港口的地理位置、集装箱贸易量、多式联运的发展程度以及港城矛盾情况，选择上海作为基于港口多式联运的地下集装箱物流系统的设计的参考城市，以上海的自然地理特性、集装箱港口特点以及多式联运的发展现状作为设计首要考虑因素。上海作为超大型城市，地处中国东部，与江苏、浙江两省相接。上海港位于中国大陆海岸线中部、长江入海口处，前通中国南北沿海和世界大洋，后贯长江流域和江浙皖内河、太湖流域。上海港口的间接经济腹地主要有浙江南部、江苏北部以及安徽、江西等省，主要的集装箱港口为外高桥港和洋山深水港。

2）运输需求

运输需求即系统内集装箱箱流起始端的集装箱数量，基于港口多式联运的地下集装箱物流系统需要以港口集装箱的运输需求为基础，选择不同的运输和装卸方式，合理地将货运量分配在整个系统的各个作业环节中。因此，运输需求决定了系统内各运输节点、运输线路、运输设备的集装箱处理量，决定了整个系统的作业规模以及未来几年内的运营情况。

所设计系统依托于上海外高桥港案例，集装箱的运输信息主要包括等待各运输方式运输的集装箱的运输方向和数量，以及运输路网中其他港口、各集装箱中心站、物流园区的集装箱货运量信息等。当起讫点间的货运量满足一定的运输条件时，即可在起讫点间选择不同运输方式进行集装箱运输。由此可见，运输需求是系统布局的重要参数。

3）港口船期

基于港口多式联运的地下集装箱物流系统主要是为应对日益增长的港口集装箱吞吐量所造成的运输问题和堆存问题。从港口的角度来看，集装箱码头的运营主体是集装箱班轮，而集装箱班轮是水路运输的具体形式。集装箱班轮信息主要包括船次、停靠码头和到发时间等，这些信息是集装箱港口各项作业计划的依据，同时也影响着基于港口多式联运的地下集装箱物流系统的整体布局。

港口船期一般会提前以船期表的形式予以公布，内容包括到港计划、挂靠码头等。港口船期表是对一定时期内所有停泊在港口的船舶进出港时间的计划和统计，是一定时期内船舶运行规律和港口作业的反映，同时影响着集装箱的到离港规律和港口堆存的堆存作业计划。因此，可以运用船期表探究集装箱的到离港规律和多式联运作业区的作业计划，进而倒推各种运输方式的初始时间和到达时间。

4）能力限制

能力限制一般作为基于港口多式联运的地下集装箱物流系统运营的约束条件，包括装卸作业能力、堆场堆存能力、通道通过能力等方面。

装卸作业能力是指在港口集装箱运输过程中，集装箱装卸设备可以在规定时间内完成的集装箱装卸数量。它主要与装卸设备的数量、设备规格和运用方式有关。装卸设备作业效率越高，装卸所消耗的时间越短，港口和公路、铁路、地下通道的衔接就越好。

堆场堆存是指从船舶卸下后，无法第一时间被货主提走的集装箱需要堆存在港口堆场、集装箱铁路中心站堆场和地下堆场。因此，系统在布局前期必须考虑港口堆场、集装箱铁路中心站堆场和地下堆场的堆存能力，堆存箱数不可超过堆场的最大容量。

通道通过能力是指运行线路在一定周期内可运输的集装箱数量，也指通道内通过的水平运输工具数量。当路网中的主要干线能力紧张时，对车辆运行路径的选择不仅要考虑最短路径带来的成本节约，而且要避免因车流拥堵导致的系统运行时间增加。

传统的港口集装箱多式联运系统因基础设施缺乏统筹衔接，导致运输方式存在差异，运输能力不平衡。具体体现在以下两方面：第一，港口海铁联运服务不足，目前我国大部分港区缺乏铁路直接衔接。第二，集装箱中转站数量较少，港口腹地设置过剩，且缺乏与港口直接联系的内陆站点。地下物流系统具有污染小、效率高、安全性强等特点，尤其是与港口、铁路连接的地下集装箱物流系统，能够缓解港城矛盾，提高港城物流效率。作为一种符合可持续发展要求的新型运输系统，未来将在交通运输领域发挥重要作用。然而，目前缺少将地下物流系统和地面物流系统结合的集装箱多式联运系统，也缺少相关系统布局的设计。

3. 整体布局方案

深层地下集装箱物流系统主要连接海港群与城郊外的物流园区，采用垂直装卸、穿梭车运输，可快速将集装箱运输至城郊外，能在一定程度上分流地面集卡的运输，进而缓解港口城市的地面运输压力，缩短集装箱码头与城外物流园区的运输距离，有效提高港口集疏运运输效率以及运输过程中的安全性。浅层地下集装箱物流系统主要连接港口与港口、港口与铁路场站，采用斜坡通道、AGV 运输，可承担港口群内与铁路场站之间的集卡运输，实现港口之间的短驳运输和解决铁路进港难的问题。城区地下物流配送系统分为地下干线配送和地下支线配送，主要连接城郊外物流中心和城区内配送中心，采用胶囊形式、无人车运输，可承担城区小货车、快递等运输，实现城区内货物的绿色快速配送。

图 6-13 是基于港口多式联运的地下集装箱物流系统的整体布局图。该系统是在传统多式联运集疏运系统的基础上，以现有自动化集装箱码头、集装箱铁路中心站、物流园区为基础，在自动化集装箱码头和集装箱铁路中心站二者之间建设浅层地下通道，利用 AGV 进行码头与铁路之间的货物运输，分别在自动化集装箱码头和物流园区建造竖井口，在竖井口间建设深层地下通道，利用穿梭车进行码头与物流园区之间的货物运输。

4. 系统划分

基于港口多式联运的地下集装箱物流系统主要分为自动化集装箱码头、集装箱铁路中心站、物流园区、浅层地下通道、深层地下通道 5 个部分。为了更好地说明该系统，本节将自动化集装箱码头分为第一自动化集装箱码头和第二自动化集装箱码头。

1）自动化集装箱码头

自动化集装箱码头设有竖井口、地面作业区、AGV 作业车道、AGV 运行车道、泊位、码头前沿、码头堆场、集装箱货运站、码头停车场、三横梁固定吊、岸边起重机、自动堆垛起重机、集卡、AGV。①竖井口，为连接码头地面和所述深层地下通道的节点；②地面作业区，用于提供 AGV 在所述竖井口的装卸作业；③AGV 作业车道，位于所述竖井口两侧，用于 AGV 装卸作业；④AGV 运行车道，位于所述竖井口两侧，用于 AGV 运行；⑤泊位，用于装载集装箱的船舶停靠和作业；⑥码头堆场，为集装箱的管理区域；⑦集装箱货运站，用于集装箱的装箱和拆箱；⑧码头停车场，用于自动化集装箱码头内集卡的临时停放；⑨三横梁固定吊，位于所述竖井口正上方，用于对地面 AGV 和地下穿梭车进行装卸作业；⑩岸边起重机，用于对集装箱船进行装卸作业；⑪自动堆垛起重机，用于对集装箱进行

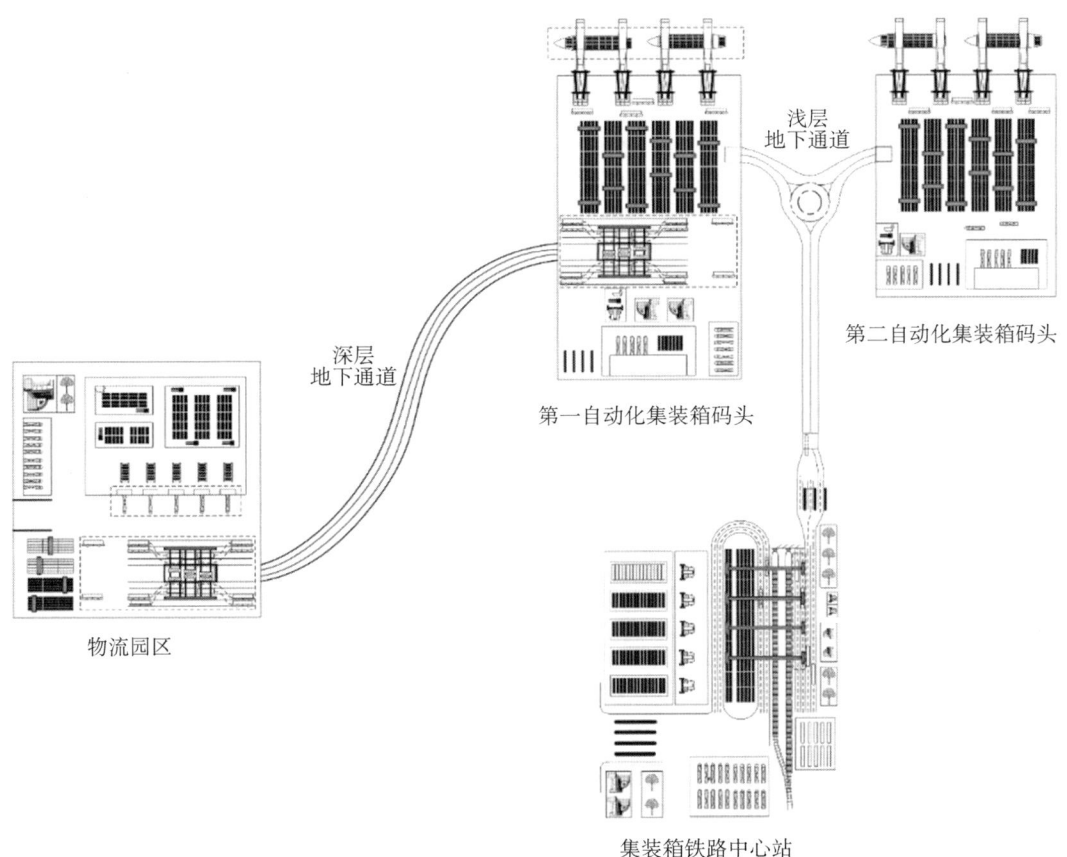

图 6-13　基于港口多式联运的地下集装箱物流系统整体布局

装卸、搬运和堆放；⑫集卡，用于运载可卸下的集装箱；⑬AGV，用于实现集装箱在码头堆场和岸边起重机之间的运输。

2）集装箱铁路中心站

集装箱铁路中心站设有集装箱货运列车、中心站 AGV 作业区、空载 AGV 等待区、主箱场、辅助箱场、中心站地下通道端闸口、中心站闸口、中心站停车场、中心站办公楼。①中心站 AGV 作业区，位于集装箱门式起重机一侧下方；②空载 AGV 等待区，位于集装箱货运列车一侧 AGV 车道的末端，用于集装箱卸载作业后空载等候的区域；③主箱场，位于集装箱门式起重机另一侧下方，其中，主箱场两侧设有集卡车道；④辅助箱场，位于中心站闸口一侧，用于堆存一些特殊功能效用的集装箱或者专用箱，同时承担一些主箱场的箱位；⑤中心站地下通道端闸口，用于区分集装箱铁路中心站与第一自动化集装箱码头责任和交接相关资料的地点；⑥中心站闸口，用于区分集装箱铁路中心站内外责任和交接相关资料的地点；⑦中心站停车场，位于铁路线一侧并靠近中心站闸口，用于集卡的临时停放；⑧中心站办公楼，位于中心站闸口另一侧，是行使集装箱铁路中心站各项设施的职能中枢机构。

3) 物流园区

物流园区设有竖井口、地面作业区、AGV作业车道、AGV运行车道、空载AGV等待区、园区堆场、园区地面来货装卸区、仓库、分拣区、配送区、三横梁固定吊、AGV、龙门吊、集卡。①竖井口，位于园区堆场一侧，以垂直装卸方式连接物流园区地面和深层地下通道节点；②地面作业区，用于AGV在竖井口区域的装卸作业；③AGV作业车道，位于竖井口两侧，用于AGV装卸作业；④AGV运行车道，位于竖井口两侧，用于AGV运行；⑤空载AGV等待区，位于竖井口附近的AGV车道末端；⑥园区堆场，位于竖井口附近，用于办理物流园区集装箱交接、堆存和保管；⑦园区地面来货装卸区，用于装卸地面集卡运送的集装箱；⑧仓库，位于园区地面来货装卸区一侧；⑨分拣区，位于仓库一侧；⑩配送区，位于仓库一侧。

4) 浅层地下通道

浅层地下通道设有主体建筑物和附属设备。

主体建筑物包括通道本体、环形交叉口和垂直竖井。其中，环形交叉口设置于第一自动化集装箱码头和第二自动化集装箱码头的地下通道出入口之间。

附属设备包括磁钉、通风装置、消防装置、应急通信装置、照明装置、指示灯、排水沟、盲沟。地下通道墙壁的一侧设置有消防装置，另一侧设置有应急通信装置；磁钉铺设于地下通道地面上，用于定位导航；通风装置位于地下通道顶部，用于排出有害气体；照明装置设置于地下通道顶部并靠近墙壁，用于通道内照明；指示灯设置于地下通道顶部并位于通风装置与照明装置之间，用于指示通道内的运行方向；排水沟设置于地下通道地面的两端，用于引水；盲沟设置于地下通道地面的两端，用以排除地下水，降低地下水位。

5) 深层地下通道

深层地下通道设有主体布局区域和附属设备。

主体布局区域包括地下作业区、作业区前侧缓冲区、折返区一、折返区二、折返区后侧缓冲区、检修轨道、斜坡、斜坡缓冲区。地下作业区在竖井口下方；作业区前侧缓冲区与所述地下作业区相距预设距离，用于穿梭车停靠，作业区前侧缓冲区中包含多条用于穿梭车等待卸箱作业的轨道和用于穿梭车等待进入深层地下通道的轨道；折返区一位于所述地下作业区一侧，用于穿梭车折返；折返区二位于地下作业区一侧，用于穿梭车折返或应急；折返区后侧缓冲区位于折返区后方，用于穿梭车停放；检修轨道位于折返区后侧缓冲区内；斜坡位于深层地下通道两侧；斜坡缓冲区设置于所述斜坡处，用于穿梭车临时停放。

附属设备包括轨道、充电桩、消防装置、应急通信装置、通风装置、照明装置、排水沟、盲沟。轨道铺设于所述深层地下通道的地面；充电桩位于轨道上，深层地下通道的墙壁上设置有消防装置和应急通信装置；通风装置位于深层地下通道顶部；照明装置设置于深层地下通道顶部；排水沟设置于深层地下通道地面的两端；盲沟设置于深层地下通道地面的两端。

6.3.2 深层地下通道设计

1. 深层装卸口布局

深层装卸口位于第一自动化集装箱码头和物流园区，是深层地下通道的终端，以竖井口的形式连接地面和地下。图6-14和图6-15为竖井口的立面图和俯视图。竖井口以垂直装卸方式连接第一自动化集装箱码头的地面和深层地下通道的节点。竖井口上方设有三横梁固定吊,每组横梁有2辆小车,2辆小车为并排设置,每辆小车下方通过链条连接1个吊具,实现一个三横梁固定吊构件同时抓取6个集装箱的地面作业区。地面作业区,位于竖井口两侧地面,具体为AGV作业车道和三横梁固定吊交界处,是AGV进行装卸操作的区域。AGV作业车道和AGV运行车道均设置在竖井口两侧,两侧AGV运行方向相反,且每侧布置4条车道,其中每个运行方向的内侧2条车道为AGV作业车道,外侧2条车道为AGV运行车道。AGV作业车道用于AGV装卸作业,AGV运行车道仅用于AGV行驶。

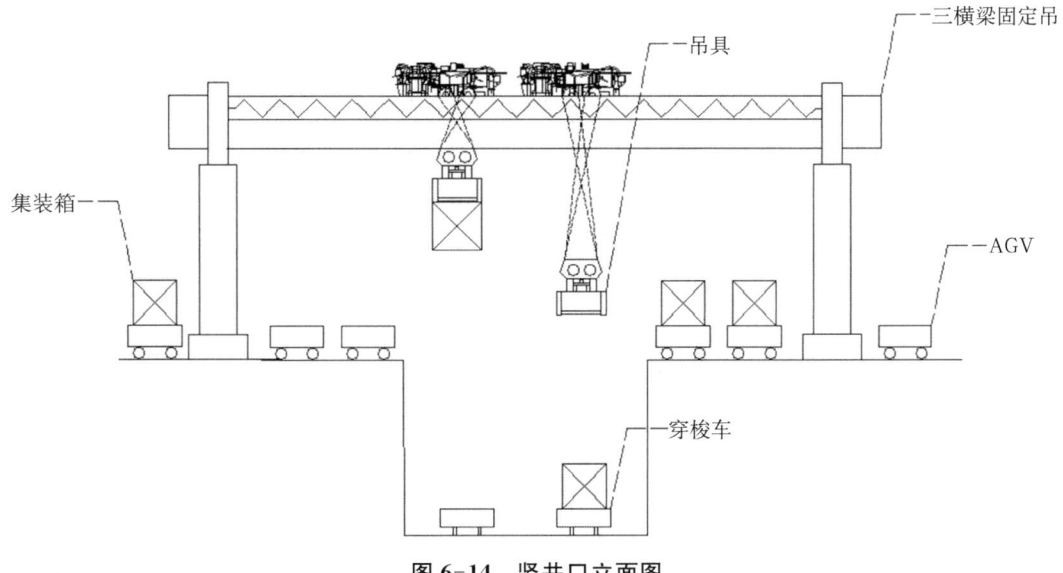

图6-14 竖井口立面图

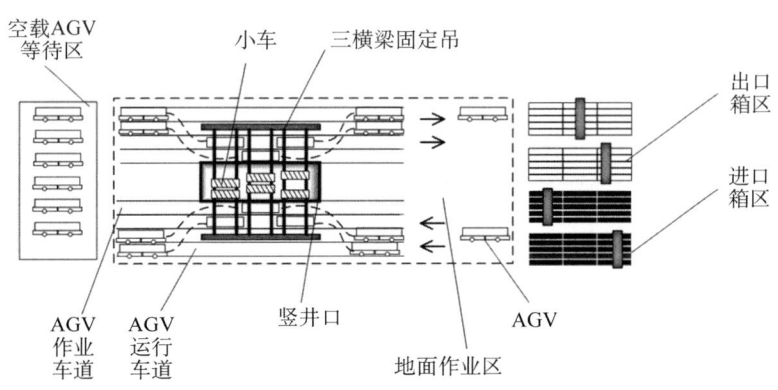

图6-15 竖井口地面俯视图

2. 深层地下通道布局

深层地下通道连接第一自动化集装箱码头和物流园区,其长度较长,主要用于弥补公路长距离运输的不足。该通道通过穿梭车进行集装箱的自动化运输,地下作业区深度为 10 m,而深层地下通道主体线路深度为 50 m。通道内设有主体布局和附属设备,且仅允许穿梭车在其内部运行,专为穿梭车作业设计。通道剖面图如图 6-16 所示。

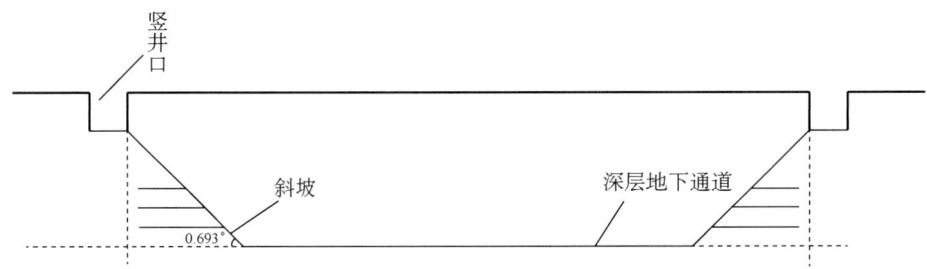

图 6-16 深层地下通道剖面图

结合图 6-17 和图 6-18 可知,深层地下通道主体布局由洞身、衬砌、地下作业区、地下作业区前侧缓冲区、折返区后侧缓冲区、检修轨道、折返区一、折返区二、应急区、斜坡缓冲区和斜坡组成。地下作业区分别位于第一自动化集装箱码头和物流园区竖井门的正下方,用于实现穿梭车的装卸作业。地下作业区、地下作业区前侧缓冲区、折返区后侧缓冲区、检修轨道、折返区一、折返区、应急区均位于 10 m 深处。斜坡用于连接深层地下通道 10 m 深的作业部分及 50 m 深的主体运输部分,斜坡角度为 0.693°。洞身的功能包括承受围岩压力、承受结构自重、洞内防水、防止围岩风化。衬砌是支持和维护深层地下通道长期稳定和耐久性的永久结构物。附属设备设有充电桩、轨道、排水沟、盲沟、消防装置、通风装置、照明装置、应急通信装置;轨道铺设于深层地下通道地面,用于穿梭车的运输;充电桩位于轨道上,每隔 20 m 设置一个,用于为穿梭车供电。

深层地下通道缩短了第一自动化集装箱码头到物流同区之间的运输距离,在缓解地面交通拥堵的情况下,能够保持地下集装箱的有序到达和及时作业。通道设计减小了坡度和曲率,更适合穿梭车运输,从而减少了人力投入,提高了运输效率,并降低了运营成本。

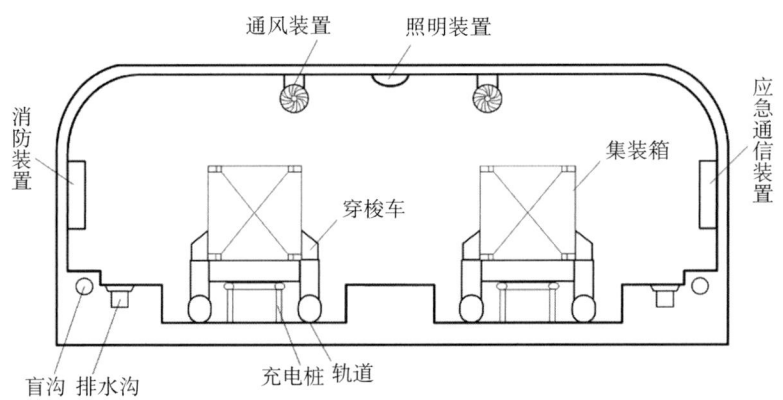

图 6-17 深层地下通道立面图

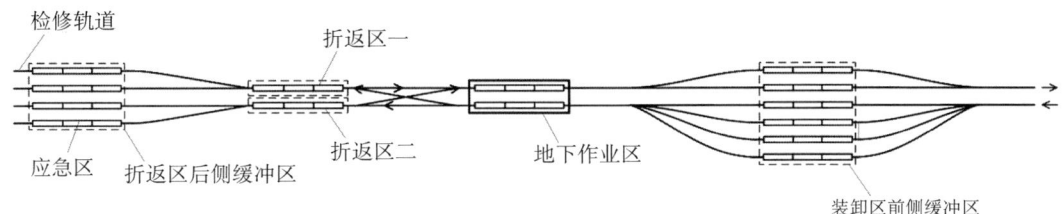

图 6-18 深层通道整体俯视图

3. 业务流程

1) 从自动化集装箱码头到物流园区

AGV 循环：自动化集装箱码头重载 AGV 从出口箱区出发，沿着 AGV 运行车道运行至地面作业区，待空载穿梭车到达自动化集装箱码头端地下作业区后，由三横梁固定吊对 AGV 进行卸载作业，将集装箱放置于穿梭车上。随后，空载 AGV 行驶至等待区域等待新的装载任务。当重载穿梭车到达自动化集装箱码头端地下作业区时，空载 AGV 提前接到指令，并从等待区域沿着 AGV 运行车道行驶至地面作业区进行装箱作业。最后，重载 AGV 将集装箱运输至进口箱区。

穿梭车循环：重载穿梭车从物流园区沿着深层地下通道行驶至自动化集装箱码头端的地下作业区前侧缓冲区，若地下作业区空闲，则行驶至地下作业区进行卸箱，若地下作业区忙碌，则在地下作业区前侧缓冲区等待直至地下作业区空闲。待重载穿梭车在地下作业区由三横梁固定吊卸箱后，空载穿梭车通过折返区一再次来到另一条轨道的地下作业区，等待三横梁固定吊对其装箱作业后重载，重载穿梭车离开自动化集装箱码头端的地下作业区，沿着深层地下通道，前往物流园区。

2) 从物流园区到自动化集装箱码头

AGV 循环：物流园区重载 AGV 从出口箱区出发，沿着 AGV 运行车道运行至地面作业区，待空载穿梭车到达物流园区端地下作业区后，由三横梁固定吊对 AGV 进行卸载作业，将集装箱放置于穿梭车上。随后，空载 AGV 行驶至空载 AGV 等待区等待新的装载任务。当重载穿梭车到达物流园区端地下作业区时，空载 AGV 提前接到指令，并从空载 AGV 等待区沿着 AGV 运行车道行驶至地面作业区进行装箱作业。最后，重载 AGV 将集装箱运输至进口箱区。

穿梭车循环：重载穿梭车从自动化集装箱码头沿着深层地下通道行驶至物流园区端的地下作业区前侧缓冲区，若地下作业区空闲，则行驶至地下作业区进行卸箱作业，若地下作业区忙碌，则在地下作业区前侧缓冲区等待直至地下作业区空闲。待重载穿梭车在地下作业区由三横梁固定吊完成卸箱作业后，空载穿梭车通过折返区一再次来到另一条轨道的地下作业区，等待三横梁固定吊对其进行装箱作业后重载，重载穿梭车离开物流园区端的地下作业区，沿着深层地下通道，前往自动化集装箱码头。

4. 工艺设计

本节设计的地下运输工艺主要设备为穿梭车。穿梭车是大运量的点对点自动化物流搬运系统,其特点为自动化操作、寿命周期长、单位能耗低、环境友好、全天候作业、维护成本低。表 6-6 所列是轨道穿梭车的性能参数。

表 6-6　　　　　　　　　　轨道穿梭车性能参数

性能	参数
额定载重量	61 t
运行速度(直线)	18 km/h
集装箱规格	45 尺柜、40 尺柜或两个 20 尺柜
梭车长度	15.7 m
梭车宽度	2.83 m
梭车高度	1.2 m
自重	15 t
轨距	1 435 mm

注:45 尺柜、40 尺柜、20 尺柜均为国际集装箱尺寸。其中,45 尺柜内尺寸 13.58 m×2.34 m×2.71 m,40 尺柜内尺寸 11.8 m×2.13 m×2.18 m,20 尺柜内尺寸 5.69 m×2.13 m×2.18 m。

行车组织:地下物流系统为单向折返作业运行模式,采用穿梭车"虚拟编组"方式,初步测算需 3 辆穿梭车为一个编组,以码头作业的实际需求单向 215 TEU/h 为依据,环线上共布置 17 组穿梭车。

本节设计了深层装卸工艺方案,以竖井口作为装卸口,实现地面与地下的交互。在竖井口的正上方设计了专用的三横梁固定吊作为装卸工具,用于连接地面水平运输工具 AGV 和地下水平运输工具穿梭车。三横梁固定吊由滑槽、横梁、固定吊照明装置、立柱、固定凹槽、链条、电机以及传动轮组构成,通过固定凹槽与地面连接。结合图 6-19、图 6-20、图 6-21 可观察竖井口三横梁固定吊在进行集装箱抓取和放置作业时的场景。

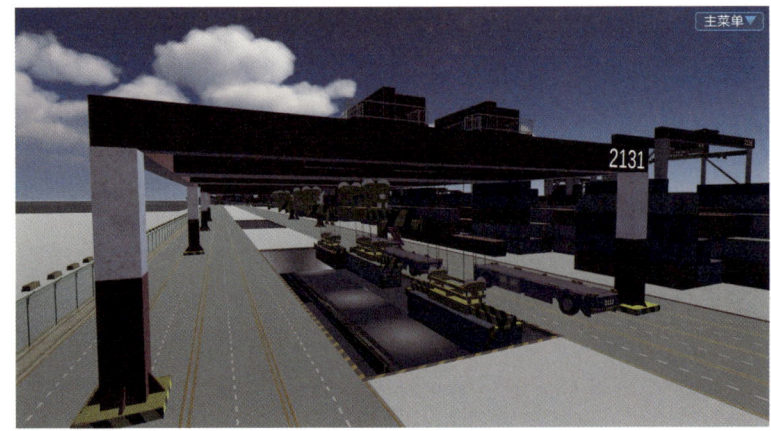

图 6-19　竖井口装卸作业

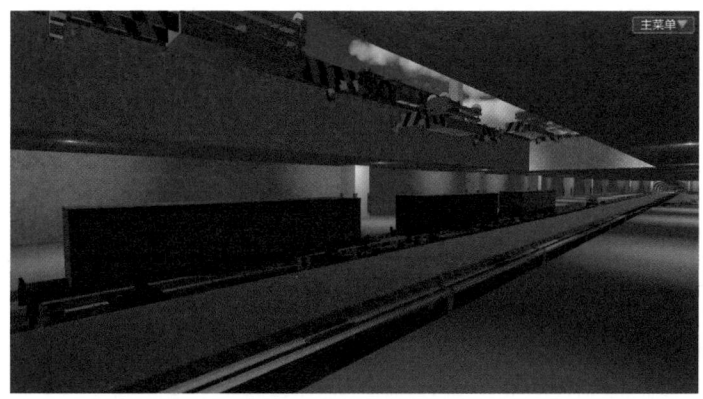

图 6-20　穿梭车运行

图 6-21　AGV 在物流园区进行装卸作业

图 6-22 是利用竖井口进行装卸作业的整体装卸工艺流程图，主要说明了由三横梁固定吊在竖井口作业地面 AGV 与地下穿梭车上集装箱的装卸工艺。

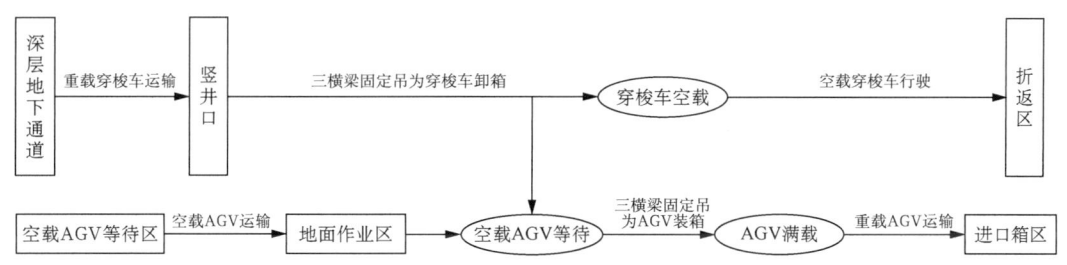

图 6-22　地下物流整体装卸工艺流程图

6.3.3　浅层地下通道设计

1. 浅层地下通道布局

浅层地下通道连接自动化集装箱码头和集装箱铁路中心站，通道长度较短，主要用于连接水路和铁路,从而更好地实现海铁联运。

浅层地下通道设有主体建筑物和附属设备。主体建筑物由洞身、衬砌和环形交叉口组成。环形交叉口位于第一自动化集装箱码头和第二自动化集装箱码头的地下通道出入口之间,设有导流岛和检修区,可以实现第一自动化集装箱码头和第二自动化集装箱码头之间,第一自动化集装箱码头、第二自动化集装箱码头和集装箱铁路中心站之间的集装箱交互,减少了 AGV 在交叉口的延误时间。环形交叉口上的行车只有分流与合流,不仅消灭了冲突点,而且提高了行车的安全性和通行能力。

浅层地下通道有效缓解了地面运输的拥堵,缩短了第一自动化集装箱码头到集装箱铁路中心站之间的运输距离。通道设计减小了坡度和曲率,更适合 AGV 运输,从而减少了人力投入,提高了运输效率,并降低了运营成本。图 6-23 和图 6-24 分别为浅层地下通道俯视图和立面图。

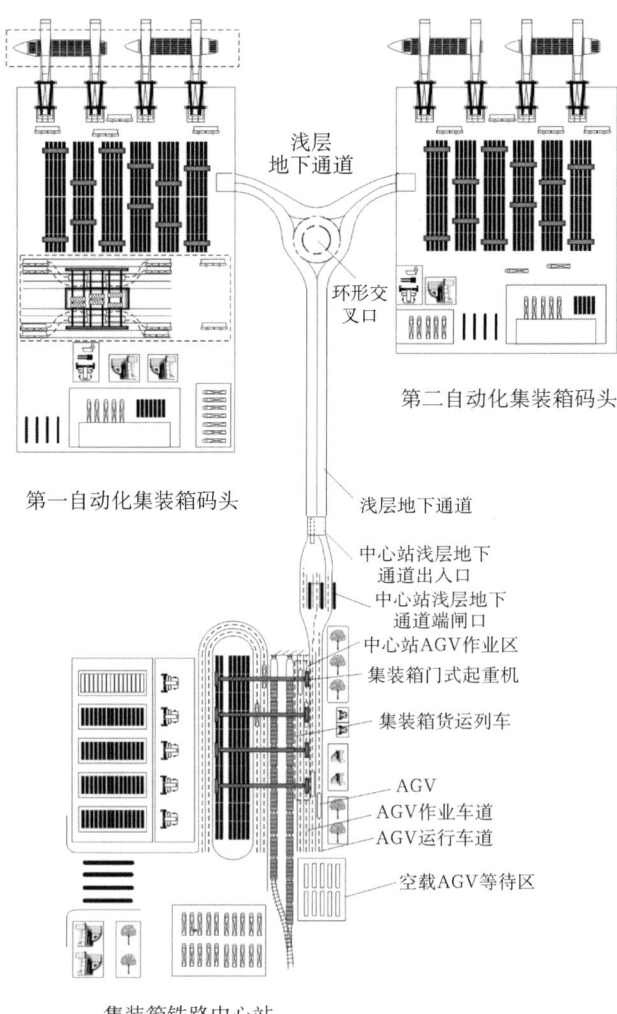

图 6-23　浅层地下通道俯视图

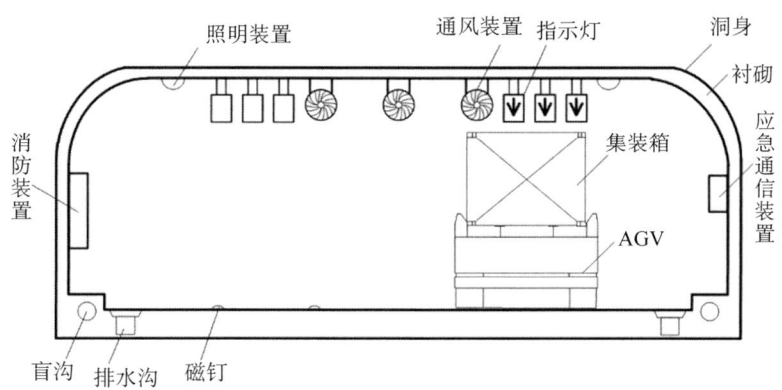

图 6-24　浅层地下通道立面图

2．业务流程

1) 从自动化集装箱码头到集装箱铁路中心站

AGV 从第一自动化集装箱码头或第二自动化集装箱码头装载集装箱后，由地下通道斜坡入口进入地下通道，再通过环形交叉口到达 AGV 编组区，与来自另一个港口且同样驶向集装箱铁路中心站的 AGV 进行编组。3 辆 AGV 编组完成后，共同行驶至集装箱铁路中心站的地下通道斜坡出口。编组 AGV 驶离地下通道，到达通道端闸口，闸口放行后，AGV 以单辆形式依次离开闸口。随后，AGV 在专用车道上行驶，进入中心站 AGV 作业区，到达指定的集装箱门式起重机下等待。集装箱门式起重机的吊具将 AGV 上的集装箱抓取，并放置到中心站的主箱场或集装箱货运列车上。作业完成后，AGV 驶离 AGV 作业车道到达 AGV 运行车道，继续行驶至空载 AGV 等待区，等待下一次任务。

2) 从集装箱铁路中心站到自动化集装箱码头

AGV 接到任务后，从空载 AGV 等待区驶入 AGV 车道，前往中心站 AGV 作业区，到达指定的集装箱门式起重机下等待。集装箱门式起重机的吊具将集装箱放置在 AGV 上，作业完成后，AGV 驶离 AGV 作业车道到达 AGV 运行车道。随后，单辆 AGV 往地下通道端闸口方向行驶，闸口放行后，AGV 以 3 辆编组形式离开闸口，进入地下通道。编组 AGV 由铁路终端的地下通道斜坡入口进入地下通道，到达环形交叉口附近的 AGV 解组区后，根据目的地的不同依次解组，分别驶向第一自动化集装箱码头或第二自动化集装箱码头。单辆 AGV 从第一自动化集装箱码头或第二自动化集装箱码头的地下通道斜坡出口驶出地下通道，最终到达目标码头进行作业。

3．工艺设计

本节设计的地下运输工艺主要设备为 AGV。AGV 是装备有导引装置的运输车辆，具有无人驾驶、自动导航、定位精确、路径优化、安全避障以及安全环保等特点。表 6-7 展示了 AGV 的性能参数。

表 6-7　　　　　　　　　　　　　　AGV 性能参数

性能	参数
长×宽×高	15 m×3 m×1.9 m
标准转弯半径	13 m
最小转弯半径	9 m
最大运行速度	6 m/s
运载集装箱数量	两个 20 尺柜或一个 40 尺柜
横向磁钉间距	2 m
纵向磁钉间距	5 m
车道宽度	4 m

本节引入浅层地下通道后，集装箱货运列车的装卸流程将有所调整。以下结合集装箱铁路中心站(图 6-25)和集装箱货运列车的装卸工艺流程(图 6-26)进行具体分析。

1) 集装箱进入集装箱铁路中心站的流程

若是从地下通道到达集装箱铁路中心站的集装箱，由重载 AGV 运输经过中心站地下通道闸口，到达 AGV 作业区，由集装箱门式起重机抓取并放置到主箱场或货运列车上。若是经由中心站闸口到达集装箱铁路中心站的集装箱，由重载集卡运输到集卡作业区，由集装箱门式起重机抓取并放置到主箱场或货运列车上。若集装箱从主箱场出箱，则由集装箱门式起重机抓取并放置到主箱场或货运列车上。

2) 集装箱货运列车的装卸流程

若集装箱货运列车为双层列车，则集装箱门式起重机先装载下层，待下层装满、上层箱锁开启后，再装载上层。上层箱锁关闭，货运列车满载后可离开。若集装箱货运列车为单层列车，则集装箱门式起重机直接装箱，货运列车满载后可离开。

3) 集装箱进入浅层地下通道的流程

如图 6-27 所示，若集装箱来自双层货运列车的上层，待上层集装箱的锁开启后，集装箱门式起重机将其放置到空载 AGV 上。若集装箱来自下层货运列车，待上层空载后，集装箱门式起重机将其放置到空载 AGV 上。若集装箱来自单层货运列车，集装箱门式起重机将其放置到空载 AGV 上。若集装箱来自集装箱铁路中心站外，由集卡经由中心站闸口运输到集卡作业区，再由集装箱门式起重机将其放置到空载 AGV 上。若集装箱来自主箱场，则由集装箱门式起重机将其放置到空载 AGV 上。当 AGV 满载后，经过中心站地下通道闸口进入地下通道，完成运输任务。

4) 集装箱门式起重机吊具作业流程(图 6-28)

(1) 集装箱门式起重机吊具空载水平位移到指定位置。

(2) 吊具空载下降，到达目标集装箱位置。

(3) 对位锁紧，抓取集装箱。

（4）吊具重载起升到一定高度。

（5）吊具重载水平位移，将集装箱落至目标位置（如集装箱货运列车、等待集卡、等待AGV或主箱场）。

（6）对位松锁，吊具空载起升。

（7）吊具空载水平位移到下一个任务的目标位置上方。

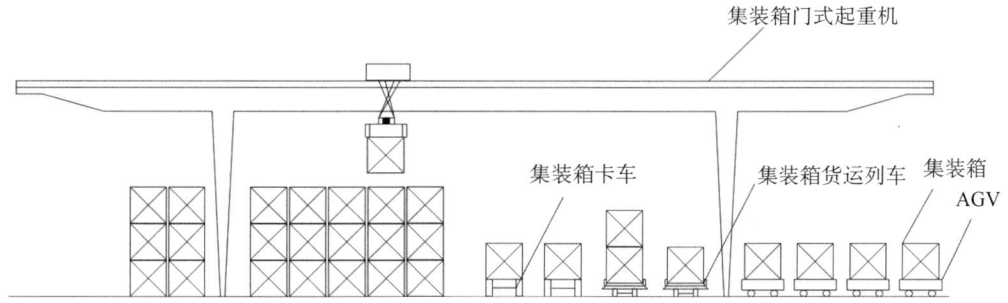

图 6-25　铁路中心站主体立面图

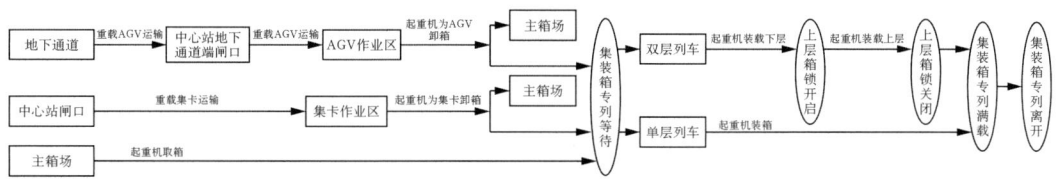

图 6-26　货运列车装卸工艺流程图

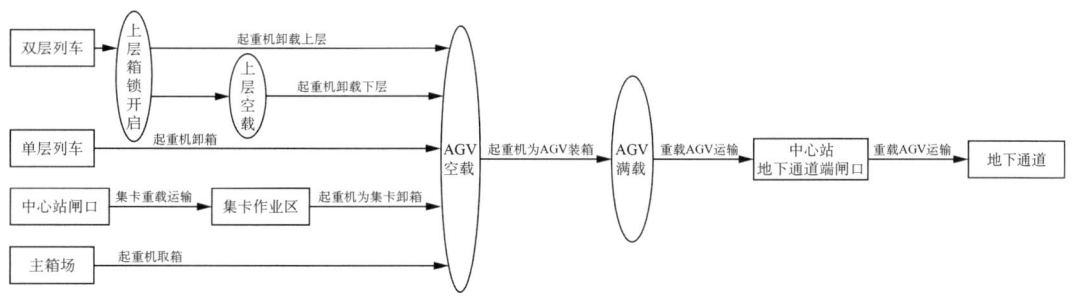

图 6-27　进入浅层地下通道流程

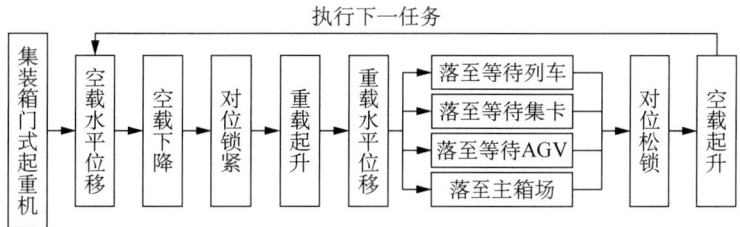

图 6-28　集装箱门式起重机吊具作业流程

6.3.4 系统仿真

1. 数字仿真

本节将利用 Plant Simulation 软件对设计的基于港口多式联运的地下集装箱物流系统进行建模与仿真,以验证其合理性,并优化多式联运的组织方式,制定并验证多式联运方案,从而评价新型方案的计划和调度效果。图 6-29 所示为仿真系统的布局方案。

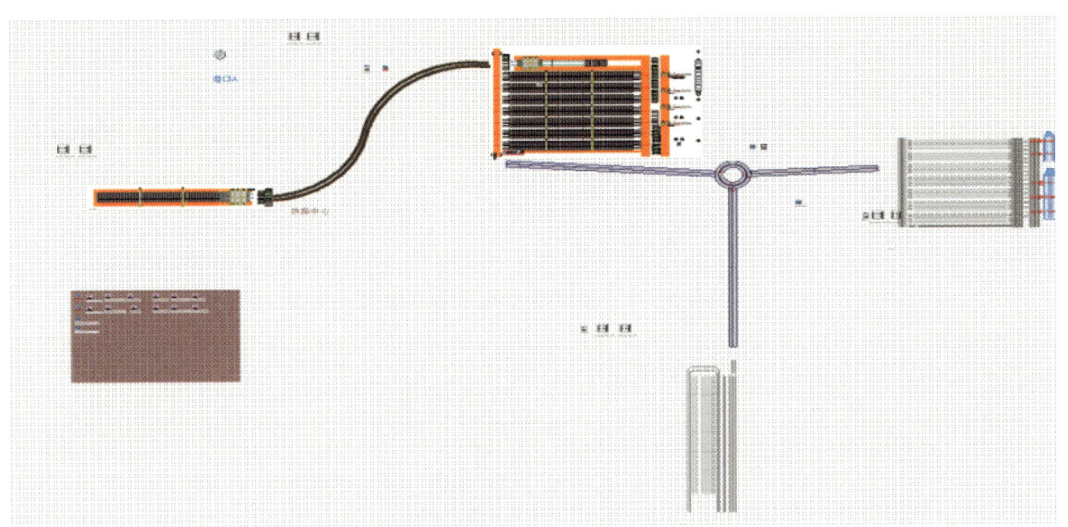

图 6-29 地下集装箱运输仿真系统布局方案

为优化地下集装箱物流系统与工艺,仿真主要从系统建模和数据建模两方面开展,具体展开内容如图 6-30 所示。

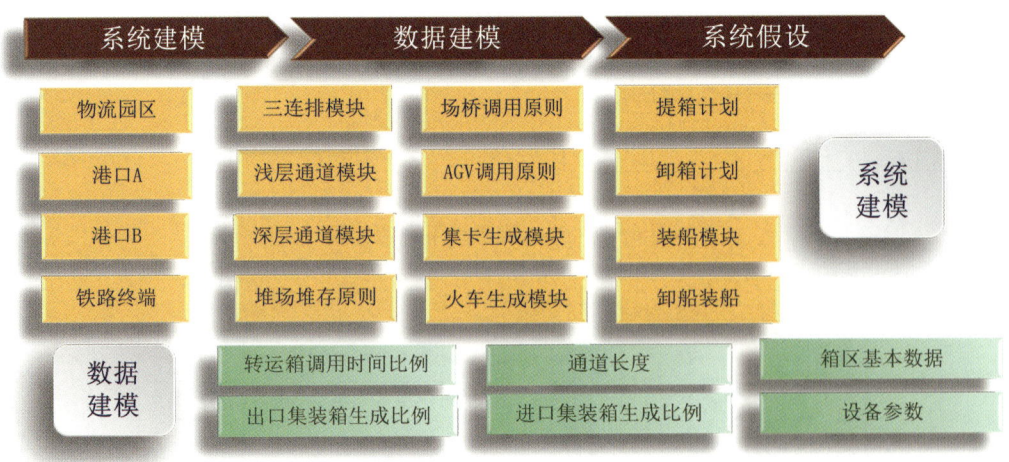

图 6-30 仿真框架

2. 半实物仿真与集成研发平台

半实物仿真与集成研发平台主要针对地下集装箱物流系统建设背景，解决大型地下装备相关数据管理、数据分析以及运维策略调度等关键问题，并满足具有大型化、自动化、智能化等发展趋势的物流系统的运维需求，降低营运成本和提高装卸效率，服务于地下物流安全、可靠的运营要求。该集成平台主要包括地下集装箱物流营运管理系统、地下集装箱物流半实物仿真系统，具体如图 6-31 和图 6-32 所示。

统计分析	道口进出车次	AGV运输效率	地下车场吞吐量	场桥作业效率	设备利用效率
控制台管理	道口进出确认	船舶装卸确认	集装箱受损确认	集装箱转堆确认	船舶靠泊确认
作业计划	船舶装卸计划	箱区转堆计划	船舶靠泊计划	AGV运输计划	穿梭车运输计划
数据维护	基础数据录入	作业箱信息批量导入	堆场布局显示配置	物流线路显示配置	船舶贝位显示配置
存储模式	关系型数据库					

图 6-31 地下集装箱物流营运管理系统

图 6-32 地下集装箱物流半实物仿真系统

3. 设备数字孪生系统

基于港口多式联运的地下集装箱物流数字孪生系统,由城市驿站智能搬运机器人、设备操作仿真器、实时仿真监控系统、AR视频融合系统等部分组成,结合嵌入式系统、自动识别技术、传感网络以及多种集成智能化技术,以地下物流交通运输为核心,实现实物模型与仿真模型互通互联。图 6-33 展示了虚拟仿真融合技术。

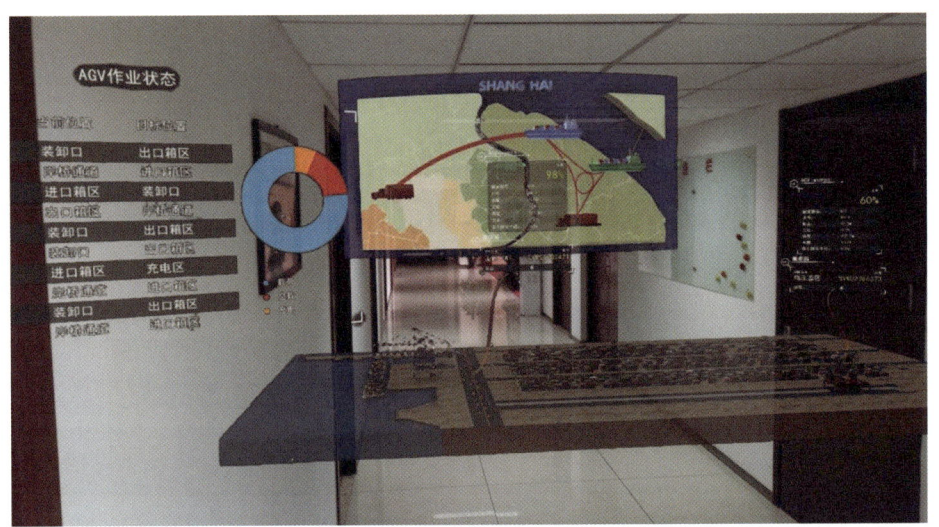

图 6-33　虚拟仿真融合技术

6.4　基于时间窗的地下集装箱物流系统自动导引车调度研究

本节介绍梁承姬等[8]在基于时间窗的地下集装箱物流系统自动导引车调度问题上的研究成果。

随着自动化码头的快速发展,港区集装箱的吞吐量不断增加,这导致港区周边道路交通愈发拥堵,港城矛盾逐渐加深。传统增加公路建设的手段往往会使城市陷入"交通拥堵—增加公路里程—增加车辆—交通再拥堵—再增加公路里程"的恶性循环。为此,自动化码头引入了地下集装箱物流系统。这一创新性的解决方案不仅能有效缓解陆路集疏运的压力,同时通过 AGV 的使用可进一步提高自动化码头的作业效率(图 6-34)。

本节介绍的地下集装箱物流系统与港口后方堆场衔接。地下集装箱物流系统作业过程中,地下物流车辆(ULV)通过地下排队系统将集装箱运输至缓存区域的竖井口下方,地面及竖井口上方装卸区域的场桥(ASC),以及堆存区域的自动化轨道吊,分别完成竖井口和堆场的装卸作业。集装箱在竖井口和堆场之间的水平运输则由 AGV 完成。

第 6 章　上海港地下物流系统规划案例研究

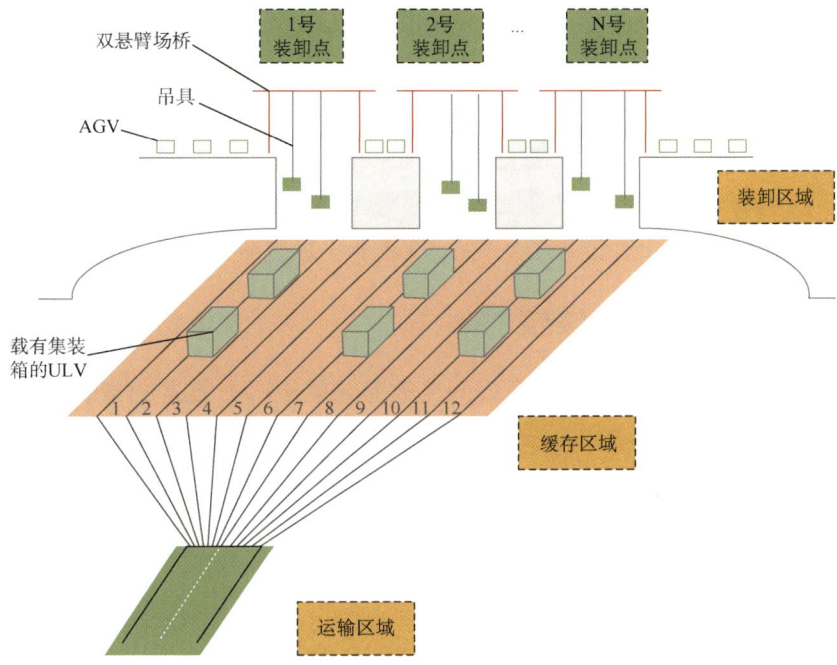

图 6-34　地下集装箱物流系统作业示意图

6.4.1　问题描述

在地下 ULV 排队系统中,ULV 以编组为单位进入缓存区域,随机分成并列的三组队伍等待场桥服务。对于场桥,当某一编组的箱子全部作业完以后才能服务下一个编组;对于同一编组的箱子,只能由同一个场桥服务。在装卸区域,位于竖井口上方的场桥空载吊具下降抓取集装箱放置于空载 AGV 上,AGV 将集装箱运输至堆存区域并由场桥卸载到指定位置。地下集装箱物流系统与港口衔接如图 6-35 所示。

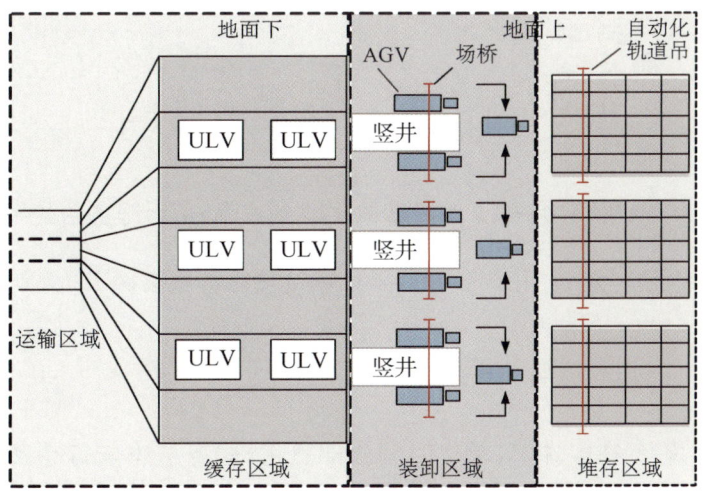

图 6-35　地下集装箱物流系统与港口衔接示意

在实际操作中,当场桥卸载完一个集装箱而 AGV 无空闲时,则场桥需要等待 AGV 到达。反之,当 AGV 到达而场桥未完成卸载时,则 AGV 需要等待场桥完成作业。本节 AGV 以作业面的方式工作可以减少场桥与 AGV 相互等待的时间。此外,实际操作中同组内的某些 ULV 需遵循一定的卸载顺序,例如:考虑到安全问题,危险品需先卸载;ULV 上的集装箱在目标箱区的位置处于上层的要等下层的卸载完才能卸载,而同组内其余 ULV 以及跨组间的 ULV 没有优先次序约束,属于平级关系。

6.4.2 地下 ULV 排队模型

在地下 ULV 排队系统中,将具有相同目的港或属于同一箱主的集装箱编为一组,每辆 ULV 按预定的时间间隔到达。在该系统中,ULV 被视为顾客,而竖井处的场桥作为服务机构。由于 ULV 在地下缓存区域形成单一队列,并由多个并列的服务台提供服务,这种配置符合标准的多服务台负指数排队模型(M/M/C)。ULV 进出地下缓存区排队系统图如图 6-36 所示。

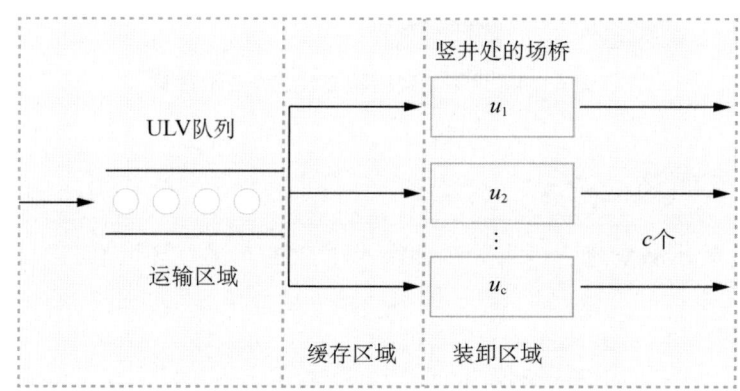

图 6-36　ULV 进出地下缓存区排队系统图

在此模型中,顾客到达的概率为

$$P_0 = \left[\sum_{k=0}^{c-1} \frac{1}{k!} \left(\frac{\lambda}{\mu}\right)^k + \frac{1}{c!} \cdot \frac{1}{1-\rho} \cdot \left(\frac{\lambda}{\mu}\right)^c \right]^{-1} \tag{6-2}$$

式中,$\rho = \dfrac{\lambda}{c\mu}$;$k$ 为当前顾客编号;λ 为顾客的平均到达率;μ 为服务台的平均服务率。

系统中的平均顾客数 L_s 和队列中的平均等待被服务顾客数 L_q 分别为

$$L_s = L_q + \frac{\lambda}{\mu}, \quad L_q = \frac{(c\rho)^c \rho}{c(1-\rho)^2} P_0 \tag{6-3}$$

对于此系统,在稳态条件下,单位时间全部费用(服务成本与等待费用之和)的期望值为

$$z = c_s \cdot c + c_w \cdot L_s \tag{6-4}$$

以上式中，c 为服务台数（即场桥数量）；c_s 为每个服务台单位时间的成本；c_w 为每个顾客在系统中停留单位时间的费用。

这里，采用边际分析法求使得总费用最小的最优服务台数 c^*，根据 $z(c^*)$ 是最小的特点如下：

$$\left.\begin{array}{l} z(c^*) \leqslant z(c^*-1) \\ z(c^*) \leqslant z(c^*+1) \end{array}\right\} \tag{6-5}$$

由式(6-4)和式(6-5)可得：

$$L(c^*) - L(c^*+1) \leqslant L(c^*-1) - L(c^*) \tag{6-6}$$

地下 ULV 排队系统中，根据洋山四期自动化码头实际运营情况，ULV 平均到达率为 $\lambda=48$ 辆/h。每台场桥服务每辆 ULV 的时间固定且相同，平均服务率为 $\mu=25$ 箱/h。每台场桥的成本是 $c_s=40$ 元/h，每辆 ULV 由于停工等待造成的损失为 $c_w=60$ 元/h。通过数值实验，得到使总成本最小的最优服务台数，见表 6-8。

表 6-8　　　　　　　　不同服务台规模数值实验

c	$L_s(c)$	$L_s(c)-L_s(c+1) \sim L_s(c-1)-L_s(c)$	z_c
1	∞	—	∞
2	21.610	18.930～∞	1 549.4
3	2.680	0.612～18.930	278.7
4	2.068	0.116～0.612	283.8
5	1.952	—	317.1

$\dfrac{c_s}{c_w}=0.666$，落在区间(0.612～18.930)，所以最优服务台数为 3 台。直接代入式(6-4)也可验证此时总费用最小。

6.4.3　数学模型

本节考虑通过地下集装箱物流系统将出口箱运输到港口后方堆场的过程，建立一个固定 ULV 到达时间窗下的 AGV 调度问题的模型。

1. 问题假设

(1) 每台场桥一次只抓取一个集装箱，且单次作业时间固定；
(2) 各编组集装箱的目标堆场确定，故 AGV 到各堆场的运输时间确定；
(3) AGV 水平运输过程及在堆存区域不产生等待；
(4) AGV 以作业面的方式作业，且一车一箱。

2. 参数及决策变量

1) 参数

$C_{\max}$：卸载所有集装箱任务的最大完工时间。

Y：场桥集合 $Y=\{1,2,\cdots,Y\}$，沿序号顺序排列。

T：自动导引车数量。

M：一个非常大的数。

Φ：卸箱任务集合。

Φ_0：$\Phi_0=\Phi\cup\{0\}$，0 为所有设备的初始位置。

Φ_F：$\Phi_F=\Phi\cup\{F\}$，F 为所有设备的最终位置。

U_{i1}：场桥将集装箱 i 从 ULV 中抓取上来放到 AGV 上需要的时间。

U_{i2}：AGV 运输集装箱 i 从竖井口到堆场，再回到竖井口所需要的时间。

Ω：集装箱任务对 (i,j)，i 必须先于 j。

G：待卸载 ULV 编组集合 $G=\{1,2,\cdots,|G|\}$。

C_g：编组 g 的集装箱集合。

C_{i1}：场桥作业完集装箱 i 的时刻。

C_{i2}：AGV 作业完集装箱 i 往返后的时刻。

l_i：场桥把集装箱 i 放到 AGV 上的时刻。

2) 决策变量

z_{ijy}：场桥 y 作业完集装箱 i 后再作业集装箱 j，值为 1；否则为 0。

K_{gy}：ULV 编组 g 由场桥 y 作业，值为 1；否则为 0。

x_{ijt}：自动导引车 t 作业完集装箱 i 后再作业集装箱 j，值为 1；否则为 0。

基于以上参数及决策变量，建立下列模型：

$$\min Z = C_{\max} \tag{6-7}$$

$$C_{\max} = \max_{i\in\Phi} C_{i2} \tag{6-8}$$

$$C_{i1} + U_{i2} = C_{i2},\ i \in \Phi \tag{6-9}$$

$$\sum_{y\in Y} Z_{iy} = 1,\ g \in G \tag{6-10}$$

$$Z_{iy} = K_{gy},\ i \in \Phi,\ g \in G,\ y \in Y \tag{6-11}$$

$$\sum_{i\in\Phi_F} z_{0iy} = 1,\ y \in Y \tag{6-12}$$

$$\sum_{i\in\Phi_0} z_{iFy} = 1,\ y \in Y \tag{6-13}$$

$$\sum_{t\in T} X_{it} = 1,\ i \in \Phi \tag{6-14}$$

$$\sum_{i \in \Phi_F} x_{0iy} = 1, \ y \in Y \quad (6\text{-}15)$$

$$\sum_{i \in \Phi_0} x_{iFy} = 1, \ y \in Y \quad (6\text{-}16)$$

$$C_{i2} - U_{i2} = l_i, \ i \in \Phi \quad (6\text{-}17)$$

$$z_{ijy}, x_{ijt}, K_{gy}, X_{it}, Z_{iy} \in \{0, 1\}, \ i, j \in \Phi, \ y \in Y, \ t \in T \quad (6\text{-}18)$$

$$C_{i1} \geqslant 0, \ i \in \Phi, \ g \in G \quad (6\text{-}19)$$

式(6-7)表示目标函数,即最小化的最大完工时间;式(6-8)定义了$C_{\max}$;式(6-9)定义了运输时间;式(6-10)规定每辆 ULV 只有一台场桥作业;式(6-11)规定同一编组的 ULV 车辆只能由同一场桥作业;式(6-12)和式(6-13)规定每台场桥从初始状态 0 开始到最终状态 F 结束;式(6-14)规定每个集装箱只有一辆 AGV 作业;式(6-15)和式(6-16)规定每辆 AGV 从初始状态 0 开始到最终状态 F 结束;式(6-17)规定场桥放下集装箱 i 的时间等于 AGV 运输开始的时间;式(6-18)和式(6-19)规定变量值范围。

6.4.4 算法求解与结果

1. 染色体编码

本问题中,地面上有场桥和 AGV 两个作业设备,采用染色体长度为 $2N$ 的两段式编码。前 N 段表示场桥分配及作业顺序,基因位上的整数表示场桥分配,小数表示作业的先后顺序,值越小越优先作业;后 N 段表示 AGV 的分配,如图 6-37 所示。场桥 1 处理集装箱 3、集装箱 4 和集装箱 5;场桥 2 处理集装箱 1 和集装箱 2。1 号 AGV 运输集装箱 2 和集装箱 4;2 号 AGV 运输集装箱 1 和集装箱 5;3 号 AGV 运输集装箱 3。

图 6-37 染色体编码

2. 初始种群

1) 修复

本节以随机方式产生初始解,但这类初始解可能会违反卸载优先级等约束,因此,需对初始解进行修复。

假设集装箱 1 和集装箱 2 是同一编组,集装箱 3、集装箱 4 和集装箱 5 是同一编组;集装箱 2 必须先于集装箱 1 卸载,如图 6-38 所示。集装箱 1 和集装箱 2 违反了优先级约束,而集装箱3、集装箱4和集装箱5应该由同一场桥来作业。

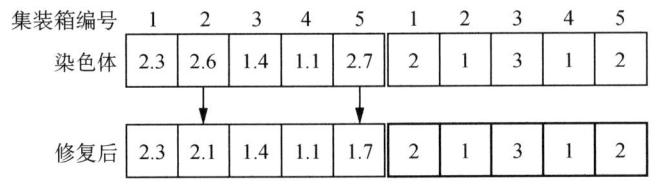

图 6-38 修复初始解

2) 适应度函数

本节以目标函数为适应度值,即最大完工时间计算过程如下。

步骤1:首先确定执行卸载任务的地下物流车辆i。

步骤2:确定卸载地下物流车辆i的场桥的可利用时间和作业时间。

步骤3:判断AGV是否到达岸桥下方,然后确定处理集装箱i的AGV的可利用时间和作业时间。

步骤4:确定任务i作业完成的时间。

步骤5:重复步骤1~4,直至所有集装箱完成卸载作业,确定总的完工时间。

3. 遗传操作

1) 交叉

本节采用两段编码的形式,因而采用对应的两阶段交叉方式。前N段和后N段分别进行随机交叉,产生新个体,对新产生的子代进行修复,方法同前。

2) 变异

采用对应的两阶段变异方法。前N段基因上随机产生两个索引,并交换这两个索引位置上的值;后N段基因上随机产生两个点,交换这两个点的值,如图6-39所示。新个体的修复方法同前。

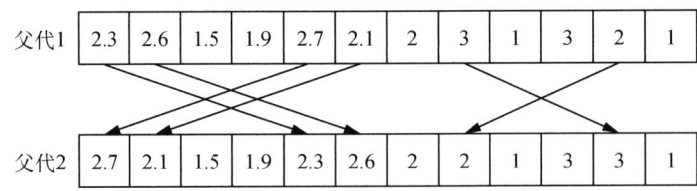

图 6-39 变异

4. 求解

采用MATLAB编写程序进行算法求解。所有测试在具有2.7 GHz主频和8 GB RAM(内存)、Windows 10操作系统的PC上运行。

1) 小规模实验

设有3台场桥,8辆AGV,6个ULV编组需要卸载,5辆编为一组,共30个集装箱,分布在 8 个目标堆场。考虑实际情况,场桥卸载集装箱时间固定,设为 2 min,即 $U_{i1}=2$。AGV 到目标堆场 1~8 的运输时间固定,即 U_{i2} 分别为 4 min、3 min、9 min、6 min、7 min、5 min、5 min、7 min。

由表 6-9 和表 6-10 可知,场桥处理 ULV 的顺序满足卸载优先级关系以及同一编组的 ULV 由同一场桥作业约束;场桥完成一个编组所有任务后才开始处理另一个编组任务。3 台场桥的任务量相同,若非场桥 1 产生延迟 3 min,3 台场桥几乎同时完工。

表 6-9 各编组内集装箱优先级

编组	优先级	编组	优先级
1	4>2	4	20>16
2	7>6	5	23>22
3	15>12	6	27>26

表 6-10 场桥调度结果

场桥	编组	ULV 作业顺序	开始/结束时间/min
YC1	2,1	7—8—6—9—10—4—2—1—3—5	0/27
YC2	3,4	11—15—14—13—12—19—20—17—18—16	0/24
YC3	5,6	23—21—22—24—25—27—26—28—29—30	0/23

图 6-40 显示了场桥和 ULV 编组的作业分配关系,而由图 6-41 可知,最优完工时间为 31 min。

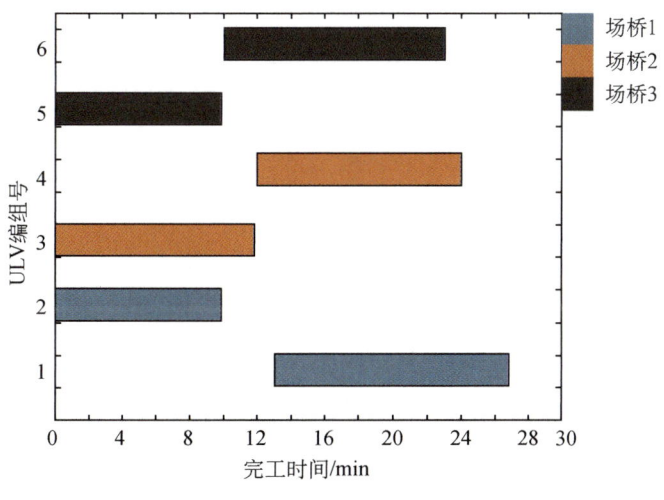

图 6-40 场桥分配图

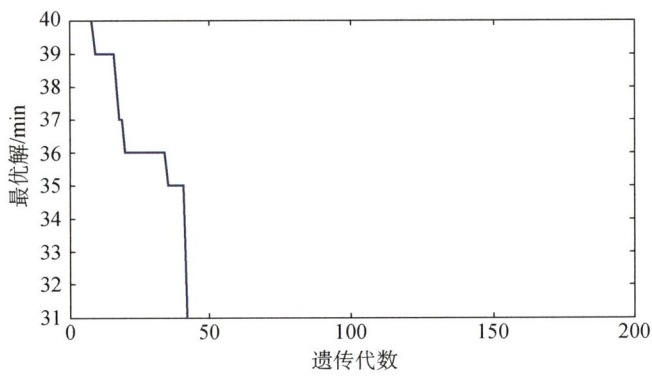

图 6-41 遗传算法收敛图

图 6-42 和表 6-11 显示了 8 辆 AGV 运输 30 个任务的调度结果。AGV 是作业面工作，每辆 AGV 的运输任务分配相对比较平均。

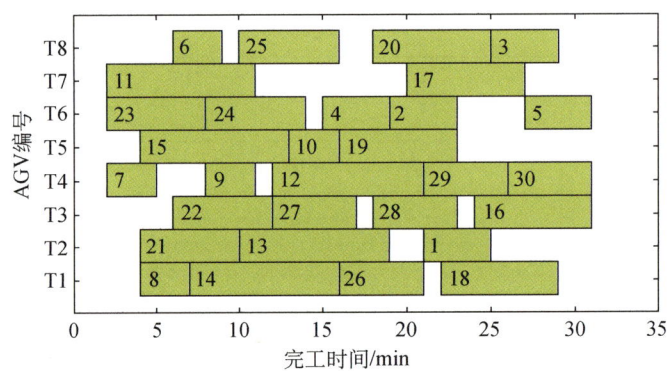

图 6-42 AGV 调度甘特图

表 6-11 AGV 调度结果

AGV	集装箱作业顺序	AGV	集装箱作业顺序
1	8—4—26—18	5	15—10—19
2	21—13—1	6	23—24—4—2—5
3	22—27—28—16	7	11—17
4	7—9—12—29—30	8	6—25—20—3

图 6-43 显示了小规模实验结果，说明本节设计的地下集装箱物流系统是可行的。在 AGV 没有准时到达场桥下方时，场桥停止作业，产生延迟等待的情况，这比较符合实际。

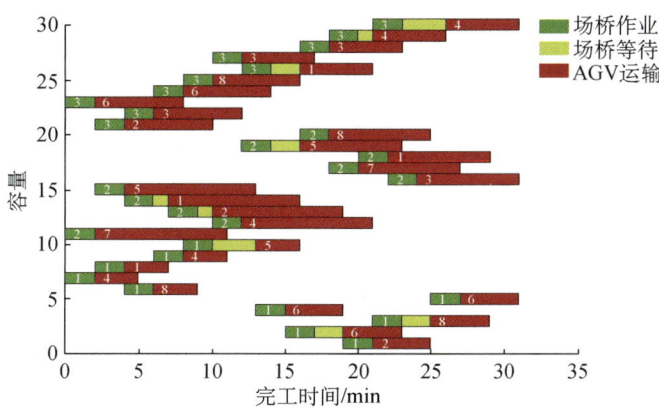

图 6-43　集成调度方案甘特图

2) 大规模实验

实验设置 20 个 ULV 编组,共 100 个卸箱任务,平均分布在 20 个目标堆场中。本实验中,每组数据运行多次取平均值。

由表 6-12 中的数据可以看出,由于受到"同一编组只能由同一场桥作业"的约束条件限制,3 台场桥的任务量存在差异,但作业效率仍能达到 21~23 箱/h。与传统码头场桥 21~22 箱/h 的作业效率相比,本节设计的地下集装箱物流系统在保持相当作业效率的同时,还实现了其他优化目标,这充分证明了该系统的有效性。

表 6-12　　　　　　　　　大规模场桥调度

场桥	ULV 编组作业顺序	开始/结束时间/min	作业效率/(箱·h^{-1})
YC1	1—2—5—3—7—6—4	0/91	23.7
YC2	9—10—11—8—14—12—13	0/102	20.6
YC3	15—17—20—18—19—16	0/84	21.4

表 6-13 显示了大规模实验下 AGV 的调度方案,可以看出,由于各集装箱的目标堆场存在差异,导致运输时间长短不一,进而造成各 AGV 的任务分配出现不均衡现象。

表 6-13　　　　　　　　　大规模 AGV 调度方案

AGV	集装箱作业顺序
1	81—27—31—1—60—8—11—13—19—57—86—46
2	35—3—56—58—7—22—71—63
3	14—18—49—52—66—67—74—39—50—69

(续表)

AGV	集装箱作业顺序
4	87—65—17—29—80—32—33
5	25—73—41—42—47—82—55—83—84—85—100
6	5—90—38—23—70
7	64—15—77—79—10—30—34—59—91—99—75—97
8	92—9—43—20
9	28—4—93—95—16—37—68—76—89—12—78
10	72—88—45—40—24—51
11	53—54—21—36—48—2—98—94—96
12	26—6—44—61—62

由表 6-14 可见，小规模情况下，最大完工时间是 31 min，场桥延迟时间和 AGV 总等待时间均相对较小。大规模情况下，最大完工时间扩大到 112 min，而场桥延迟时间和 AGV 总等待时间分别增加到了原来的约 3.5 倍和 6 倍。

在设备配比不变的情况下，随着卸箱任务规模的扩大，AGV 和场桥互相等待的时间都增加，这是符合实际的。除了考虑适当增加场桥和 AGV 的数量配比外，通过在竖井口场桥处设置缓存平台或 AGV 伴侣的方式也可以减少场桥与 AGV 互相等待的时间。

表 6-14 大、小规模实验对比

实验编号	小规模	大规模
任务规模/箱	30	100
场桥/AGV 数量/个	3/8	3/8
最大完工时间/min	31	112
AGV 总等待时间/min	12	74
场桥延迟时间/min	17	62
程序运行时间/s	28.4	125.7

3) 算法比较

在不同的设备和任务规模下，对比遗传算法（Genetic Algorithm，GA）和粒子群算法（Particle Swarm Optimization，PSO）在计算结果和运行时间方面的优劣性，如表 6-15 所示。

表 6-15　　多规模算法实验结果比较

实验编号	规模/箱 $N \times Y \times T$	结果/min GA	结果/min PSO	运行时间/s GA	运行时间/s PSO
1	20×3×8	18	21	24.15	95.27
2	20×3×10	14.3	18.5	23.2	93.51
3	20×3×12	11.6	15.4	23	93.17
4	30×3×8	31	34.6	28.41	129.08
5	30×3×10	27	29	27.25	124.21
6	30×3×12	25.8	27	26.92	120.09
7	100×3×8	123	158.1	125.74	395.76
8	100×3×10	109	133	121.46	384.91
9	100×3×12	106.6	120.7	118.47	381.02
10	200×3×8	273.9	341.2	166.18	699.4
11	200×3×10	235.1	322	161.43	693.53
12	200×3×12	216	283	153.39	689.85

由表 6-15 可知，在小规模情况下，遗传算法解的结果优于粒子群算法，但是差异不大，而运行时间上遗传算法远小于粒子群算法。随着实验规模的不断扩大，无论是计算结果还是运行时间，遗传算法的优越性都得到了充分体现。综上所述，遗传算法能更好地解决本节所提出的问题模型。

本节在介绍与港口衔接的地下集装箱物流系统的基础上，研究了在装卸衔接处固定 ULV 到达时间窗下的 AGV 调度问题，建立了一个最小化最大完工时间的 MIP 模型，综合考虑垂直式进出口、地下编组车辆排队到达、集装箱优先关系、AGV 作业面调度等现实约束，并设计遗传算法进行求解。算例结果表明，本节设计的地下集装箱物流系统中的 AGV 与 ULV 的协调调度问题模型是行之有效的，遗传算法更适合用于解决此问题。本节研究只考虑了通过地下物流排队系统进行出口箱的单向卸载问题，未来可以将系统研究扩展到同时具有出口箱和进口箱的边装边卸的问题研究，并且可以考虑通过在竖井口场桥处设置缓存平台或 AGV 伴侣，解决场桥与 AGV 互相等待的问题，提高地下集装箱物流系统的整体效率。

6.5　碳交易背景下港区地下物流系统集装箱运输网络分析

本节介绍孙飞飞等[9]关于碳交易背景下港区地下物流系统集装箱运输网络的研究成果。

6.5.1 问题描述

2017年,上海市对外年货物运输量为11.6亿t。其中,港口货物年吞吐量为7.51亿t,占总吞吐量的64.74%;公路年货运量为3.97亿t;铁路年货运量为1 181万t。上海港是中国最大的集装箱运输港口,有吴淞口、外高桥和洋山3个集装箱港区。据统计,外高桥港区作为上海港的重要组成部分,港口集装箱吞吐量约占上海港的50%。在集装箱的集疏运方式中,公路集疏运约占56.27%,水转运约占43.5%,铁路集疏运约占0.23%。外高桥区域的公路集散通道主要由S20、杨高北路、华东路、洲海路、港城路、长江西路以及江杨北路等构成。由调研可知,外环线和环郊线上的集装箱卡车交通量较大,特别是外环线东段和北段以及郊环线北段。外高桥港区内密集的交通量不仅造成外环隧道、外环高速及绕城高速东北段常年处于拥堵状态,而且产生了大量尾气,对环境造成了严重污染。

研究发现,外高桥—嘉定现有的公路网是一个瓶颈,无法支持未来集装箱货运量的增加。因此,可以通过建造地下物流系统以减轻交通拥堵并提高港口集装箱运输的容量和效率,同时减少空气污染并改善港口区域环境,减少集装箱卡车造成的交通事故。

根据上述分析,本节考虑在S20(江苏方向)周边建设地下物流系统,结合服务周边集装箱堆场的需要,建设6个集装箱装卸点。外高桥—嘉定集装箱运输网络布局如图6-44所示。6个区域由节点1~6表示;每个节点的位置位于图上标注的中心位置,连接节点的道路用实线表示。引入地下物流系统后,集装箱运输模式会发生改变:传统的运输模式是港口集装箱在港区装卸后直接采用公路运输的方式运送至目的地;新的运输模式是港口集装箱在港区装卸后通过地下物流系统运输部分行程再转向公路运输的方式运送至目的地。新的运输模式有利于缓解港区内公路集疏运带来的交通拥堵和环境污染等一系列问题。

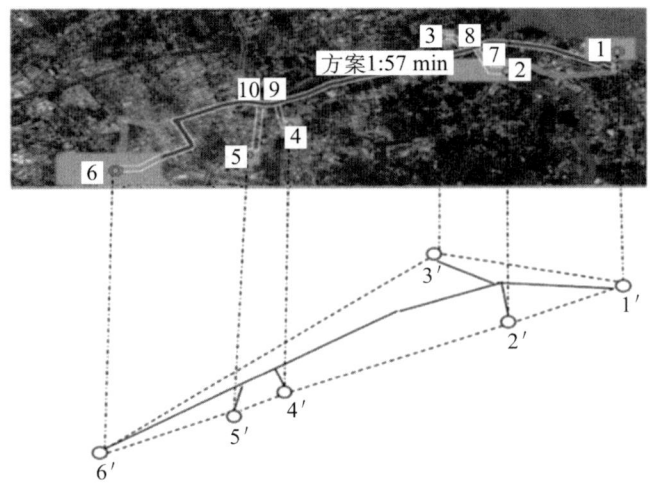

图 6-44 外高桥—嘉定集装箱运输网络布局

本节主要根据外高桥—嘉定集装箱运输网络布局设想,考虑碳交易政策和软时间窗约束,建立综合运输网络优化模型。利用港口公路集疏运吞吐量数据,求解在多种运输方式下的综合成本最小时运量的合理分配,并对公路集疏运、地下集装箱运输系统,综合运输系统的减排情况,以及运输时间和运输成本进行对比分析。

6.5.2 模型建立

1. 模型假设

(1) 运输过程中的集装箱尺寸均为 5 898 mm×2 352 mm×2 393 mm。
(2) 集装箱在运输过程中无破损、不可分割。
(3) 不考虑运输过程中的车型。
(4) 集装箱只能在节点处进行转运。
(5) 不考虑地下物流系统建设和运营维护成本。

2. 符号说明

符号说明如表 6-16 所示。

表 6-16　　　　　符号说明

	符号	说明
集合	L_1, L_2	物流节点集合
	K_1, K_2	运输方式集合,1 表示公路运输,2 表示地下物流运输
参数	e_{ij}^k	从物流节点 i 至 j,采用第 k 种运输方式的 CO_2 单位排放量
	t_{ij}^k	从物流节点 i 至 j,采用第 k 种运输方式的单位运输时间
	c_{ij}^k	从物流节点 i 至 j,采用第 k 种运输方式的单位运输成本
	d_{ij}^k	从物流节点 i 至 j,采用第 k 种运输方式的运输距离
	$trs.e$	转运单位排放量
	$trs.t$	转运单位时间
	$trs.c$	转运单位成本
	ω	碳交易单价
	f	单位时间成本
	E_{max}	CO_2 排放限额
	T_{max}	软时间窗下的时间限制
决策变量	q	发生转运的物流量
	x_{ij}^k	0-1 变量,若从物流节点 i 至 j 采用第 k 种运输方式,则取 1;否之,为 0
	f_{ij}^k	从物流节点 i 至 j,采用第 k 种运输方式的运量
	y_{ij}	0-1 变量,若从物流节点 i 至 j 发生转运,则取 1;否之,为 0

3. 综合运输网络优化模型

集装箱运输过程中的总碳排放量为

$$E = \sum_{i \in L_1} \sum_{j \in L_1} \sum_{k \in K} e_{ij}^k \cdot d_{ij}^k \cdot x_{ij}^k \cdot f_{ij}^k + \sum_{i \in L_1} \sum_{j \in L_2} trs.e \cdot (q_{ij} + q_{ji}) \cdot y_{ij} \quad (6\text{-}20)$$

碳交易政策下集装箱运输过程中的碳排放成本为

$$E^* = \omega \cdot (E - E_{\max}) \quad (6\text{-}21)$$

集装箱运输过程的总时间为

$$T = \sum_{i \in L_1} \sum_{j \in L_1} \sum_{k \in K} t_{ij}^k \cdot x_{ij}^k \cdot f_{ij}^k + \sum_{i \in L_1} \sum_{j \in L_2} trs.t \cdot (q_{ij} + q_{ji}) \cdot y_{ij} \quad (6\text{-}22)$$

集装箱运输过程中的时间成本为

$$T^* = f \cdot \max(T - T_{\max}, 0) \quad (6\text{-}23)$$

集装箱运输过程中的总成本为

$$C = \sum_{i \in L_1} \sum_{j \in L_1} \sum_{k \in K} c_{ij}^k \cdot d_{ij}^k \cdot x_{ij}^k \cdot f_{ij}^k + \sum_{i \in L_1} \sum_{j \in L_2} trs.c \cdot (q_{ij} + q_{ji}) \cdot y_{ij} \quad (6\text{-}24)$$

碳交易政策下集装箱综合运输网络优化目标为

$$\min F = \min(C + E^* + T^*) \quad (6\text{-}25)$$

S.t.

$$\sum_{k \in K} x_{ij}^k \geqslant 1 \quad (6\text{-}26)$$

$$\sum_{i \in L_1} \sum_{j \in L_2} \sum_{k \in K} f_{ij}^k = Q_{ij}, \quad \forall (i,j) \in L_1 \quad (6\text{-}27)$$

$$f_{ij}^k \geqslant 0, \quad \forall (i,j) \in L_1, L_2, \quad k \in K \quad (6\text{-}28)$$

$$f_{ij} \leqslant A_{\max ij}, \quad \forall (i,j) \in L_1, L_2 \quad (6\text{-}29)$$

$$x_{ij}^2 = y_{ij} \quad (6\text{-}30)$$

CO_2 排放量根据集装箱在运输过程中采取的运输工具的不同,采用《2006 年 IPCC 国家温室气体清单指南》中给出的公式计算,此处不详细展开。

在港口货运网络中,时间的计算与道路阻抗函数有关。当道路交通容量固定时,过多的车辆使用道路会导致交通拥堵,从而增加运输延误。因此,在模型中引入道路网络的阻抗函数:

$$t_{ij}^1 = \frac{d_{ij}^1}{v_{ij}^1} \left[1 + \alpha \left(\frac{f_{ij}^1}{A_{ij}}\right)^\beta\right] \quad (6\text{-}31)$$

式中，A_{ij} 为路段 (i,j) 的额定交通流量；α、β 为参数，根据美国公路局（United States Bureau of Public Roads，USBPR）研究的建议值，分别设定为 0.15 和 4。

在日本地下货物运输系统（UFTS）中，使用自动化设备移动货物，由此固定地面和地下之间的运输时间。地下物流系统的容量由车站的货运处理能力决定。在这项研究中，ULS 被认为是双向双轨通道。在货物装载到车辆之后，车辆被派遣。站间隧道段传输时间取决于车辆速度和隧道段长度。因此，地下货运的阻抗函数计算如下：

$$t_{ij}^2 = \frac{d_{ij}^2}{v_{ij}^2} \quad (6-32)$$

以上式中，式(6-25)为总目标函数，包含 3 个子目标函数，分别为式(6-21)、式(6-23)和式(6-24)。式(6-20)表示综合运输网络中产生的 CO_2 排放量，前半部分对应运输中产生的 CO_2 排放量，后半部分对应地面与地下衔接时装卸产生的 CO_2 排放量。式(6-21)表示碳排放成本，主要包括运输时和装卸时产生的碳排放成本。式(6-22)表示综合运输网络中消耗的时间，式前半部分对应运输中消耗的时间，后半部分对应地面与地下衔接时装卸消耗的时间。式(6-23)表示时间成本，主要包括运输时和装卸时产生的时间成本。式(6-24)表示综合运输网络中产生的运输成本，式前半部分对应运输中产生的运输成本，后半部分对应地面与地下衔接时装卸产生的装卸成本。式(6-26)表示运输过程中物流节点 i 至 j 至少选择一种运输方式进行运输。式(6-27)表示在每个运输区间内，集装箱货运量需要满足对应物流节点的运输需求。式(6-28)表示在每个运输区间内，集装箱货运量须大于或等于 0。式(6-29)表示在每个运输区间内，集装箱货运量不得超过该区间路段的运输能力。式(6-30)表示装卸要求，地下物流运输系统需要经过装卸工艺与公路运输系统联系。

各个子目标函数主要由两部分构成，前半部分表示运输环节产生的花费（碳排放、时间、成本），后半部分表示装卸环节产生的花费。该综合网络建立的多目标规划模型体现了 3 个目标的协同优化。

6.5.3 模型求解

1. 参数信息

表 6-17 所示为节点间移动的集装箱的日平均交易量。基于商业数据信息和未来的港口建设等因素，需要对部分数据进行调整，但这并不影响结果的可靠性。在本案例研究中使用了优化模型，证明了在外高桥—嘉定线建立地下物流系统的合理性。

表 6-17　　　　　　　节点间集装箱日平均交易量　　　　　　　单位：TEU

节点	集装箱堆场					
	1	2	3	4	5	6
1	0	21 655	1 222	19 167	15 399	10 003
2	21 386	0	879	11 354	1 501	22 852

(续表)

节点	集装箱堆场					
	1	2	3	4	5	6
3	11 959	4 893	0	1 121	10 452	2 164
4	8 463	2 827	1 782	0	367	1 958
5	3 438	5 334	1 342	2 510	0	4 968
6	2 146	3 285	2 164	11 958	6 596	0

在这项研究中，ULS 车辆采用美国得克萨斯州交通部资助的研究中的安全货运车辆。该系统由运输车辆、导轨、控制系统和物流终端组成，年货运量将超过 200 万 TEU。每辆车载有 1 个尺寸为 5 898 mm×2 352 mm×2 393 mm 的集装箱，速度为 48~112 km/h。研究假设地下车辆的速度为 90 km/h，道路上卡车的速度为 60 km/h。表 6-18 所示为各种路段的货运量限制。表 6-19 所示为货运网络的参数。

表 6-18　　　　　　　　　路段货运量限制　　　　　　　　　单位：TEU/d

路段	允许负荷($\times 10^2$)	最大允许负载($\times 10^2$)
(1, 7)	250	500
(2, 7)	200	400
(3, 8)	150	300
(4, 9)	70	140
(5, 10)	20	40
(6, 10)	250	500
(7, 8)	250	250
(8, 9)	500	500
(9, 10)	250	500

表 6-19　　　　　　　　　货运网络参数

一级	二级	参数
CO_2 排放量/[kg・(TEU・km^{-1})$^{-1}$]	公路	0.945
	地下物流	0.35
	装卸	3.804
碳交易价格/(元・kg^{-1})		0.15
速度/(km・h^{-1})	公路	60
	地下物流	90

（续表）

一级	二级	参数
装卸时间(单箱)/h		0.0417
运输成本/[元·(km·TEU^{-1})$^{-1}$]	公路	6.125
	地下物流	6.5
	装卸	10.08
时间窗下的时间成本/(元·h^{-1})		10

2. 结果分析

将上述案例和参数数据代入 6.5.2 节建立的数学模型中，在 Intel(R)Core(TM)i5-3230M CPU@2.60Ghz 4GB 内存及 Windows10 64 位操作系统中，通过最优化软件 LINGO 12.0 进行精确求解，并用 MATLAB2017b 对所得数据进行分析比较，绘制图表，运算得到运量分配和不同运输网络的计算结果。综合运输网络的货运量分配情况如图 6-45 所示。红色实线表示物流节点间采用单一地下物流运输；括号内的数字表示运量分配，前者表示序号由小到大的物流节点分配的运量，后者表示序号由大到小的物流节点分配的运量。物流节点 1—2、3—4、5—6、3—6 和 4—6 的往返运量均由 ULS 承担，即路段 (2,7)、(3,8)、(4,9)、(5,10) 上的运量部分转移至 ULS 进行运输。在综合运输网络中，公路运输中的集装箱卡车为 126 469 辆，占比 56.42%。

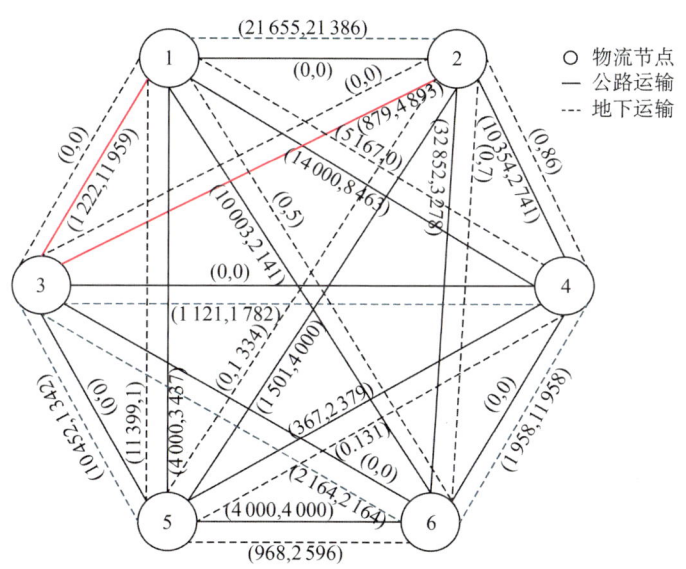

图 6-45　综合运输网络货运量分配

不同运输网络之间的比较如表 6-20 所列。由表可知，公路运输网络相较于 ULS 运输网络的优势在于其总成本低，这是因为 ULS 需要考虑的装卸成本费用比较高。而 ULS 在碳排放量和总时间两方面更具有优势，其碳排放量比公路运输网络减少 32.4%

(1 496.38 t)，运输距离比公路运输网络减少 11%(532 889.5 km)，运输时间比公路运输网络减少 83%(14.27 h)。

表 6-20　　　　　　　　　　不同运输网络比较

运输网络	碳排放量/t	运输时间/h	运输成本/万元	综合成本/万元	ULS承担运量占比/%
公路运输网络	4 607.29	17.00	2 986.21	3 066.14	0.00
ULS运输网络	3 110.91	2.73	3 062.31	3 044.47	100.00
综合运输网络	4 112.35	2.96	2 903.02	2 900.20	43.58

图 6-46 为不同运输网络的综合成本构成。综合成本包括碳交易成本、时间成本和运输成本。碳交易成本是指碳排放量超过碳交易限额时所需支付的成本。由图 6-47 可知，引入 ULS 后的综合运输网络，其碳排放量将大大降低，因此，在碳交易的背景下会给企业带来部分收益。时间成本是指运输时间超过时间限制所需支付的惩罚成本，也只有公路运输网络会带来惩罚成本。运输成本是指运输过程中的油耗等开支所产生的成本，而 ULS 的运输成本中还包含装卸成本(即吊具装卸集装箱的成本)，因此其运输成本要高于公路运输。综上所述，单一的 ULS 虽然会很大程度上实现"碳减排"，但也会增加不必要的成本开支。因此，采用公路运输和 ULS 相辅相成的综合运输方式更具备合理性。

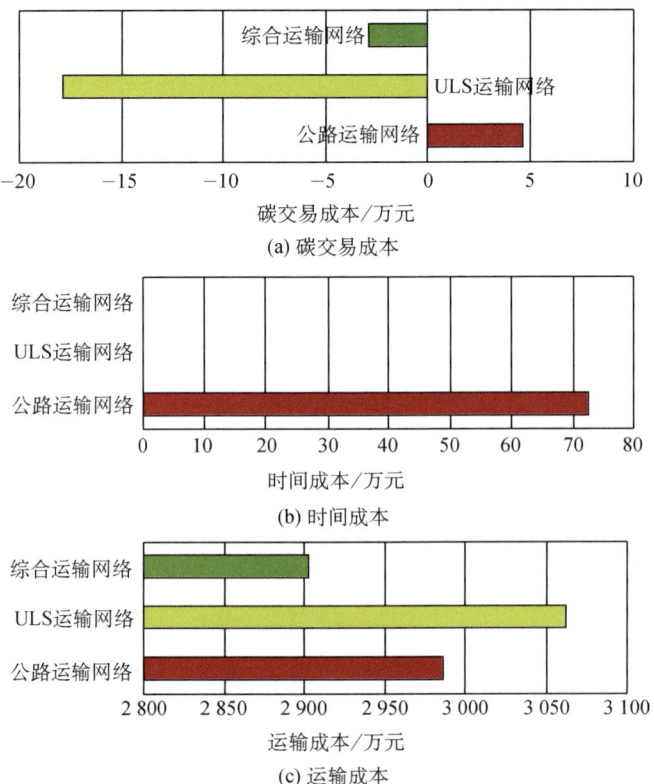

图 6-46　不同运输网络的综合成本构成

3. 灵敏度分析

基于上述案例，对碳交易价格和地下物流系统运输单价进行灵敏度分析后得出，在合理阈值范围内，该模型结果可信度较高。

单目标与优化模型比较见表 6-21。考虑碳排放量或运输时间最优时，ULS 分别承担 86.69% 和 88.59% 的运量，集疏运比例不合理；考虑成本最小时，ULS 承担 44.75% 的运量。三种单目标规划计算结果显示，不同单目标规划模型在运输时间上的差异较小。考虑碳排放量或运输时间的单目标最优时，碳排放量较小，可以看出，运输时间和碳排放量呈正相关。仅考虑运输时间最优的单目标模型，运输成本最高，综合成本也最高，这表示运输时间的降低必然会带来综合成本的增加。考虑运输成本最小的单目标模型，综合成本较小，因此，运输成本的高低很大程度上决定了综合成本的高低。综上所述，碳交易量、运输时间和运输成本的协同优化既能达到"节能减排"的作用，又能降低成本。除此之外，ULS 分担公路运量，可以缓解交通拥堵问题。

表 6-21　　　　　　　　单目标与优化模型比较

项目	碳排放量/t	运输时间/h	运输成本/万元	综合成本/万元	ULS 承担运量占比/%
单目标-E	3 070.89	2.76	3 016.79	2 998.36	86.69
单目标-T	3 076.69	2.74	3 020.43	3 002.08	88.59
单目标-C	4 123.42	3.02	2 908.49	2 905.84	44.75
公路运输网络	4 607.29	17.00	2 986.21	3 066.14	0.00
综合运输网络	4 112.35	2.96	2 903.02	2 900.20	43.58

在碳交易政策背景下，当 CO_2 排放量小于碳限额时，最优方案的 CO_2 排放量少，多余的碳配额以出售方式转让给 CO_2 排放量超额的企业，从而给企业带来一定"收益"，抵消了部分运输转运成本。同理，当 CO_2 排放量大于碳限额时，多排放的 CO_2 需要该企业从其他企业购入，这就转化成一定"费用"计入总成本。表 6-22 所示为不同碳交易限额对最优方案的影响。本节综合运输网络运量分配是在时间限制为 12 h、碳限额为 4 300 t 的基础上计算的，此时运输成本较低，碳排放量也远小于公路集疏运，综合成本在三种运输方式中最低，即 2 900.20 万元，ULS 承担的运量占总运量的 43.58%，其中由碳排放带来的"利润"为 2.81 万元，抵消了部分装卸成本。

表 6-22　　　　　　　　碳交易限额变化下的最优方案

碳交易限额/t	综合成本/万元	ULS 承担运量占比/%
4 100	2 903.20	43.58
4 200	2 901.70	43.58
4 300	2 900.79	44.09

（续表）

碳交易限额/t	综合成本/万元	ULS承担运量占比/%
4 400	2 898.70	43.58
4 500	2 897.13	43.48

碳交易价格与 ULS 运输价格分析如图 6-47 所示。

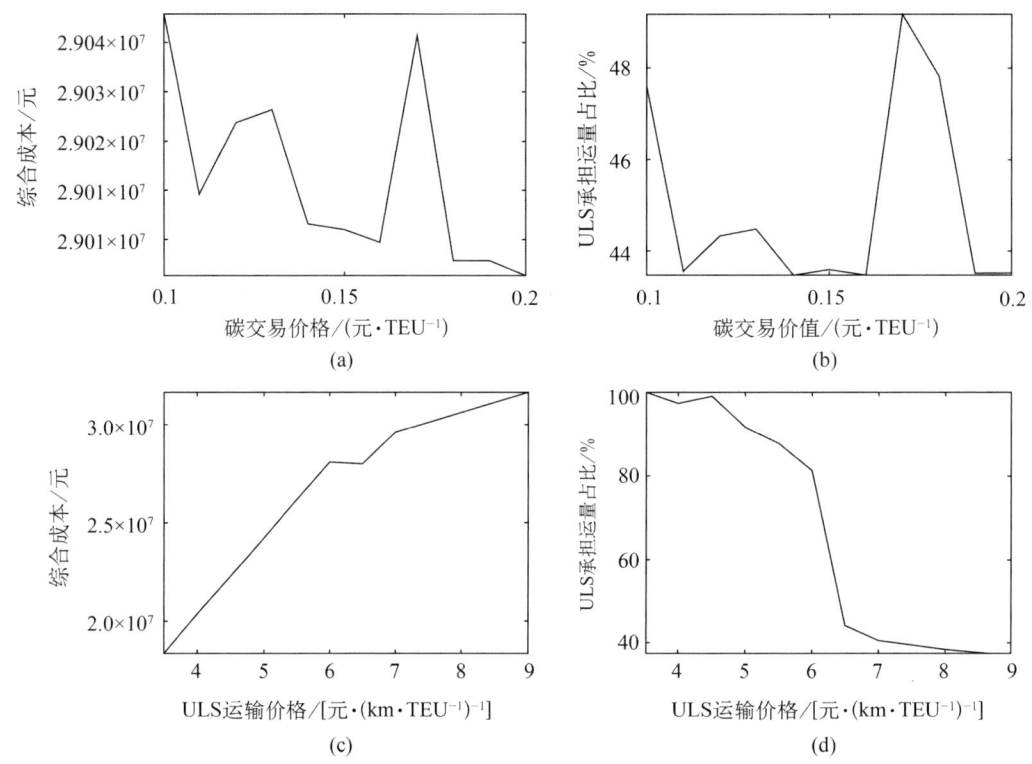

图 6-47　碳交易价格与 ULS 运输价格分析

我国碳交易市场中的碳交易实际价格在 8 欧元/t 左右(约 0.062 6 元/kg)。2009 年，中国向欧洲买家出售的 CO_2 减排量的售价是 11 欧元/t 左右(约 0.086 07 元/kg)，但这都远远低于国际水平。综合近几年国内外碳交易市场价格，本节主要讨论在碳配额限制下的交易机制。碳配额采取按标准免费发放的方式，本节选取碳交易价格为 12～25 欧元/t (0.1～0.2 元/kg)的研究区间。碳交易价格的变动对综合运输成本有着非常明显的影响，但并不是随着碳交易成本的提高，综合成本减少。碳交易成本在(0.14，0.16)和 (0.18，0.2)时，综合成本较低；但当碳交易成本为 0.18 元/kg 时，ULS 承担的运量占比较高，且节点运量分配不均匀；当碳交易成本为(0.19，0.2)时，当前中国市场的碳交易价格还是比较低的，该区间单价较高，与实际不符。因此，将碳交易价格固定在(0.14，0.16)区间比较合适，本节取碳交易价格为 0.15 元/kg，使研究具有可靠性。

针对 ULS 的单位运输价格，在不考虑建设费用的前提下，对运输价格进行分析。研究表明，ULS 的单位运输价格在(3.5，9)范围内。当单价过低时，会造成集疏运比例不合理；而当单价过高时，综合运输成本过大，建设地下物流系统的优势不明显；当价格在(6，7)时，集疏运比例出现波动；当价格在(6.5，7)时，集疏运比例较为合理(45%左右)。因此，当 ULS 的单位运输价格在(6.5，7)时，ULS 具有明显优势。

参考文献

[1] 郭东军,俞明健. 上海地下集装箱运输系统基础研究[J]. 上海建设科技,2009(2):1-3.
[2] 范益群,游克思. 地下集装箱物流系统在港城融合发展中的应用[J]. 地下空间与工程学报,2018(S1):49-54.
[3] 朱洪,江文平. 上海外高桥港区发展地下物流概念方案研究和探讨[C]//中国城市规划学会城市交通规划学术委员会. 创新驱动与智慧发展:2018 年中国城市交通规划年会论文集. 上海市城乡建设和交通发展研究院,2018:12.
[4] 顾名祥,段征宇,刘晓磊,等. 上海港地下集装箱物流集疏运通道及综合效益分析[J]. 地下空间与工程学报,2023,19(S1):26-31.
[5] Hai D, Xu J, Duan Z, et al. Effects of Underground Logistics System on urban freight traffic: A case study in Shanghai, China[J]. Journal of Cleaner Production, 2020(260): 121019.
[6] Fan Y, Liang C, Hu X, et al. Planning connections between Underground Logistics System and container ports[J]. Computers and Industrial Engineering, 2020(139): 106199.
[7] 胡筱渊. 基于港口集疏运的地下集装箱物流系统构建与运营优化研究[D]. 上海:上海海事大学,2022.
[8] 梁承姬,裴国涛,潘洋,等. 基于时间窗的地下集装箱物流系统自动导引车调度研究[J]. 工程研究:跨学科视野中的工程,2019,11(2):137-145.
[9] 孙飞飞,梁承姬,胡筱渊. 碳交易背景下集装箱港区地下物流系统运输网络分析[J]. 隧道建设(中英文),2020,40(1):58-65.

第7章
北京城市副中心地下物流系统规划案例研究

中国式现代化新区发展要求建设高效畅通的公共交通体系和城市物流配送体系，促进了以轨道交通系统为代表的城市地下基础设施兴建。地铁货运系统与独立建设的地下物流系统在设施形式上存在明显差异，但功能定位大致相似。首先，这两种系统都以自动化轨道为其技术特征，属于城市地下交通基础设施的范畴。其次，通过分层布网和设置连接，两种系统能够共用一套地下设施实现协同运行。相关研究表明，具备末端地下配送功能的地铁货运网络与同规模的专用地下物流网络在运输能力和服务水平上大致相当[1]。

规划建设北京城市副中心(以下简称"副中心")是推动京津冀协同发展、疏解非首都功能的战略举措。副中心控制性规划中指出要利用新建地铁线路开展城市地下物流配送。本章以副中心为案例，首先从地铁货运网络形态、客货协同运输策略、地铁车站物流空间和地铁货运能力等方面分析了依托地铁开展城市地下物流配送的系统形制；其次介绍了Hu等[2]关于地铁货运网络结构优化设计问题的研究；最后在前人研究的基础上[3-5]，提出了一类考虑列车灵活编组的地铁网络货运服务组织优化方法，以期为新城新区地铁-地下物流系统的共建设计提供借鉴。

7.1 案例背景分析

7.1.1 副中心区位概况

1. 区域现状及规划

副中心位于北京市通州区，贯穿东六环，毗邻中心城区，承担疏解北京非首都功能、治理"大城市病"、推动京津冀协同发展的重要职能，与北京主城区、雄安新区形成"一核两翼"的空间格局，如图7-1所示。副中心位于北京市域东部，长安街东延长线与大运河交汇处，距北京首都国际机场约20 km，区位优势明显，交通便捷通畅。副中心规划范围为原通州新城规划建设区，西至朝阳区，东至规划东部发展带联络线，北至现状潞苑北大街，南至现状京哈高速公路；东西宽约 12 km，南北长约 13 km，总用地面积约 155 km²。到 2035 年，副中心常住人口规模预计在 130 万人以内，就业人口规模控制在 70 万～75 万人，人口密度控制在 0.9 万人/km² 以内。

图 7-1　北京市"一核两翼"空间格局示意图
[图片来源：《北京城市副中心控制性详细规划（街区层面）（2016 年—2035 年）》规划图纸]

北京城市副中心是京津冀区域协同发展示范区，规划了"一带、一轴、多组团"的城市空间结构。"多组团"是指依托水网、绿网、路网形成的 12 个社区组团和 36 个街区，按照开发方式分为更新改造组团、城乡统筹组团和创新示范组团，如图 7-2 所示。根据《北京城市副中心控制性详细规划（街区层面）（2016 年—2035 年）》[6]，副中心将围绕组团区域建设包括市民中心、组团中心、家园中心和便民服务点的公共服务体系，实现服务功能集中设置、混合利用、均衡布局，就近满足居民的工作、居住、休闲、交通、教育、医疗、文化、体育等需求，建设未来没有"城市病"的城区。

在道路系统方面，副中心规划建立"城市干道+街区道路"两级路网体系，整体布局遵循舒适便捷的小街区、密路网风格，道路网密度达到 8 km/km² 以上。城市发展以轨道交通为导向，地面公交与轨道交通形成良性互补、错位服务，依托轨道交通网络串连组团中心、家园中心等公共服务节点，形成规模适度、紧凑集约的城市生活片区。根据规划，到 2035 年，副中心轨道交通线网密度预计达到 1.1～1.2 km/km²，轨道交通车站 500 m 半径范围覆盖 63% 的就业岗位和 47% 的居住人口，并实现与北京市主城区地铁网络高效接驳换乘（图 7-3），居住区与重点功能区之间轨道一次换乘即可到达，部分轨道交通车站预留同台换乘或越线运营等多种组织方式的条件，满足乘客多样化出行需求。

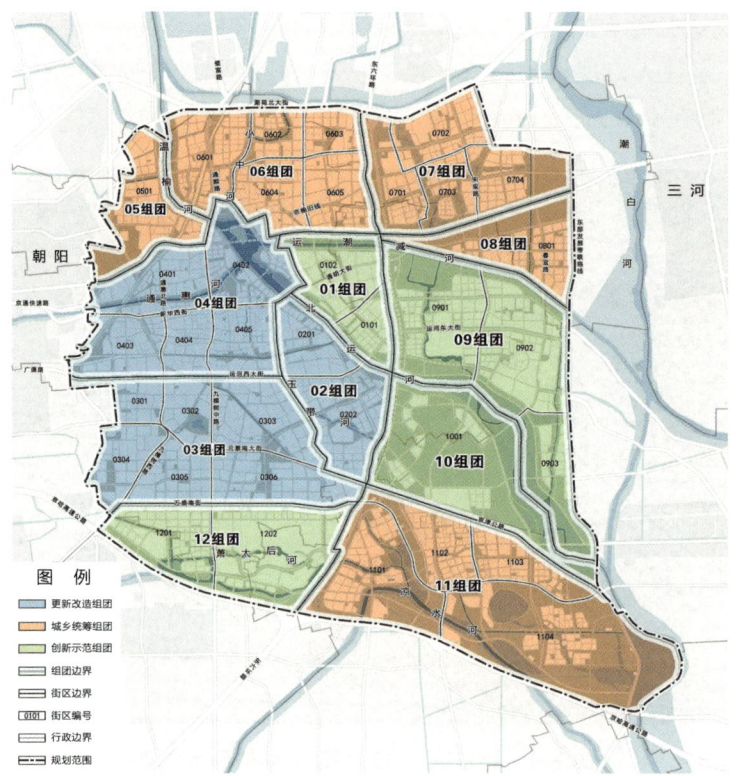

图 7-2　北京城市副中心组团街区划分示意图

［图片来源：《北京城市副中心控制性详细规划（街区层面）(2016 年—2035 年)》规划图纸］

图 7-3　北京市轨道交通线网规划示意图

［图片来源：《北京市轨道交通线网规划(2020 年—2035 年)》］

2. 城市物流规划

北京市物流总体发展目标是：到 2020 年，支撑非首都功能疏解、保障城市正常运行和居民良好生活品质；到 2035 年，构建安全、高效、绿色、共享、智慧的物流体系，支撑建设"国际一流的和谐宜居之都"；到 2050 年，打造引领全球物流智慧化发展和科技研发的物流创新领先城市。北京市物流设施空间布局方面强调集中与分散相结合，城市外围相对集中，中心城区相对分散。如图 7-4 所示，北京地形主要特点为"西北挡、东南敞"。因此，未来北京物流节点空间布局结构可以概括为圈层式、网络化、多层级、多类型。圈层式是指物流节点从城市中心出发按照半径 10 km、30 km 和 50 km 的距离进行布置；网络化是指城市物流节点和物流线路以系统的方式连接成网络状发展；多层级和多类型则是指物流节点按照规模大小、承载功能以及服务范围划分为不同的类型和等级。

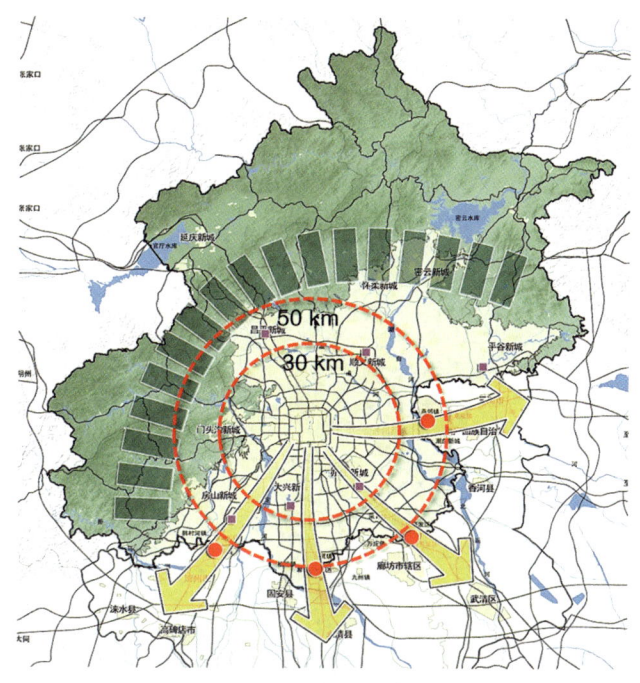

图 7-4 北京市物流设施空间分布示意图

（图片来源：《北京市物流专项规划》）

根据《北京市物流专项规划》[7]，到 2035 年北京市物流节点规划用地规模控制在 40 km² 左右。全市布局了 6 个大型物流基地，包括顺义空港物流基地、通州马驹桥物流基地、大兴京南物流基地、平谷马坊物流基地、西北物流基地（规划）和西南物流基地（规划）；28 个物流中心，包括 16 个日常综合服务型物流中心和 12 个专业类物流中心；46 个配送中心，包括 17 个零售商业配送中心、17 个生鲜冷链配送中心和 12 个快递二级分拨中心。按照平均每 3 km² 城乡建设用地设置一个末端配送场所，全市末端配送场所布局总量约 900 个。另外按照服务 1 万～2 万常住人口的标准在全市设置末端营业网点，末端营业网点总量约为 2 000 个。北京市未来物流节点布局将遵循"综合物流基地、物流中心、配送中心+末端网点"的"3+1"城市物流节点网络体系。未来随着物流专业化和集约化程度越来越高,物流配送中心功能逐步强化,物流中心和配送中心的边界会越来越不清晰,可能会逐渐形成"综合物流基地、公共配送中心、末端网点"的扁平化物流网络体系,其中末端网点(含智能快件箱等末端服务设施)也可能会分化成末端配送场地和末端营业网点两大类。

  副中心与华北地区重要交通物流干线及枢纽接壤,来自顺义空港、大兴空港、天津方向、雄安新区方向的货流在此汇集并实现分流。副中心所在的北京市通州区共规划了1个物流基地、2个日常综合服务型物流中心、2个专业类物流中心和3个配送中心,如图7-5所示。副中心将建设由物流基地、配送中心、末端配送点组成的三级城乡公共物流配送设施体系。副中心南侧约12 km处设有马驹桥物流基地,距离北侧顺义空港物流基地和天竺综合保税区约20 km,内部贯穿东六环路,交通便利。根据规划,副中心将区域结合轨道交通车辆基地设置2个城市配送中心,分别位于区域的东南角和西南角,用于接收来自马驹桥、顺义空港物流园区的货物,进行一级分拣后发往本地社区配送网点。如图7-6所示,共有135个社区配送网点在副中心内部均匀分布,平均每个网点覆盖1.15 km²,服务约1万人。城市配送中心将集成应急救灾物资储备功能,结合固定避难场所、地铁站点和人防设施设置救灾物资储备库。鼓励依托商业网点代储应急物资,形成完备的救灾物资、生活必需品、医药物资和能源储备物资供应系统。

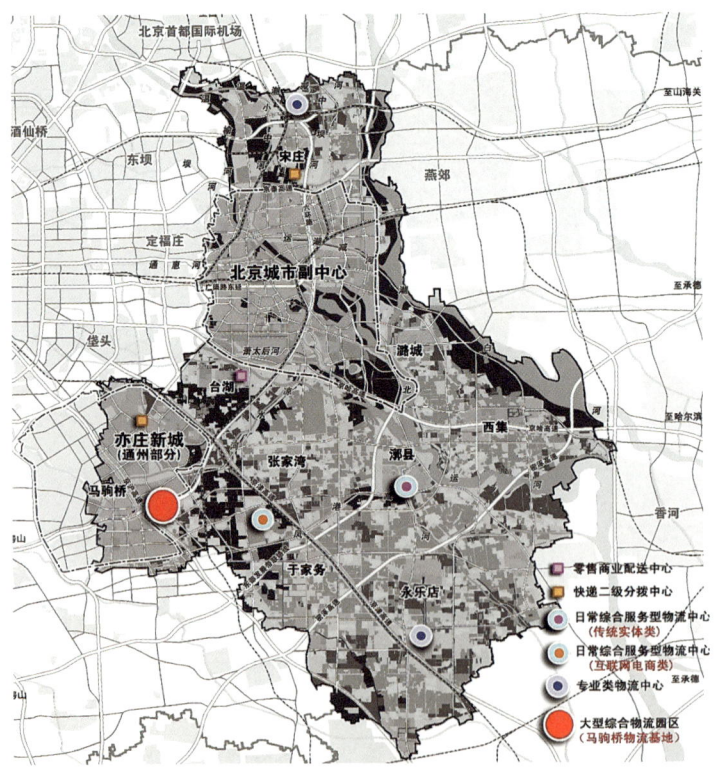

图7-5 北京城市副中心周边物流节点布局示意图

(图片来源:《北京市物流专项规划》)

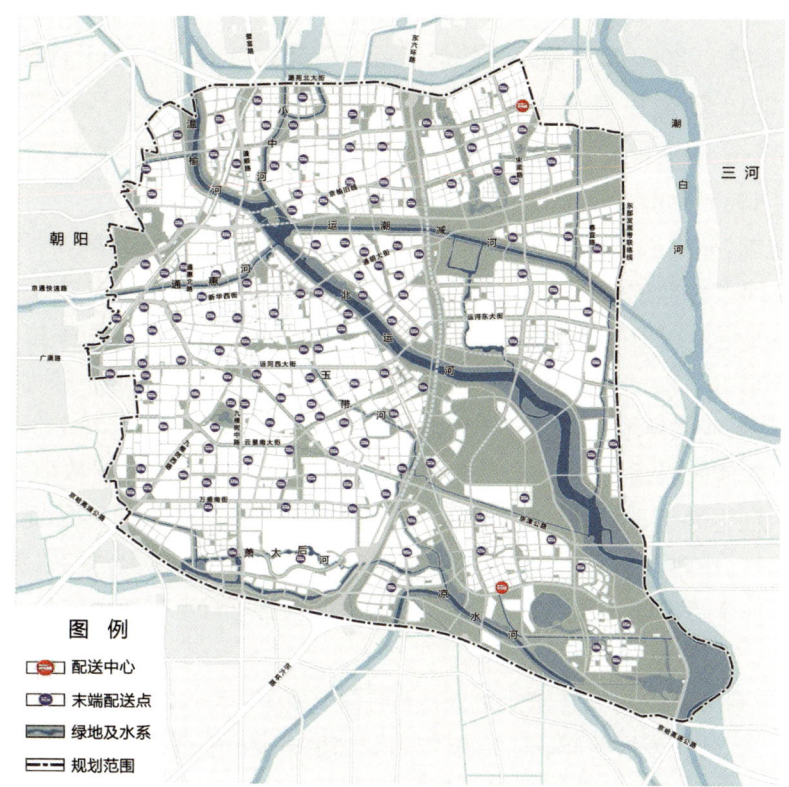

图 7-6　北京城市副中心物流配送节点规划示意图

［图片来源：《北京城市副中心控制性详细规划（街区层面）（2016 年—2035 年）》规划图纸］

3. 地下空间开发利用

根据副中心规划竣工验收数据（图 7-7），截至 2017 年底，副中心地区已建地下空间共 2 257 处，总建筑面积约为 381 万 m^2，人均地下空间面积为 4.4 m^2，低于北京市人均水

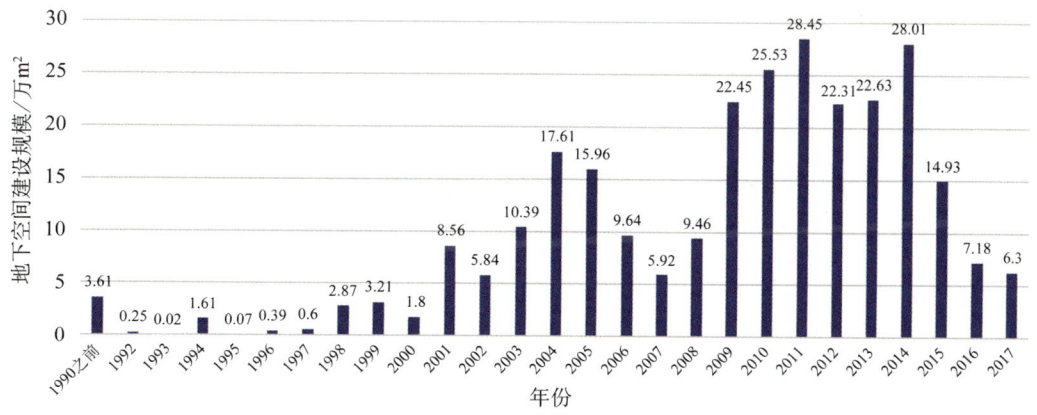

图 7-7　北京城市副中心地下空间建设规模

（数据来源：北京市城市规划设计研究院《北京城市副中心地下空间综合开发利用实施路径研究》）

平(约 5.5 m²)。地面与地下建筑规模比例约为 1∶0.08。2009 年以后是地下空间开发建设的快速发展时期。2000 年以前建设的地下空间总量约为 14.43 万 m²,仅占总建筑规模的 3.4%,而 2010 年之后建设的地下空间总量约为 156.3 万 m²,占总建筑规模的 56.5%。在地下空间增量方面,2000—2010 年的年均增量为 11.1 万 m²,2010—2017 年的年均增量为 19.5 万 m²。

2017 年以前,副中心地下空间开发利用以浅层为主,建设相对分散,利用深度至地下一层的地下空间占总数的 70.8%,利用深度至地下二层的地下空间占总数的 20.5%,利用深度至地下三层及以上的地下空间占总数的 8.7%。已建地下空间多位于居住用地,规模占比达到 57%,此外 9% 的地下空间位于商务混合用地,8.6% 位于绿地与广场用地,5.5% 位于公共服务类用地,3.4% 位于商业服务用地。

与北京市其他区域相比,副中心的生态地质环境更加复杂,地下松散地层平均厚度约 350 m,主要岩性为黏土、粉质黏土、粉土、粉细砂、中粗砂和砾石等,并呈现黏土、粉质黏土、粉土、粉细砂、中粗砂和砾石互层。此外,副中心地下水系统较为复杂,包含多层次的动力地下水与 3 个主要隔水层,存在多层含水层,地下空间利用存在地质生态保护与安全方面的挑战。

《北京城市副中心控制性详细规划(街区层面)(2016 年—2035 年)》提出了副中心地下空间规模化、体系化发展目标,至 2035 年,将构建"一环、多点、成网"的副中心地下空间总体结构。"一环"指设施服务环;"多点"指轨道一体化站点,包括城市副中心枢纽站等;"成网"指地下线性工程,包括地下道路、地铁、地下物流、综合管廊与地下市政等基础设施网络。

副中心规划高度重视地下基础设施的集成高效开发,将重点打造集成基础设施和城市公共服务设施的"地下设施服务环",共建隐性市政设施、多级雨水控制与利用设施、应急避难设施和地下储能调峰设施等各类市政设施。同时,依托地下轨道交通环线(设施服务环)串连组团中心、家园中心等地上公共服务节点,实现商业、文化、教育、体育、医疗、养老等公共服务的高效衔接和资源共享。

设施服务环与副中心组团的位置关系如图 7-8 所示,其地下部分功能集成建设应遵循以下原则。

一是上下对应。设施服务环线中任何一项功能均是网络化的系统工程,需考虑系统性的上下一体化整合,实现多层次、立体化的交通市政物流防灾功能。

二是分层开发。道路地下空间功能复杂,多种功能不可能同时建设到位,分层使得再开发成为可能。同时,设计应预留未知领域的使用空间,分层开发也是地下空间集约使用的基本保障。

三是均衡利用。基础设施环线利用的道路为城市公共空间,环线两侧的建筑会对地下空间的开发产生一定影响。因此,布局各系统应注重与周边建筑联系,同时带动两侧用地的高水平利用。

图 7-8 北京城市副中心地下设施服务环规划示意图

[图片来源:《北京城市副中心控制性详细规划(街区层面)(2016年—2035年)》规划图纸]

四是相互避让。道路地下空间设施较复杂,当多种设施同时存在时,设施会出现重叠现象。因此,道路地下空间的利用除了分层开发外,设施的使用权限和避让原则也应予以重点考虑。同时,为保障设施服务环地下部分的顺利建设,应划定一级管控区域和二级管控区域并明确管控要求。

《北京城市副中心控制性详细规划(街区层面)(2016年—2035年)》已明确指出利用设施服务环建立城市地下物流配送系统,结合轨道交通车站布局末端物流设施,形成地面和地下互为补充、集约高效的城市配送体系。进一步构建和完善末端配送网络,制定相关措施与机制,鼓励符合条件的各种商业门店、社区、写字楼、供销社物资网、邮政报业点加入设施服务环物流配送体系中。

7.1.2 副中心地下物流需求预测

1. 城市道路货运量预测

北京市公路货运在城市总体货运方式中占据主导地位(约80%以上)。根据《北京市统计年鉴》查询的2000年至2023年的公路货运量历史数据,采用BP神经网络算法预测北京市道路货运量增长趋势,预测结果如图 7-9 所示。数据表明,城市货运量将逐渐增长,至 2032 年达到顶峰,随后呈缓慢下降趋势直至稳定。

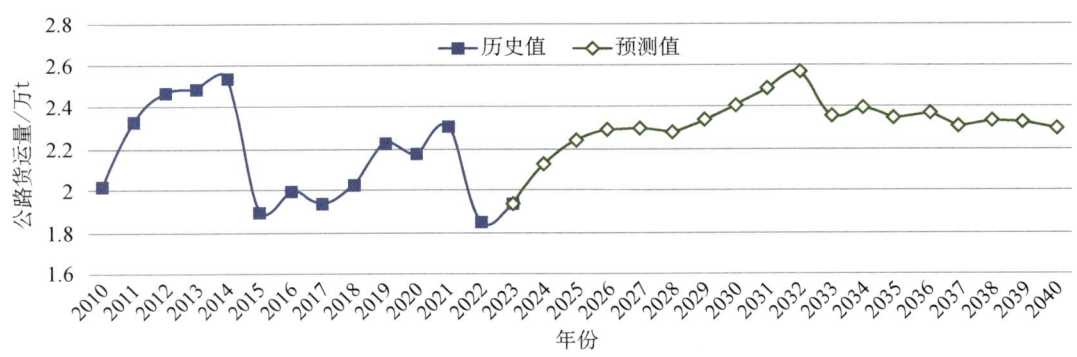

图 7-9　北京公路货运量预测曲线

2. 副中心货运需求预测

以 2024 年至 2035 年期间的北京市道路货运量预测结果为例,根据行业泡重比和人口规划数据计算副中心人均物流需求。

(1) 人均道路货运量:

$$f_y = \frac{Q_y}{p_y} \tag{7-1}$$

式中,f_y 表示第 y 年的人均道路货运量[kg/(人·d)];Q_y 表示第 y 年的年货运量[kg/(人·d)];p_y 表示第 y 年的人口数量。当 y 为 2032 年,得出 f_{2032} 为 8.83 kg/(人·d)。

(2) 人均物流需求件数:

$$l_y = \frac{f_y}{w} \tag{7-2}$$

式中,l_y 表示第 y 年的人均物流件数[件/(人·d)];w 表示城市物流包裹的平均质量(kg/件),一般取 3.5 kg/件。当 y 为 2032 年,得出 l_{2032} 为 2.52 件/(人·d)。

(3) 人均物流需求体积:

$$V_y = h_y \times l_y \tag{7-3}$$

式中,V_y 表示第 y 年的人均物流体积(m³/人),采用快递行业通用泡重比(167 kg/m³)换算体积;h_y 表示包裹平均体积(m³)。当 y 为 2032 年,将每个货件视为一个长、宽、高均为 0.4 m 的包裹,得出副中心平均每人每天货物需求体积为 0.213 m³。

至 2035 年,副中心人口预计达到 140 万人。根据北京市未来货运增长趋势,得出副中心近、中、远期道路货运需求预测结果,如表 7-1 所示。

表 7-1　　　　　　　　　　　副中心道路货运量预测结果

发展阶段	道路货运需求件数 /(万件·d^{-1})	道路货运总量 /(10^2 t·d^{-1})	道路货运总体积 /(10^4 m^3·d^{-1})
近期	147.60～196.80	51.66～68.88	3.10～4.13
中期	243.12～324.17	85.09～113.46	5.11～6.81
远期	364.26～485.679	127.49～169.99	7.65～10.20

3. 副中心地下货运类型及需求量

城市物流具有复杂自适应性，与管理政策、宏观经济、人口规模和产业结构等因素息息相关。城市地区货物需求量的大小随时间呈非线性变化。鉴于地下物流系统的建设周期较长，对适用于地下物流系统运输的货物类别进行判别，并对城市包裹配送的总体量级、地理分布进行科学有效的预测和评估是地下物流系统规划设计所要解决的首要问题。

根据交通运输部修订的《运输货物分类和编码》给出的17大类货物分类，从物品性质和运输便携性的角度评估，确定副中心可采取协同运输方式的货物种类包括居民生活类和生产资料类。其中，居民生活类货物包括盐、粮食、轻工、医药产品以及农、林、牧、渔业产品；生产资料类货物包括煤炭及制品、石油、天然气及制品、机械设备、电器、化工原料及制品（除危险品外）、钢铁、矿物性建筑材料、水泥、木材、金属矿石、非金属矿石、化肥及农药、有色金属等。

在城市物流需求量确定之后，还应当根据货品类型筛选出适合放入地下(地铁)运输的货流。根据副中心案例背景，通过专家调查法对《中华人民共和国运输货物分类和代码》(JT/T 19—2001)中典型货物的地下运输适用性进行打分，结果如表7-2所示。

表 7-2　　　　　　　　　　　城市地铁货物运输适用性评价量表

货物分类	运输货物分类和编码	5分	4分	3分	2分	1分
居民生活类	服装类物品、纺织制品	✓				
	零售包装食品、果蔬及烟草制品	✓				
	酒、水、饮料类包装品			✓		
	冷链生鲜			✓		
	盐、糖、粮食			✓		
	网络平台快递、外卖	✓				
	中小型百货、珠宝和快递包裹	✓				
	大型、异构物资				✓	
	市面药物及医疗用品			✓		
	文化体育用品、印刷品			✓		

（续表）

货物分类	运输货物分类和编码	5分	4分	3分	2分	1分
生产资料类	煤炭、石油、天然气及其他能源				✓	
	花草树木、种子、饲料				✓	
	电子、通信、机械装置及零配件			✓		
	矿石、有色金属、木材及建造类				✓	
	易燃易爆、非稳定物品					✓
	工业加工原料、化学原料					✓
	农、林、牧、渔业产品				✓	
	气/液态物、聚合物					✓
	交通运输设备			✓		
	军事、警用物资装备			✓		
其他类货	生活垃圾、废弃物、回收物品			✓		
	防疫物资、应急救援物资		✓			
	活物					✓
	公务函件	✓				

注：5分，完全适用；4分，大部分货物适用；3分，部分适合，须特殊包装；2分，非特殊情况不宜地下运输；1分，禁止地下运输。

评价结果表明：基于地铁的地下物流系统在包装尺寸和运输规格方面能够满足大部分居民生活类货物的配送运输要求，提供诸如快递包裹、公务函件等物品的常规配送服务。而大体积、需特殊包装的生产资料类货物可能不适合通过地铁运输。结合副中心地铁设施服务环辐射的人口数量与专家意见，最终确定适合放入地铁的货物量约占副中心道路货运需求总量的65%。因此，至2035年，副中心地下物流配送需求量的最终预测结果为232.8万件标准包/d。

7.1.3 副中心系统规划案例构建

根据已知的城市道路布局信息、社区配送网点分布信息以及北京市地铁线网远期规划信息，利用ArcGIS绘制相关兴趣点，形成副中心地铁-地下物流共建系统规划基础地图。规划研究案例的具体设置情况如下。

首先，基于Hu等[2]描述的研究案例，选择3条待建设的地铁线路作为副中心地下物流共建规划线路，即M102线、M18线和M104线。如图7-10所示，M102线为副中心域内环线，与设施服务环共同建设，双向循环开行，其中，外侧轨道供逆时针方向循环行车（即列车下行），内侧轨道供顺时针方向车辆行驶（即列车上行）。M18线为规划中的北京地铁 18 号线东沿线,连接副中心北部片区与朝阳区(广渠路片区)。M104 线连接副中心南部片区与朝阳区(五方桥片区)。M18 线和 M104 线承担主城与卫星城之间的客流疏导与接驳,同时能够支持副中心与主城之间的货物运输,实现地下同城配送。定义列车往副中心方向开行为下行方向,往朝阳区方向开行为上行方向。用于货运规划的 3 条地铁线路具体信息如下:M102 线长度约 40 km,设站 25 座;M18 线长度约 24 km,设站 18 座;M104 线长度约 25 km,设站 20 座。M102 线与其余两条地铁线路通过 4 个换乘车站连接,换乘车站默认支持货物地下转运。

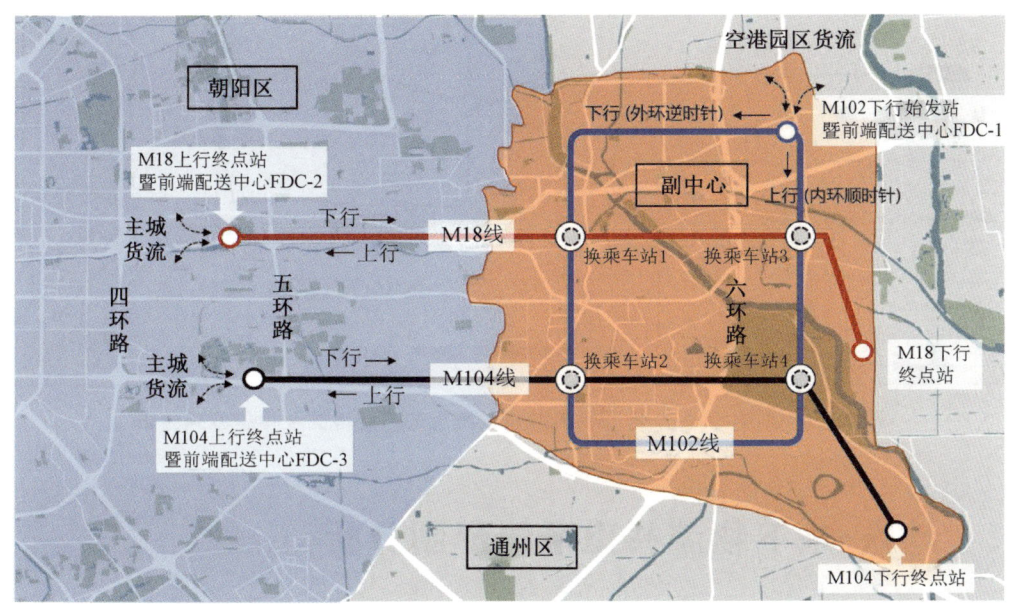

图 7-10 副中心地铁-地下物流共建系统规划范围示意

其次,在地铁终点站及车辆段处设置前端配送中心,供外部货物进出地铁系统。如图 7-10 所示,在副中心东北角设有前端配送中心 FDC-1,将与 M102 线地铁车联段共建。FDC-1 负责处理空港物流园与副中心之间的货物进出,并指派 M102 线地铁货运列车服务。主城与副中心之间的货物交换通过 M18 线和 M104 线完成。假设两条地铁线路的西侧(上行)终点站均配备车辆段,前端配送中心 FDC-2 和 FDC-3 分别与 M18 线和 M104 线的车辆段共建,主城货物在此处完成组装,地铁货运列车通过上行终点站进入线路运输。3 条地铁线路之间的货物可通过换乘车站实现转运。

最后,根据副中心路网布局绘制 759 个道路节点和 1 352 条道路段,将 134 个规划的社区配送网点视为城市配送目的地,将配送网点和地铁车站坐标调整至与邻近道路节点重合,忽略水域及地质障碍对地下物流线路规划的影响。为每个地铁车站赋予编号(非换乘车站:S-1~S-55;换乘车站:TR-1~TR-4),参数化后的副中心案例基础地图及相关设施分布如图 7-11 所示。

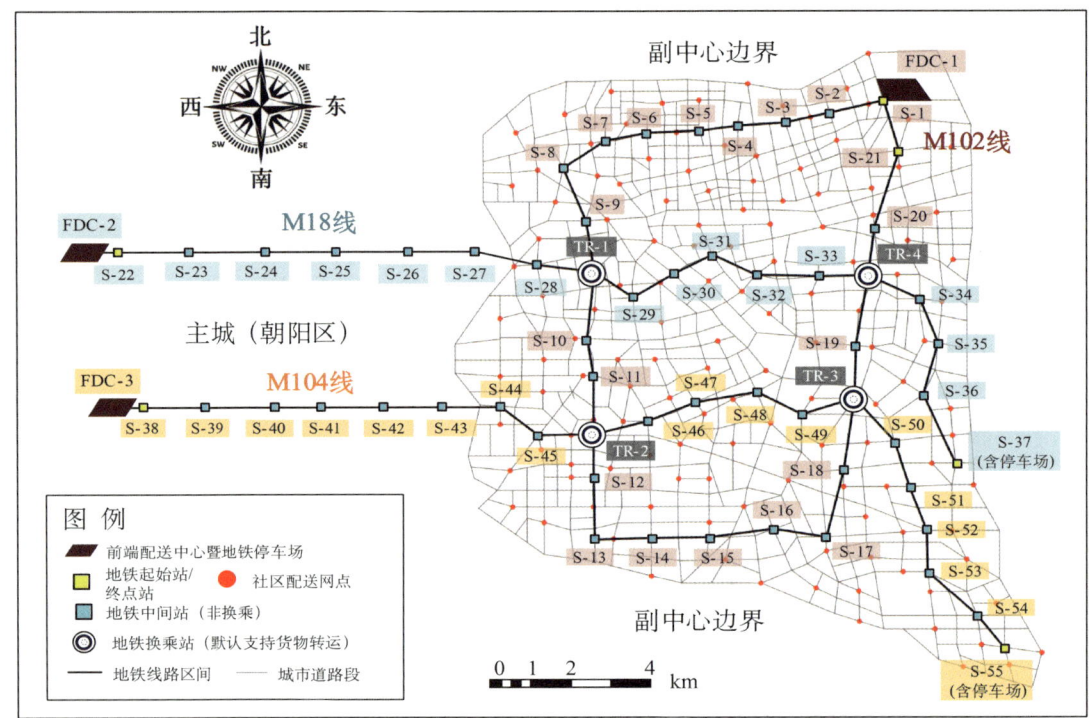

图 7-11 副中心地铁-地下物流共建系统规划基础地图及相关设施分布

7.2 地铁-地下物流共建系统形制分析

7.2.1 运行模式分析

1. 地铁客货协同运输网络形态

地铁货运网络是连接"城市周边大宗货物运输"与"城市内部末端配送"之间的高效媒介,将分散在城市周边的货物以一种集中、高效、可持续、自动化的方式输送至各个客户终端。地铁与地下物流系统共建旨在利用地铁基础设施和城市地下空间资源,以提高系统容量和运输适用性为目的,为特大城市商户和居民提供"门到门"货物自动化配送。在已建成地区,地铁货运系统根据既有地铁线网设施改建而成;在新城新区,地下物流功能可直接嵌入规划地铁线路的设计中,实现一体化开发。然而,仅凭借地铁设施无法构建完整的城市地下物流网络,地铁-地下物流共建必须考虑"首公里"问题(即货物如何从位于郊区的货源地进入地铁网络)以及"最后一公里"问题(即如何将货物从地铁站配送到客户指定的目的地)。

本节对组成地铁-地下物流共建网络的节点和通道设施提出如下定义。

(1) 一级节点:物流园区、基地、大型仓库等门户枢纽(简称为物流园区)。

一级节点主要指分布在城市周边的物流园区、物流基地、仓库以及各类区域物流枢纽场站(如空港、海港、铁路堆场等)。这类设施通常位于郊区,是城市与外部货物交流的要道,也是城市物流系统的上游设施。为了确保地下物流运输服务的全面性,地铁货运系统应与物流园区直接对接。通过在园区与地铁车辆段或邻近地铁车站之间构建接驳通道实现园区货物快速进入地铁网络,解决货物"入城难"的问题。

(2) 二级节点:地铁线路货运终端(简称为线路终端)。

地铁线路货运终端是专为执行地下货物运输任务的地铁列车提供编组、停靠、货物装载与发车准备的站台设施。相对于传统地铁站台而言,地铁线路货运终端需要更宽敞的空间,适合与地铁车辆段或地铁线路的起始站/终点站集成建设。考虑到我国城市物流园区普遍已迁至郊区,园区与市郊地铁线路终点站之间可以更方便地实现接驳。

(3) 三级节点:地铁客货共享车站。

地铁客货共享车站由传统地铁车站改造而成,是组成地铁货运网络的基本节点,按照车站的位置和作用可分为如下两类。

① 非换乘式客货共享车站:对不具备换乘功能的地铁中间车站进行物流功能改造。在空间上,通过扩建原站台、站厅区域,形成车站货运区,并与客运区相隔离,车站配备装卸、分拣、仓储等物流功能模块,可对从线路终端发来的货物进行必要的站内处理,最终通过地面或末端地下配送的方式完成外发。

② 客货换乘车站:要求对原地铁换乘车站进行物流功能改造。对交会线路同时设置货运平台,实现人、货同步换乘。同时,换乘车站的站厅层可拓展形成物流空间,与非换乘客货共享车站作用类似,作为货物在地铁网络中的运输目的地以及末端配送的起始节点。

(4) 四级节点:末端地下物流节点。

一般情况下,地铁车站与物流目的地(如商超、零售门店或小区快递签收点等)之间存在 1~3 km 的距离,这段配送过程称为末端配送或"最后一公里"配送。地铁-地下物流共建系统可考虑集成地下末端配送过程,面向地铁车站辐射范围内的需求目的地,利用该处地下空间(如建筑物地下车库)建立末端地下物流节点,进一步构建胶囊货运管道连接末端节点与地铁车站,使货物经由管道自动运输至末端节点。对于无法建立末端节点或管道的地区,可利用无人机、无人车将轻型包裹运往附近客户指定的收货点,也可以在车站内部设置自提柜。胶囊货运管道宜采用小直径设计,内部配置胶囊小车、悬挂滑轨或传送带实现货物自动化运输。胶囊管道可独立建设,也可与城市地下综合管廊网络集成建设。基于地铁的城市地下物流主干网络如图 7-12 所示。

基于地铁的城市地下物流配送包含"第一公里""地铁运输过程"和"最后一公里"。其中,"第一公里"指通过地面方式(如卡车等)将货物从城市物流园区/前端配送中心运往附近地铁线路的终端(如地铁车辆段和线路终点站等),将货物打包形成标准化运输单元并装入经过专门设计的地铁列车;"地铁运输过程"指通过合理组织地铁列车将货物从各线路终端运往地铁网络中的指定客货共享车站(即货运目的地车站),期间可在换乘车站实现线路间货物转运;"最后一公里"指通过胶囊管道、无人机等方式将货物从地铁车站进一步派往客户指定的地址,完成整个入城货物运输过程。基于地铁的城市地下物流运输流程如图 7-13 所示。

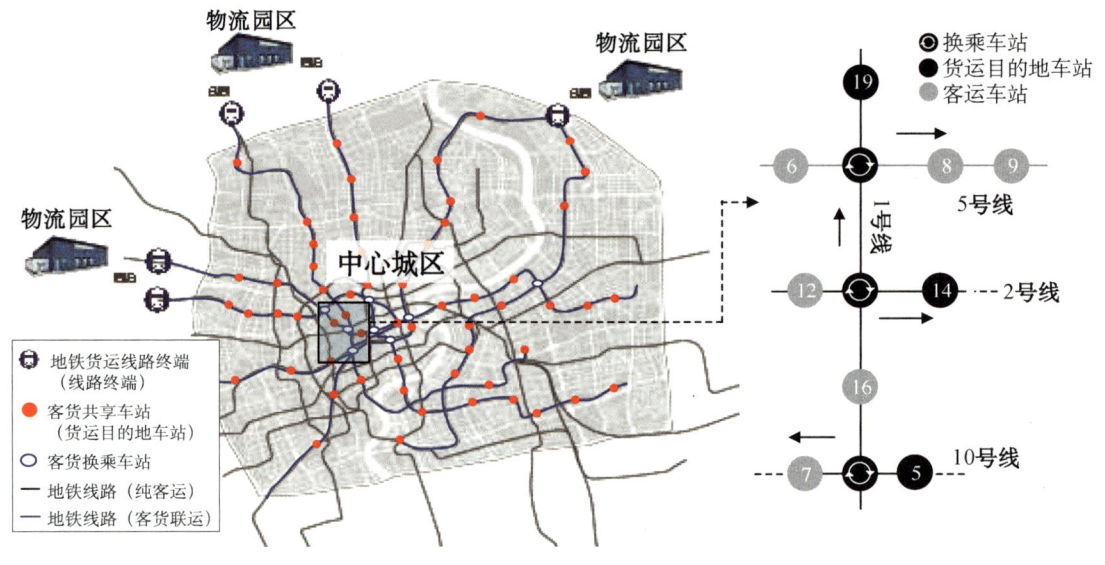

图 7-12 基于地铁的城市地下物流主干网络示意

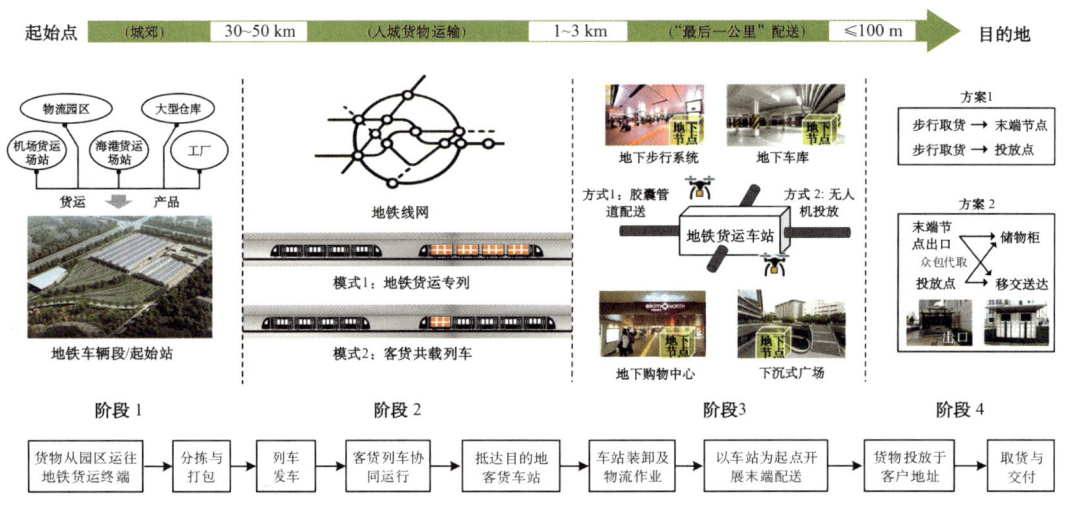

图 7-13 基于地铁的城市地下物流运输流程

2. 地铁客货协同运输策略

如本书 2.2.5 节所述，目前普遍认为依托地铁开展大规模货物运输存在三种模式，即"人带货模式""货运专列模式"和"客货共载模式"，三者的差异性主要体现在列车制式和调度方法上。

当同时引入"客货共载"和"货运专列"两种货运模式时，两种列车将在地铁线路上共线行驶。图 7-14 描绘了满足列车共线要求的地铁车站站台布局策略。站台布局 A 允许货运专列从主线轨道中分离出去，停靠在位于乘客站台两侧的独立货运站台区域装卸，专列出站后并入主轨；同时，对乘客站台的一端进行延伸，使其与共载列车货运车厢对齐，实现乘客上下车与货物装卸同步。该布局允许货运专列在车站停留更长时间，有利于调整和控制延误，乘客和货运区域被分隔，避免了列车过站对乘客造成的视觉干扰。布局 B 要求所有列车均停靠在原站台区域的主线轨道上，利用两侧拓展的站台区域完成装卸货操作。布局 C 中，原乘客站台一侧延伸一定长度为货运专列停靠提供空间。应注意，布局 B 和布局 C 要求货运专列与客运列车在站台停靠时长上保持一致或接近，以确保前后方列车之间保持足够的车头距离。相较于布局 A，布局 B 和布局 C 方案的实现成本更低，装卸操作流程也更统一。

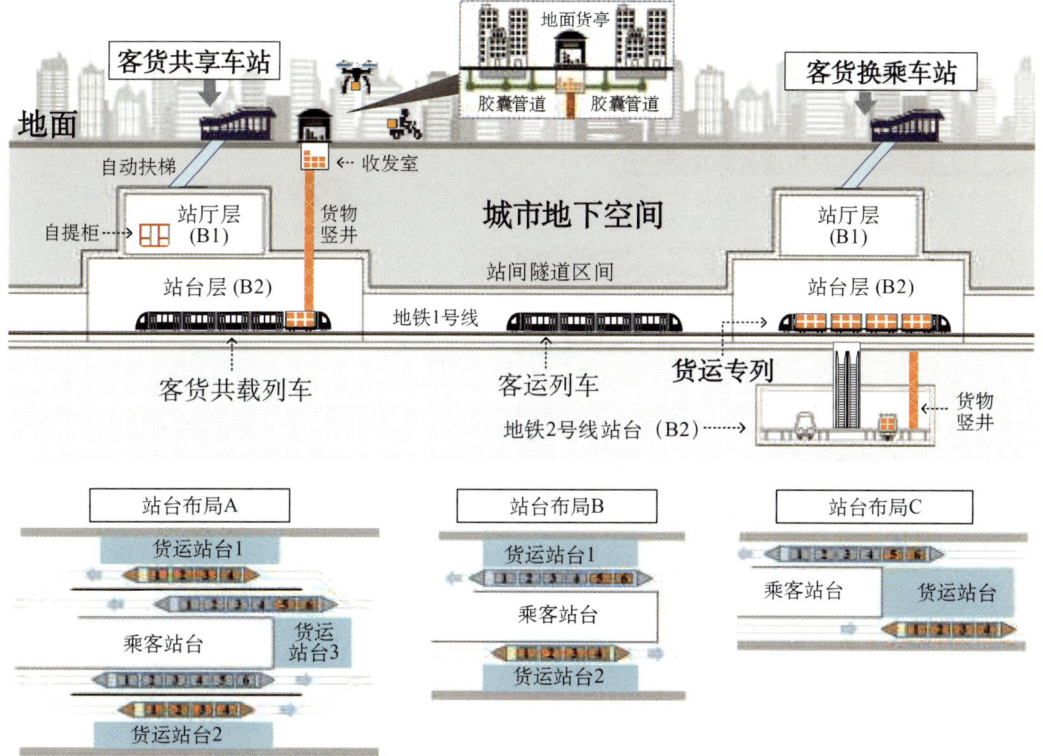

图 7-14　地铁列车共线运行及货运站台布局示意

与客运地铁类似，地铁货运专列可采用灵活编组和固定编组两种方式运行。固定编组下的动车组车节数量和车厢次序固定，一旦成车便不允许改变，由于不涉及列车换挂，能够确保列车高效连贯运行，其缺点是灵活性较差，在客运需求低/高峰期间易出现列车空载、运力不足等现象。灵活编组模式允许列车在起始站或车辆段进行拆解或重连，根据实时流量改变列车长度，提高列车利用率。对于地铁货运，灵活编组的意义在于可以根据线路终端的货运需求生成情况，对每次循环服务中列车挂载的货运车厢数量进行灵活调整，确保线路运力与客货动态需求之间始终保持良好匹配，降低地铁运行成本。

地铁货运专列的编组形式多样。以 6 节 B 组客运地铁列车为例，可将其部分乘客车厢替换为具有相同形制的货运车厢以组成共载列车，根据客、货车厢的配置数量可分为"客大货小""客货均等"和"客小货大"等编组方式，也可以直接增加货运车节，形成加长编组共载列车。对于货运专列，根据车厢数量分为长编组、中编组和小编组等类型，如图 7-15 所示。

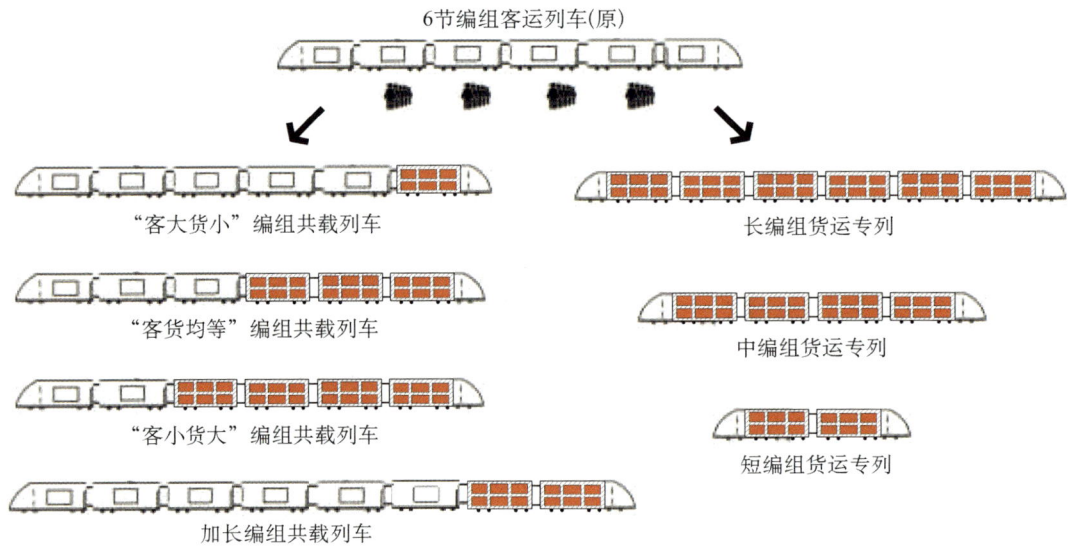

图 7-15　地铁货运专列编组示意

图 7-16 呈现了一种满足地铁运输要求的模块化货物装箱策略。首先，在线路终端，将运往同一车站的货物打包形成货运单元，该单元具有标准的尺寸和特殊的装卸搬运设计，能够良好适配地铁车厢空间并实现快速自动装卸。根据不同货物的包装要求，可提供托盘单元（适用于盒装批发货物）、仓储笼单元（适用于快递等散装包裹）和小型货运单元（如重型货物和冷链货物）等容器形式。

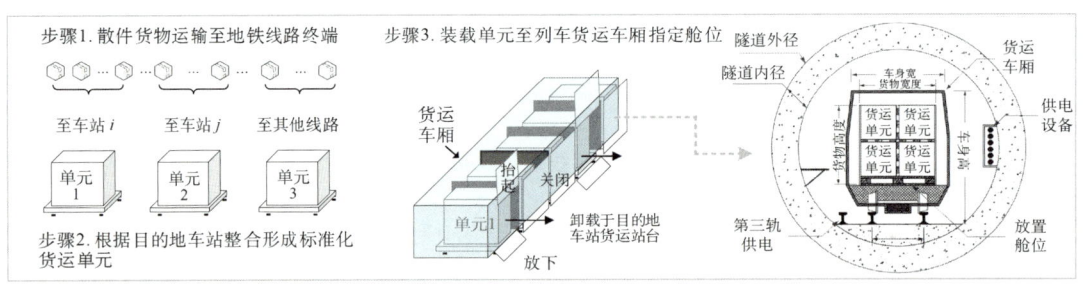

地铁标准化运输单元（货运单元）

1. 标准托盘

2. 仓储笼

3. 小型集装箱

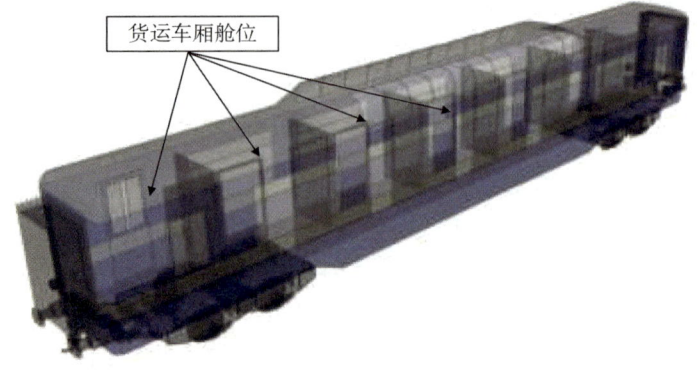

图 7-16　地铁货运专列装箱设计

地铁客货联运线路设计需要综合考虑线路走向、站台位置、客货通道设置等因素,实现客货空间的合理分配,保证客流与物流互不干扰。图 7-17 描述了纳入货运后的地铁线路布置思路。在场景 1 中,地铁线路一侧与物流园区对接,通过地面运输方式将园区货物输送至地铁线路货运终端。货运列车在线路终端装入货物,沿着所在地铁线路全线循环运行,在下行终点站处折返。在场景 2 中,上游货源地更接近地铁中间站 i。为此,可考虑修建专用货运区间将物流园区与主线地铁区间上的车站 i 相连,并在车站 j 之后设置离开线,形成大小交路,使货运专列能够提前折返回园区,而无需经停后续车站。这种"中途进入、中途折返"的线路设计能够在某些情况下提高地铁列车的循环效率。

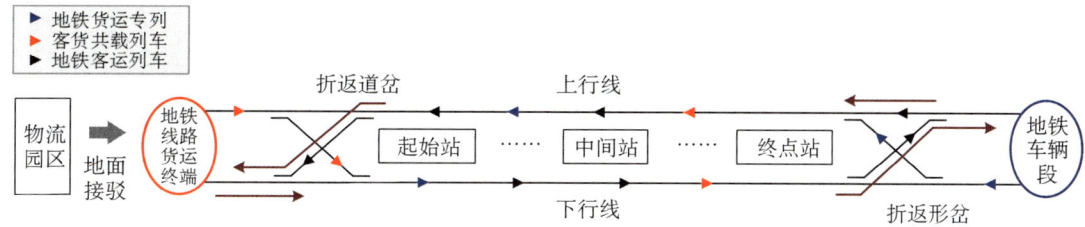

(a) 场景1:货运列车全线行车

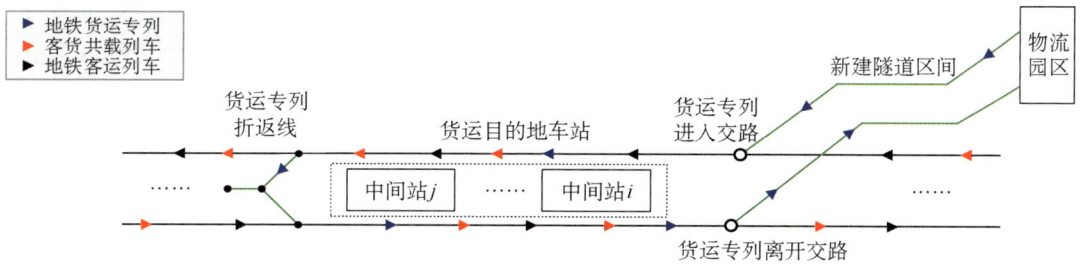

(b) 场景2:货运专列大小交路行车

图 7-17 地铁客货联运线路布置思路

3. 地铁车站物流空间

1) 地铁车站空间

地铁车站通常由公共区、设备区和轨行区三个基本区域组成。车站公共区是指乘客在进出车站及乘车过程中可能途径的全部区域,按照空间层级划分为乘客站厅区域和乘客站台区域,其中,乘客站厅分为付费区和非付费区,通过闸机和玻璃栏杆所隔开。在客流较小的站点,付费区通常位于站厅的一侧或两侧,设置楼梯、升降电梯或自动扶梯,与站台连接;非付费包含通往车站出入口的通道以及其他公共设施(如自动售票机、安检机、ATM 等)。地铁车站的站台按照布局方式可分为岛式、侧式和岛侧混合式等,站台公共区域包含各类电梯、乘客候车月台以及公共厕所。

地铁车站设备区包含办公生活区、智慧系统区和机电设备区三个功能分区,支持车站的日常运维与管理。办公生活区为站务、警务、安检、维保等工作提供配套房间;智慧系区主要是车站控制室、通信、信号等弱电系统用房的集中布置区域;机电设备区主要是常规机电类低压、环控、给排水、门梯、供电等设备房和备品房。车站轨行区一般指代站台层的轨道区域,邻接乘客月台,并于站台设备区通过混凝土墙分割。图 7-18 所示为国内某地铁中间车站的空间分区[8],地下两层车站面积约为 6 200 m²,其中,岛式站台的有效长度为 186 m,各区域的面积占比为:公共区约 38%、设备区约 52%、轨行区约 10%。在实际工程中,设备区的布置是十分灵活的,既可以与站台或站厅同层布置,也可以设置额外的设备中间层。

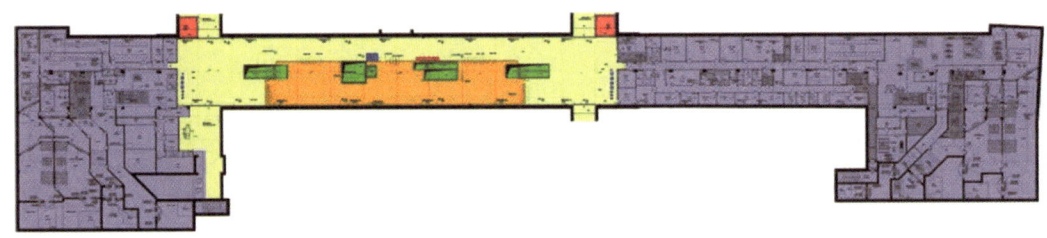

(a) 站厅层空间

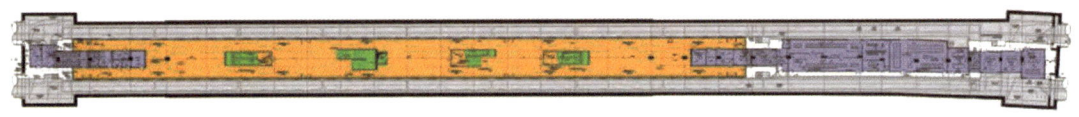

(b) 站台层空间

■ 车站设备区　■ 车站公共区(非付费区)　■ 车站公共区(付费区)　■ 车站轨行区

图 7-18　某地铁中间车站空间分区示意

针对此类标准布局的地铁中间车站,存在如下三种车站物流空间构造思路,如图 7-19 所示。

思路 1 依托车站站台层空间完成站内物流作业。在岛式车站的基础上,通过延伸乘客站台形成物流作业区,同时,沿两侧方向拓展站台,形成额外的作业区域。这些区域一方面为地铁货运专列提供装卸站台;另一方面,通过配备物流功能模块和搬运设备对到站货物进行处理。在思路 1 的例子中,物流作业区 1 和 3 与胶囊管道衔接,处理完毕的货物可直接通过管道进行末端地下配送。对于需要发送至地面的货物,则通过 B2 站台层的竖井提升至与乘客站厅同层的货物调度平台,再利用竖井将货物提升至地面,转移至地铁出入口附近的货亭,等待客户提取。

思路 2 的物流作业在站厅层完成,货物站台设置较小面积,仅用于列车停靠和装卸。货物卸载后会立即提升至客运站厅一侧的物流作业区(也称为货运站厅)进行集中处理,利用竖井将货物提升至地面货亭或通过管道向外发出。

思路 3 将货物的处理过程放在地面完成,地下车站仅作较小幅度的改动,为到站货物提供必要的装卸、搬运和调度空间即可。地面货亭充当了配送网点的功能,末端配送主要通过地面方式(如快递员、无人机等)完成。

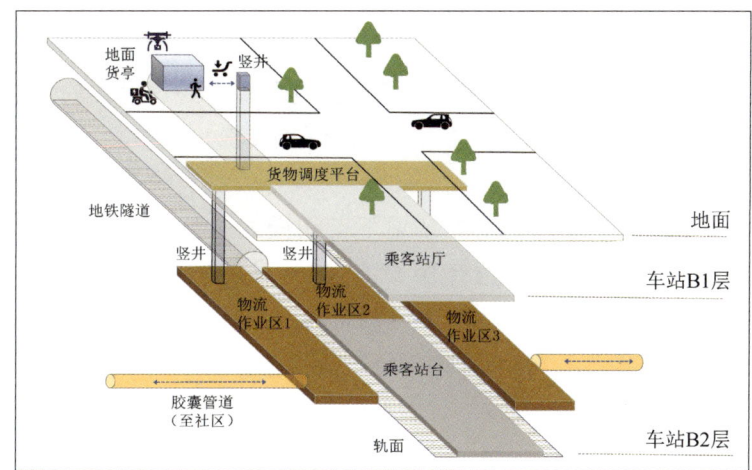
(a) 思路1：利用站台层空间构建物流作业区域

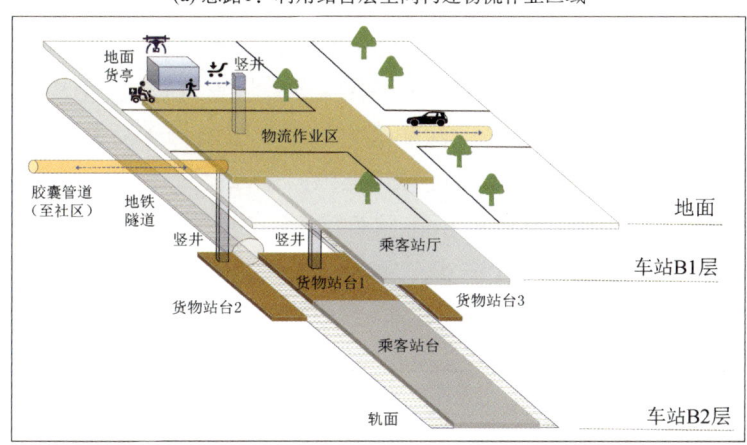
(b) 思路2：利用站厅层空间构建物流作业区域

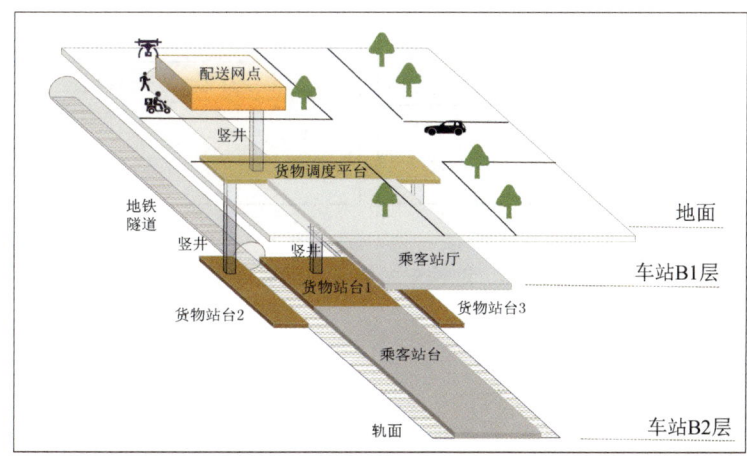
(c) 思路3：物流作业在地面完成

图7-19 地铁车站物流空间的构造思路

上述三种思路的区别之处在于货物的主要处理过程放在哪一层进行。在思路1中，物流作业区被轨道分割，为了实现对上、下行方向到达货物的同步处理，需要构建三个独立的物流作业区，并且配备三套完整的物流作业设备。因此，思路1需要更大的地下空间，车站造价也较高。该思路的优点是能够实现货物装卸与处理过程的无缝衔接，避免了站内垂直搬运，货物的流通效率更高，能够适应高频次流量。

思路2的布置方式更加灵活，站厅层和站台层均可得到有效利用，有利于提升地下空间的开发利用率。该思路的缺点是对车站地下空间规划的要求较高，地铁站厅普遍位于地下5~15 m深处，若在站厅层平行布置物流空间，可能导致地铁车站与市政管线（浅埋）或其他临街地下设施之间产生冲突，也可能对同层地铁设备布置造成影响。

思路3的优势在于建设成本和建造难度较低，车站物流空间仅提供中转功能。然而，该思路依赖车站周边用地构建配送网点，因此更加适用于车站地下空间不足或者车站货物流量不大时的情况。

2) 地铁车站的界限

地铁车站物流空间设计需要考虑地铁设施的界限。相关标准规定，地下车站与隧道周边外侧50 m内以及地铁车站出入口、通风亭、冷却塔、直升电梯、主变电所等建筑物结构外边线外侧10 m内为地铁保护区。保护区内的地上建筑物必须退让，以确保地铁设施安全。地铁车站的主体结构通常不会越过道路红线，即车站地下建筑完全位于道路之下。然而，在加入物流空间之后，车站的面积将显著增大。为了避免车站结构超过道路界限，需要将车站两侧的拓展区域控制在一定范围内。如图7-20所示，主要考虑沿道路方向（即地铁线路方向）对地铁车站建筑进行延伸，形成独立于传统车站空间的物流作业区。

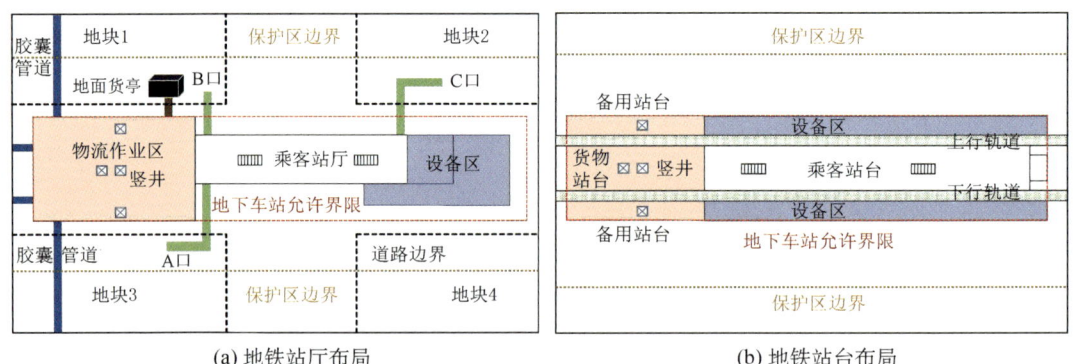

(a) 地铁站厅布局　　　　　　　　　(b) 地铁站台布局

图7-20　地铁车站物流空间界限示意

7.2.2　货运能力分析

地铁-地下物流共建网络能力主要取决于轨道交通线网对货物的运输能力及车站物流处理能力。定义如下变量：

（1）$cap_n^{线路}$：地铁线路n每日所能接受从前端配送中心输入的最大货物量。

(2) $cap_r^{作业}$:客货共享车站 r 每日所能接收并处理的最大货物量。

(3) $cap_m^{转运}$:换乘车站 m 每日所能处理的最大货物转运量。

地铁系统在一个标准运营日内的货运能力(CAP)可表示如下：

$$CAP = \min\left\{\sum_n cap_n^{线路}, \sum_r cap_r^{作业}, \sum_m cap_m^{转运}\right\} \quad (7-4)$$

地铁车站的物流作业能力和转运能力由所设计的车站物流空间大小、站内各式物流搬运装备配置套数及性能参数共同决定。根据上述地铁车站的概念，任意车站能力 $cap^{作业}$ 和 $cap^{转运}$ 可近似根据式(7-5)和式(7-6)进行计算。

$$\begin{aligned} cap^{作业} &= \min\left\{\sum_i \omega_i^{搬运} \cdot \beta_i^{搬运}, \sum_j \omega_j^{堆垛} \cdot \beta_j^{堆垛}, \sum_k \omega_k^{拆检} \cdot \beta_k^{拆检}, \sum_p \omega_p^{组配} \cdot \beta_p^{组配}\right\} \\ \text{s.t.} \quad & \mu^{搬运} + \mu^{堆垛} + \mu^{拆检} + \mu^{组配} + \mu^{其他} \leqslant Q \end{aligned} \quad (7-5)$$

$$\begin{aligned} cap^{转运} &= \min\left\{\sum_i \omega_i^{搬运} \cdot \beta_i^{搬运}, \sum_j \omega_j^{堆垛} \cdot \beta_j^{堆垛}\right\} \\ \text{s.t.} \quad & \mu^{搬运} + \mu^{堆垛} + \mu^{其他} \leqslant Q \end{aligned} \quad (7-6)$$

以上式中，$\omega_i^{搬运}$，$\omega_j^{堆垛}$，$\omega_k^{拆检}$，$\omega_p^{组配}$ 分别表示市场面向地铁货运系统所能提供的第 i 类车站搬运设备(如传送带、竖井等)、第 j 类车站堆垛设备(如货架、立体仓储系统等)、第 k 类站内拆分设备(如拆箱装置、分拣装置等)和第 p 类车站组配设备(如地面货梯、胶囊管道接口等)的单套设备货物处理能力；$\beta_i^{搬运}$，$\beta_j^{堆垛}$，$\beta_k^{拆检}$，$\beta_p^{组配}$ 均为二元决策变量，当车站配备相应类型的相应设备时取值为 1，否则为 0；$\mu^{搬运}$，$\mu^{堆垛}$，$\mu^{拆检}$，$\mu^{组配}$，$\mu^{其他}$ 为指示变量，分别表示车站搬运区域、堆垛区域、拆检区域、组配区域及剩余其他区域的面积；Q 表示车站物流空间总设计面积。

由于新建地铁车站的设计较为灵活，物流作业能力和转运能力易在一定建设预算下通过工程途径予以满足和控制，故认为这两项能力不会成为共建网络能力的主要制约因素。然而，线路货物通行能力受到原地铁运行计划及线路配车数量的显著影响。在客运方案已确定并完全杜绝货运组织对客运计划影响的前提下，本节提出地铁线路货运通行能力的计算方法，具体如下。

考虑在一条已有客运服务计划的地铁线路上同时实现客货共载与货运专列两种运输模式，则货运通行能力 $cap^{线路}$ 表示为线路上所有共载列车提供的货运能力($cap^{共载}$)与所有专列($cap^{专列}$)提供的通行能力之和，即

$$cap^{线路} = cap^{共载} + cap^{专列} \quad (7-7)$$

当将计划在该线路上运行的所有客运列车替换为共载列车时，达到共载模式所能提供的最大货运通行能力，即

$$cap^{共载} = N_{客运} \times \delta_{共载} \times G \quad (7-8)$$

式中，$N_{客运}$ 为线路每日组织的客运列车服务数量(一次列车服务表示该列车在上、下行终

点站之间往复运行一趟);$\delta_{共载}$为客货共载列车允许配置的货运车厢最大数量;G为单个列车货运车厢的有效容积。

专列模式下的线路货物通行能力首先需要计算在一个标准运营日内能够向线路添加的货运专列服务的最大数量。设地铁运行的最小允许车头时距为 $T_{\min}$;$\tau(s,s+1)$表示原客运列车服务 s 与紧后服务 $s+1$ 之间的发车间隔(行车期间保持固定);$\alpha(s,s+1)$为指示变量,表示在客运列车服务 s 与服务 $s+1$ 之间可以添加多少个货运专列服务,写为

$$\alpha(s,s+1)=\begin{cases}1, & \text{if } \tau(s,s+1)\in[2T_{\min},3T_{\min}]\\ 2, & \text{if } \tau(s,s+1)\in[3T_{\min},4T_{\min}]\\ \cdots\cdots\\ x, & \text{if } \tau(s,s+1)\in[(x+1)T_{\min},(x+2)T_{\min}]\end{cases} \quad (7-9)$$

地铁客运服务结束之后,在地铁日常必要维护时间得到满足的前提下,线路可继续提供货运专列服务。设 t_{service} 为当日末班客运列车服务开始时间与下一日首班客运列车服务开始时间的间隔,$\bar{t}$ 为每日所需检修维护时长,则该时段内线路上所能指派的货运专列最大服务数量 U 可写为

$$U=\left[\frac{t_{\text{service}}-T_{\min}-\eta-\bar{t}}{T_{\min}}\right]^{-} \quad (7-10)$$

式中,η 表示任意地铁列车沿线往返运行一趟所需的时间(视为固定值);$[\cdot]^{-}$为向下取整运算符。

综合客运营运期和停运期间内线路上可添加的最大专列服务数量,得出专列模式下地铁线路的货物通行能力为

$$cap_{专列}=\left[\sum_{s=1}^{S-1}\alpha(s,s+1)+U\right]\cdot\delta_{专列}\cdot G \quad (7-11)$$

式中,s 为地铁客运末班服务索引;$\delta_{专列}$为货运专列允许配置的货运车厢最大数量。

以南京地铁 1 号线、北京地铁 6 号线、北京地铁 10 号线和南京地铁 S1 机场线为例,获取地铁建设运行现状数据,代入上述计算方法求得这些线路的货物通行能力。算例参数与计算结果如表 7-3 所示。

表 7-3　　　　　　　　国内地铁线路货物通行能力比较

地铁案例	南京地铁1号线	北京地铁6号线	北京地铁10号线	南京地铁S1机场线
线路形式	径向	径向	环线	径向
线路长度/km	45.4	52.9	57.1	37.3
设站数	32	35	45	9

(续表)

地铁案例	南京地铁 1号线	北京地铁 6号线	北京地铁 10号线	南京地铁 S1机场线
每日客运列车服务数量估计值	248-往返	265-往返	250-内环 250-外环	164-往返
列车全程通行时长/min	152-往返	155-往返	104-圈	84-往返
首班车发出时刻(下行)	05:30	05:06	04:37	06:00
末班车发出时刻(下行)	23:24	22:24	22:31	22:40
共载模式货运能力/($m^3 \cdot d^{-1}$)	24 800	26 500	50 000	16 400
专列模式货运能力/($m^3 \cdot d^{-1}$)	37 200	31 500	43 200	47 100
线路总货运能力/($m^3 \cdot d^{-1}$)	62 000	58 000	93 200	63 500

注：原地铁列车均替换为带两节货运车厢的共载列车，货运专列默认为6节，货运车厢尺寸为 15 m×2.8 m× 2.5 m，有效容积为 50 m^3，列车运行最小车头时距为 2 min，线路每日检修维护时长为 2 h。

计算结果显示，饱和运行状态下的地铁环线的货运能力相比径向线路具有明显优势，这是由于环线内外双轨均可分担外部输入的货流，而径向线路通常仅一端终点站有货流输入，致使货运专列返程时部分区间为空载状态，造成运力浪费。对比南京地铁1号线和S1机场线可以看出，当地铁线路的原客运列车服务更繁忙时，共载模式提供的线路货运能力更高，然而，线路上可添加的货运专列服务数量将相应减少，最终可能导致线路的总货运能力不如那些客运服务较少的线路。通过比较更多的国内地铁案例发现，饱和运输状态下的单条地铁线路的货物极限运力一般在 5 万~10 万 m^3/d。需要指出的是，以上公式仅用于宏观估计地铁线路的货运供需水平，在实际操作层面，线路设站数、列车通行时长、配车数量、客运时刻表及列车编组均会不同程度地影响这一表现。

7.3 地铁-地下物流共建网络结构优化设计研究

新区地下物流网络规划要求对一种或多种网络形式中的节点、通道等设施进行选址，指定每类设施的服务范围及上下游衔接关系，确定货运流量的地下运输路径。鉴于地下物流网络属于城市基础设施，建成后不可变更，相关决策也被称为战略层面决策(Strategic-level Decision-making)。地下物流网络设计问题属于多式联运物流网络设计问题的一种特殊形式。

本节主要介绍 Hu 等[2]关于"地铁与地下物流共建网络结构设计问题"开展的研究工作，以及相关建模优化方法在北京城市副中心地下物流网络规划案例中的应用效果。

7.3.1 问题描述

1. 网络规划决策分析

图 7-21 刻画了一种包含地铁客货联运线路与胶囊货运管道的地铁-地下物流共建网

络结构。其中,胶囊管道表现为依附于地铁车站的局部网络,可按照树状、环状等形式进行布局。

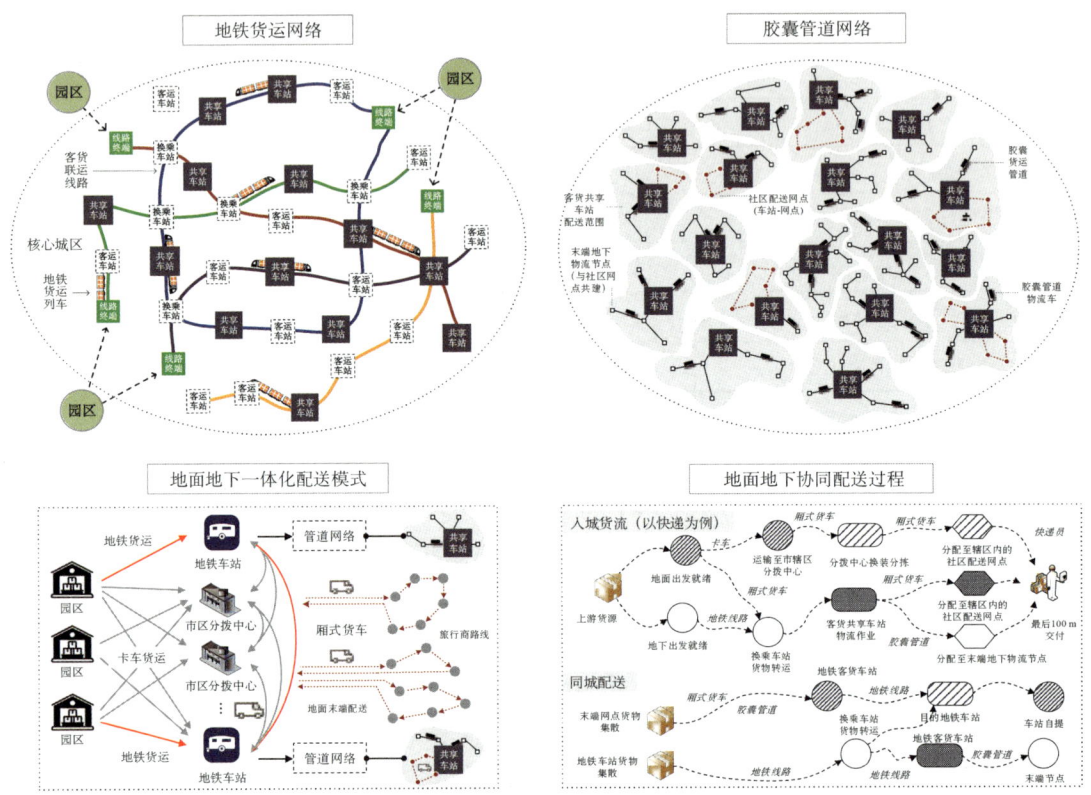

图 7-21 地铁-地下物流共建网络示意

地铁-地下物流共建网络结构设计要求在有限资源投入下利用既有地铁线网合理布设节点及通道设施,确定地面-地下货物运输比例,制定货物运输路线,达到提升新区物流配送效能的目的。网络规划旨在制定并优化如下 5 类决策。

(1) 运输模式选择:对于从前端配送中心发往社区网点的货运需求,在一定的地下物流网络规模下,决定是否将其放入地下进行运输或继续通过道路运输,进而确定在哪些网点位置建立末端地下物流节点。

(2) 车站选址:选择一定数量的地铁车站建设为客货共享车站。

(3) 节点归属:针对每个客货共享车站,确定附属于该车站的末端地下物流节点。

(4) 管道布局:沿城市道路设置胶囊管道,连通客货共享车站与其附属的末端地下物流节点,确定管道的安装位置与连接形式。

(5) 运输路径:确定货物在地铁网络和管道网络中的运输路径。

2. 建模原则与假设

1) 网络成本与规模

地铁-地下物流共建网络成本主要包括胶囊货运管道、客货共享车站、末端地下物流节点等地下设施的建设成本以及货物地下运输成本、转运操作成本和库存成本等。因地下工程造价昂贵、地铁自身运维成本高,有必要将地下物流网络设置费用控制在一定预算内,这要求以实现系统预期功效为前提进行网络规划。设定引入地下物流系统后,城市道路货运交通量(定义为货物量×货物沿路网的运输距离)与原先交通量相比必须降低一定的比例,这一比例称为"运输模式转移率",由决策者设定。如40%~50%的运输模式转移率意味着不低于40%且不超过50%的道路货运交通量被地下物流系统吸收。

2) 地下空间约束

新区地下空间开发要求合理预留近、中、远期地下空间资源用于各类地下设施建设,避免布局冲突。胶囊货运管道是地下物流网络的重要组成部分,考虑到节约地下空间,胶囊管道宜沿街道布置,避免与地铁、综合管廊等设施产生竖向冲突。如图7-22所示,胶囊管道必须避让地铁、综合管廊和地下快速路主体结构及保护区。

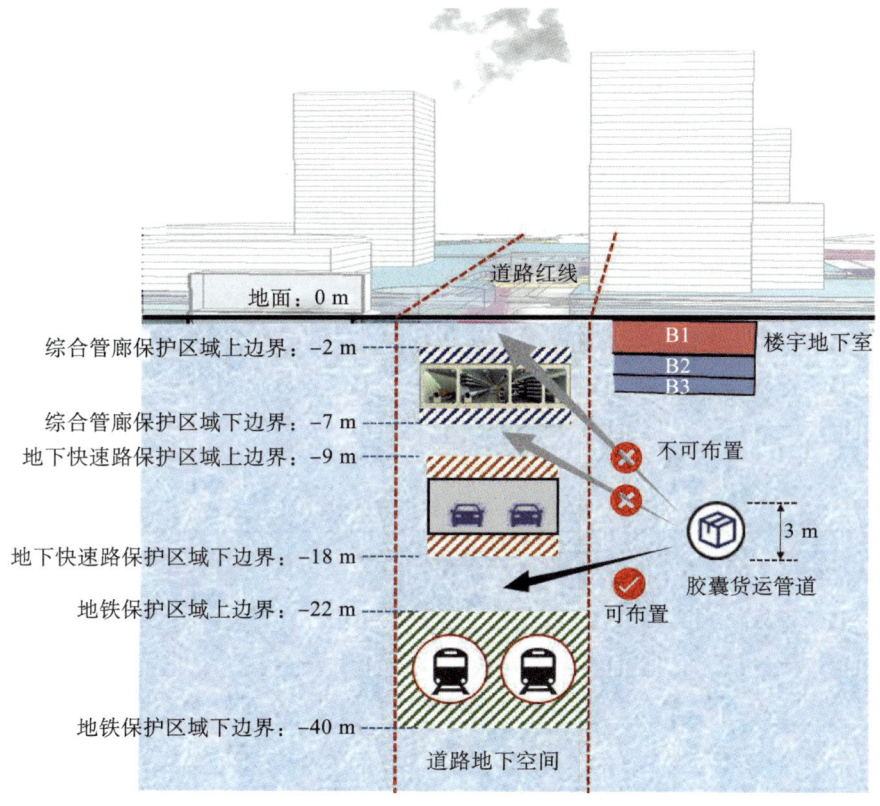

图7-22 地下空间对物流管道的布局约束示意

3) 地下设施容量限制

地铁-地下物流共建网络中各类地下设施的货运能力受到限制。主要考虑5类容量约束,分别为地铁车站货物作业能力、地铁车站货物库存能力、换乘车站货物转运能力、胶囊管道货物运输能力和地铁线路货物运输能力。当单条胶囊管道无法承担所属路段全部地下货运需求时,允许在该路段下方水平布置多条管道对货物进行分流。

4) 建模假设

地铁-地下物流共建网络结构优化设计问题建模应遵循如下假设。

假设 1:胶囊管道网络按照"单分配树状"拓扑进行布局,即每个末端地下物流节点仅归属唯一的客货共享车站,不同车站的末端节点之间不可由管道连接。

假设 2:所有地铁换乘车站默认支持货物转运,模型中的各类成本和容量参数固定不变。地面运输方式下,默认卡车总是沿路网最短路径运输货物。

假设 3:社区配送网点之间的货运需求不被纳入建模范畴。与入城货物相比,本地货物流通体量较少,故认为不会对网络结构产生显著影响。

假设 4:须由地下运输的货物流量以及网络建设运行的各项成本已知,同一起讫点的货流在地下网络中的运输路径始终一致。

7.3.2 地下物流外部效益计算模型

地下物流系统具有半公共项目性质,其效益分为内部效益和外部效益[9]。内部效益是指在项目生命周期运营产生的直接经济收益,外部效益是指项目经营以外的效益,包括间接经济效益、环境效益、社会效益和防灾效益等[10]。城市地下物流外部效益定义为将货物运输转入地下后为城市带来的经济增长、生态环境改善、交通效能提升、土地空间拓展和防灾减灾等方面的好处的复合结果。科学评估地下物流综合效益对于系统规划和实施具有深远意义。

根据国内外文献对地下物流效益的定性讨论,通过词频分析识别出 13 项地下物流外部效益,将其归类为流通经济效益、环境效益、交通效益、空间拓展效益和应急效益 5 个类别,如表 7-4 所示。

表 7-4　　　　　　　　城市地下物流外部效益构成

类别	符号	子效益	货币化指标
流通经济效益(B_1)	B_{11}	物流配送效率提升	货物时间价值
	B_{12}	破解货物入城限制	货物时间价值
	B_{13}	运输规模经济	劳动力和运营成本
环境效益(B_2)	B_{21}	减少污染物排放	空气治理成本
	B_{22}	减少噪声污染	降噪设施成本
	B_{23}	节约不可再生能源	能源替代成本
交通效益(B_3)	B_{31}	提升道路交通容量和流动性	出行时间价值
	B_{32}	增强交通安全	交通事故损失
	B_{33}	降低道路维护成本	道路维护成本

（续表）

类别	符号	子效益	货币化指标
空间拓展效益(B_4)	B_{41}	节约土地资源	土地开发机会价值
	B_{42}	TOD效能提升与物业增值	物业开发价值
应急效益(B_5)	B_{51}	提高城市适灾与应急供应能力	货物时间价值/生命财产价值
	B_{52}	突发公共卫生事件期间提供非接触式配送	货物时间价值/医疗成本/生命财产价值

服务替代成本法（Service Replacement Cost Method，SRCM）是一种估算地下设施开发及其转型策略价值的方法，能够更直观地刻画系统开发投入（即重置成本）与正外部性（即替代品有益性能）之间的定量关系。基于SRCM方法表示的地下物流外部效益货币价值如式(7-12)所示，将前端配送中心$s \in S$与社区网点$j \in J$之间流通的任意货物流量d_{sj}转移至地下所产生的外部效益货币价值L_{sj}可由13类子效益（即B_{11}至B_{52}）的货币价值之和来表示。

$$L_{sj} = \sum_{x=1}^{15} u_{sj}(x) = \sum_{x=1}^{15} \Delta V_{sj}(x) \cdot O_{sj}(x) \cdot \left(\frac{1+M}{1+m}\right) \quad \forall s \in S, j \in J \quad (7\text{-}12)$$

式中，$u_{sj}(x)$表示第x个子效益的货币价值；ΔV_{sj}表示流量地下化新创造的价值；O_{sj}为货币化指标；m为社会贴现率；M为效益指标的平均年增长率。

1. 流通经济效益

1）物流配送效率提升效益(B_{11})

城市配送效率提升是地下物流系统最显著的效益之一，相比于道路卡车运输的"走走停停"，地下物流系统在运输速度和准时性方面具有明显优势，能够提升城市配送阶段的商品经济循环效率。尽管当前物流设施（如配送中心等）已大多实现了自动化，但厂房内部的搬运工作仍普遍依赖人工。相比之下，地下物流系统集成高度自动化物流功能模块与专用设备，有利于提高节点货物流通效率，缩短货物停留时间。B_{11}效益的货币价值$u_{sj}(1)$如式(7-13)所示。

$$u_{sj}(1) = GTV \cdot d_{sj} \cdot (RT_{sj} - MT_{sj} + THT - UHT) \quad (7\text{-}13)$$

式中，GTV表示货物平均时间价值；RT_{sj}和MT_{sj}分别表示传统道路模式和地下物流模式下，货物从前端配送中心s运输至社区网点j的时间；THT和UHT分别表示单位货物在传统配送中心和地下物流节点的平均处理时间。

2）破解货物入城限制效益(B_{12})

全球大型城市普遍采取强制管制措施对高峰时段卡车进入城市进行限制。其他监管政策（如卡车规格限制、拥堵收费、低排放区域、装卸停车限制区等）也大大阻碍了"最后一公里"配送效率。地下物流系统为进出城货物白天不间断运输提供载体，有利于提高运输时空经济，增强城市流通经济。B_{12}效益的货币价值记为$u_{sj}(2)$，如式(7-14)所示。

$$u_{sj}(2) = \begin{cases} GTV \cdot (ETW_j - RFDT_{sj}) \cdot d_{sj}, & \forall BTW_j \leqslant RFDT_{sj} \leqslant ETW_j, \\ 0, & 其他 \end{cases}$$

(7-14)

式中，$RFDT_{sj}$ 表示货流 d_{sj} 开始运输的时刻；BTW_j 和 ETW_j 分别为社区网点 j 所在区域的卡车禁行开始时间与结束时间。

3) 运输规模经济效益（B_{13}）

规模经济是指伴随业务整合和产业规模增大而产生的成本、效率和可持续性改善现象。对于物流市场主体，地下物流系统使得货运劳动力、固定资产投资、车队租赁、燃料等方面的支出降低，促进日常货物供配和组织标准化，从而导致社会物流成本整体降低。此外，地下物流与地铁协同建设在弥合物流设施外迁与日益增长的物流需求冲突方面将发挥重要作用。将减少的人工费用和节省的配送成本作为 B_{21} 效益的货币价值 $u_{sj}(3)$，如式(7-15)所示。

$$u_{sj}(3) = d_{sj} \cdot \left(\frac{SAL}{RW} + \frac{TTD_{sj} \cdot RC}{l_{\text{vehicle}}} \right) - \frac{MTC}{2l_{\text{train}}} \sum_{v \in V} D_v \cdot \eta_{sjv} \quad (7-15)$$

式中，SAL 表示城市物流从业人员（如卡车司机和快递员）的平均工资；RW 表示物流从业人员的日均工作量；TTD_{sj} 表示卡车从配送中心 s 至社区网点 j 的路网平均行驶距离；l_{vehicle} 和 l_{train} 分别表示卡车与地下物流车辆的平均载重；MTC 表示地下物流车辆运营成本；D_v 表示任意地下物流通道区间 $v \in V$ 的长度；η_{sjv} 为二元决策变量，当货流 d_{sj} 经历地下物流通道区间 $v \in V$ 时，取值为 1，否则为 0。

2. 环境效益

1) 污染物减排效益（B_{21}）

重型卡车与轻型货车占据城市交通总量的 10%～20%，但造成了城市地区近一半的交通污染物排放。地下物流系统在污染物减排方面的效益根据恢复城市空气质量投入的治理成本来计算。地下物流系统主要采用电能驱动，在效益计算中，还需考虑系统供电和能源转换过程中的温室气体排放，从货币化价值中扣除相关碳处理成本。货车尾气主要包含 6 种有害物，即一氧化碳（CO）、二氧化碳（CO_2）、碳氢化合物（HC）、氮氧化物（NO_x）、颗粒物（PM）和二氧化硫（SO_2）。根据 MOVES 模型[11]得出货车产生的第 k 种污染物的排放系数，将其定义为 PEC_k（g/km）。B_{21} 效益的货币价值记为 $u_{sj}(4)$，如式(7-16)所示。

$$u_{sj}(4) = 2(1 - EVR) \cdot TTD_{sj} \cdot \frac{d_{sj}}{l_{\text{vehicle}}} \cdot \sum_{k=1}^{6} PEC_k \cdot TC_k -$$
$$0.5 MEC \cdot MPE \cdot TC_{CO_2} \cdot N_{CO_2} \cdot \sum_{v \in V} d_{sj} \cdot l_{\text{train}} \cdot D_v \cdot \eta_{sjv} \quad (7-16)$$

式中，TC_k 为第 k 种污染物的处理费用（元/g）；EVR 代表新能源货车的使用率；MEC 代表地下物流系统的平均能耗系数[(kW·h)/(km/辆)]；MPE 代表地下物流系统供电效率；N_{CO_2} 为地下物流供电产生的 CO_2 排放负荷[g/(kW·h)]。

2) 噪声污染减少效益(B_{22})

随着货车数量的减少，城市交通噪声对生活环境的负面影响将相应减少。根据为消除卡车等效噪声排放而建造的封闭式隔音屏障(ENB)资金投入来衡量地下物流的降噪效益。假设 ENB 在其使用寿命结束时被拆除，B_{22} 效益的货币价值表示为 $u_{sj}(5)$，如式(7-17)所示。

$$u_{sj}(5) = \frac{CB}{DP} \cdot \frac{d_{sj} \cdot DBT \cdot RT_{sj} \cdot AVR}{l_{\text{vehicle}} \cdot DBC \cdot ARTI} \tag{7-17}$$

式中，CB 表示 ENB 的建造成本；DP 表示 ENB 的使用寿命；DBT 和 DBC 分别表示卡车和私家车的噪声平均系数；AVR 和 $ARTI$ 表示城市主要街道在高峰时段的平均速度和平均交通强度。

3) 不可再生能源节约效益(B_{23})

清洁能源(如光伏发电和风力发电等)相对于不可再生能源(如石油等)具有明显的经济优势。地下物流系统减少了货运对汽油和柴油的依赖，使得油价上涨或原油供应短缺风险降低。B_{23} 效益的货币价值表示为 $u_{sj}(6)$，如式(7-18)所示。

$$u_{sj}(6) = \frac{EMF \cdot (PP + OP)}{l_{\text{vehicle}}} \cdot d_{sj} \cdot TTD_{sj} - \frac{MEC \cdot CEP}{2l_{\text{train}}} \cdot \sum_{v \in V} d_{sj} \cdot D_v \cdot \eta_{sjv} \tag{7-18}$$

式中，EMF 表示卡车的平均燃料消耗系数；PP 和 OP 分别表示汽油的平均价格和使用机会成本；CEP 表示地下物流清洁能源(电能)的价格。

3. 交通效益

1) 道路交通容量与流动性提升效益(B_{31})

地下物流系统能够释放被卡车占用的城市道路资源，达到改善交通流动性的目的。地下物流的拥堵缓解效益根据乘客出行时间价值和伴随货物向地下转移而扩大的道路运力进行估算。估算步骤如下：

(1) 基于高德地图 API 数据库获取某一时段内的城市任意路段 m 的实时车行速度 RV_m。

(2) 采用美国联邦公路管理局提出的 BPR 函数估算路段 m 的峰值交通强度，定义为 TI_m(pcu/h)，如式(7-19)所示。

$$TI_m = CC_m \cdot \rho_2 \sqrt{\frac{L_m}{\rho_1 \cdot RV_m \cdot FT_m} - \frac{1}{\rho_1}} \tag{7-19}$$

式中，L_m 为路段 m 的长度；FT_m 为通过路段 m 的自由行驶时间；CC_m 为路段 m 的实际运输能力(由道路基础设施设计标准规定)；ρ_1 和 ρ_2 为自定义参数。

(3) 计算执行货流 d_{sj} 运输任务的卡车通过路段 m 时对应的等效单位车数量

PCU_{sjm}，计算方法如式(7-20)所示。

$$PCU_{sjm} = CF \cdot TI_m \cdot \frac{d_{sj} \cdot L_m}{l_{\text{vehicle}} \cdot RV_m} \cdot \zeta_{sjm} \tag{7-20}$$

式中，CF 为卡车与私家车之间的拥堵影响转换系数；ζ_{sjm} 为二元决策变量，当 d_{sj} 通过路段 m 时，取值为 1，否则为 0。

(4) 利用式(7-21)得到将该流量从地面转入地下后，途经道路的拥堵经济损失减少量，表示为 $u_{sj}(7)$。

$$u_{sj}(7) = \frac{PCI}{8} \cdot NP \cdot \sum_{m \in M} PCU_{sjm} \tag{7-21}$$

式中，PCI 为城市人均 GDP(元/d)；NP 为私家车平均载客量。

2) 交通安全提升效益(B_{32})

卡车是造成城市交通事故的主要原因之一。将城市干线货运过程和人工末端配送过程转入地下，可适当改善交通安全性，此类效益根据因货运交通事故导致的医疗成本、生命剥夺成本以及事故受损货物价值进行估计。将年度货运交通事故经济损失均摊至任意细分货流 d_{sj} 来计算 B_{32} 效益的货币价值 $u_{sj}(8)$，如式(7-22)所示。

$$u_{sj}(8) = \frac{d_{sj} \cdot TTD_{sj}}{TFD \cdot ATTD} \cdot \frac{ACL}{365} \tag{7-22}$$

式中，TFD 表示城市物流配送日均业务量；$ATTD$ 表示城市地区卡车日均行驶距离；ACL 表示与卡车有关的城市年交通事故经济损失。

3) 减少道路维护成本效益(B_{33})

道路基础设施维护的高成本是发展地下物流系统的驱动力。地下货运降低了重型卡车对道路的损害，有利于减少道路维护支出。另外，地下物流系统基于轨道制式，载重能力高，使用寿命长，将货运转入地下可提升城市交通运维的边际效用。B_{33} 效益的货币价值表示为 $u_{sj}(9)$，如式(7-23)所示。

$$u_{sj}(9) = \frac{d_{sj} \cdot TTD_{sj} \cdot TAW}{PCO \cdot CTR \cdot ATCD \cdot PCAW \cdot l_{\text{vehicle}} + TAW \cdot \sum_{s \in S} \sum_{j \in J} d_{sj} \cdot TTD_{sj}} \cdot \frac{RMC}{365} \tag{7-23}$$

式中，TAW 和 $PCAW$ 分别表示货运车辆和私家车的平均质量；PCO 表示城市私家车的总持有量；CTR 表示私家车的日均出行频次；$ATCD$ 表示私家车的日均行驶距离；RMC 表示城市道路基础设施的年维护费用。

4. 空间拓展效益

1) 土地资源节约效益(B_{41})

城市物流节点设施占据城区土地面积的 5%~10%，地面配送活动大量挤占街道空间,破坏了城市风貌。建设地下物流系统对于沿线土地资源节约和土地增值具有积极意义,基于地下物流系统的地面地下一体化空间开发为城市更新提供了契机。利用式(7-24)计算 B_{41} 效益的货币价值 $u_{sj}(10)$。

$$u_{sj}(10) = \frac{d_{sj}}{365} \cdot FA_j \cdot LP_j \cdot \sum_{s \in S} \frac{1}{d_{sj}} \tag{7-24}$$

式中,FA_j 为社区配送网点 j 的建筑面积(m^2);LP_j 为网点 j 周边土地开发的机会收益[元/($m^2 \cdot$ 年)]。

2) TOD效能提升与物业增值效益(B_{42})

基于地铁的地下物流系统将客流与货流同步整合至地下空间,带动车站周边商业聚集,地铁车站物流空间拓展对于轨道交通沿线周边物业开发至关重要。在地下物流的影响下,公共轨道交通出行的吸引力有望提升,促进城市 TOD 发展绩效。B_{42} 效益通过地下物流节点周边物业价值进行估算,如式(7-25)所示。

$$u_{sj}(11) = \frac{IPS}{365 \cdot GZ} \cdot \sum_{i \in N} d_{sj} \cdot X_{ij} \cdot USPV_i \tag{7-25}$$

式中,IPS 表示单位地下物流业务量带来的节点物业规模增量;$USPV_i$ 表示地下物流节点 i 周边物业平均价值;GZ 表示地下物流基础设施折旧年限;X_{ij} 为二元决策变量,定义见表7-5。

5. 应急供应效益

1) 城市适灾与应急供配能力提升效益(B_{51})

道路运输易受极端气候、地震等自然灾害的影响,服务中断会造成严重的经济损失。得益于地下系统的封闭性和地下基础设施的保护性,地下物流系统具有抵御自然灾害和一般军事打击的能力,可作为城市地下生命线系统进行部署。当城市进入应急状态时,地下物流能够迅速向受灾片区发放救援物资。此外,地下节点空间可用于应急物资储存以及战时、灾时避难所,在确保生命安全的同时争取更多的疏散救援时间。地下物流系统的防灾效益可由式(7-26)计算。

$$u_{sj}(12) = \frac{d_{sj}}{365} \left(VES \cdot NDC \cdot \frac{NPS_j}{POP} \cdot \sum_{s \in S} \frac{DRT_{sj} - MT_{sj}}{d_{sj}} + \frac{CLD \cdot ARD \cdot MFA}{NPSA \cdot MCAD} \right) \tag{7-26}$$

式中,VES 表示救灾物资的时间价值[元/(包裹 $\cdot$ min)];DRT_{sj} 表示灾时货流 d_{sj} 的道路运输时长;NPS_j 表示社区配送网点 j 覆盖的居民数量;NDC 表示各类自然灾害的年伤亡人数;POP 表示城市人口;CLD 表示死亡赔偿费用(元/人);ARD 表示城市遭空袭平均死亡率;MFA 表示地下物流节点战时仓储空间占用系数(m^2/包裹);$NPSA$ 表示地下物流节点人防设计容量(m^2/人);$MCAD$ 表示地下物流人防设施寿命(年)。

2) 突发公共卫生事件期间提供非接触式配送(B_{52})

地下物流系统能够应对大规模公共卫生事件暴发时激增的生活及防疫物资供应需求。一方面,地下物流系统能够解决突发公共卫生事件期间的城市物流困境,如末端运力短缺、卡车司机招募难、配货延误及因检疫导致的配送中断等。另一方面,地下物流系统能够实现非接触式配送,有利于降低运输活动的感染风险和病毒传播概率。B_{52} 效益的货币价值表示为 $u_{sj}(13)$,如式(7-27)所示。

$$u_{sj}(13) = \frac{ULD \cdot d_{sj}}{365} \cdot \left[\frac{CRV \cdot NCP \cdot IP \cdot DQ \cdot (PCI + QE)}{RW} + PSTV \cdot (PRT_{sj} - MT_{sj}) \right]$$

(7-27)

式中,ULD 表示突发公共卫生事件期间交通管控的时长;CRV 表示城市物流从业人员的感染比例;NCP 表示物流从业人员的密接频率(人/d);IP 表示与染疫人群密接而被感染的概率;QE 表示医疗隔离费用[元/(人·d)];DQ 表示染疫者平均隔离天数;$PSTV$ 表示突发公共卫生事件期间必要供应物资的时间价值[元/(包裹·min)];PRT_{sj} 表示突发公共卫生事件期间货流 d_{sj} 的道路运输时长。

7.3.3 地铁-地下物流共建网络结构多目标优化模型

1. 建模符号

地铁-地下物流共建网络结构设计问题建模所用的数学符号如表 7-5 所示。

表 7-5 建模符号

	符号	定义
1. 集合	M	城市物流社区配送网点集合,以 j 为索引
	N	地铁车站集合,以 i 为索引
	S	前端配送中心集合,以 s 为索引
	$T \subseteq N$	地铁换乘车站集合,以 k 为索引
	P	任意地铁线路区间(相邻两个车站)集合,以 p 为索引
	G	任意城市道路段集合,以 g 为索引
2. 常量参数	d_{sj}	前端配送中心 s 与社区网点 j 之间的货物需求
	σ_i^{MF}	将地铁车站 i 建为客货共享车站的固定成本
	σ_j^{SN}	在社区网点 j 处建立末端地下物流节点的固定成本
	φ_g	道路段 g 下方建立胶囊管道的固定成本
	ε_{MT}	单位货物在地铁线路上的运输成本
	ε_{SP}	单位货物在胶囊管道中的运输成本
	χ_{TR}	单位货物在换乘车站的地下转运成本
	χ_{MF}	单位货物在地铁车站的物流作业成本
	ζ_{inv}	单位货物在地铁车站的库存成本
	$\kappa_{MF}(\kappa_{SP})$	客货共享车站(胶囊管道)容量冗余惩罚系数

(续表)

	符号	定义
2. 常量参数	$\theta_{MF}(\theta_{SP})$	客货共享车站(胶囊管道)可免于冗余惩罚的最大容量空闲率
	cap'	客货共享车站物流作业能力
	cap''	客货共享车站货物库存能力
	cap'''	地铁换乘车站货物转运能力
	cap_{SP}	单个胶囊管道货物运输能力
	$cap_p^{地铁}$	地铁线路区间 p 的总运力
	$K_p^{客运}$	地铁线路区间 p 的客运量
	$E_p;E_g$	地铁线路区间 p、道路段 g 的欧几里得长度
	$E(i,j)$	地铁车站 i 至社区网点 j 的欧几里得距离
	γ	地下物流基础设施折旧系数
	$\xi_p^{地铁(+)}$	地铁线路保护区域上界标高
	$\xi_p^{管廊(+)}(\xi_p^{管廊(-)})$	综合管廊保护区域上界(下界)标高
	$\xi_p^{快速路(+)}(\xi_p^{快速路(-)})$	地下快速道路保护区域上界(下界)标高
	$\bar{\xi}$	胶囊货运管道外直径
3. 二元决策变量	A_j	1,若社区网点 j 处建立末端地下物流节点;0,否则
	Y_i	1,若地铁车站 i 被建设为客货共享车站;0,否则
	X_{ij}	1,若末端地下物流节点 j 归属于客货共享车站 i;0,否则
	Z_g	1,若在道路段 g 下方建立胶囊管道;0,否则
	W_{sjg}	1,若货流 d_{sj} 通过道路 g 下方的胶囊管道段;0,否则
	U_{sjp}	1,若货流 d_{sj} 通过地铁线路区间 p;0,否则
	V_{sjk}	1,若货流 d_{sj} 在换乘车站 k 处进行地下转运;0,否则
	Q_{sjg}	1,道路运输模式下,若货流 d_{sj} 经历道路段 g;0,否则
4. 其他变量	Ω	情境变量,城市地面交通量转入地下的期望比率
	H_{sij}	指示变量,1,若货流 d_{sj} 在客货共享车站 i 进行处理;0,否则
	$\tau_g^{地铁}$	指示变量,1,若道路段 g 下方存在或规划地铁线路;0,否则
	$\tau_g^{管廊}$	指示变量,1,若道路段 g 下方存在或规划综合管廊;0,否则
	$\tau_g^{快速路}$	指示变量,1,若道路段 g 下方存在或规划地下快速路;0,否则

2. 数学模型

1) 目标函数

(1) 目标函数 1:建设成本。

$$\text{Minimize } F_1 = \gamma \cdot \sum_{i \in N} \sigma_i^{MF} \cdot Y_i + \gamma \cdot \sum_{j \in M} \sigma_j^{SN} \cdot A_j +$$

$$\gamma \cdot \sum_{g \in G} \sum_{s \in S} \sum_{j \in M} \varphi_g \cdot Z_g \cdot E_g \cdot \lceil d_{sj} \cdot W_{sjg}/cap_{SP} \rceil \tag{7-28}$$

目标函数 1(F_1)要求网络中的 4 类地下节点和通道设施建设总成本（折旧值）最小化。式(7-28)的第一项表示所有客货共享车站的固定建设成本；第二项表示将社区配送网点建设为末端地下物流节点的总成本；第三项为胶囊管道网络建设成本，其中，须建立的胶囊管道区间段数根据管道通行能力和该区间实际通过的货流大小计算，运算符$\lceil x \rceil$表示 x 的邻近上位整数。

(2) 目标函数 2：运行成本。

$$\begin{aligned}
\text{Minimize } F_2 = & \sum_{p \in P} \sum_{s \in S} \sum_{j \in M} d_{sj} \cdot U_{sjp} \cdot E_p \cdot \varepsilon_{\text{MT}} + \\
& \sum_{g \in G} \sum_{s \in S} \sum_{j \in M} d_{sj} \cdot W_{sjg} \cdot E_g \cdot \varepsilon_{\text{SP}} + \\
& \sum_{s \in S} \sum_{i \in N} \sum_{j \in M} d_{sj} \cdot H_{sij} \cdot \chi_{\text{MF}} + \sum_{k \in T} \sum_{s \in S} \sum_{j \in M} d_{sj} \cdot V_{sjk} \cdot \chi_{\text{TR}} + \\
& \sum_{i \in N} \max\left\{\sum_{s \in S} \sum_{j \in M} d_{sj} \cdot H_{sij} \cdot X_{ij} - cap', 0\right\} \cdot \zeta_{\text{inv}}
\end{aligned} \tag{7-29}$$

目标函数 2(F_2)要求网络运行成本最小化。式(7-29)中，第一项和第二项分别表示货物在地铁线网和胶囊管道网络上的运输费用；第三项表示客货共享车站的物流处理费用；第四项表示地铁线路间货物转运操作费用；第五项为客货共享车站的库存成本。

(3) 目标函数 3：设计冗余惩罚。

$$\text{Minimize } F_3 = \sum_{i \in N} \max\left\{\theta_{\text{MF}} \cdot cap' - \sum_{s \in S} \sum_{j \in M} d_{sj} \cdot H_{sij}, 0\right\} \cdot \kappa_{\text{MF}} \tag{7-30}$$

目标函数 3(F_3)要求地铁-地下物流共建网络设计冗余所造成的惩罚成本最小化，即要求生成网络方案中的客货共享车站及胶囊货运管道作业负载不低于一定的饱和率。

2) 约束条件

$$\frac{\sum_{g \in G} \sum_{s \in S} \sum_{j \in M} d_{sj} \cdot Q_{sjg} \cdot E_g \cdot A_j}{\sum_{g \in G} \sum_{s \in S} \sum_{j \in M} d_{sj} \cdot Q_{sjg} \cdot E_g} \in \Omega \tag{7-31}$$

约束式(7-31)规定引入地下物流系统后，从地面转入地下的城市货运交通量比例满足决策者期望。

$$\sum_{s \in S} \sum_{j \in M} d_{sj} \cdot H_{sij} \cdot X_{ij} \leqslant cap' + cap'', \forall i \in N \tag{7-32}$$

约束式(7-32)表示分配至任意客货共享车站的货物总量不超过车站的作业能力（包括物流处理能力和库存容量）。

$$\sum_{s \in S} \sum_{j \in M} d_{sj} \cdot V_{sjk} \leqslant cap''', \forall k \in T \tag{7-33}$$

约束式(7-33)表示在任意换乘车站转运的货物总量不超过车站处理能力。

$$\sum_{s \in S}\sum_{i \in N}\sum_{j \in M} d_{sj} \cdot H_{sij} \leqslant \sum_{i \in N} Y_i \cdot (cap' + cap'') \qquad (7\text{-}34)$$

约束式(7-34)确保所有客货共享车站提供的物流作业能力的总和不小于实际放入地下运输的货物总量。

$$Z_g = 0, \text{ if } \{\bar{\xi} \geqslant \xi_g^{\text{地铁}(+)} - \xi_g^{\text{管廊}(-)}\} \wedge \{\bar{\xi} \geqslant \xi_g^{\text{管廊}(+)}\}, \forall \tau_g^{\text{地铁}} \cdot \tau_g^{\text{管廊}} = 1 \quad (7\text{-}35)$$

$$Z_g = 0, \text{ if } \{\bar{\xi} \geqslant \xi_g^{\text{地铁}(+)} - \xi_g^{\text{快速路}(-)}\} \wedge \{\bar{\xi} \geqslant \xi_g^{\text{快速路}(+)}\}, \forall \tau_g^{\text{地铁}} \cdot \tau_g^{\text{快速路}} = 1$$
$$(7\text{-}36)$$

$$Z_g = 0, \text{ if } \{\bar{\xi} \geqslant \xi_g^{\text{地铁}(+)} - \xi_g^{\text{快速路}(-)}\} \wedge \{\bar{\xi} \geqslant \xi_g^{\text{快速路}(+)} - \xi_g^{\text{管廊}(-)}\} \wedge \{\bar{\xi} \geqslant \xi_g^{\text{管廊}(+)}\},$$
$$\forall \tau_g^{\text{地铁}} \cdot \tau_g^{\text{快速路}} \cdot \tau_g^{\text{管廊}} = 1 \qquad (7\text{-}37)$$

约束式(7-35)—约束式(7-37)确保胶囊管道布局满足地下空间竖向限制。根据式(7-35),对于任意道路段 g,当 g 的下方已建或已规划地铁线路和综合管廊时,以下两个条件满足其一即允许沿该路段布置胶囊管道:①地铁线路保护区域上界与综合管廊保护区域下界的标高之差大于胶囊管道直径;②综合管廊保护区域上界与地面标高之差大于胶囊管道直径。同理,当路段 g 下方已建或已规划综合管廊和地下快速路时,利用式(7-36)确保竖向布局不冲突。当路段 g 下方同时已建或已规划地铁、综合管廊和地下快速路三种设施时,以下三个条件满足其一即允许布置胶囊管道:①地铁线路保护区域上界与地下快速路保护区域下界的标高之差大于胶囊管道直径;②地下快速路保护区域上界与综合管廊保护区域下界的标高之差大于胶囊管道直径;③综合管廊保护区域上界与地面标高之差大于胶囊管道直径,如式(7-37)所示。

$$\min_{s,j} (\sum_{g \in G} Q_{sjg} \cdot E_g), \forall s \in S, j \in M \qquad (7\text{-}38)$$

约束式(7-38)规定道路运输模式下,卡车始终遵循路网最短路径往返前端配送中心与社区网点。

$$\begin{cases} H_{sij} \leqslant X_{ij} \leqslant Y_i, \\ X_{ij} \leqslant A_j, \end{cases} \forall s \in S, i \in N, j \in M \qquad (7\text{-}39)$$

约束式(7-39)规定客货共享车站与末端地下物流节点的分配决策必须以二者均已建立为前提。只有社区网点配置末端地下物流节点后,其货流需求才可经由地下运输。

$$\begin{cases} \sum_{i \in N} X_{ij} = 1, \\ \sum_{j \in M} X_{ij} \geqslant 1, \end{cases} \forall i \in N, j \in M \qquad (7\text{-}40)$$

约束式(7-40)规定每个末端地下物流节点仅能分配给唯一的客货共享车站,每个客货共享车站拥有至少一个附属末端节点。

$$\begin{cases} H_{sij} \cdot Q_{sjg} = 0, \\ W_{sjg} + Q_{sjg} = 1, \end{cases} \forall s \in S, i \in N, j \in M, g \in G \qquad (7\text{-}41)$$

约束式(7-41)表示任何货流不会同时通过地铁和道路方式运输。

$$\begin{cases} U_{sjp} \leqslant H_{sij} \leqslant A_j, \\ V_{sjk} \leqslant H_{sij} \leqslant A_j, \end{cases} \forall s \in S, i \in N, j \in M, p \in P, k \in T \qquad (7\text{-}42)$$

约束式(7-42)表示若货流未转移至地下(即末端节点未建立),则相应的地铁货运过程及转运过程不会发生。

$$W_{sjg} \leqslant Z_g, \ \forall s \in S, j \in M, g \in G \qquad (7\text{-}43)$$

约束式(7-43)表示若胶囊管道未被建立,则该路段下方不存在货流。

$$\sum_{k \in K} V_{sjk} \leqslant 2, \ \forall s \in S, j \in M \qquad (7\text{-}44)$$

约束式(7-44)规定任意货流在地铁网络中的转运次数不超过两次,该值可根据地铁规模进行调整。

$$\begin{cases} \sum_{i \in N} H_{sij} = 1, \\ \sum_{g \in G} W_{sjg} \geqslant 1, \ \forall \sum_{g \in G} Q_{sjg} = 0, s \in S, j \in M \\ \sum_{p \in P} U_{sjp} \geqslant 1, \end{cases} \qquad (7\text{-}45)$$

约束式(7-45)表明转入地下运输的任意货流在地铁网络中的目的地唯一,且地下流量需经历至少一个地铁线路区间和一个胶囊管道区间。

$$U_{sjp} \geqslant W_{sjg}, \ \forall s \in S, j \in M, g \in G, p \in P \qquad (7\text{-}46)$$

约束式(7-46)确保地下货物运输顺序正确。

$$\begin{cases} A_j \in \{0,1\} \\ H_{sij} \in \{0,1\} \\ Y_i \in \{0,1\} \\ \tau_g^{\text{地铁}} \in \{0,1\} \end{cases} ; \begin{cases} X_{ij} \in \{0,1\} \\ Z_g \in \{0,1\} \\ V_{sjk} \in \{0,1\} \\ \tau_g^{\text{管廊}} \in \{0,1\} \end{cases} ; \begin{cases} W_{sjg} \in \{0,1\} \\ U_{sjp} \in \{0,1\} \\ Q_{sjg} \in \{0,1\} \\ \tau_g^{\text{快速路}} \in \{0,1\} \end{cases} \qquad (7\text{-}47)$$

约束式(7-47)和约束式(7-48)规定了模型决策变量和场景变量的范围。

$$\begin{cases} E_p > 0 \ \forall p \in P \\ E_g > 0 \ \forall g \in G \end{cases} ; \begin{cases} \bar{F}_{\text{设施}} \gg 0 \\ \bar{F}_{\text{运营}} \gg 0 \end{cases} ; \ \Omega \subseteq (0,1) \qquad (7\text{-}48)$$

7.3.4 算法设计

1. 总体求解框架

针对以上地铁-地下物流共建网络结构多目标优化模型提出三阶段求解框架,如图7-23所示。

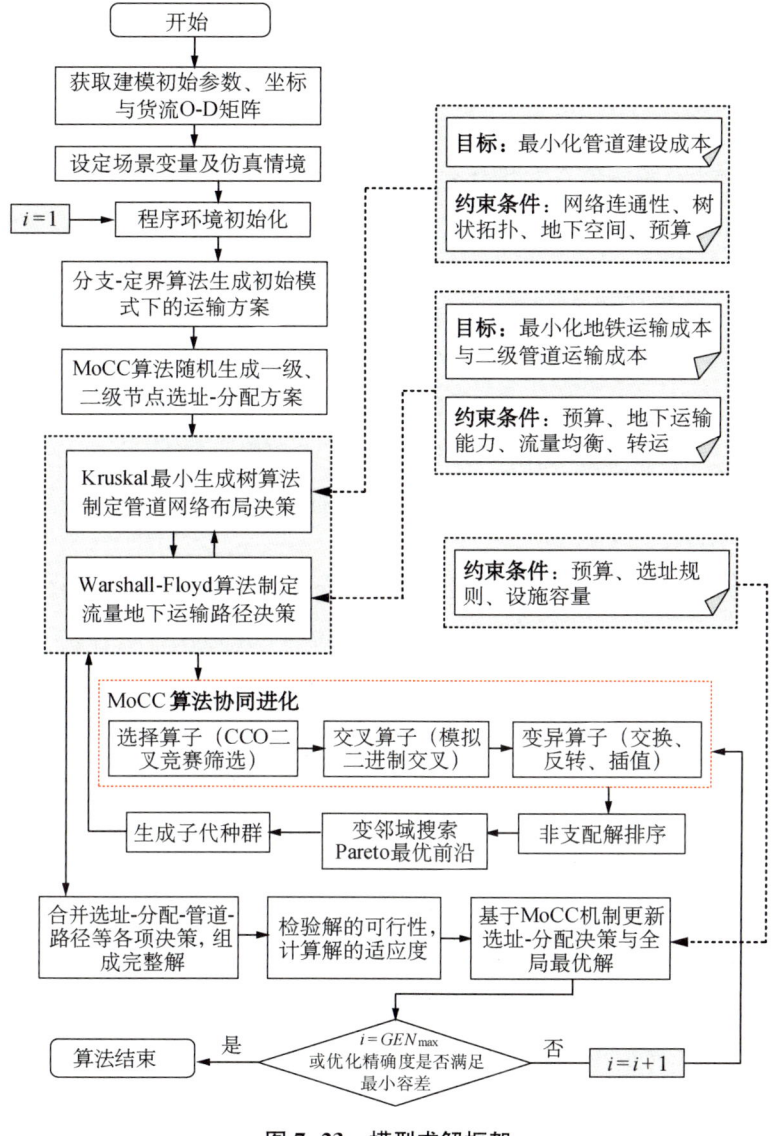

图7-23 模型求解框架

阶段1:采集地铁-地下物流共建网络设计初始数据,明确求解程序输入数据集,包括决策者对"模式转移率"的期望水平、地下货运需求O-D流量、前端配送中心/地铁车站/社区配送网点位置、地铁线路及城市路网布局、设施容量及成本参数等。

阶段 2：利用分支-定界算法（Branch-and-bound）确定道路运输模式下任意货流 d_{sj} 沿路网的最短配送路径，满足约束式（7-38）。基于 MoCC 算法（全称为嵌入非主导Ⅱ型遗传算子的合作型多目标协同进化算法：Multi-objective cooperative co-evolutionary algorithm incorporated with non-dominated genetic operators）随机生成初代解，包括客货共享车站和末端地下物流节点选址-分配方案。其中，选址方案遵守约束式（7-31），分配方案遵守约束式（7-39）和约束式（7-40）。根据选址-分配结果，将转移至地下运输的货流按大小排序，根据"量大优先"规则确定地铁货物运输路径，遵守约束式（7-41）、约束式（7-42）和约束式（7-44），以此获得一级网络流量分布。

阶段 3：基于阶段 2 输出结果，并用两项精确式算法（即 Kruskal 最小生成树算法和 Warshall-Floyd 算法）制定每个客货共享车站辖区内的胶囊管道部署决策，确定货流在管道网络中的运输路径。Kruskal 最小生成树是一种基于贪心策略的图论算法，能够精确高效地在稀疏图中获取连通各点的最小生成树（Minimum Spanning Tree，MST），适用于基于树状拓扑的网络结构设计，另嵌套 Warshall-Floyd 算法在运输费用与固定费用加权的 MST 中搜索车站与附属末端节点之间的最短路径。在此过程中，贪心策略迫使 MST 放弃冗余边，追求胶囊管道网络交通量最小化（定义为货量×运输距离），达到降低地下运输成本、提高胶囊管道利用率等目的。计算步骤概述如下：

步骤 1：将所选择的客货共享车站和附属末端地下物流节点在其辖区范围内的所有道路段组成有向图 G。

步骤 2：根据每条边（即管道链路）的建设费用对边进行排序；每次选择代价最小边 (U,V)，若边的顶点属于不同树，则选择 U 与 V 之间最短的一条边代替原有边，直至所有顶点被最小生成树连通。边的生成过程须满足地下空间约束，即式（7-32）—式（7-34）的约束。

步骤 3：根据货流大小和 cap_{SP} 参数确定 MST 每条边设置的胶囊管道数量。具体地，对于任意链路，检查地下总流量是否超过管道容量，若超过则添加一条新边连接相邻节点，返回步骤 2 重新计算生成树的加权代价。附加边的数量是有限的，若容量约束不能通过向 MST 添加边的方式来满足，则目标函数将被赋予惩罚项（一个很大的数）。

当目标函数 1 的第 3 项与目标函数 2 的第 2 项加权和达到最小，即输出管道网络布局及流量分配，进一步将解码后的解向量与阶段 1 和阶段 2 中的选址-分配-路径方案进行合成，形成模型的一个完整可行解，代表共建网络的一个完整设计方案。之后返回阶段 2，利用 MoCC 算法对本轮解的优劣性进行排序，得到模型初代帕累托解集。根据算法迭代机制产生阶段 2 计算所需的新一轮种群，循环执行阶段 2 与阶段 3 程序，直至达到终止条件。

2. MoCC 算法设计

启发式算法通常基于直观或生物机理，以可接受的代价（如计算时间和解空间搜索规模）获得组合优化问题实例的可行解，该可行解与最优解的偏离程度一般不能被预计，启发式算法的搜索质量和迭代机制对解的生成过程产生直接影响，从而影响优化问题的收敛性和寻优效率。近年来，学界倾向于将各种启发式机制与精确式算法融合来避免突跳性和算法陷入局部最优。在多目标优化领域，以 NSGA-II 算法和多目标粒子群算法（Multi-objective Parti-de Swarm Optimization，MoPSO）为代表的多目标进化算法（Multi-objective Evolutionary Algorithm，MoEA）被广泛应用和研究。

然而，当问题解空间可行域较小且离散程度较大时，传统 MoEA 算法在平衡复杂约束与目标寻优而导致的种群差异和解多样性不足方面存在缺陷。鉴于所述模型的复杂度高、计算规模大，本节设计了一类改进的 MoEA 算法，即嵌入非主导 II 型遗传算子的合作型多目标协同进化算法（MoCC 算法）对模型进行求解。

MoCC 算法由国际电气电子工程师学会（Institute of Electrical and Electronics Engineers，IEEE）、美国运筹学与管理科学学会（The Institute for Operations Research and the Management Sciences，INFORMS）等机构学者提出。该算法在传统生物启发机制的基础上加入了非支配排序和多目标协同进化策略，能够丰富种群差异性和多样性，防止陷入局部最优。此外，通过采用一种改进策略来控制多种群适应度评价过程，进一步提高了获得精英个体的概率（表 7-6）。

表 7-6　　　　　　　　　MoCC 算法与主流启发式算法比较

特点	NSGA-II 算法	MoPSO 算法	MoCC 算法
优势	同时处理群体中的多个个体，对搜索空间中的多个解进行评估，减少陷入局部最优解的风险，易实现	粒子群算法中的各个智能体之间通过相互协作来更好地适应环境，表现出与环境交互的能力	利用 NSGA-II 算子降低多目标非劣排序的复杂性，运行速度快、收敛性好
	具有自组织、自适应与自学习性，适应度大的个体具有较高的生存概率，易获得更适应环境的基因结构	简单、容易实现	引入精英策略，保证优良种群个体在进化过程中不被舍弃，从而提高优化结果的精度
劣势	计算效率较低	更适合应用于连续问题，离散优化问题表现一般	多目标优化性能指标计算比较过程较复杂
	易出现过早收敛现象	易陷入局部最优，稳定性不足	

针对地铁-地下物流共建网络结构设计多目标优化模型提出的 MoCC 算法框架如图 7-24 所示，分为三个步骤实现。首先，根据协同进化过程将搜索空间分解为多个子种群，这些子种群可以同时优化搜索空间。其次，局部搜索过程从每个子种群内的一组较小的子空间中选择进行协作进化的代表个体。最后，协同算子从子群体中进行合成，组成完整的解进行适应度评价和帕累托排序。得益于"分而治之"的优化策略，MoCC 算法在收敛速度上具有优势，更容易获得全局最优解。该算法已被证明在收敛速度和精度上优于传统 MoEA 算法[12]。

1) 染色体编码与多种群构造

将模型解编码为一个由若干数组组成的稀疏矩阵。如图 7-25 所示，阵列染色体与网络中的位置对应，共生成 13 个子种群作为初始子群。其中，数组 1 为表示末端地下物流

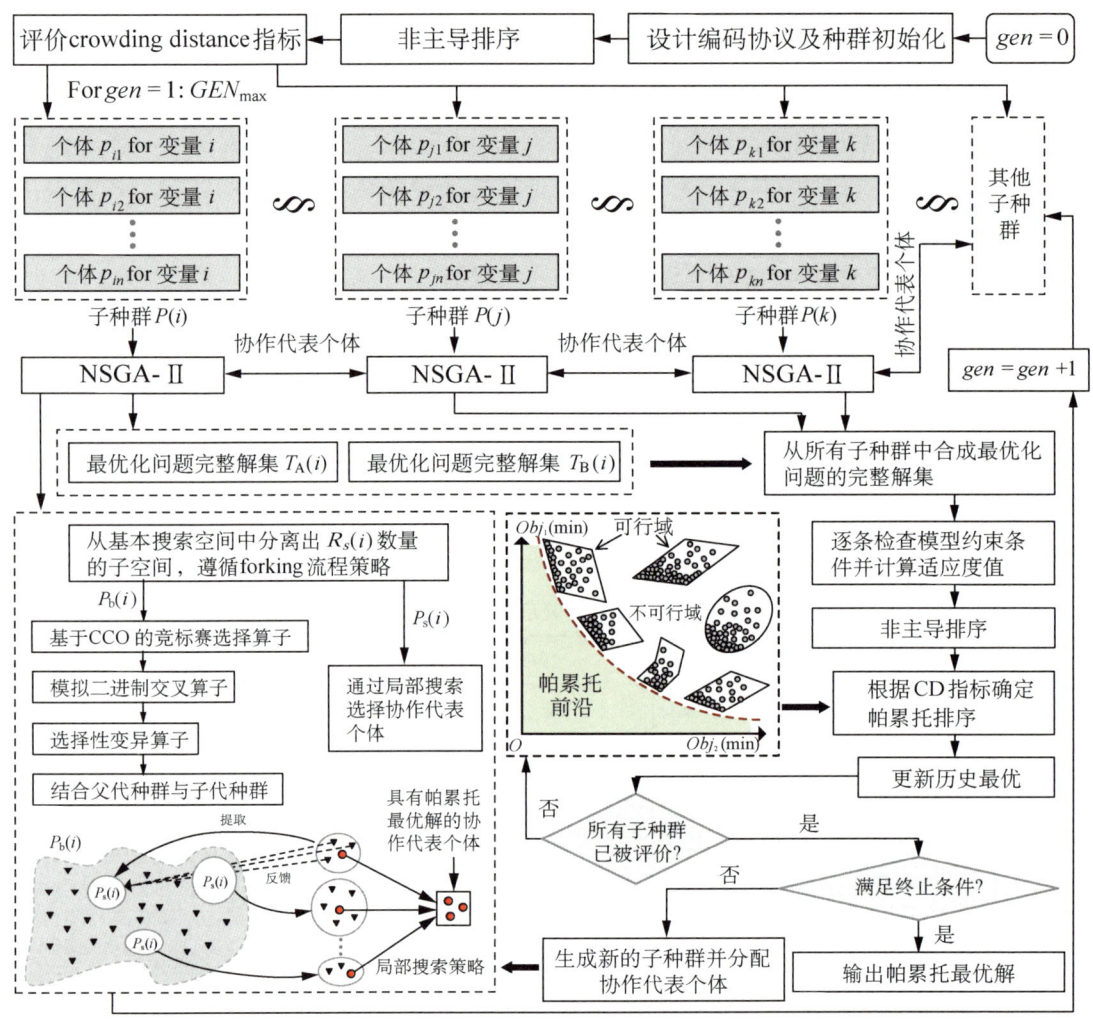

图 7-24 MoCC 算法框架示意

节点选址决策的二进制数组,数组 2 中的 0,1,2 分别表示未被选择为货运车站的地铁车站、被选中的客货共享车站以及客货换乘车站,数组 3 表示末端地下物流节点与客货共享车站的分配关系,若社区配送网点被选择为末端节点并且其货物被分配给数组 2 中队列编号为 m 的车站进行运输,则数组 3 中与该网点相应的基因位赋值为 m。

通过编码协议,从种群子集中选出一定数量的精英个体(称作代表个体),提取任意代表个体的染色体数组 1~5 的基因片段填充在从其他子种群中选出的代表个体的相应基因位,实现基因移植。原始代表个体与重组代表个体共同构成新个体加入当前子种群。代表个体的染色体重组有利于提升 MoCC 算法在大规模离散组合优化问题解的多样性。

2) 协同进化算子

(1) 选择操作。

选择策略是影响进化算法性能的重要因素。为了提高种群多样性,避免早熟,使用拥

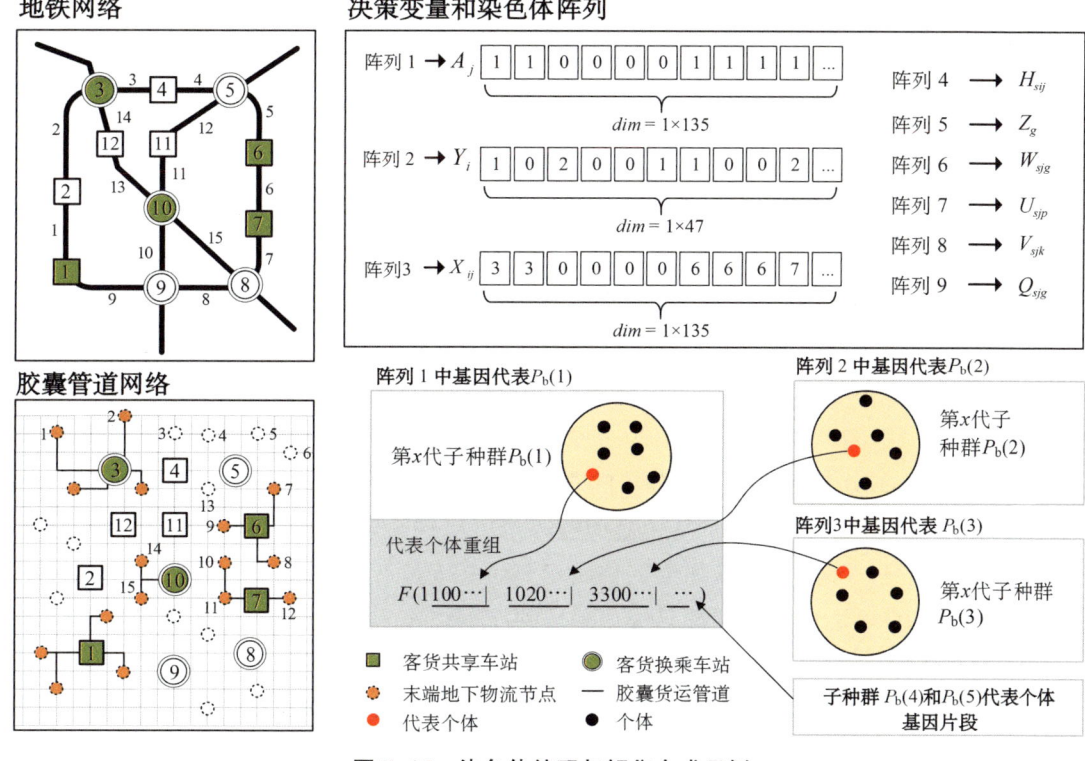

图 7-25 染色体编码与解集合成示例

挤度比较算子(Crowding Comparison Operator，CCO)进行二叉竞赛筛选，从亲本中选出更好的个体，使得算法能够通过选择具有低计算秩和高拥挤距离(Crowding Distance，CD)度量的个体来获取帕累托最优解。在计算 CD 度量指标方面，根据后续描述的非支配解排序过程获得个体适应度排名，认为具有最大值和最小值的个体之间的距离是无限的。个体 p 的 CD 度量值等于排在 p 前和 p 后的相邻个体目标值之差的绝对值之和。每次选择同一非支配曲面上的个体进行两两比较，并将排名较低的个体加入新种群，如式(7-49)所示。若个体排名相同，则选择 CD 度量值较大的一个，直至新种群大小与原始种群大小相同，选择过程终止。

$$P_n \prec Q \Leftrightarrow ① \ rank(P) < rank(Q) \vee ② \ rank(P) = rank(Q)$$
$$\Leftrightarrow CD(P) > CD(Q) \tag{7-49}$$

(2) 交叉操作。

采用模拟二进制交叉(Simulated Binary Crossover，SBX)算子，通过在选定的染色体之间共享信息来实现基因传递。以往研究表明，SBX 算子在局部搜索方面表现良好，在求解搜索空间高度稀疏的多目标优化问题上具有优势。SBX 算子原理如式(7-50)所示，其中，$p_i \in P$ 和 $q_i \in Q$ 分别代表来自两个不同父代集合的个体，$m_i \in M$ 和 $n_i \in N$ 是交叉后的子个体，$rand$ 为随机小数，ω 为控制子代与父代个体亲近概率的自定义参数。交叉后需进行个体解的可行性检验,确保选址、分配、路径相关决策逻辑正确。如存在决策冲突,算子将对编码矩阵中对应的染色体基因位数值进行自适应修改,直至个体可行。

$$\begin{cases} m_i = 0.5 \times [(1+\mu) \cdot p_i + (1-\mu) \cdot q_i] \\ n_i = 0.5 \times [(1-\mu) \cdot p_i + (1+\mu) \cdot q_i] \end{cases}; \mu = \begin{cases} (rand \times 2)^{1/1+\omega}, & \forall rand \leqslant 0.5 \\ (2-rand \times 2)^{-1/1+\omega}, & \text{其他} \end{cases}$$

(7-50)

(3) 变异操作。

变异算子通过交换随机选择的染色体上的基因来产生新的染色体。为防止进化过程出现早熟收敛,对每个被选择的个体执行三种变异策略的其中一种,即交换、反转和插值。其中,两点交换变异(two-point swap mutation)算子用于变换关联基因位上的二进制数值,例如,当 P_m 中的一个随机基因位从 0 突变为 1 时,H_m 中的两个关联基因位也相应改变。反转(inversion)变异算子对矩阵中的基因进行替换,插值(insertion)变异算子通过将某基因座上的基因插入染色体的其他基因座来产生新的染色体。遗传操作为任何交换或变异的基因建立一个映射关系,如果突变后检测到基因位匹配冲突,则对不匹配的基因进行自适应修改,直到后代样本完整且成功地反映了网络布局决策。

3) 非支配解排序

地铁-地下物流共建网络结构设计问题涉及多个相互依存的目标,目标寻优具有动态性和非线性,即多目标无法同时达到最优,因此,模型通常不具备严格意义上的唯一最优解。一种常用的简化方式是设置目标权值,将多目标问题转化为单目标问题进行寻优。然而,由于各优化目标之间的量纲往往不统一,以上传统方法通常需要对单一目标赋予较大权值以平衡量纲差异,但这种方法会不可避免地引入决策偏差。

对于具备工程背景的多目标优化问题,适合采用基于帕累托最优的多目标寻优方法进行处理。通过识别模型中的主导解与非主导解,形成具备良好多向性的帕累托最优解集,进而根据决策者对各项目标函数的偏好获得无限逼近于帕累托锋面的组合目标解析式。一个多目标优化问题如果存在非劣解,往往是存在无穷多个,形成非劣解集。在求解实际问题时,过多的非劣解是无法直接应用的。决策者只能选择令其最满意的一个非劣解作为最终解。多目标优化的目的在于甄别多个目标之间的冲突,在决策空间中找到一组考虑所有目标的最优帕累托解集供决策者选择。

在 MoCC 算法的非支配解排序过程中,子种群接收来自其他子种群的个体以及从选定的代表中重组的个体。对于子种群 i,将接收到的个体与分别存储在 $P_b(i)$ 和所有 $P_s(i)$ 中的历史最优个体(即最优个体)结合,组成完整的解集 $T_A(i)$。另外,由当代遗传算子生成的个体与历史最优个体结合形成另一个完整的解集 $T_B(i)$。$T_A(i)$ 和 $T_B(i)$ 中解的适应度值由式(7-51)计算。其中,$Fit(i,j)$ 是 $P(i)$ 中第 j 个解的适应度向量,$Obj_n(i,j)$ 是第 n 个目标函数值,G 是一个大数,θ_{ij} 为二元决策变量,若解不满足模型约束,则取值 1,否则为 0。

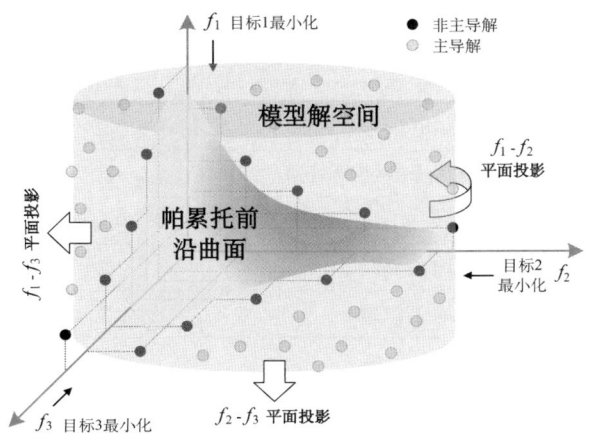

图 7-26　多目标帕累托寻优示意

$$Fit(i,j) = \{Obj_1(i,j), L, Obj_n(i,j)\} + G \cdot \theta_{ij}, \forall (i,j) \in T_A(i) \bigcup T_B(i) \tag{7-51}$$

非支配排序为每个解分配秩,从而找到整个种群的帕累托前沿。在这个过程中,如果解 p 被解 q 支配,则 p 的计数增加 1,否则,将 q 添加到 p 的支配集中,并且将计数为零的解添加到第一个前沿集合。对于计数为 0 的解,将其支配集中的所有解计数减少 1。一旦出现一个计数为 0 的新解,则返回秩,并且将该解添加到下一个前沿集合。直到所有解都被排序,循环停止。之后,记录每个循环中找到的最优解并再次排序,最终形成当代帕累托最佳前沿解集。

通过适应度评价和帕累托排序,可以选出一定数量的最佳解对应的个体作为子种群 $P(i)$ 的代表个体,与其他子种群的代表协同进化。同时,搜索帕累托存档中的非劣个体的邻域,基于贪婪机制更新历史最优个体。最后,利用遗传算子产生子代,从而形成新的子种群,按照式(7-51)评价适应度。整套算法达到最大迭代次数 G_{max} 时终止,输出模型的帕累托全局最佳解集。

7.3.5　副中心地下物流网络规划案例仿真

将上述模型和算法应用于北京城市副中心地铁-地下物流共建网络结构设计案例。首先比较 MoCC 算法和主流多目标进化算法(即 MoPSO 和 NSGA-Ⅱ)的求解表现,随后讨论不同情境下的网络最佳拓扑结构与设施配置方案。模型和算法基于 MATLAB R2022b 编程,在配置为 3.6 GHz Intel(R) Core(TM) I9-9900K CPU 和 64GB RAM 的 Windows 10 工作站上运行。

1. 数据采集与实验情境设置

通过文献分析、报告/标准收集、专家/行业咨询等方式确定副中心案例中的模型参数取值。其中,地下物流外部效益计算参数如表 7-7 所示,模型常量参数取值如表 7-8 所示。货币均以人民币为单位。

表 7-7　地下物流外部效益计算参数取值

参数	定义	取值	单位
THT	单位货物在地面配送中心的处理时间	35	min
UHT	单位货物在地下物流节点的处理时间	20	min
GTV	货物的时间价值	0.01	元/(标准包·min)
SAL	城市物流从业人员平均工资	280	元/(人·d)
RW	城市物流从业人员日均工作量	1 200	标准包/(人·d)
RC	卡车运输成本	2	元/km
MTC	地下物流列车运营成本	84	元/km
$l_{vehicle}$	城市物流车辆平均载重	120	标准包/车
l_{train}	地下物流列车平均载重	3 000	标准包/车
EVR	新能源货车的使用率	10	%
PEC_{CO}	城市货车 CO 释放系数	46.5	g/km
PEC_{CO_2}	城市货车 CO_2 释放系数	284.7	g/km
PEC_{HC}	城市货车碳氢化合物释放系数	3.5	g/km
PEC_{NO_x}	城市货车 NO_x 释放系数	2.4	g/km
PEC_{PM}	城市货车颗粒物释放系数	0.224	g/km
PEC_{SO_2}	城市货车 SO_2 释放系数	0.168	g/km
TC_{CO}	CO 污染治理成本	1.2×10^{-3}	元/g
TC_{CO_2}	CO_2 污染治理成本	3.4×10^{-4}	元/g
TC_{HC}	碳氢化合物污染治理成本	4.7×10^{-3}	元/g
TC_{NO_x}	NO_x 污染治理成本	0.099	元/g
TC_{PM}	颗粒物污染治理成本	0.25	元/g
TC_{SO_2}	SO_2 污染治理成本	0.091	元/g
MEC	地铁能耗系数	1.5	(kW·h)/(km·车)
MPE	地铁运行能源效率	85	%
N_{CO_2}	地铁运行电能消耗 CO_2 排放系数	670	g/(kW·h)
CB	道路音障设备建造成本	1×10^6	元/km
DP	道路音障设备使用寿命	5 475	d
DBT	卡车噪声释放系数	100	dB
DBC	私家车噪声释放系数	50	dB
AVR	城市道路高峰期平均车速	24.8	km/h

(续表)

参数	定义	取值	单位
$ARTI$	高峰期平均道路交通强度	13 000	车/h
EMF	城市货运车辆平均油耗系数	0.125	L/km
PP	汽油市场价格	9.11	元/L
OP	汽油使用机会收益	1.5	元/L
CEP	地铁运行电能使用价格	0.55	元/(kW·h)
CF	卡车与私家车对城市道路拥堵影响的转换系数	2.75	—
PCI	城市人均GDP	473	元/d
NP	私家车出行平均载客量	1.8	人/车
TFD	城市物流配送日均业务量	8~25	百万标准包/d
$ATTD$	城市地区卡车日均行驶距离	85.4	km
ACL	与卡车有关的城市年交通事故经济损失	2~4	亿元/年
TAW	货运车辆的平均质量	6	t
PCO	城市私家车总持有量	5.27×10^6	车
CTR	私家车的日均出行频次	75.8	%
$ATCD$	私家车的日均行驶距离	44.2	km
$PCAW$	私家车的平均质量	2	t
RMC	城市道路基础设施的年维护费用	15.6	亿元/年
FA_j	社区配送网点j的建筑面积	30~50	m²
LP_j	社区配送网点j周边地块开发机会收益	3~8	千元/(m²·年)
IPS	单位地下物流业务量带来的节点物业规模增量	0.14	m²/标准包
$USPV_i$	地下物流节点i周边物业平均价值	1~3.5	万元/m²
GZ	地下物流基础设施折旧年限	50	年
VES	救灾物资的时间价值	22	元/(标准包·min)
NDC	自然灾害的年伤亡人数	2.2×10^5	人/年
NPS_j	社区配送网点j服务的居民数量	1~2	万人
POP	城市人口	2.19	千万人
CLD	死亡赔偿费用	74	万元/人
ARD	城市空袭平均死亡率	32	%
MFA	地下物流节点战时仓储空间占用系数	0.018	m²/标准包
$NPSA$	地下物流节点人防设计容量	2	m²/人

(续表)

参数	定义	取值	单位
MCAD	地下物流人防设施寿命	100	年
CRV	城市物流从业人员感染比例	7.15	%
NCP	物流人员密集频率	92	人/d
ULD	突发公共卫生事件期间交通管控时长	76	d
IP	与染疫人群密切接触而被感染的概率	11.4	%
QE	医疗隔离费用	370	元/(人·d)
DQ	染疫者平均隔离天数	14	d
PSTV	突发公共卫生事件期间供应必要物资的时间价值	4	元/(标准包·min)

表 7-8　　　　　　　　　　　　　模型常量参数取值

参数	定义	取值	单位
cap'	客货共享车站的物流作业能力	15	万标准包/d
cap''	客货共享车站的货物库存能力	5	万标准包/d
cap'''	地铁换乘车站的货物转运能力	65	万标准包/d
cap_{SP}	单个胶囊管道的货物运输能力	2	万标准包/d
σ_i^{MF}	客货共享车站 i 建设成本（估算值）	4.5～6	亿元
σ_j^{SN}	末端地下物流节点 j 建设成本（估算值）	0.9～1.2	亿元
φ_g	胶囊管道区间 g 建设成本（估算值）	0.25～0.4	亿元/km
γ	地下物流基础设施折旧系数	1/365	—
ε_{MT}	地铁货物运输成本	0.1	元/(标准包·km)
ε_{SP}	管道货物运输成本	0.25	元/(标准包·km)
χ_{TR}	地铁货物转运操作成本	0.44	元/标准包
χ_{MF}	地铁车站物流作业成本	0.37	元/标准包
ζ_{inv}	地铁车站货物库存成本	1.1	元/标准包
$\xi_p^{地铁+}$	地铁线路保护区域上沿地下标高	25～35	m
$\xi_p^{管廊(+)}$	综合管廊保护区域上沿地下标高	2～18	m
$\xi_p^{管廊(-)}$	综合管廊保护区域下沿地下标高	6～22	m
$\xi_p^{快速路(+)}$	地下快速道路保护区域上沿地下标高	12～24	m
$\xi_p^{快速路(-)}$	地下快速道路保护区域下沿地下标高	18～30	m
$\bar{\xi}$	胶囊货运管道外直径	3.6	m
θ_{MF}	客货共享车站负载惩罚阈值	50%	—

(续表)

参数	定义	取值	单位
θ_{TR}	客货换乘车站负载惩罚阈值	50%	—
θ_{SP}	胶囊管道负载惩罚阈值	50%	—
κ_{MF}	客货共享车站低负载运行惩罚系数	1	元/标准包
κ_{TR}	客货换乘车站低负载运行惩罚系数	0.75	元/标准包
κ_{SP}	胶囊管道低负载运行惩罚系数	0.5	元/标准包
P_1	客货共享车站超负荷运行惩罚系数	0.8	元/标准包
P_2	客货换乘车站超负荷运行惩罚系数	0.6	元/标准包
P_3	胶囊管道超负荷运行惩罚系数	0.4	元/标准包

按照决策者(政府)对于货物运输模式转移率的不同期望设置如下网络规划情境,即情境1($\Omega \in [0.45,0.5]$)、情境2($\Omega \in [0.55,0.6]$)、情境3($\Omega \in [0.65,0.7]$)、情境4($\Omega \in [0.75,0.8]$)、情境5($\Omega \in [0.85,0.9]$)和情境6($\Omega \in [0.95,1]$)。例如,$\Omega \in [0.45,0.5]$表示城市货运交通量向地下转移的比例介于45%~50%,以此类推。

三种算法的运行参数如表7-9所示。针对每种情境,算法连续运行5次后输出最佳结果,作为该情境下的模型最佳解。算法运行最长时间设置为360 min。

表7-9 算法参数设置

算法	参数	定义	值
MoCC算法	n_{pop}	种群规模	200
	n_b^s	单个子种群基本搜索空间的最小值	20
	$n_{max}^s, n_{min}^s, n_{init}^s$	单个子种群中所有子空间的最大、最小和初始值大小	30, 10, 20
	p_c	交叉概率	0.5
	p_m	变异概率	0.2
	n_r^s	每代从单个子种群中选出的代表个体	1~4
	GEN_{max}	算法最大迭代次数	1 000
MoPSO算法	n_{pop}	种群规模	200
	r_{pop}	种群存档大小	100
	w_1	惯性权重	0.5
	c_1	个体学习因子	1.5
	c_2	全局学习因子	1.5
	α_1	膨胀率系数(inflation rate)	0.1
	n_{grid}	每维度的网格数	7

（续表）

算法	参数	定义	值
MoPSO 算法	β_1	领导选择压力（leader selection pressure）	2
	β_2	删除选择压力（deletion selection pressure）	2
	GEN_{max}	算法最大迭代次数	1 000
NSGA-Ⅱ 算法	n_{pop}	种群规模	200
	p_c	交叉概率	0.9
	p_m	变异概率	0.1
	GEN_{max}	算法最大迭代次数	1 000

2. 多目标优化结果分析

图 7-27 展示了 MoCC 算法、NSGA-Ⅱ 算法和 MoPSO 算法在不同情境下取得的帕累托最佳解集。结果显示，模型的三个目标之间存在明显冲突。由图 7-27(a)中标出的 F_1、F_2 和 F_3 点可知，随着目标 1（建设成本）增加，目标 2（运行成本）减小而目标 3（冗余惩罚）增加。其余情境中也出现了类似的趋势。

帕累托锋面分布表明，MoCC 算法的优化结果更好。在情境 1 中，MoCC 算法解与 MoPSO 算法解之间的平均优化差距为 19.6%。进一步比较帕累托锋面上的各目标优化差距可知，MoCC 算法的各项目标最佳值比 MoPSO 算法提升了 10.9%～18.3%，较 NSGA-Ⅱ 算法则提升了 5.1%～9.8%。这证明了协同进化机制在处理大规模离散优化问题时能够有效增强算法跳出局部最优的能力。

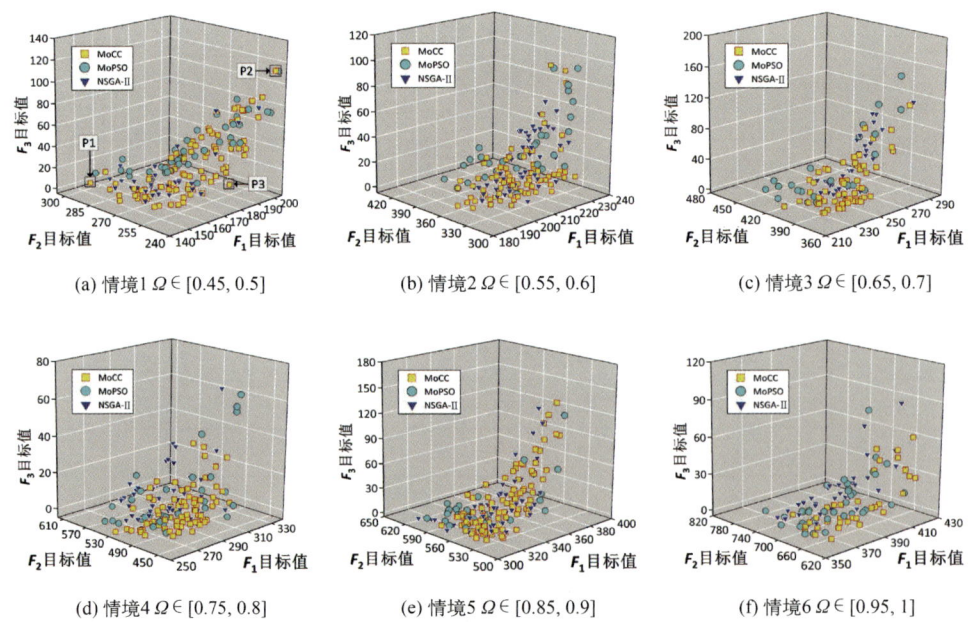

图 7-27 副中心案例中三种算法取得的帕累托解集分布比较

三种算法在各情境下获得的帕累托解对应的模型目标值分布如图 7-28 所示,可见 MoCC 算法在解的多样性与全局寻优能力方面表现更好。

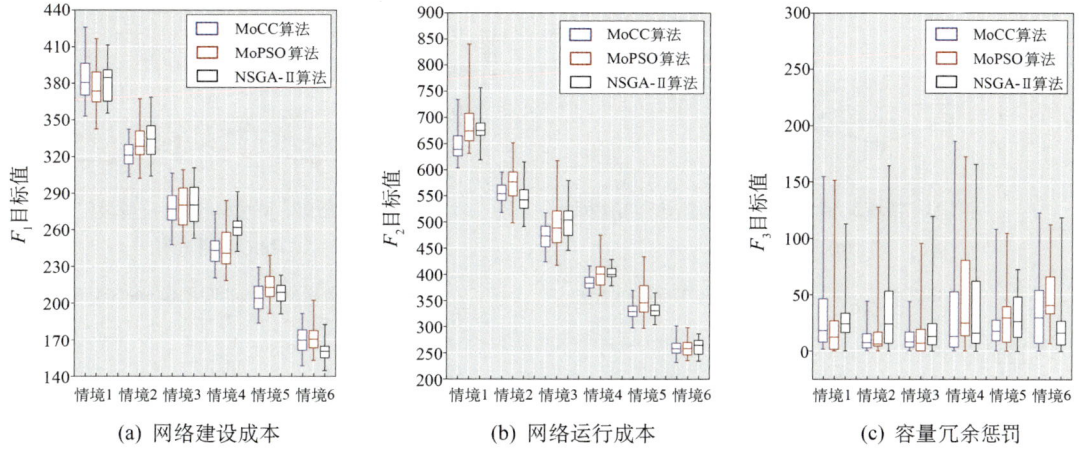

图 7-28　副中心案例中三种算法输出的模型目标值比较

引入多目标优化的四项主要测度对算法表现进行进一步评估,即空间测度(SP)、质量测度(QM)、平均理想距离(MID)和帕累托解数量(NPS)。其中,空间测度反映帕累托解的扩散均匀性,记为

$$SP = \sqrt{\frac{\sum_{i=1}^{P}(D-d_i)^2}{|P|-1}} \tag{7-52}$$

式中,d_i 为帕累托峰面上第 i 个解与其最近解的欧几里得距离;D 为 d_i 的平均值。SP 值越小,解的分布越均匀。

在质量测度方面,将三种算法的全部帕累托解整合后进行非支配排序,计算算法解对于非支配集的贡献率。QM 值越大,算法的全局性能越好。

平均理想距离测度用于衡量每个帕累托解与峰面上各目标最小值(即理想点)之间的平均距离。MID 值越低,算法收敛性能越好,MID 值表示为

$$MID = \frac{1}{|P|} \cdot \sqrt{\left(\frac{f_{1i}-f_1^{\text{best}}}{f_1^{\max}-f_1^{\min}}\right)^2 + \left(\frac{f_{2i}-f_2^{\text{best}}}{f_2^{\max}-f_2^{\min}}\right)^2 + \left(\frac{f_{3i}-f_3^{\text{best}}}{f_3^{\max}-f_3^{\min}}\right)^2} \tag{7-53}$$

图 7-29 展示了不同情境下三种算法的多目标优化性能测度统计结果。SP 测度表明,MoCC 算法能够生成分布更广的非支配解,对应的帕累托峰面更均匀。QM 测度也证实了 MoCC 算法在目标寻优性能方面的优势。同时,在情境 1~5 中,MoCC 算法取得了更多的帕累托解。MID 测度显示 MoCC 算法在控制近似解与真实帕累托前沿之间的优化差距方面表现更好。

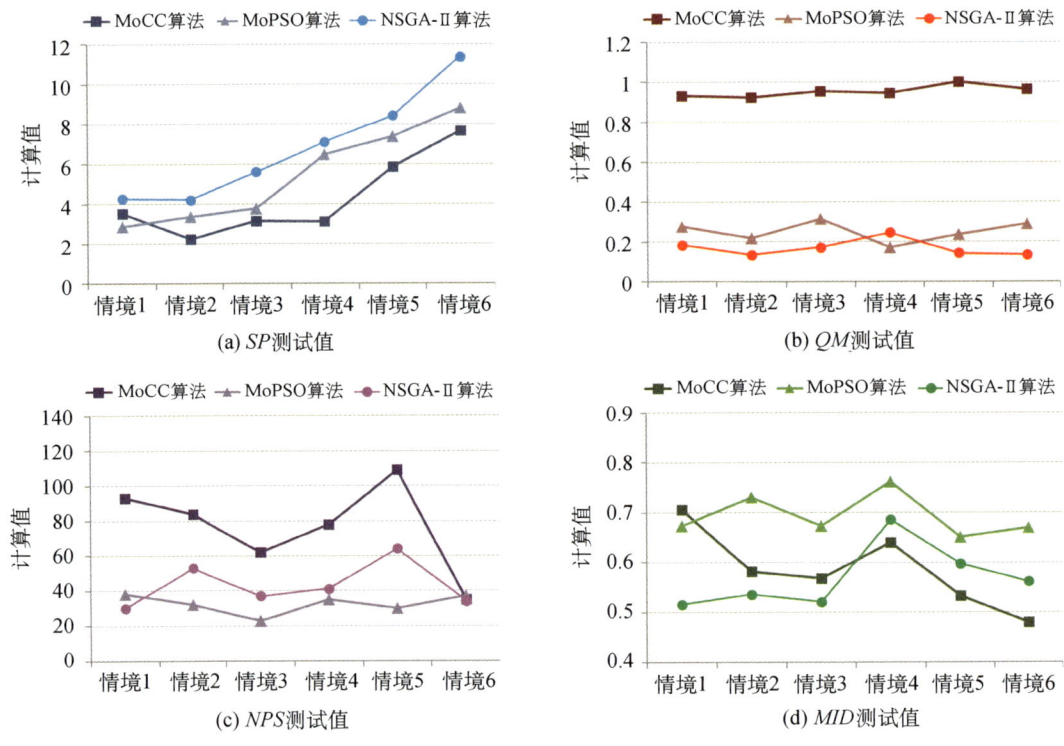

图 7-29　三种算法的多目标优化性能测度比较

3. 网络结构及设施配置优化结果分析

从 MoCC 算法获得的模型帕累托解集中选出适应度值满足"三目标之和最小"的解作为当前情境的"代表解"。图 7-30 绘制了 6 种情境的代表解所对应的地铁-地下物流共建网络最佳布局方案。

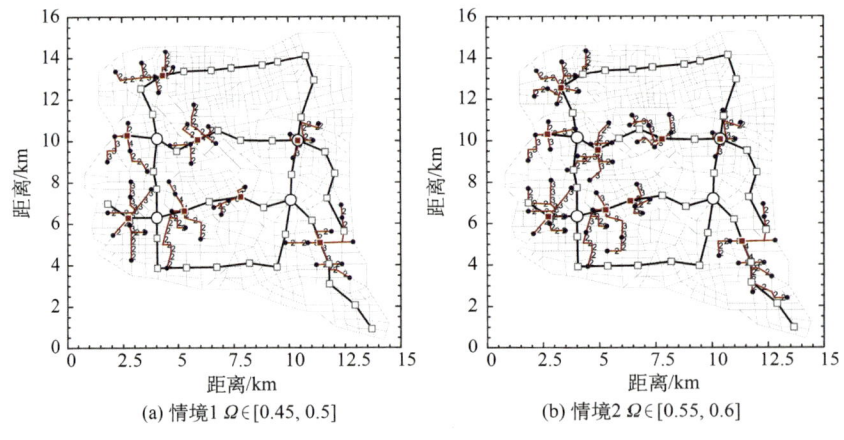

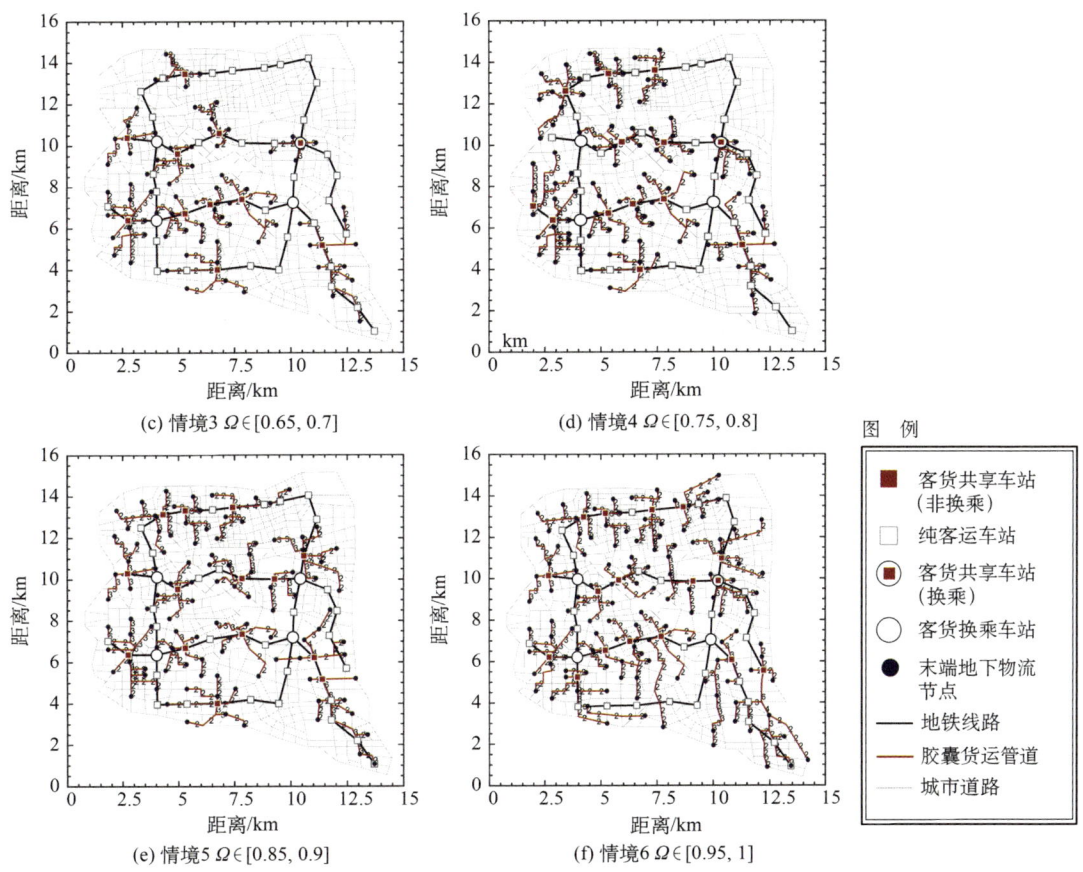

图 7-30　副中心地铁-地下物流共建网络布局优化结果

注：图中数字表示配置在路段下方的胶囊管道段数。

各情境代表解对应的网络布局信息如表 7-10 所示。随着模式转移率从 50% 提升至 100%，网络建设成本（目标 1）从 115 万元/d 增至 283 万元/d，运行成本（目标 2）从 129 万元/d 增至 372 万元/d，冗余惩罚值（目标 3）几乎保持为最小值 0。

表 7-10　最佳网络布局方案相关信息

情境	目标1 /(万元·d⁻¹)	目标2 /(万元·d⁻¹)	目标3 /(万元·d⁻¹)	总目标 /(万元·d⁻¹)	客货共享车站数量	胶囊管道总长度/km	末端节点数量
情境1	115	129	0	245	8	139	49
情境2	140	166	0	306	9	177	61
情境3	166	197	0	363	11	202	72
情境4	205	260	0.08	465	13	261	90
情境5	235	320	0	555	14	311	105
情境6	283	372	0	655	17	381	124

表 7-11 展示了各情境代表解对应的副中心地铁-地下物流共建网络各项外部效益计算结果。结果表明，流通经济效益最为突出，占地下物流全部外部效益货币价值的约 45%，该效益直接影响商品经济流动性、运输规模经济以及城市物流运行效率，这些均可视作地下物流系统为城市创造的额外收益。在环境效益方面，污染减排效益（B_{21}）占地下物流整体外部效益的 12% 左右。在 95%～100% 的运输模式转移率下，开展地下物流每年能够减少 7.76 万 t 卡车污染物排放（包含碳在内），节约 1.246 亿元环境治理支出。

表 7-11 副中心案例地下物流外部效益分项计算结果（S-1 至 S-6 情境代表解）

效益类别	效益分项	外部效益货币价值/(万元·年$^{-1}$)					
		S-1 情境	S-2 情境	S-3 情境	S-4 情境	S-5 情境	S-6 情境
流通经济	提高物流效率（B_{11}）	5 659	6 097	6 836	8 710	9 361	9 874
	破解货物入城限制（B_{12}）	15 541	16 556	19 076	22 821	24 621	27 753
	物流规模经济（B_{13}）	4 273	4 914	5 526	6 136	6 691	7 895
环境	减少污染物排放（B_{21}）	6 979	7 772	8 330	10 134	10 927	12 463
	减少噪声污染（B_{22}）	622	655	787	903	1 031	1 111
	节约能源（B_{23}）	9 703	9 866	10 996	13 931	15 907	17 327
交通	扩大交通容量和流动性（B_{31}）	6 241	6 497	7 038	8 859	9 772	11 401
	提高交通安全（B_{32}）	878	946	1 148	1 275	1 440	1 568
	降低道路维护成本（B_{33}）	466	485	603	685	773	861
空间拓展	节约土地资源（B_{41}）	1 271	1 323	1 589	1 762	2 083	2 347
	提升 TOD 效能、物业增值（B_{42}）	1 792	1 843	2 091	2 602	2 871	3 310
应急	防灾与应急供应能力（B_{51}）	1 458	1 501	1 803	2 142	2 284	2 545
	非接触式配送（B_{52}）	2 145	2 207	2 383	3 010	3 359	3 863
	总计	57 029	60 663	68 206	82 969	91 120	102 317

地下物流系统的另一类显著效益是提升道路交通容量与流动性（B_{31}）。计算显示，地铁-地下物流系统共建有利于缓解高峰时段的交通拥堵，95%～100% 的运输模式转移率能够为副中心地区每个私家车用户平均每天节省约 73 s 的道路通勤时间。

地下物流系统在城市 TOD 效能提升和物业增值方面（B_{42}）以及在突发公共卫生事件时期提供非接触式配送方面（B_{52}）的效益货币价值排在第三梯队。需要注意的是，防灾效益通常根据灾后状态进行评估，地下物流实际产生的效益取决于城市的适灾能力及应急响应方案，鉴于灾害的不可预测性，本节仅按保守值计算。对于灾害敏感地区，地下物流系统规划应重点纳入对这类效益的考虑。与上述主要效益相比，副中心地下物流系统在减少噪声污染、减少交通事故和道路养护支出等方面的效益较小。随着地下物流网络的扩大（即运输模式转移率增加），节能效益（B_{23}）提升最快，其次为物流规模经济效益（B_{13}），单位货物向地下转移所产生的边际效益呈现下降趋势。

表 7-12 汇总了不同模式转移率期望（Ω）下的副中心地铁-地下物流共建网络最佳布局方案对应的各项成本以及网络设施配置。当网络达到最大规模（即情境6）时，需要建

表 7-12 副中心地铁-地下物流共建网络最佳布局成本及配置

模拟情境	客货共享车站编号	附属末端节点数量	附属胶囊管道总段数	管道总长度/km	地铁运输费用/(万元·d⁻¹)	胶囊管道运输费用/(万元·d⁻¹)	车站物流量/(万标准件·d⁻¹)	车站物流作业负载率/%	车站库存费用/(元·d⁻¹)	容量冗余惩罚/(元·d⁻¹)
情境 1	S-7	6	38	13.43	10.878	4.563	10.46	52.3	0	0
	S-28	5	27	16.09	4.481	6.062	12.54	62.7	0	0
	S-30	7	37	16.29	5.418	6.211	14.75	73.8	0	0
	S-45	8	62	23.79	4.622	7.754	15.46	77.3	5 291	0
	S-46	6	49	23.60	5.016	8.396	15.30	76.5	3 477	0
	S-48	4	27	12.78	3.761	5.200	13.09	65.4	0	0
	S-51	9	38	22.82	2.494	6.399	11.73	58.7	0	0
	TR-4	4	27	10.44	2.317	3.926	12.02	60.1	1 096	0
	平均	6.13	38.13	17.40	4.873	6.064	13.17	65.8	—	0
	总计	49	305	139.24	38.988	48.510	105.35	—	8 769	0
情境 2	S-8	8	48	20.00	13.922	6.700	13.11	65.5	0	0
	S-28	5	28	15.44	5.783	6.017	13.99	70.0	0	0
	S-29	7	48	20.18	6.613	7.180	15.10	75.5	1 119	0
	S-32	7	38	15.70	4.700	6.190	13.41	67.1	0	0
	S-45	8	65	25.66	4.638	8.580	16.08	80.4	12 376	0
	S-46	7	55	25.24	4.653	9.481	15.52	77.6	6 022	0
	S-47	4	35	13.58	4.474	5.689	14.87	74.4	0	0
	S-51	10	51	28.45	2.996	8.489	12.84	64.2	0	0
	TR-4	5	35	13.10	2.967	4.930	13.97	69.8	0	0
	平均	6.78	44.78	19.71	5.639	7.028	14.32	71.6	2 169	0
	总计	61	403	177.36	50.747	63.255	128.88	—	19 517	0

（续表）

模拟情境	客货共享车站编号	附属末端节点数量	附属胶囊管道总段数	管道总长度/km	地铁运输费用/(万元·d⁻¹)	胶囊管道运输费用/(万元·d⁻¹)	车站物流量/(万标准件·d⁻¹)	车站物流作业负载率/%	车站库存费用/(元·d⁻¹)	容量冗余惩罚/(元·d⁻¹)
情境3	S-6	4	36	11.02	10.170	3.971	10.14	50.7	0	0
	S-15	7	35	19.88	13.570	6.175	11.11	55.6	0	0
	S-28	6	34	18.09	6.171	6.639	15.03	75.2	361	0
	S-29	6	41	17.38	5.442	6.040	12.85	64.2	0	0
	S-31	6	33	12.06	3.828	4.749	11.92	59.6	0	0
	S-45	11	85	33.36	6.184	10.667	19.96	99.8	57 073	0
	S-46	7	39	17.96	4.752	5.813	13.95	69.8	0	0
	S-47	5	39	15.61	5.046	6.016	16.76	83.8	20 241	0
	S-48	6	30	17.96	3.279	4.876	10.24	51.2	0	0
	S-51	10	54	29.88	3.337	9.167	13.66	68.3	0	0
	TR-4	4	23	9.16	2.182	3.905	12.61	63.1	0	0
	平均	6.55	40.82	18.40	5.815	6.184	13.48	67.4	7 061	0
	总计	72	449	202.37	63.961	68.020	148.23	—	77 675	0
情境4	S-4	5	37	13.27	11.620	4.876	11.39	57.0	0	0
	S-6	6	48	14.50	13.430	5.464	13.42	67.1	0	0
	S-8	9	49	22.22	14.199	6.337	13.18	65.9	0	0
	S-15	6	33	18.30	11.372	5.625	9.97	49.9	0	787
	S-30	7	43	19.43	6.405	7.284	15.83	79.2	9 603	0
	S-32	6	33	13.44	4.098	4.557	11.72	58.6	0	0
	S-44	6	67	28.16	4.453	11.426	16.11	80.6	12 816	0
	S-45	10	76	28.88	5.107	8.358	16.22	81.1	14 045	0
	S-46	6	38	18.67	5.077	6.575	14.87	74.3	0	0

(续表)

模拟情境	客货共享车站编号	附属末端节点数量	附属胶囊管道总段数	管道总长度/km	地铁运输费用/(万元·d⁻¹)	胶囊管道运输费用/(万元·d⁻¹)	车站物流流量/(万标准件·d⁻¹)	车站物流作业负载率/%	车站库存费用/(元·d⁻¹)	容量冗余惩罚/(元·d⁻¹)
情境4	S-47	5	39	15.61	5.046	6.016	16.76	83.8	20 241	0
	S-48	6	30	18.29	4.048	5.494	11.01	55.0	0	0
	S-51	13	64	35.59	3.948	10.839	16.97	84.9	22 696	0
	TR-4	5	38	15.20	3.324	5.901	14.47	72.4	0	0
	平均	6.92	45.77	20.12	7.087	6.827	13.99	70.0	6 108	61
	总计	90	595	261.56	92.127	88.751	181.92	—	79 400	787
情境5	S-4	7	64	22.88	15.278	7.982	15.65	78.3	7 500	0
	S-6	6	47	15.04	13.708	5.161	13.55	67.8	0	0
	S-7	8	52	19.75	16.541	7.701	15.12	75.6	1 403	0
	S-15	8	41	22.53	15.037	6.953	12.83	64.1	0	0
	S-20	8	69	26.50	4.362	8.295	16.79	84.0	20 636	0
	S-28	7	41	21.57	6.678	7.690	16.46	82.3	16 766	0
	S-29	7	48	20.18	6.613	7.180	15.10	75.5	1 119	0
	S-32	9	49	19.84	5.999	7.707	16.02	80.1	11 735	0
	S-33	4	25	11.45	2.945	4.450	10.90	54.5	0	0
	S-45	11	88	33.81	5.717	11.206	19.97	99.8	57 152	0
	S-46	8	43	20.31	5.418	6.481	16.37	81.9	15 813	0
	S-48	6	55	28.36	5.721	9.397	18.65	93.3	42 021	0
	S-50	7	30	18.10	3.129	5.934	11.07	55.3	0	0
	S-51	9	62	30.95	3.002	9.889	11.64	58.2	12 439	0
	平均	7.50	51.00	22.23	7.868	7.573	15.01	75.0	12 439	0
	总计	105	714	311.26	110.147	106.024	210.11	—	174 144	0

(续表)

模拟情境	客货共享车站编号	附属末端节点数量	附属胶囊管道总段数	管道总长度/km	地铁运输费用/(万元·d^{-1})	胶囊管道运输费用/(万元·d^{-1})	车站物流量/(万标准件·d^{-1})	车站物流作业负载率/%	车站库存费用/(元·d^{-1})	容量冗余惩罚/(元·d^{-1})
情境6	S-3	7	51	18.67	11.753	4.981	12.24	61.2	0	0
	S-4	7	53	17.33	14.203	6.104	13.77	68.9	0	0
	S-6	6	47	15.04	13.708	5.161	13.55	67.8	0	0
	S-7	8	52	19.75	16.541	7.701	15.12	75.6	1 403	0
	S-12	9	64	28.35	18.339	8.656	14.61	73.0	0	0
	S-20	7	60	23.35	3.704	6.803	13.26	66.3	0	0
	S-28	7	41	21.57	6.678	7.690	16.46	82.3	16 766	0
	S-29	5	38	15.71	4.656	5.544	11.21	56.0	0	0
	S-30	7	35	15.87	4.912	5.216	12.70	63.5	0	0
	S-33	6	44	17.24	4.659	6.222	11.77	58.9	0	0
	S-37	12	91	46.60	6.644	14.103	14.95	74.8	0	0
	S-45	9	70	28.12	5.185	8.954	16.68	83.4	19 281	0
	S-46	7	45	20.28	4.482	6.039	13.14	65.7	0	0
	S-47	7	54	20.97	5.786	7.709	19.60	98.0	52 970	0
	S-48	6	47	26.68	3.737	6.352	10.48	52.4	0	0
	S-50	8	57	26.87	3.545	8.649	11.93	59.6	0	0
	TR-4	6	45	18.47	3.671	6.976	16.09	80.5	12 589	0
	平均	7.29	52.59	22.41	7.777	7.227	13.97	69.9	6 059	0
	总计	124	894	380.89	132.202	122.859	237.54	—	103 009	0

设 124 个末端地下物流节点、17 个客货共享车站和 381 km 的胶囊管道网络。根据优化结果，在情境 5 中，每个客货共享车站平均每天需要处理 15 万件标准包，S-45 站为最繁忙的车站，容量利用率达到 99.8%，库存成本为 57 073 元。S-33 站的货运负载最低，负载率仅为 54.5%。此外，S-45 站配有最多的附属末端节点和最长的附属胶囊管道，管道总长度达到 33.81 km。货物在地铁线路及胶囊管道上的运输费用大致相当，分别为 64 万元/d 和 68 万元/d。

表 7-13 呈现了地铁换乘车站处的货物转运情况。在情境 1 中，各地铁线路之间每日转运的货物达到 66.78 万个标准包，转运作业成本为 29.38 万元。所有情境中，来自 M102 线的货流（即 FDC-1）在地铁网络中的平均转运率最高，达到 57.6%；M18 线货流（即 FDC-2）的直达率最高。TR-2 站的货物转运作业负载最高，在 M102 线与 M18 线之间每天转运 21 万～39 万个标准包。当模式转移率从 $\Omega \in [0.45, 0.5]$ 变化为 $\Omega \in [0.95, 1]$ 时，地铁网络中的货物总转运量与网络运输总货量的比率从 60.4% 降至 51.8%。

表 7-13　副中心地铁线路货物转运优化结果

模拟情境	换乘车站编号	换乘车站货物转运量/(万标准包·d^{-1})				转运成本/(万元·d^{-1})
		M101 线货流	M18 线货流	M104 线货流	总计	
情境 1	TR-1	5.39	5.09	3.13	13.61	5.99
	TR-2	15.76	1.32	3.50	20.57	9.05
	TR-3	9.00	4.47	2.20	15.67	6.90
	TR-4	11.58	2.15	3.20	16.93	7.45
情境 2	TR-1	10.58	3.59	3.23	17.40	7.66
	TR-2	20.45	4.62	6.02	31.09	13.68
	TR-3	5.17	4.82	2.30	12.29	5.41
	TR-4	7.74	2.57	4.24	14.54	6.40
情境 3	TR-1	5.21	7.11	3.97	16.29	7.17
	TR-2	22.66	6.03	7.21	35.90	15.80
	TR-3	9.38	1.46	3.70	14.54	6.40
	TR-4	13.99	1.95	2.28	18.22	8.02
情境 4	TR-1	15.37	7.59	4.57	27.53	12.11
	TR-2	14.97	7.06	6.17	28.19	12.40
	TR-3	10.12	3.19	2.52	15.83	6.96
	TR-4	13.03	3.15	4.20	20.37	8.96
情境 5	TR-1	16.37	10.78	3.86	31.02	13.65
	TR-2	17.96	4.48	9.89	32.33	14.23
	TR-3	11.22	4.54	4.02	19.78	8.70
	TR-4	12.03	2.90	6.03	20.96	9.22

(续表)

模拟情境	换乘车站编号	换乘车站货物转运量/(万标准包·d^{-1})				转运成本/(万元·d^{-1})
		M101 线货流	M18 线货流	M104 线货流	总计	
情境 6	TR-1	13.49	10.64	5.00	29.13	12.82
	TR-2	23.53	4.30	11.01	38.84	17.09
	TR-3	7.32	8.60	5.93	21.86	9.62
	TR-4	23.03	2.62	2.01	27.66	12.17

7.3.6 研究结论

本节介绍了一类地铁-地下物流网络共建结构设计问题研究方法。考虑地面地下运输模式划分、节点选址、归属分配、二级管道布置和运输路径等网络布局相关决策，以设施建设成本、网络运行成本和容量冗余惩罚为多目标构建非线性混合整数规划模型，并通过一套结合非主导排序和染色体重组策略的改进多目标合作型协同进化算法（MoCC 算法）进行求解。

在模型求解方面，与 NSGA-II、MoPSO 等传统多目标算法相比，MoCC 算法在产生高质量帕累托最佳解、快速收敛、解的多样性以及面对场景变化的敏感性等方面具有优势，能够应对复杂地下物流网络结构设计问题的计算挑战。

北京城市副中心案例仿真结果表明：95%～100%的运输模式转移率下，考虑不确定性的地铁-地下物流共建网络设施建设折旧成本优化为 295 万元/d，运行成本优化为 454 万元/d，容量冗余惩罚优化为 0.23 万元/d。通过分析最佳网络布局形态发现，胶囊管道可以极大地扩展地铁线网的服务范围，扩大地下货运规模经济。然而，若要实现副中心地区货物需求运输完全地下化，超过 1/3 的原地铁车站需要建设为客货共享车站。从实践角度来看，这样一个客货流量高度密集的地铁网络可能是难以运行的，因此，有必要在最佳网络方案的基础上，移除一些负载较低的客货共享车站及其附属胶囊管道，或将这些车站的货运业务与其他车站进行整合，降低地铁系统的建设难度与运行复杂性。

以效益为导向的地下物流系统成网布局规划策略可使得系统资源配置与城市高质量发展有机融合。鉴于地下物流系统基础设施项目的特性，地下物流网络规划应综合考虑环境、社会、城市发展、防灾减灾等维度的贡献。副中心案例仿真显示，城市货运方式从传统道路模式向地下物流转移能够在城市流通经济、节能减排、交通流动性等方面带来显著改善。

参考文献

[1] Hu W, Dong J, Yang K, et al. Modeling real-time operations of Metro-based Urban Underground Logistics system network: A discrete event simulation approach[J]. Tunnelling and Underground

Space Technology,2023,132:104896.
[2] Hu W, Dong J, Yang K, et al. Network planning of Metro-based Underground Logistics System against mixed uncertainties: A multi-objective cooperative co-evolutionary optimization approach [J]. Expert Systems with Applications,2023,217:119554.
[3] 戚建国,周厚盛,杨立兴,等.灵活编组条件下轨道交通客货协同运输方案优化[J].交通运输系统工程与信息,2022,22(2):197-205.
[4] 潘寒川,陆俊波,胡华,等.客货混运下的城轨时刻表与流量控制协同优化研究[J].交通运输系统工程与信息,2023,23(2):187-196.
[5] 李竹君.城市轨道交通机场线客货列车开行方案优化研究[D].北京:北京交通大学,2020.
[6] 北京市规划和自然资源委员会.北京城市副中心控制性详细规划(街区层面)(2016年—2035年)[EB/OL].(2019-01-04)[2023-07-21]. https://ghzrzyw.beijing.gov.cn/zhengwuxinxi/ghcg/csfzxgh/201912/t20191213_1165343.html.
[7] 北京市规划和自然资源委员会.北京市专项物流规划[EB/OL].(2020-12-01)[2023-07-21]. https://view.officeapps.live.com/op/view.aspx?src=http%3A%2F%2Fghzrzyw.beijing.gov.cn%2Fzhengwuxinxi%2Fghcg%2Fzxgh%2F202012%2FP020201201588097284565.docx&wdOrigin=BROWSELINK.
[8] 蔡昌俊,韦琳珊,何铁军,等.粤港澳大湾区"城际+地铁"一体化运营管理下的车站功能布局标准化设计探讨[J].隧道建设(中英文),2022,42(12):2112-2121.
[9] Ozturk O, Patrick J. An optimization model for freight transport using urban rail transit[J]. European Journal of Operations Research,2018,267(3):1110-1121.
[10] Li Z, Shalaby A, Roorda M J, et al. Urban rail service design for collaborative passenger and freight transport[J]. Transportation Research Part E: Logistics and Transportation Review,2021,147:102205.
[11] Vallamsundar S, Lin J. Overview of US EPA new generation emission model: MOVES[J]. International Journal on Transportation and Urban Development,2011,1(1):39.
[12] Zhao W, Alam S, Abbass H A. MOCCA-Ⅱ: A multi-objective co-operative co-evolutionary algorithm[J]. Applied Soft Computing,2014,23:407-416.

总结展望篇

第 8 章
中国式现代化背景下地下物流系统发展定位

世界各国都在积极探索解决城市交通和环境问题的途径，有效处理货运交通已成为共识。地下物流系统通过地下管道或隧道在城市内部及城市间运输货物，不占用地面道路，从而减轻了地面道路的交通压力，缓解了城市交通拥堵；它采用清洁动力，有效减轻了城市污染；而且不受外界条件干扰，运输更加可靠、高效，具有极大的社会效益。随着城市地面交通问题日益突显，社会对地下物流系统的发展呼声越来越高。不仅如此，一些"大城市病"如城市用地紧缺、港城发展矛盾激化、配送效率低等，也促使政府、用户、物流商、设计单位等利益相关者参与研讨新的货物运输方式。发展地下物流系统能够解决这些社会层面的共性问题，因此，推进地下物流系统建设势在必行。

发展地下物流是对城市货运系统、基础设施和地下空间的重大变革。从城市层面来看，这是以城市可持续发展为基点的战略问题。近年来，地下物流系统得到了国家政策层面的支持。《交通强国建设纲要》《中华人民共和国国民经济和社会发展第十四个五年规划和 2035 年远景目标纲要》（以下简称"十四五"规划）等国家战略文件已明确指出推动城市地下物流配送发展。中国科学技术协会发布的 12 个领域 60 个重大科学问题和重大工程技术难题中，将地下交通和物流系统列入交通运输领域重大攻关方向。另外，我国在新时代下的现代化行业与城市发展战略规划为开展地下物流系统实践提供了多方面的政策支持，如表 8-1 所示。党的二十大报告中明确指出建设交通强国，重点在于建设高效顺畅的流通体系，降低物流成本，构建现代化交通运输基础设施体系。

交通物流领域"十四五"规划明确提出完善发展城市综合交通运输网络、全面推进运输绿色低碳转型，深入推进多式联运发展，推进综合货运枢纽建设，开展城市绿色货运配送示范工程建设，鼓励共同配送、集中配送、分时配送等集约化配送模式发展，围绕推进高质量基础设施建设和构建布局完善、立体互联的交通基础设施网络。其中，《"十四五"现代流通体系建设规划》明确提出在具备条件的地区研究推进城市地下货运系统建设，加快交通基础设施智能化升级，提升城市智慧供配和物流自动化水平。地下物流系统的实施能够有效促进人工智能和物流基础设施的有机融合,助力城市物流业的创新升级。

《"十四五"新型城镇化实施方案》指出促进产城融合,强化与中心城区快速交通连接,以高效、整合的新型综合货运体系衔接产业布局,提升产业组织和空间组织的效率,实现组团式发展;建立地下空间开发与运营管理机制,推行分层开发和立体开发,打造站城融合综合体,鼓励轨道交通地面与地下空间的综合开发利用。目前,地下物流系统已写入《雄安新区控制性规划规划纲要》《北京城市副中心控制性规划纲要》《中国(上海)自由贸易试验区临港新片区总体方案》等一批国家新区规划纲要。此外,《京津冀协同发展规划纲要》《粤港澳大湾区发展规划纲要》《长江三角洲区域一体化发展规划纲要》等重点区域规划文件中,均体现了对于构建绿色、一体化、网络化、智能化交通运输网络的迫切需求。国家在"全球123快货圈"建设、绿色货运试点、智慧物流关键技术供给、新型立体城市空间布局等方面的战略部署,为将地下物流系统纳入现代化新区总体规划提供了政策依托和现实保障。由此可见,加快地下物流系统的建设与实施完全符合国家的重大战略和总体规划。

表 8-1　　　　　　　　我国地下物流系统发展政策依托

政策文件	发布日期	发布部门	政策条目
《交通强国建设纲要》	2021年9月	中共中央、国务院	· 促进城际干线运输和城市末端配送有机衔接,鼓励发展集约化配送模式; · 提升供应链效率和智能化水平,增强铁路货运市场供给能力; · 积极发展城市地下物流配送系统
《国家综合立体交通网规划纲要》	2021年2月	中共中央、国务院	· 促进交通通道由单一向综合、由平面向立体发展,提高国土空间利用效率; · 建立"全球123快货物流圈"; · 统筹多种运输方式,规划建设协同和新型运输方式探索应用
《"十四五"现代物流发展规划》	2022年12月	国家发展和改革委员会、交通运输部、商务部	· 依托国家物流枢纽,整合区域物流设施资源,强化多式联运组织能力; · 发展智慧物流枢纽、智慧物流园区等新型物流基础设施,鼓励智慧物流技术与模式创新; · 在重大物流基础设施规划布局、设计建造阶段,充分考虑平急两用需要,完善应急物流设施网络
《"十四五"现代综合交通运输体系发展规划》	2021年12月	国家发展和改革委员会、交通运输部	· 建设综合货运枢纽系统,引导冷链物流、邮政快递、分拨配送等功能设施集中布局; · 打造城市现代交通系统,构建高效货运服务系统,发展现代邮政快递服务; · 全面推进运输绿色低碳转型

(续表)

政策文件	发布日期	发布部门	政策条目
《"十四五"现代流通体系建设规划》	2022年1月	国家发展和改革委员会、交通运输部、商务部	• 加快发展智慧物流,提升物流自动化、无人化、智能化水平; • 构建支撑现代流通的多层级物流服务体系; • 推动建设绿色物流枢纽、园区; • 积极发展城市地下物流配送,推进城市地下货运系统建设
《"十四五"交通领域科技创新规划》	2022年4月	交通运输部、科技部	• 开展城市地下智慧物流配送系统前期研究; • 发展经济高效的智慧物流关键技术; • 发展交通应急与服务保障技术
《"十四五"新型城镇化实施方案》	2022年7月	国家发展和改革委员会、住房和城乡建设部	• 优化城镇化空间布局和形态,积极破解"大城市病"; • 推进新型城市建设,优化重要民生商品、防疫物资及应急物资等末端配送网络; • 发展货物多式联运,降低物流成本

8.1 利用地下物流系统重塑城市空间格局

2022年末,中国常住人口城镇化率达到65%,提前完成"十四五"规划预期目标。城市人口与产业密度的上升导致货物的时效性和流动性需求不断增长,推动了城市物流规模迅速扩张。在"双循环"经济发展格局的驱动下,我国电子商务和物流市场将长期保持高增长态势。统计数据显示,2021年物流业总收入同比增长超过15%,全国规模以上批发和零售业销售总额达到86.5万亿元;其中,网上零售额达13.1万亿元,同比增长14%。根据国家邮政局《邮政行业发展统计公报》,2021年全国快递业务量已突破千亿件,增速达30%。广州、义乌等物流枢纽城市的年快递处理量超过百亿件,而一线城市的年快递签收量达到20亿件次。与此同时,电商直播、数字零售、社区团购、众包物流及农村电商等新兴消费方式迅猛发展。商务部《中国电子商务报告》显示,2020年外卖配送业务已占据全国餐饮市场总规模的16.6%。

《"十四五"城镇化与城市发展科技创新专项规划》提出,要支撑既有建筑和工业园区再利用、地下空间高效利用等新时期城市更新工作。基于此,重点研究以下领域:既有工业厂区、历史文化街区保护、城区人文保护、改造与功能提升技术;地下空间高效开发利用规划、建设和运维基础理论;以及地下空间资源开发适宜性评价与三维规划管控原理。《城市地下空间规划标准》指出,城市地下空间布局应有利于多空间的有机结合和相互连通，连通宜采用平层对接方式，扩大对接面，推动地下轨道交通车站与周边用地的地面、地下空间实现复合利用。土地资源是人类赖以生存的基础载体，也是社会发展的物质前提，通过合理规划地下空间来建设城市功能性基础设施是现代城市空间格局发展的大势所趋。地下物流系统作为一种前瞻性的地下空间利用形式，能够统筹规划地面地下一体化产业布局和基础设施，优化城市结构，节约土地资源，提高城市地下空间利用率。这种系统将成为解决城市交通拥堵、实现智慧物流的有效手段。

流通经济在加速城市发展的同时也带来了交通拥堵、土地资源紧缺和环境恶化等问题。这些城市问题又反过来制约物流业的发展。为缓解货运带来的负面影响，目前大部分城市主要采取分时段、分路段限行等粗放式管理政策。然而，这种政策导致货物积压和物流成本上升，成为物流企业面临的巨大挑战，也造成了物流需求与城市发展之间的矛盾。随着城市化进程的加快，快递物流产业呈爆发式增长。在人口密集的城市中，城市国土空间格局的优化和升级已经成为当前城市规划和发展的重要任务。《国家中长期科学与技术发展规划（交通专题）》指出要重点解决"降低交通能耗与污染""减少交通事故""缓解交通拥堵"三大问题。同时，"十四五"规划明确提出要完善城市综合交通运输网络、拓展基础设施建设空间，坚持绿色发展，着力改善生态环境，加快绿色城市和智慧城市建设，以提高城市可持续发展能力。地下物流系统可以结合城市轨道交通，将城市内的运输、配送等交通活动转移至地下空间，进而缓解地面交通压力，优化城市空间利用，减少空气污染和噪声污染。

新型城镇化战略要求城市地下空间重点区域分层分区开发，促进多中心、多层次、多节点、组团式、网络化发展，起到防止城市无序蔓延、协调城市功能、增强城市韧性和可持续竞争力的作用。目前，我国一线城市地下空间的综合利用率不到20%。绝大部分城市中层、深层次的地下空间尚未大规模开发。在此背景下，若能对城市地下空间进行合理分层利用，将能极大地缓解城市用地紧张、物流设施外迁等问题，"重塑"城市空间形态。嵌入地下物流系统的城市地下空间才能成为真正的流动空间，地下物流作为一种自动化程度较高的运输系统，与传统地面货运相比，其运输方式和基础设施形式更为多样化，可以有效匹配城市地下空间分层开发利用需求，促进物流空间由二维平面向三维过渡。如图8-1所示，集成地下物流系统的城市地下空间将有效得到分层利用。从成本和便利性等角度考虑，地下物流的仓储和集装箱专线可以置于城市深层地下空间中，而货运胶囊管道、末端地下物流节点等设施可进行浅埋。通过地下物流系统与其他地下设施（如地铁、市政管廊、人防设施等）共同建设，实现地下空间互联互通与功能耦合、新兴地下基础设施产业开发和升级，提高城市地下空间的管理水平。

在城市土地资源的约束下，城市更新是盘活存量用地、实现内涵增长的重要方式，基于既有建筑地下空间设施改扩建是其主要手段。《"十四五"新型城镇化实施方案》指出，合理控制老城区开发强度，推动新城新区高质量高标准建设，统筹布局各类市政公用设施和公共服务设施，促进产城融合、职住平衡。建立地下空间开发与运营管理机制，推行分

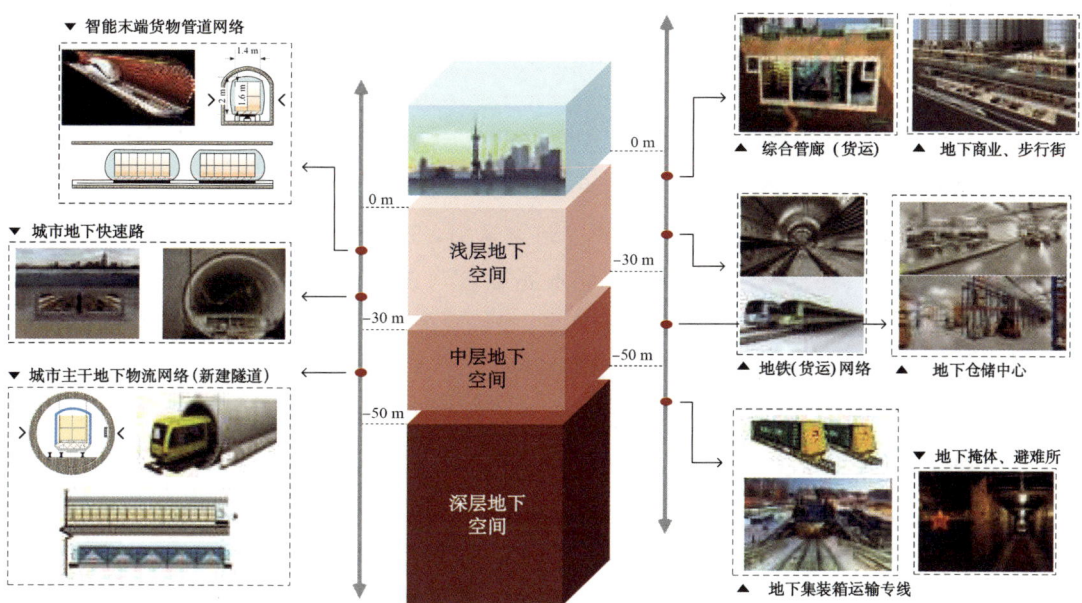

图 8-1　集成地下物流系统的城市地下空间分层利用示意

层开发和立体开发。探索建设用地地表、地下、地上分设使用权。推广以公共交通为导向的开发模式,打造站城融合综合体,鼓励轨道交通地面与地下空间的综合开发利用。利用既有设施改扩建为地下物流设施,既可以大量减少地面物流用地资源,又可以减少原有地下物流的地下用地资源,地面地下空间一体化的开发可以有效提高城市空间利用效率,提升城市的功能性与安全性,为城市的发展带来巨大的社会、环境和经济效益。地下物流系统具有很大的优势和发展潜力,为有限的城市空间资源利用提供了新的路径和思路。地下物流系统的引入将构建地下空间协同开发利用新机制,为打造城市地下空间新格局提供战略性机遇。

8.2　地下物流系统赋能智慧韧性城市建设

新型城镇化战略为地下物流系统的发展提供了驱动力。《国家新型城镇化规划(2014—2020 年)》明确指出要推进智慧城市建设,统筹城市发展的物质资源、信息资源和智力资源利用,推动物联网、云计算、大数据等新一代信息技术创新应用,实现与城市经济社会发展深度融合。此外,在城镇化进程中,应强化城市的智慧化基础设施建设,提高城市运行效率和资源利用效率,并提升城市对自然灾害和突发事件的适应能力、应对能力和恢复能力。当前开展的智慧城市试点建设旨在通过大数据、人工智能等新兴技术建立集成管理机制与资源交互平台,使得城市关键基础设施组件和服务更互联、高效和智能。在城市物流方面,传统模式存在信息共享不充分、资源配置不到位等缺陷。作为城市运营和管理的智慧化载体,地下物流系统的引入将促进城市物流系统与其他城市子系统(如金融、交通、医疗、市政、生产、商贸、公共安全、环卫等)深度融合,实现多尺度大数据采集、运行状态感知与智能自主决策,围绕新型城镇化背景下的供需关系,形成跨部门一体化的智慧监管框架与治理体系。

同时,我国还出台了《国务院关于促进物联网发展加快推进"互联网+"行动的指导意见》《关于构建安全生产风险防控体系的指导意见》等一系列政策文件,进一步鼓励城市智能化、数字化和智慧化的发展。综合现有的政策来看,中国政府出台的智慧韧性城市政策包括基础设施建设、安全风险防控、数字化发展等多个方面,从而使智慧韧性城市建设能够更加科学、系统、持续地推进。基于此背景,集约化和智能化的地下物流系统是有效促进智慧城市建设、提高城市韧性能力的重要途径。

地下物流系统的实施可以提高城市货运资源的利用率,提升物流业的集约化水平,解决城市物流散、小、差等诸多"痛点"。当前,传统物流业在城市干线运输和末端配送环节中各自为政,无法做到共同配送,由此造成了货运资源的大量浪费、货运负外部性的急剧增加以及货运成本的居高不下。由于物流企业的决策往往由市场因素主导,依托物流企业本身自主形成集约化的联合配送模式并不是一种可行的途径,政府的强制性措施也已被证明无法带来显著的正面效果。因此,地下物流系统的引入为城市货运模式的革新带来了一种新的思路。通过货运需求的集中化处理,地下物流系统可以有效提高车辆的装载率,节省物流处理空间和人力资源,最大限度地优化城市货运流程,实现货运资源的合理利用,降低物流企业的运营成本。此外,地下物流系统具有受外界干扰因素较小、运输高效等特征,可以显著提升城市物流的运营效率。企业可以集中精力经营业务,扩大企业的规模并提高市场的占比,消除原有封闭性的货运网络,实现城市物流共建共存共荣。

地下物流系统有助于提升城市管理标准化、信息化、精细化水平,推进城市管理向服务群众生活转变。更重要的是,在遭遇自然灾害或者突发事件时,地下物流系统可以有效提升城市防灾减灾综合能力。《"十四五"国家应急体系规划》指出要建成统一领导、权责一致、权威高效的国家应急能力体系,安全生产、综合防灾减灾形势趋稳向好,自然灾害防御水平明显提升,全社会防范和应对处置灾害事故能力显著增强。信息化是构建新时代大国应急管理体系的基础工程,也是提升应急保障能力的必由之路。当下,我国应急管理事业发展仍然面临信息化基础薄弱的现状,传统城市应急物流体系尚不健全,迫切需求一体化、智能化、高效的物流载体。因此,地下物流是实现城市应急治理体系现代化的重要途径。

一方面,地下物流系统具有很好的防护优势。由于地下物流系统位于地下空间,这使得其能够有效抵御地震、冰雹、大雾、沙尘暴等自然灾害对城市供应系统的破坏,也可为救灾物资提供地下储备和快速运输通道,有效保障灾区应急救灾物资及时储备与商品供应安全,从而显著提升城市防灾韧性和应急保障能力。另一方面,现存传统物流模式存在信息共享不足、服务灵活性低等缺陷,而地下物流作为集大数据、云计算和物联网为一体的智慧化载体,能够实现货运全流程的可视化监控和智能调度,在提供柔性服务的同时,还能实现城市货运数据的数字化采集与管理,为城市智慧化运营提供数据支持和技术保障。

"十四五"规划中明确提出要加快建设储备充足、反应迅速、抗冲击能力强的应急物流体系。地下物流系统具备无人运载、货物智能检疫、自动化分拣配送等技术特征,在公共卫生事件大规模暴发期间,可实现防疫物资24 h高效运输和非接触式配送,有效降低人员交叉感染风险。在应对自然灾害和突发公共卫生事件等方面,地下物流通过物品标记、库存管理与运输状态监测等技术手段,实现物资状态的实时化和数据化。这一特性不仅满足了消费者和企业对物流过程实时监控的需求,更重要的是为地方政府提供了货物数据的可视化管控平台,从而提升城市应急响应能力和整体韧性。此外,地下物流系统还可满足民用与军事、平战相结合的地下空间综合开发需求。现阶段,地下空间规划愈发重视人防要求,地下物流作为地下公共服务设施和城市综合防护体系的重要组成部分,可以有效提升地下人防、国防工程平时功能的多样化;通过在地下轨道交通、地下物流系统与地下防护设施之间建立高效转换机制,增强城市战时的人员掩蔽、疏散撤离和物资保障能力,为城市生命线提供保障。

8.3 依托地下物流系统打造现代综合交通运输体系

特大城市的人口与空间高密度发展,形成了要素复杂且高频交互的城市运行体系。在城市复杂性、个性化需求、商品类型不断增长以及货物高频流动的背景下,交通运输所引发的例如拥堵、尾气污染等"大城市病"的现象已普遍存在且愈发严重,居民高品质生活与城市功能的完善迫切需要物流运输技术的智慧化及配套交通基础设施的升级。然而,传统城市物流模式已成为城市整体智能化进程的瓶颈。城市物流系统作为城市综合交通运输体系的重要组成部分,其布局规划仍然简单粗放,各种城配方式无序发展,缺乏统筹管理,严重制约了我国现代化城市综合交通运输体系的建设。此外,城市物流单一领域的智能化发展也无法满足城市整体效率的提升,因此需要将其纳入城市规划的范畴,以更深入真实的视角和更宽阔的视野来揭示城市物流复杂形态背后的动态流演化和结构性规律。

从城市有限的用地资源来看,从一维空间向多维空间扩展发展现代化运输和供应系统,"上天入地"成为突破城市货物运输瓶颈的新思路。在城市空间内,虽然不存在无人机送货的技术壁垒,但出于安全层面和适用小包裹特征方面的考虑,无人机并不适合成为现有城市货物运输的替代方法。因此,"入地"成为解决城市交通拥堵问题的新方向。科学合理地开发利用城市地下空间,成为提高城市空间资源利用效率、提高城市综合承载力和保护地下空间资源的重要途径。城市地下物流作为一种全新概念的运输和供应系统,在城市内部及城市间通过地下管道或隧道等封闭空间来自动化运输货物。从城市地下空间的角度来看,它不占用地面道路,与外界条件物理隔绝,可采用全自动化技术保障货物可靠的运输,有效减少城市污染。从城市物流的角度来看,在城市有限的狭小空间内,很难新建和扩建仓储和末端节点等物流设施；而转入地下空间，依靠地下空间的深度和广度建立货运网络基础设施，能突破现有城市物流的瓶颈，提高物流运输效率，实现以地面地下一体化的新型城市智慧物流体系为支撑的城市相关产业协调发展与整体绩效提升。

当前的地下物流系统研究以城市物流现状为基础。从动态的角度来看，城市总体规划与物流系统专项规划本身也构成了地下物流系统的性质、形式和结果。当地下物流系统在塑造新的交通模式与物流运行范式时，城市本身也通过感知、参与或修正对地下物流系统发展产生影响。这些动态的广泛变化也导致了基于地下物流系统的城市新交通物流形态的迭代和城市功能及形式的重组。通过构建城市地面道路交通网络与地下物流系统协同运输的模式，能够促进城市交通物流形态的转型和重塑，有效缓解城市交通拥堵和城市可持续发展性之间的矛盾，是有效构建绿色、高效、便捷的现代化综合交通运输体系的重要举措。

交通运输是服务性行业和现代化经济体系的重要组成部分，是构建新发展格局的重要支撑和服务人民美好生活、促进共同富裕的坚实保障。《"十四五"现代综合交通运输体系发展规划》提出要发展货物多式联运和现代邮政快递服务，推动城市交通绿色低碳转型，加强智能交通技术的推广应用。建立综合的货运枢纽系统，优先利用现有物流园区以及货运场站等设施，规划建设多种运输方式高效融合的综合货运枢纽，引导冷链物流、邮政快递、分拨配送等功能设施集中布局。完善货运枢纽的集疏运铁路、公路网络，加快建设多式联运设施，推进口岸换装转运设施扩能改造。加快多式联运信息共享，强化不同运输方式标准和规则的衔接。推动集装箱、标准化托盘、周转箱（筐）等在不同运输方式间共享共用，提高多式联运换装效率，发展单元化物流。地下物流系统作为一种综合型的运输枢纽，能够连接城市内外部的重要门户节点，融合集疏运铁路、公路网络和港口枢纽，利用标准化运输单元在不同运输通道类型中共享使用，能够实现自动化、集约化、一体化的物流运输模式，适应不同地区和场景的需求。

《中国制造2025》提出综合物流体系应当将城市规划与物流产业规划有机结合，通过高效整合的新型综合货运体系实现综合交通基础设施与产业布局、城市立体空间的协同发展，从而提升产业组织和空间组织的效率。地下物流系统充分考虑了城市规划与物流产业规划的结合，利用城市地下空间，构建立体化城市交通运输网络，促进人工智能和高效物流基础设施的有机融合，助力城市可持续发展和城市物流高质量发展，实现物流业创新升级。《国家综合立体交通网规划纲要》提出要统筹多种运输方式的规划建设与协同发展，探索新型运输方式的应用，推动交通通道由单一向综合、由平面向立体发展，从而提高国土空间利用效率。到2035年，基本建成便捷顺畅、经济高效、绿色集约、智能先进、安全可靠的现代化高质量国家综合立体交通网，实现国际国内互联互通、全国主要城市立体畅达、县级节点有效覆盖，有力支撑"全球123快货物流圈"。相关规划政策已体现了对以地下物流、高铁快运等为代表的现代交通运输方式的迫切需要。

现阶段，从物流运输"涉及面广、协调难度大"的特征来看，迫切需要创新利用地下空间构建标准化、规范化运行的城市物流专属基础设施网络,有效缓解交通拥堵、环境污染等问题,提升城市物流运营效率和服务能力。地下物流系统致力于打造集"高效运输、智能仓储、便捷配送、智能终端"于一体的多级网络化地下基础设施,建立城市干线运输和城市末端配送的立体互联。地下物流系统在地下运输技术发展积累的基础上,创造了一种以新一代基础设施和智慧地下空间开发治理模式为支撑的新型城市货运交通范式。这种范式超越了传统交通规划与管理范畴,以促进物流业、特色产业与城市协同发展为出发点,集成城市地下配送与区域货物地下多式联运,实现物流园区、空港、公铁枢纽与城市之间有机衔接。

物流业作为物的流动的科学管理的行业,是融合运输、仓储、配送、流通加工、信息服务等产业的复合型服务业;交通运输是物流发展的基础环节和重要载体。在复杂的国际环境和我国经济社会发展进入新常态的大背景下,我国综合交通运输体系不断完善,物流业持续快速发展,已初步形成了两业衔接互动的发展格局。在《中国雄安新区规划纲要》《京津冀协同发展规划纲要》《粤港澳大湾区发展规划纲要》《长江三角洲区域一体化发展规划纲要》等一批国家重点城市群开发战略文件中,均重点提出了构建绿色、一体化、网络化、智能化的交通物流运输体系。地下物流系统高度契合城市货运需求,消除了传统货运模式的负外部性。通过构建"多级轴辐式"地下物流网络,连接城市各功能组团,园区货物可先经由"隧道干线网"运输至枢纽地下节点,再通过"本地管道网"高效配送至末端地下节点,实现全流程自动化运输。这一模式不仅能大幅释放地面道路资源,推动城市货运绿色"脱碳",还能提升城市综合交通体系的智能化水平。将地下物流系统纳入新时代城市规划,必将产生巨大的效益,为构建现代城市综合交通运输体系提供坚实保障。

8.4 基于地下物流的绿色高效现代流通体系

近年来,绿色经济一直是我国倡导的主要战略方向之一。围绕"双碳"目标,国家出台了一系列政策并采取了相应举措。2021年,"碳达峰碳中和"工作领导小组在北京召开了第一次全体会议。随后,中共中央、国务院陆续发布了《关于完整准确全面贯彻新发展理念做好碳达峰碳中和工作的意见》《2030年前碳达峰行动方案》等文件。科技部、国家发展和改革委员会、工业和信息化部等部门也印发了《科技支撑碳达峰碳中和实施方案(2022—2030年)》。这些重要文件共同构建了中国碳达峰碳中和的政策体系,提出了科技创新举措和保障措施,同时重点领域和行业的配套政策也相继出台。

实现碳达峰碳中和是一项多维、立体、系统的工程,涉及经济社会发展的方方面面。作为国民经济发展的先导性、基础性、战略性产业,物流行业也成为"双碳"政策的主要目标之一。《关于完整准确全面贯彻新发展理念做好碳达峰碳中和工作的意见》中明确提出了加快发展绿色物流的任务,并强调了优化交通运输结构的重要性。此外,党的二十大报告也强调了发展绿色低碳产业的重要性,倡导绿色消费,推动形成绿色低碳的生产方式和生活方式。

2022年1月,国家发展和改革委员会、工业和信息化部、住房和城乡建设部、商务部、市场监管总局、国家机关事务管理局、中共中央直属机关事务管理局会同有关部门研究制定《促进绿色消费实施方案》。方案提出要强化绿色消费科技和服务支撑,加快发展绿色物流配送。积极推广绿色快递包装,引导电商企业、快递企业优先选购使用获得绿色认证的快递包装产品,促进快递包装绿色转型。绿色包装是绿色物流的一个缩影,而绿色物流是指以降低对环境的污染、减少资源消耗为目标,利用先进物流技术规划和实施运输、储存、包装、装卸、流通加工等的物流活动。地下物流系统正是绿色物流得以实现的有力工具,它体现了绿色物流的集约资源、绿色运输、绿色仓储、绿色包装4项内涵。通过整合现有资源,优化资源配置,提高资源的利用率;合理规划设施布局,使用清洁能源,实现了运输过程的节能减排目标;科学布局设施选址,实现仓储面积利用最大化;提高包装材料的回收利用率,有效控制资源损耗。

在推进"双碳"目标的过程中,优化货物运输结构是一个重要方面。调整和优化货物运输结构,降低公路货运的比重,是追求节能减碳的有效选择。发展多式联运,构建绿色货运服务网络,是顺应市场需求和"双碳"目标的重要举措。地下物流系统集成了不同通道选型,可以无缝衔接运输模式,提高综合运输效率。通过使用清洁能源,地下物流系统可以有效减少能源消耗和排放量,有力支持国家能源安全战略。

从国际上现代流通体系发展的趋势和我国的实际情况来看,现代流通体系是指适应现代经济发展需要的流通实体系统和流通制度系统,其中主要包括流通运行体系、保障体系以及规制体系。纵观世界流通业的发展,随着科技革命、产业革命和消费革命的不断兴起,现代流通体系会相应发生重大变革,流通基础设施作为保障体系中最重要的实体系统,其重要程度不言而喻。《"十四五"现代流通体系建设规划》中提出要遵循"创新驱动、绿色低碳"的发展原则,大力发展流通新技术新业态新模式,推动关联领域协同创新、跨界融合,延伸现代流通价值链。落实碳达峰碳中和目标要求,加大流通全链条节能减排力度,加快低碳绿色转型,推进资源集约利用,增强流通可持续发展能力。为了增强交通运输对现代流通的支撑作用,须加快铁路、公路、港航、机场等交通基础设施数字化改造和网联化发展。有序推进智慧公路、智能铁路建设,在具备条件的地区研究推进城市地下货运系统建设。

地下物流系统的引入一方面可以提高城市物流空间利用效率和物流业集约化水平,有效节省物流资源与人力资源,最大限度地优化城市货运流程,实现城市供应链闭环高效运营,释放供应链潜力,带动产业转型升级;另一方面,伴随地下物流系统形成的地面地下一体化城市物流服务平台,可以有效促进交通、邮政、商贸、供销、快递等资源开放共享,通过推广城市地下共同配送模式破解运输环节衔接不畅、市场壁垒、决策条块分割等"瓶颈",推动批发、零售、电商、餐饮、进出口等商贸服务企业与物流企业的深度合作以及管营物流、企业自营物流与第三方物流的协调发展,实现城市物流"降本增效"。现代化的流通体系需要面对巨大规模的人口带来的物资供配效率不足的挑战。地下物流系统利用先进的地下交通技术和地下基础设施开展高效运输，能够有效应对城市物流需求激增，促进从"道路依赖型的第三方自主运输"向"基于地下专属路权的自动化标准化运输"过渡。地下物流系统作为城市物流网络的重要组成部分，一方面确保本地枢纽与区域物流基础设施的高效衔接，另一方承担向客户提供高质量配送服务的职能。地下物流系统开发将带动物流业与生产、供应链、基础设施等行业"链条式"创新发展，培育物流新业态和新消费需求，在保障国民经济循环畅通无阻的同时为城市发展注入动力。

现代流通体系建设与现代物流建设要求加强城市物流网络与综合运输大通道和国家物流枢纽的衔接，推进城市商业设施、物流设施、交通基础设施规划建设和升级改造，优化综合物流园区、配送（分拨）中心、末端配送网点等空间布局，提升物流节点聚集辐射能力。然而，当前城市物流尚未完全纳入城市规划的范畴，鲜有把物流设施放到城市基础设施的高度去规划和开发，这使得决策者难以站在行业发展的角度去规范和引导物流产业。《"十四五"现代流通体系建设规划》也表示应拓展物流服务新领域新模式，加强物流基础设施与工业园区、商品交易市场等统筹布局、联动发展，推进国家物流枢纽经济示范区建设，培育壮大枢纽经济。支持物流企业与生产制造、商贸流通企业深度协作，创新供应链协同运营模式，拓展冷链物流、线边物流、电商快递等物流业态。推进物流与生产、制造、采购、分销、结算等服务有机融合，营造物流与产业互促发展生态。新发展格局之下，地下物流系统的实施不仅能够满足物流要素高效集聚的要求，还能通过优化配置提升流通效率，减少流通障碍，实现物流数据标准化，有效推动产业的变革，形成全行业的规模化效应。

地下物流系统的建设与实施是现代流通体系的重要保障，它可以有效地实现从生产到消费各环节与各产业的高效协同，是物流供应链融合创新的重要途径。"十四五"规划中也明确提出为促进国际国内产业链供应链良性循环，应重点围绕供应链标准化、智能化、协同化、绿色化和统一标准体系、统一物流服务、统一采购管理、统一信息采集、统一系统平台开展现代供应链体系建设。要发挥"链主"企业的引导辐射作用、供应链服务商的一体化管理作用，加快推动供应链各主体各环节设施设备衔接、数据交互顺畅、资源协同共享，促进资源要素跨区域流动和合理配置，提高流通运行效率，打通产业链供应链堵点。地下物流系统通过科学规划布局物流基地、分拨中心、末端配送晚点等流通基础设施建设，形成内外联通、安全高效的物流网络，对打造绿色高效的现代流通体系具有重要意义。

8.5 地下物流市场拓展与技术创新

8.5.1 地下物流系统具有潜在的市场和综合效益

我国人口红利仍然对物流业产生积极影响，持续提升的国民购买力有效支撑了物流需求的快速增长。从供给端看,物流已成为决定流通整体效率和成本的主要因素,其规模的持续扩大推动了公路货运效率指数保持高位运行,这在客观上加重了交通基础设施的运营负担。近年来,中国基础设施虽得到了较大的发展,但总体能力仍难以满足现代物流发展需求和迅速增长的货运量。通过不断新建/扩建交通基础设施、物流园区和堆场来保障货物运输、转运及储存堆放,不仅将占用更多土地资源,还可能产生废水、废气、固体废弃物等污染问题。从现状来看,有限的土地资源和严重的交通拥堵对传统物流的运行造成了严重阻碍,生产端与消费端的资源矛盾日益加剧。在低碳发展尤其是绿色经济成为主流趋势的背景下,亟须构建绿色、高效、高质量的新型运输服务体系来突破困局,这为地下物流系统创造了发展契机。

地下物流系统可以通过规模化运营、优化货物和机车的配置,实现运输资源的最大化利用。该系统制式多样、布局灵活,能够适应各类城市发展需求和空间约束,是一种稳定且高效的城市物流提升方案。规划地下物流系统不是简单地将地面货运转移至地下,而是要充分发挥其清洁、高效和无干扰的优势,将其作为城市地下空间功能的延伸和补充,从而打造城市地下空间新格局,增强城市韧性。地下物流系统不仅可以在物流供应链的各个层面发挥作用,还可以与其他物流模式协作,为供应商、企业、中间商及消费者等提供高效服务,降低地下商业物流链的复杂度,优化仓储与货运模式,促进城市地下空间的发展和产业升级,最终助力"智慧城市"建设,促进可持续发展。

地下物流系统能够带来环境、交通、物流、社会等多方面的综合效益。从环境效益来看,地下物流系统能够取代部分传统燃油货车,在节省化石燃料等能源的同时减少温室气体和有害气体的排放,并能有效缓解道路货运造成的噪声污染。从交通效益来看,地下物流系统能释放被货车占用的城市道路资源,缓解交通拥堵,降低货车引起交通事故发生的概率,同时也能降低因货运导致的公路养护成本;从物流效益来看,传统的运输行业以人工作业为主,包裹破损率较高,而全自动化的地下物流系统能够大幅降低物流包裹的破损率,其高速、稳定的运行特征有助于减少货运时间及物流成本;从社会效益来看,地下物流系统集成了传统物流运输流程,不仅节约了土地资源,还提高了城市防灾能力。

8.5.2 地下物流系统具备良好的技术特征

地下物流系统可选择的运输技术是多式多样的,国外工程实践案例在可行性研究、规划布局和方案设计等方面的成败都为中国发展地下物流提供了宝贵的经验。随着规划理念的进步和社会需求的激增,近几年,一批地下物流项目相继"破冰"并得到实施,例如新加坡 UGMS 地下仓储及配送计划、英国 Magway 地下磁悬浮运输系统、美国 Virgin Hyperloop 城际高速真空货运管道系统、瑞士 Cargo Sous Terrain 国家地下货物运输计划,初步的规划和工程测试说明地下物流系统已逐步满足开发的需求。此外,我国的地下施工技术比较成熟,中国地铁、山河隧道、地下电站、地下储库等地下工程建设已经取得了显著成就,可为地下物流系统的建造提供技术支持,特别是我国隧道工程技术世界领先,地下空间开发利用规模和速度居世界首位。

科技的不断进步为地下物流系统的发展提供了良好的技术基础。网络化、信息化和智能化技术的推广促进了智慧物流的发展,并成为许多物流企业的战略重点。追踪定位、射频识别、电子数据交换、可视化以及移动信息等新兴技术在货物运输领域得到了广泛应用,物联网、云计算、大数据等新技术的结合利用自身优势,推动传统物流企业向"互联网+"创新模式转型。智能仓储在速递、电子商务、冷链、医药等领域迅速推进,智能仓储机器人、无人机配送等智能物流技术的研发与应用加速发展。市场也积极改进和推广末端配送方式与模式,着力构建城市配送平台,实施共同配送、集中配送和智能配送;同时推广应用共享经济模式,开展即时配送服务。物流供应链各环节操作与管理的信息化、自动化及智能化水平显著提升。

地下物流系统的技术特征符合物流产业规划蓝图和区域产业结构特征的要求。在物流企业谋求合作、产业结构升级、多式联运模式逐步成熟的大背景下,货运市场中物流企业的兼并重组和战略联盟合作不断深化,平台整合以及经营创新模式得到了进一步推进。国家提倡发展多式联运,利用高速铁路进行货运的前景广阔。产业物流园区的服务也在不断升级,提升了集聚作用,为企业构建了便捷高效的物流服务网络。共享经济模式和平台型企业将获得更多的发展机会,物流集群也将加速发展,以物流服务为支撑的产业生态圈正在逐步形成,市场格局也面临着新的调整,地下物流系统的技术特征与区域产业结构的发展需求高度契合。

我国地下物流产业化进程正处于起步阶段。近几年来,国内市政、交通、城建、港口、物流、机械等领域的头部企业相继参与地下物流系统的开发,将地下物流系统技术研发列为重要业务方向。除雄安新区、北京城市副中心、上合示范区等地的地下物流试点项目外,苏南地区、粤港澳大湾区以及青岛、南京、武汉、昆山等城市也正在积极评估引入地下物流系统的可行性。规划应用领域涵盖城际多式联运、港口集疏运、地下轨道交通客货一体化、城市配送、商贸流通等多个方面,当前,符合我国国情的地下物流系统工程实践正在实现从"无"到"有"的突破性转变。

第9章
地下物流系统开发技术体系

技术体系是支撑地下物流系统设计、建设和运营的物理信息载体,是地下物流系统开发过程中涉及的车辆运载、隧道施工、物流工程等核心技术的集成表现形式。该体系通过对各种技术手段、装备、方法和理论知识的系统整合,形成一个有机整体。地下物流系统技术体系中的关键技术主要包括以下五类:地下物流规划与协同开发技术、地下物流智能运载与控制技术、地下工程绿色智慧建造技术、高性能地下物流装备技术和地下物流智慧运维技术(图9-1)。

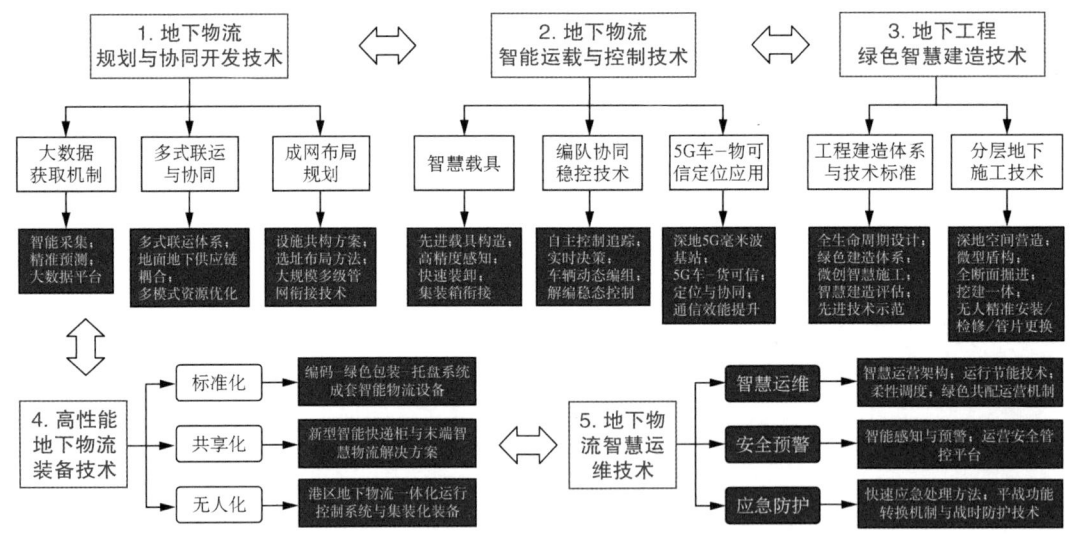

图9-1 地下物流系统关键技术示意

9.1 地下物流规划与协同开发技术

地下物流规划与协同开发技术主要面向地下物流工程项目实施过程中的决策问题,以实现城市可持续发展与资源最优配置为目标,通过信息技术和管理科学方法提升系统规划与开发的合理性、经济性、协同性。从推进我国"双碳"目标、交通强国建设、智慧城市建设、城市地下空间开发等战略需求来看,地下物流系统的远期定位应从单一的"智能运输技术"升级为"引领城市可持续发展的新型基础设施系统"。为此,需要配套发展规划与管理技术,以支持地下物流系统深度融入城市规划体系,通过促进地面与地下物流系统协同发展,实现城市空间利用一体化、客货运输一体化、城市物流与地下基础设施建设一体化,构建多层次、集约化、时空一体的城市立体网络运输体系,从根本上突破未来城市交通瓶颈和物流限制,增强城市在灾害和公共卫生事件暴发时期的应急能力,提升城市交通系统的韧性。

为此,需要建立以地面地下一体化规划理论、城市地下空间协同开发理论和新型城市物流运营管理方法为核心的技术框架,为地下物流系统的顶层设计和实施提供支撑。综合来看,地下物流系统的规划与协同开发应重点开展以下技术研究,以满足实际应用需求。

1. 多源大数据采集与智慧运用技术

(1) 面向城市物流的时空特性与供需机制,建立城市物流大数据体系以及预测与更新机制。

(2) 研究基于物联网、云计算、数字孪生的城市级交通物流动态大数据采集、推演与需求精准预测技术方法。

(3) 研究基于地下物流的城市配送系统性能测定、环境影响及社会效益评估技术。

(4) 研究城市深地空间勘探及数据采集技术,以此构建城市地下空间大数据底盘,开发多源大数据驱动下的地下物流系统规划支持平台,为地下物流系统工程建设提供各项数据支撑。

2. 多式联运协同与集成技术

(1) 面向地下物流实施规划总体框架,研发地下物流系统与地铁、无人机、无人车等交通方式之间的多式联运协同与运行集成技术。

(2) 研究基于地下物流的城市立体供应链协同运作机制与适用于地下无人运输的多模式协同关键技术,实现有效调节城市物流各个环节资源配置,缩短配送时间,提升服务质量。

(3) 研究支持地下集装箱专线规划、城市多级地下物流系统规划、地面地下一体化运输管理的模型分析技术与仿真系统,实现效益与性能全面提升。

3. 城市地下物流成网规划技术

(1) 研究面向区域物流体系的地下物流系统战略定位与方法,建立融入地下物流系统的多模式物流协同及性能评价体系,针对港口、机场、物流园区和城市配送中心等建立地面地下物流一体化设施布局方法。

(2) 研究地下物流与地铁、综合管廊等地下基础设施共建(共构)与协同运行控制技术。

(3) 研究基于数据驱动的多级复杂地下物流网络选址布局优化方法，建立大规模地下空间多级管网衔接相关技术理论。

(4) 研究适合于典型区域（如综合物流枢纽、城市中心区）和不同地质环境的地下物流线路调控与新型地下结构设计方法。

9.2 地下物流智能运载与控制技术

随着运输技术的进步，世界各国研发了多种动力类型的地下货物运输载具。例如20世纪80年代，美国开发了气动和水动管道运输技术，该项技术主要用于矿山和农作物的低速运输。随后，荷兰、德国和瑞士相继研发了电力驱动的地下货运隧道与车辆系统。近年来，英国、美国等国家开始进行地下高速磁浮真空管道运输技术的测试与研发。当代地下物流系统要求配备高性能、智能化的运输装备，这些装备应具有自感知和自修复能力，以适应复杂多变的货运需求和运行环境。从当前技术发展情况来看，地下物流运输装备领域还需开展以下关键技术研究。

1. 高性能地下货运载具装备

(1) 针对包括地下集装箱智能动车组、磁浮真空管道推进系统、地铁货运列车系统、城市地下物流自动导向车系统以及胶囊货运车系统等在内的多样化的地下物流运输载具，研制成套技术装备。

(2) 在车辆尺寸、运行速度、装卸搬运参数、制动性能、信号控制和可靠性等方面进行优化与样机测试，重点解决地下物流车辆机械制造、轨道建造、界限与减振、动力系统、行车综合自动化控制、车辆段与综合基地建造、冷链车厢与装卸机具、场桥集装箱衔接、载具能力增强等关键技术问题，满足不同应用需求。

2. 地下物流车辆协同编队与稳态控制技术

(1) 相比传统物流，地下物流系统运行控制系统要求在超短距离追踪条件下对运载车辆进行高精度感知与实时决策，车队编组与解编更加需要稳态的控制方法。因此，需要开发大尺度多粒度的地下物流机车群态势融合感知机理与自主控制方法。

(2) 对地下物流车辆运行系统故障、停运原因进行识别、分类和分级，建立地下物流运行可靠性数据库与智能评估技术。

(3) 面向调度目标的多样性，研究柔性调度方式编制与运输组织优化关键技术，提升地下物流系统运行的效率和稳定性。

3. 地下车-物可信定位理论方法与应用

(1) 由于地下通信网络对基站布置具有较高的要求，并且地下货物运输需要实时追踪每个物件的位置，现有技术可能无法满足这些需求。因此，需要针对性地提出适用于深层地下空间运输的车-物可信定位理论与方法。

(2) 针对地下基础设施有限的空间和通信障碍的问题，研究地下物流5G毫米波基站的大容量、高可靠性和可信性通信效能提升技术。

(3) 研究基于大数据驱动的地下物流网络运行状态实时监测技术与应用平台。

(4) 研发地下物流车载 5G/6G 传输终端软硬件架构与装备。

4. 地下无人载运智能感知与控制技术

(1) 研究地下无人运载工具的智能感知技术与自动化操作衔接控制技术。

(2) 开发地下无照明条件下，基于边缘计算和多传感器信息融合的运输载具自主定位与智能识别技术。

(3) 研制地下无人载具智能感知仿真平台，开发面向地下自动驾驶的高精度车载激光雷达与载具能力增强技术，建立具有辅助决策功能的物联网硬件技术框架与信息平台。

9.3 地下工程绿色智慧建造技术

地下物流系统工程建设涉及地下工程勘探、设计、施工与维护等技术及理论方法。我国在地下空间开发和地下工程领域积累了丰富的研究和实践经验，能够为地下物流系统的建造实施提供有效保障。相关技术研究应聚焦以下方面以提升工程建设水平。

1. 地下物流绿色、安全、智能建造技术框架与标准

(1) 丰富城市深部大型地下空间系统设计与建造、地下物流系统防灾减灾、全寿命周期建设管理相关理论与方法。

(2) 研究分层地下空间不同地下结构间的一体化施工技术，发展具有精准定向、环境影响小、自适应、满足地下密集建设条件的绿色建造技术，建立多制式地下物流系统智能建造评估体系。

(3) 融合人工智能、大数据等先进方法提升地下物流工程建造水平，并开展先进技术集成示范。

2. 面向复杂地下开发环境的地下物流施工专项技术

(1) 研究城市 50 m 以下空间大型物流节点设施、集装箱通道的结构设计理论。

(2) 研究满足自适应、抗干扰、高效率要求的地下物流网络多线并进施工技术，以及城市更新条件下的地下空间微创智慧施工技术。

(3) 发展大断面异形物流隧道盾构精细控制、超深基坑与特殊地层施工技术。

(4) 研究探测数据传输和集约化随钻测量装备技术、深地空间地下水处理及结构防水技术。

3. 地下物流施工建设装备

(1) 研究地下物流管道/隧道自动化施工技术以及无人安装、智能检修和自动替换技术与装备。

(2) 研发能够适应不同断面形状、转弯半径小、爬坡能力强、环境影响小的地下物流盾构装备，满足不同地层条件的集装箱隧道全断面掘进技术与装备，以及能够适用于狭窄

空间、具有精准定向能力的地下物流顶管施工装备。

（3）研发地下物流通道下穿既有建筑基础的新方法、新装备。

9.4 高性能地下物流装备技术

地下物流作业装备基于对现有物流设施设备（如仓储设备、搬运设备等）的改进与集成，需适应地下物流节点小空间、密集型、集约化的运作特点。地下物流作业装备研制需统筹考虑系统运营的标准化、无人化、共享化等因素，并配合地下物流运输载具，满足各类地下物流节点（如码头、集散中心、地铁客货车站等）对货物处理效率和成本的要求，包含如下关键技术与装备：

（1）标准化地下货物编码、包装、追踪系统与射频识别技术；

（2）适应共享物流体系的自动化地下仓储与分拣装备；

（3）满足高效自动化地下作业的货物搬运装备（如升降竖井、输送带、搬运机器人等）；

（4）支持"门到门"地下配送的末端投送装备，包括地下物流节点无人机投放平台和具有地下接口的智能快递柜等；

（5）多模式、多货品地面地下自动装卸与转运一体化技术解决方案；

（6）仓-干-配一体化地下物流运行控制管理系统；

（7）基于人工智能的地下物流设备状态柔性感知与资源调度技术。

9.5 地下物流智慧运维技术

地下物流系统安全高效运营离不开智能技术的支撑。地下物流智慧运维技术主要体现在运营管理、安全预警和应急防护三个方面，相关技术研究需求如下。

在运营管理方面，面向多业务场景，研究地下物流系统与上下游不同运载工具的协同运行模式与调度控制技术，建立涵盖节能减排、在线订单管理和基于地下物流的城市物流供应链管理平台的技术体系。

在安全预警方面，研究地下物流设施运行状况智能感知与预警关键技术，实现对地下物流系统运行中故障、瓶颈与停运原因的快速诊断与分级；构建集成结构健康智能监测与安全事件响应的运营安全管控技术与平台，满足预警信息共享与在线处理要求。

在应急防护方面，针对地下物流网络的破坏机理，提出防止大面积中断的应急处置方法；研究"军民融合"要求下的地下物流系统平战功能转换机制与战时防护技术；实现各类灾害影响下的地下物流系统应急调度与运营能力恢复技术集成。

第10章 地下物流系统研究现状

合理开发地下空间,科学布局形式多样的地下基础设施已成为我国新区建设的基本共识。充分发挥新区空间的可塑性优势,打造"人在地面,货在地下"的"分层城市"运输体系是促进新区迈向智慧化和可持续发展的有效策略。作为新区智慧交通物流体系的重要载体,在建造技术之外,地下物流系统开发还涉及规划策略制定、基础设施设计选型、运行调度模式、运营管理等关键科学问题研究。亟须结合城市规划、土木工程、交通运输管理与系统科学专业背景,形成相应知识体系,为地下物流工程试点及后续大规模应用提供范式参考和综合决策支持。

本章主要介绍地下物流系统的研究趋势,回顾国内外学者在地下物流系统发展机理、地下物流系统设计和地下物流网络优化方法三个方面的研究工作,对地下物流系统的研究现状进行总结。

10.1 地下物流系统研究趋势

随着现代地下物流系统概念的提出,从20世纪70开始,美国、荷兰、日本等国家相继通过政府主导方式推进地下物流体系建设,支持途径主要包括科研基金立项、技术测试、设立跨部门专项组织机构和地下货物运输立法等方面。所开展的代表性工作如表10-1所示。这些举措有效地促进了地下物流学术社区的产生,同时增强了市场对地下物流的信心。相关研究项目极大地丰富了地下物流系统的知识领域,促进了地下物流设计建造技术、装备研发和运营管理模式等方面的研究创新。

表 10-1　　　　　国外地下物流主要研究支持机构

编号	支持机构	年份	主要研究/开发机构	支持内容
1	美国交通部	1970s	宾夕法尼亚大学	支持现代商品管道概念发展与应用
2	日本国土交通省	1980s	东京大学	资助 Tokyo L-net 和 Logistics LAN 研究项目,提出大规模城市地下物流网络概念

(续表)

编号	支持机构	年份	主要研究/开发机构	支持内容
3	荷兰基础设施和水利管理部	1990s	代尔夫特理工大学	资助OLS史基浦项目,完成地下货运装备研发与测试
4	美国联邦公路局	2000	得克萨斯运输研究所	资助Safe Freight Shuttle研究项目
5	比利时安特卫普省政府	2006	安特卫普港务局	支持UCM系统方案研讨与设计
6	美国得克萨斯州交通部	2012	得克萨斯大学阿灵顿分校	资助得克萨斯州地下集装箱运输系统研发
7	瑞士联邦委员会	2016	企业联盟	批准瑞士国家地下货物运输法案,支持CST项目建设
8	新加坡国家发展部	2017	奥雅纳工程咨询公司	支持樟宜机场、裕廊工业区地下物流项目开发
9	意大利国防部	2018	ProPosta基金会	资助Pipe§net系统开发

国际地下物流学会(International Society for Underground Freight Transportation, ISUFT)是由全球地下物流系统研究者组成的国际学术组织,于1999年在美国密苏里大学成立,迄今已举办过8次会议,其中2005年、2010年和2018年分别在上海和北京举办。ISUFT的成立标志着现代地下物流系统研究进入学术化和理论化发展阶段。地下物流学术社区的成员构成已从早期以机电与工程技术人员为主,逐步扩展到涵盖物流与供应链、地下空间、交通工程、土木施工技术、机械与机电工程等众多领域的研究者。

作为学会的创立者之一,中国人民解放军陆军工程大学教授,国家最高科技奖获得者钱七虎院士最早提出采用地下物流系统解决我国大都市交通拥堵的问题,并结合我国国情,前瞻性地提出了在我国特大、超大城市发展地下物流系统的战略构思[1]。荷兰代尔夫特理工大学[2,3]、美国得克萨斯大学[4-7]、陆军工程大学[8-12]、中国地质大学[13,14]、东北林业大学[15-17]、上海市政工程设计研究总院[18-21]等机构的研究团队对地下物流系统的概念、开发可行性和发展战略等问题进行了探索性研究。早期研究主要聚焦不同地下货运技术形式的应用潜力以及对以往项目的经验总结,多以概念研究和展望为主,未上升到实际规划和方法论的层面。图10-1所示为城市地下物流系统研究主题。

自2017年起,我国地下物流系统研究进入"快车道"。地下物流系统首次获得国家自然科学基金重点基金立项支持,由中国人民解放军陆军工程大学陈志龙教授团队主持完成"新型城镇化导向下的城市地下物流系统集成与管理研究"。该项目主要解决了三方面问题:一是揭示了地下物流系统与城市发展的互动机理,建立了对城市交通、环境影响的动态评估方法;二是创新性地提出了多级多模式地下物流网络布局-运行机制设计与建模优化方法;三是建立了突发事件对地下物流中断的作用机理模型与应急调度方法。在该项目的推动下,国内学术界和业界对于地下物流系统的认知度显著提升,相继成立了中国国际地下物流系统学会(China Society for Underground Logistics System, CSULS)和中

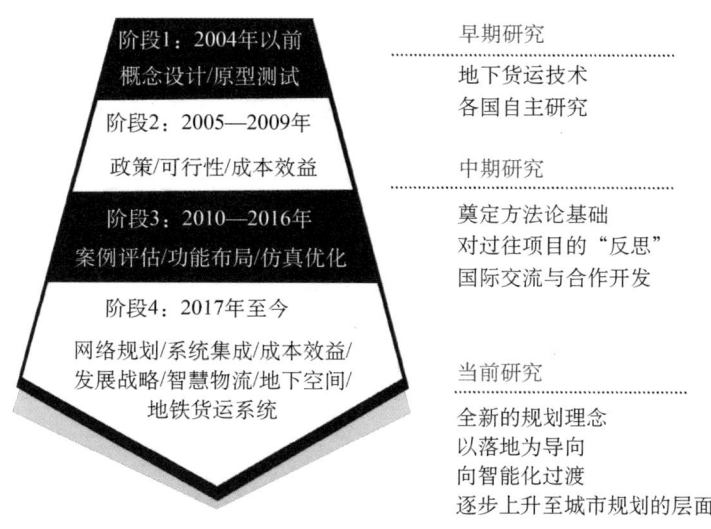

图 10-1 城市地下物流系统研究主题

国岩石力学与工程地下物流专业委员会。2017年6月,第一届中国国际地下物流学术论坛以"机遇、挑战、创新、共赢——城市地下物流发展应用"为主题成功举办,汇聚了高校、研究机构及企业的专家学者,共同交流地下物流研究成果,探讨地下物流系统应用中遇到的问题,谋划未来发展方向。

总体来看,当今地下货运和地下物流系统的研究重心正从定性探讨向应用导向的定量建模与实证研究转变。随着一批新项目的规划与实施,越来越多的研究正从城市地下空间发展和智慧物流体系建设的角度出发,重点关注城市地下物流系统(尤其是地铁货运系统)的网络布局问题[22-26]、运行控制问题[27-29]和战略层面发展问题[30-33],研究提出的地下物流开发理念和技术解决方案也更加注重智能化和集成化发展。表10-2所示为中国地下物流系统部分项目的概况。

表 10-2 中国地下物流系统项目概况(部分)

序号	开始年份	项目名称	资助单位	项目类型	承担单位
1	2004	北京市交通专项规划:地下物流系统研究专题	北京市建交委	咨询项目	陆军工程大学
2	2007	上海地下集装箱运输系统建设可行性研究	上海市建交委	咨询项目	上海市政工程设计研究总院
3	2009	上海地下生活垃圾转运物流系统规划	上海市政工程设计研究总院	企业自研项目	—
4	2010	虹桥国家会展中心地下货物运输方案	上海市政工程设计研究总院	企业自研项目	—
5	2012	我国大型城市地下物流网络系统的模拟植物生长优化研究	教育部	科研项目	大连理工大学

(续表)

序号	开始年份	项目名称	资助单位	项目类型	承担单位
6	2012	上海地下集装箱捷运系统方案：自贸区沿海线 & 外高桥—嘉定线	上海市政工程设计研究总院	企业自研项目	—
7	2015	深圳西部港区地下集装箱捷运系统概念方案	上海市政工程设计研究总院	企业自研项目	—
8	2016	基于地铁的城市物流多式联运网络优化方法研究	国家自然科学基金委	科研项目	大连理工大学
9	2017	新型城镇化导向下的城市地下物流系统集成与管理研究	国家自然科学基金委	科研项目	陆军工程大学、北京交通大学
10	2017	城市地下物流系统规划关键技术研究	上海市科委	科研项目	同济大学、上海市政工程设计研究总院
11	2018	北京城市副中心地铁设施服务环货运规划	北京市首规委	规划项目	北京市市政工程设计研究总院
12	2020	青岛市老旧人防设施地下物流改造项目	中建地下空间集团	企业自研项目	—
13	2021	城市地下智能物流系统发展战略研究	中国工程院	咨询项目	陆军工程大学
14	2022	基于地铁的城市地下物流系统成网机理、布局优化与实施路径	国家自然科学基金委	科研项目	南京理工大学
15	2023	上合国际枢纽港地下物流系统	上合示范区管委会	开发项目	中建丝路投资集团、中建设计集团、中建六局
16	2023	城市地下物流车辆装备与车辆建造技术研发	中车长江车辆有限公司	企业自研项目	—

  基于Web of Science核心数据库、Scopus数据库和CNKI数据库，对地下物流系统中英文文献进行全面检索。经过主题关联性初步筛选，共获得248篇英文文献和200篇中文文献。进一步按照期刊级别遴选后，最终确定与地下物流系统相关的SCI/SSCI期刊英文文献107篇、核心及以上（北大核心、EI或CSSCI）中文期刊文献93篇。图10-2呈现了遴选期刊文献不同年份发表的数量。第一篇研究文献发表于1978年，直至1999年，仅有6篇文章发表。随着国际地下物流学术组织成立，地下物流系统的研究虽然稳步推进，但仍然不温不火。直到2017年，论文发表量开始爆发式增长，在最近的6年里，相关SCI/SSCI论文发表量为80篇，核心及以上中文论文发表量为72篇。这一趋势表明，当前地下物流系统已经成为一个吸引全球研究者关注的跨学科话题，地下物流在生产制造、交通运输工程、地下空间规划、工程管理与供应链管理等领域的研究热度逐渐上升。然而，与日益增长的实践需求相比，地下物流系统的理论研究仍然处于较小体量，尤其是尚未建立起能够全面支持工程项目开发的完备知识体系。

第 10 章 地下物流系统研究现状

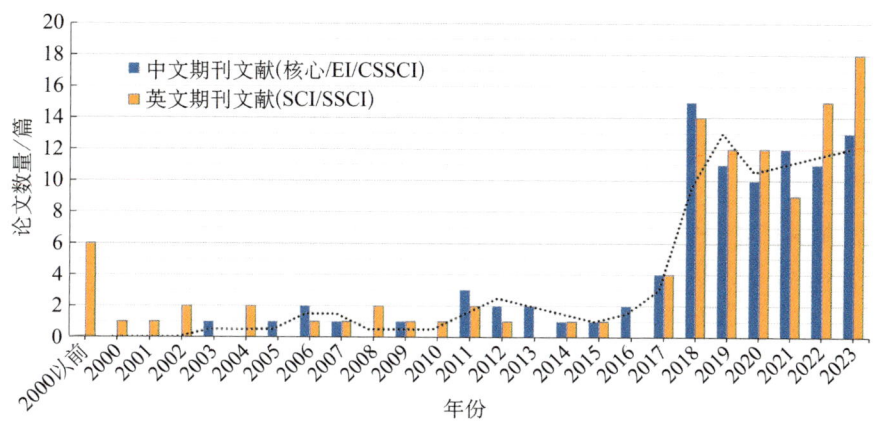

图 10-2　地下物流学术期刊文献发表数量（至 2023 年 12 月）

根据 SCI/SSCI 论文发表数量统计结果对地下物流研究机构进行排序。中国人民解放军陆军工程大学以 31 篇署名论文排名第一，其次是得克萨斯大学阿灵顿分校（19 篇）和上海海事大学（14 篇）。从检索到的文献中一共识别出 210 家不同署名机构，其中，中国机构占比达到 23%，位居全球第二。总体上看，以中国、美国和欧洲为主导的地下物流研究社区格局已经形成。进一步分析表明，当前地下物流研究尚未建立与主流学科的共性理论联系；无论在西方国家还是在中国，地下物流系统研究均呈现相对"孤立"状态。这表明需要更多跨学科的研究来解决地下物流系统在规划、设计、建造和运维过程中的基础性问题，进而形成自身理论基础。

提取检索得到的中英文文献关键词并进行聚类分析，结果如图 10-3 所示，图中节点大小表示关键词在论文中出现的频次，线条表示两个关键词在同一篇论文中共同出现。节点之间的连线越紧密，表示相关话题的研究热度就越高。按照英文文献词频排名，前 10 名关键词分别为：地下货物运输、管道运输、城市交通、地下物流系统、整数规划、算法、

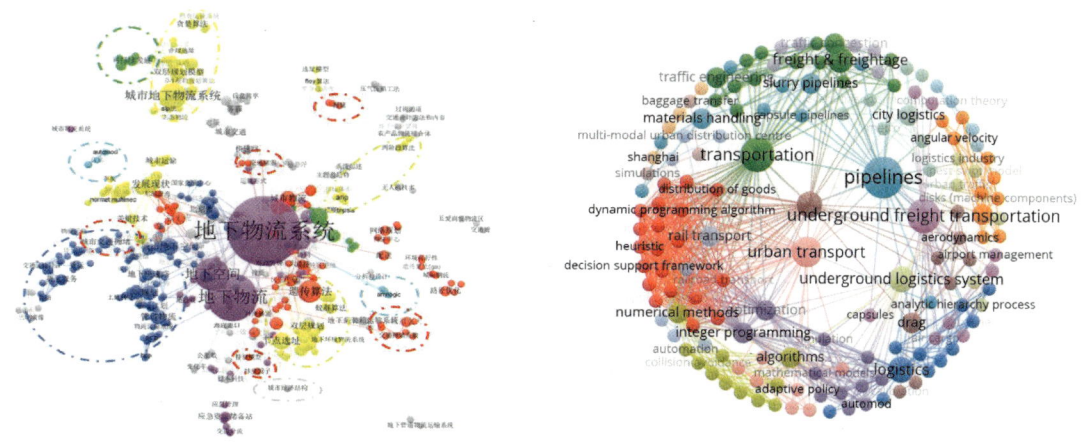

图 10-3　地下物流系统研究关键词图谱

延迟、交通拥堵、数学模型和胶囊。超过 1/5 的论文聚焦地下物流网络建模与优化。与之相比,中文文献更多聚焦地下空间、基础设施规划和网络设计,出现频率较高的关键词为地下物流系统、地下空间、节点选址、遗传算法、城市配送、双层规划模型、网络优化和地下集装箱运输等。从聚类结果上看,中文论文话题相对分散,研究范围较为局限。文献计量结果证明了以建模仿真、网络规划、地铁货运为代表的话题已成为国内外地下物流系统的研究热点。随着对地下物流系统的探索的不断加深,未来研究将更加关注系统规划实施过程中的效益/效能评估、参数优化与运营管理等问题。

10.2 地下物流系统发展机理研究

国内外学者结合定性与定量方法,对地下物流系统的宏观发展机理进行了研究,涉及地下物流与城市的互动机制、城市物流"地下化"综合效益、地下物流项目利益相关主体关系、需求预测、可行性、实施机遇与挑战、政策激励等方面(图 10-4)。

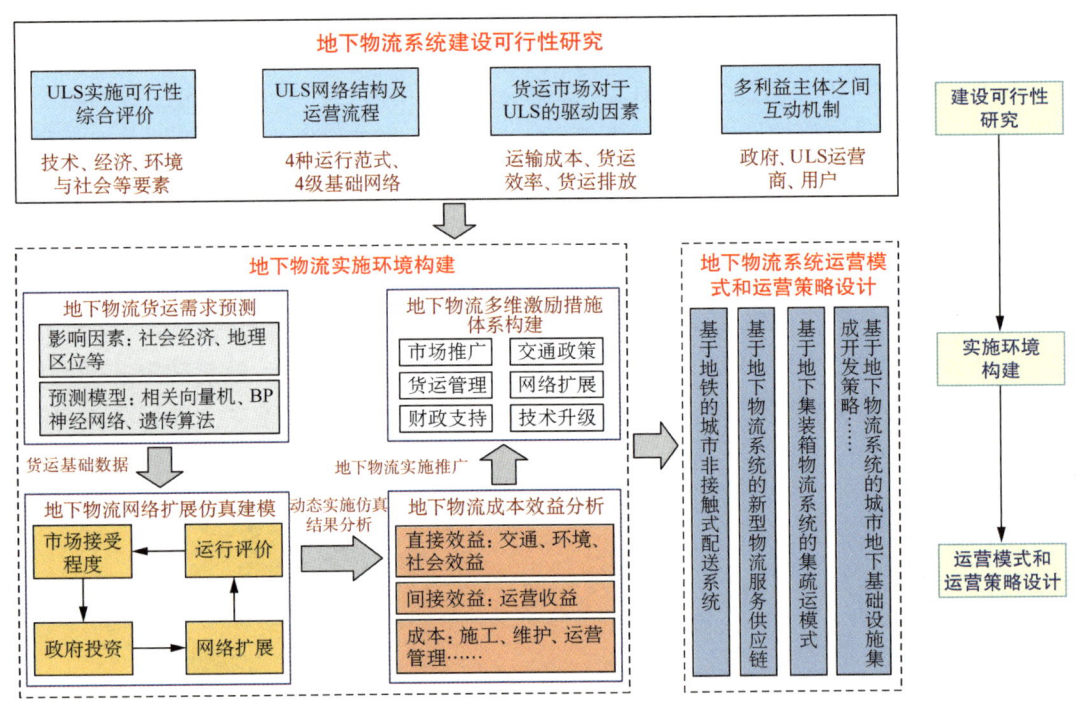

图 10-4 地下物流系统发展机理研究路径

(1) 对于地下物流系统建设的可行性,陈志龙等[9]基于对北京交通拥堵现状的分析,最早提出了地下物流系统作为第五类物流及未来城市物流体系重要补充的双重战略定位。Visser[34]详细阐述了全球各国多年来地下货运系统的发展情况,描述了该系统的不同计划、收益、成本以及应用类型。研究指出,地下货运系统已经准备好实施,但需要长期承诺和大量的财政资源。针对武汉地区建立城市地下物流系统的选址、布局与施工技术等问题,马保松等[13]进行了深入探讨,分析了系统建设的必要性、环境可行性、技术可行性和经济可行性。Chen等[30]从政策、经济、社会和科技4个层面分析了中国城市发展地下物流系统的机遇和挑战。Hu等[31]回顾了全球范围内地下物流系统的发展历史和中国地下物流系统发展的主要愿景。同时,该研究结合管理科学和工程领域,强调了未来地下物流系统研究的关键问题。潘欣维等[35]从技术、经济、综合交通、环境与社会、运营组织管理等5个方面,采用网络层次分析法构建了地下物流系统的可行性评价指标体系。李鹏等[36]阐述了城市地下物流系统在实现城市可持续发展、改善城市品位、优化城市经济结构等方面的作用。此外,文章还列举了当前建立城市地下物流系统所面临的一些实际困难,并提出了相应的解决对策。

（2）在地下物流系统需求预测、效益和利益主体关系等方面,杨涛等[37]对地下物流系统的综合效益生成过程进行了系统动力学建模,定量分析了地下物流系统在缓解交通压力、改善城市生态环境等方面的积极作用。该模型由Dong等[38]进一步扩展,重点探讨了地下物流实施策略与城市交通物流可持续性之间的关系,论证了物流活动地下化在提升城市流通效率、消除运输负面外部性等方面的作用机理。Hu等[39]识别了四大利益主体(即政府、地下物流运营商、市场和道路运输部门)对于地铁货运系统项目开发的交互影响关系,从社会环境效益、定价策略、投资补贴政策等角度模拟了地铁货运网络化发展的总体趋势,进一步结合系统动力学建模与多智能体模拟技术,对地下物流项目开发所面临的供需平衡、成本-效益、服务定价、支付意愿等关键问题进行了定量刻画,对不同投资计划、补贴和市场接受程度下的地下物流项目发展绩效进行了多尺度评估[40]。陈一村等[41]利用灰色关联理论、遗传算法和BP神经网络方法建立了城市地下货运需求量预测模型,用于合理设计网络节点和通道的货运容量。Hai等[42]针对在上海外高桥港与嘉定物流园区之间建立一条地下集装箱运输专线的交通效益和环境效益进行了实证分析。Xue等[43]从项目全生命周期的角度分析了地下物流系统成败的原因,发现系统选型、商业模式、建设运营资源、政策激励以及地下空间规划的协调性是影响地下物流项目成功的关键因素。

（3）在系统运营模式和运营策略方面,Xu等[44]提出了公共卫生事件暴发情境下基于地铁的城市非接触式配送系统概念。该研究在对地铁货运市场演化过程和综合绩效分析的基础上,论证了地铁货运方式在需求响应度、单位配送时间、总剥夺成本、总运输成本、防疫水平等方面相较传统物流方式具有显著优势。Pan等[45]提出了一种基于地下物流系统的新型物流服务供应链。该研究分析了新型物流服务供应链的组织结构和运行特点,并基于设计的功能结构和子系统关系,利用分层有色Petri网设计了自上而下的新型物流服务供应链的运行过程模型。马成林等[16]针对地下物流系统多采用托盘作为集装单元,提出了多准则托盘选择决策方法。范益群等[19]提出了一种可持续发展的集疏运新模式——基于地下集装箱物流系统的集疏运模式,并以上海港为例,提出地下集装箱物流系统的布局方案。研究结果表明,地下集装箱物流系统对于保障货物高效运输、减少交通拥堵和保护环境具有重要作用，该系统能够有效解决港城之间的矛盾，综合效益优势明显。Guo 等[46]介绍了地下物流系统在中国新区开发项目中的初步规划和研究工作，讨论了各类型货运的地下运输适用性以及基于地下物流系统的城市地下基础设施集成开发策略。Hu 等[33]探讨了基于城市轨道交通的客货运输深度融合战略的新前景，分析了地铁货运系统的优劣势、机遇与适用性。该研究结果表明，与国家发展目标的一致性、广泛的社会环境效益和利益主体兴趣是推行城市物流地下化战略的主要驱动力，而规划障碍、治理缺陷和高投资是主要障碍，需要强力和协调性的政策将地铁货运战略纳入城市规划。

上述研究表明，中国已具备发展地下物流系统的环境，虽然存在政策缺失、投资和成本高、发展规模受限等多方面的束缚，但随着城市发展与物流业需求在土地和道路资源占有上的矛盾不断深化、国家相关政策的引导和推动、综合效益的不断明晰，成功实施地下物流系统的前景将显著扩大。同时，上述研究初步揭示了地下物流在城市物流体系中的定位和战略路径，论证了地下物流的可行性和优势，阐明了系统发展特征与复杂情境，研究了系统运营模式和运营策略，丰富了实施地下物流系统战略的目标和思路。

10.3 地下物流系统设计研究

1. 地下集疏运系统研究

地下集疏运系统是面向港口、区域物流枢纽集装货物多式联运所提出的一种长距离、点对点的地下物流系统制式，这类专题研究主要面向地下集疏运可行性评估和设施-运载装备一体化设计、系统设计以及运行调度等问题。

（1）在地下集疏运系统可行性研究和系统规划方面，现有研究侧重于系统开发可行性和综合效益评估，为后续运行研究奠定基础。郭东军等[10]从空间、能源和环境等角度分析了世界各国发展地下集装箱运输系统的背景和动因，指出地下集疏运系统开发应关注运行兼容性和综合效益。姬晓岭等[47]从改善城市空气质量、缓解交通拥堵的角度分析了地下集装箱运输对城市的影响。丁一等[48]以最小化系统阻抗和 CO_2 排放量为目标，建立了地下集装箱运输的多目标规划模型，分析了港口地下物流对集装箱运输网络的影响。Zahed 等[49]基于得克萨斯地下集装箱运输系统方案的全生命周期效益-成本分析，说明了地下集疏运模式的经济可行性。Zahed 等[50]建立了期权分析模型，评估建设成本波动和运输收入不确定性对地下集装箱运输系统投资估值的影响。侯雨婕等[51]针对长三角城市群的地下物流系统布局方案，融合碳排放、时间、成本等多个维度，建立了综合运输网络优化模型，利用改进动态约束 NSGA-Ⅲ 算法进行模拟仿真分析，以评估在港口城市群实施地下物流系统的合理性。

（2）在地下集疏运系统设计方面，现有研究主要聚焦管道、集装箱载具等内部系统设计，为地下集疏运系统的实施提供基础参数。Davydov 等[52]设计了一种确定气动地下胶囊管道中集装箱数量和货物运动状态的方法，通过公式描述管道连续运动的集装箱列车的终点速度和角速度。Turkowski等[7]介绍了一种线性感应电机驱动的轻质胶囊管道系统，用于运输机场航空集装箱，并提出了胶囊在管道中运动的流体力学计算模型和胶囊动力学分析模型。Chen等[53]以上海洋山港为例，分析了引入地下集装箱运输系统对整体疏港交通网络性能和碳排放的影响，进一步提出了在有限资源条件下以减排效率最大为目标的地下集装箱系统运行配置双层规划模型，分析了资源数量变化、运输时间等因素对地下集疏运效能的影响。Shahooei等[54]介绍了两种地下货物运输方案的设计和操作属性，基于货物、车辆和隧道类型对系统进行设计，包括运行速度、车头距离、线路容量和车队规模。胡筱渊[27]以地下集装箱物流系统为研究对象，提出了地下集装箱物流系统成套布局方案与作业流程，并研究了地下物流系统集装箱堆存空间共享问题，以及不同深浅层地下通道的运量分配和设备调度问题。

（3）在地下集疏运调度方面，现有研究主要着眼于地下列车和集装箱终端设备的调度、网络布局以及集装箱运输指派等问题，以确保系统稳定运行。Fan等[55]针对港口地下物流系统集散站内部布局设计和终端运输调度问题建立了鲁棒优化模型，以分析港区地下终端选址，验证地下集疏运线路运作的可行性。梁承姬等[56]探讨了港口装卸衔接处的场桥、自动导引车与地下物流车辆的协调调度问题，并提出了地下物流车辆排队-调度混合整数规划模型。Gao等[57]针对上海港提出了地下物流与港口终端堆场的连接方案和地下停车场设计方案。Pan等[58]设计了一种适用于公路-地下-海运集装箱多式联运的地下集疏运系统，并通过二阶段动态规划模型确定了系统最佳布局。Chen等[59]研究了地面地下一体化运输条件下的集装箱多式联运过境分配问题，分析了地下列车运行速度、发车频率等因素对一体化物流网络性能的影响。Rezaeifar等[60]开发了一个基于离散事件仿真的地下集装箱多式联运终端容量评估框架。尚鹏程等[61]基于AnyLogic仿真平台对南京某商业区地下物流终端运行过程进行建模、仿真和优化，分析了地下物流系统的有效性。张同辉等[62]考虑了地下集装箱列车与地面集卡的协同运输问题，并基于M/M/s排队策略设计了地下集装箱批量运输指派流程。Liang等[63]提出了一种地下集装箱物流系统装卸优化方案，以协调地下物流车辆、搬运竖井和地面车辆的配置及运作流程。

综上所述，上述研究对地下集疏运系统的可行性进行了量化评估，以明确其在当前环境下的可操作性和有效性。从地下集疏运系统管道和集装箱参数、系统内部设计等角度出发，对系统整体布局进行了设计，为研究系统运行调度提供了基础。通过构建数学模型分析系统的运行和运输调度参数，包括车辆调度、运行速度、发车频率以及集装箱的排队策略等方面。通过可行性评估、布局设计和运行调度研究，更好地理解系统运行机制和性能特点。图10-5所示为地下集疏运系统的研究路径。

2. 地铁货运系统研究

地铁货运是一种特殊的城市地下物流配送形式，其概念源于地下货物运输与轻量化轨道交通货运（freight-on-transit）的融合。"地铁货运"又称"基于地铁的地下物流系统

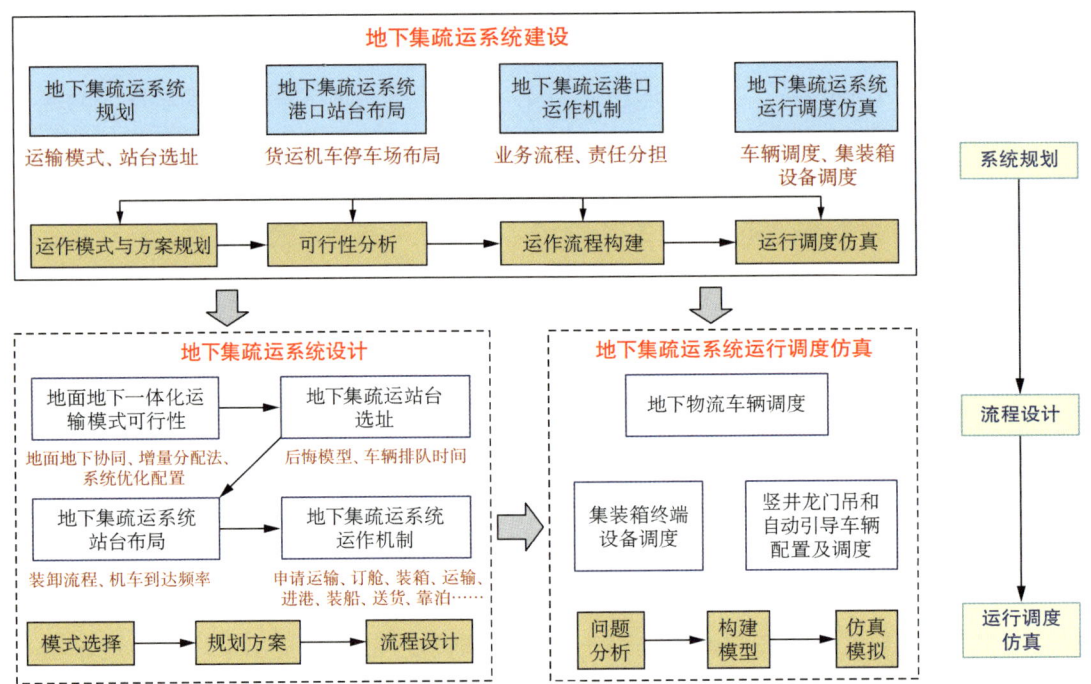

图 10-5 地下集疏运系统研究路径

(metro-based ULS)",最早出现在《容量受限地铁货运系统网络规划》("Network Planning Method for Capacitated Metro-based Underground Logistics System")[64]一文中。地铁货运系统概念在近三年中的关注度持续上升,被认为是前期实施城市地下物流的主要方式之一。该专题研究主要聚焦城市地铁客货一体化运输政策分析、地铁货运网络选址布局规划、地铁客货协同运输模式、设施设备形制设计和运行控制调度、地铁货运服务机制设计等问题,相关文献普遍从交通规划和交通系统工程的视角出发,以概念设计和决策优化方法为主题,对地铁货运战略、战术、运营层面的问题进行了描述和探讨。

Dong 等[64]提出了集成地下物流功能的地铁网络规划方法,综合考虑服务能力、货流和区域可达性,建立了一套混合整数规划模型来解决网络中节点的最优位置分配问题。Chen 等[65]通过多源数据采集和数学建模方法对地铁货运系统的网络扩展机制进行了研究,构建地铁货运服务定价与市场购买意愿的定量关系,在此基础上,建立了混合整数规划模型,对地铁货运多阶段成网过程中的设施选址、配置和定价进行优化,结果表明,地铁货运系统在降低核心城区地面货运交通负载方面具有极大潜力,地下物流业务有望使地铁运营实现盈利,并回收地下物流和原有地铁线路的建设成本。Hu 等[66]提出了一套集成大规模地下货运的新型地铁设施原型设计和物流功能区布局方法,所设计的网络化地铁货运模式基于轨道交通"客货共线"运输理念,在"货运专列"和"客货共载"两种运行模式中分析了地铁货运网络的流量特征、包装策略和技术体系,设计了具有货物换乘功能的地铁车站地下空间分层布局方案和站内物流标准化运作流程。该研究对地铁货运系统规划设计具有重要意义,也在一定程度上启发了后续研究。Pietrzak 等[67]探讨了铁路货运在城市地区的运营问题,通过文献法和德尔菲法明确了轻型货运铁路作为可持续城市货运创新解决方案的实施条件。

在地铁货运系统运行调度研究方面,Motraghi 等[68]开发了基于 ARENA 平台的单线地铁货运系统运行仿真模型,用于评估英国纽卡斯尔地铁机场线的货运可行性。Behiri 等[69]和 Ozturk 等[70]针对巴黎地铁 Monoprix 项目中的货运列车调度和组合装箱问题、单线列车发车调度问题,构建了混合整数规划模型,并分别开发了离散事件仿真解决方案和伪多项式规划算法对模型进行求解。Li 等[71]针对地铁货运系统服务设计问题,考虑地铁运力和车头时距限制,通过优化地铁列车发车时刻表和发车顺序确定地铁货运最佳资源配置。该研究提出的模型考虑了分离式地铁货运列车与混合装载列车的共线行驶。Di 等[72]研究了地铁线路上客货共载列车的车厢排布和流量控制联合优化问题,作者考虑运营成本与总延误处罚加权最小,提出地铁货运线路流量控制混合整数规划模型和改进的 Benders 分解算法,并在北京地铁八通线案例中完成测试。Ma 等[73]运用博弈论方法对不同市场制度下的地铁货运系统的服务分配和定价问题进行建模研究,结果表明,引入地铁货运对于地铁公司和物流公司的运营绩效具有改善效用。Hu 等[29]进一步提出了一种基于多智能体仿真的地铁货运系统调度与运行决策支持方法。该研究考虑多种地铁货运装箱发车策略和列车编组模式,提出并制定了地铁货运服务分配、标准化包装、运行时刻表、货运列车循环等机制,并以南京地铁为例对地铁货运需求积压、容量、交通流控制和效率等实时绩效进行了仿真。Ye 等[74]提出一种客货混合运输的地铁货运方案,探讨了客货混合运输条件下单线地铁列车服务问题,并以地铁货运成本最小为目标,构建地铁货运服务模型,设计可变邻域搜索算法,验证了模型的有效性。Xie 等[75]通过建立交通运营商选择列车数量和发车间隔的最优服务问题模型,分析了城市轨道交通允许包裹服务时,不同票价制度对福利的影响,研究表明,变化的最优票价制度比最优统一票价制度需要更多的列车。潘寒川等[76]针对客货混合运输模式,研究了城市轨道交通列车时刻表和流量控制问题,构建了城市轨道交通客货混合优化模型,并以上海轨道交通 17 号线为例进行实证研究,研究表明,该方法可以提高地铁满载率,减少地铁平峰时期的运力浪费,同时提高轨道交通运营的安全性和运输效率。戚建国等[77]基于灵活编组运营组织模式特点,综合考虑客流与货流之间的竞争关系,以乘客等待时间和运营公司运营成本极小化为目标,构建灵活编组条件下的轨道交通客货协同运输方案混合整数线性规划模型,得到系统优化的列车编组方案、运行图和客货协同运输方案。

上述研究主要关注城市地铁客货一体化运输领域的多个方面,包括系统政策分析、地铁货运网络选址布局规划、地铁客货协同运输模式、设施设备形式设计、运行控制调度以及地铁货运服务机制设计等。这些研究涉及城市交通系统的深度优化和整合,旨在提高地铁系统的运输效率,降低成本,增强服务质量。设施设备形制设计和运行控制调度方面的研究旨在优化地铁系统的物流设施设备配置,确保其能够有效地满足客货运输的需求。

综合而言，相关文献多从交通规划和交通系统工程的角度进行研究，以系统概念、模式和决策优化方法为主题，为城市地铁客货一体化运输系统设计与运营管理提供模型支持。图 10-6 所示为地铁货运系统的研究路径。

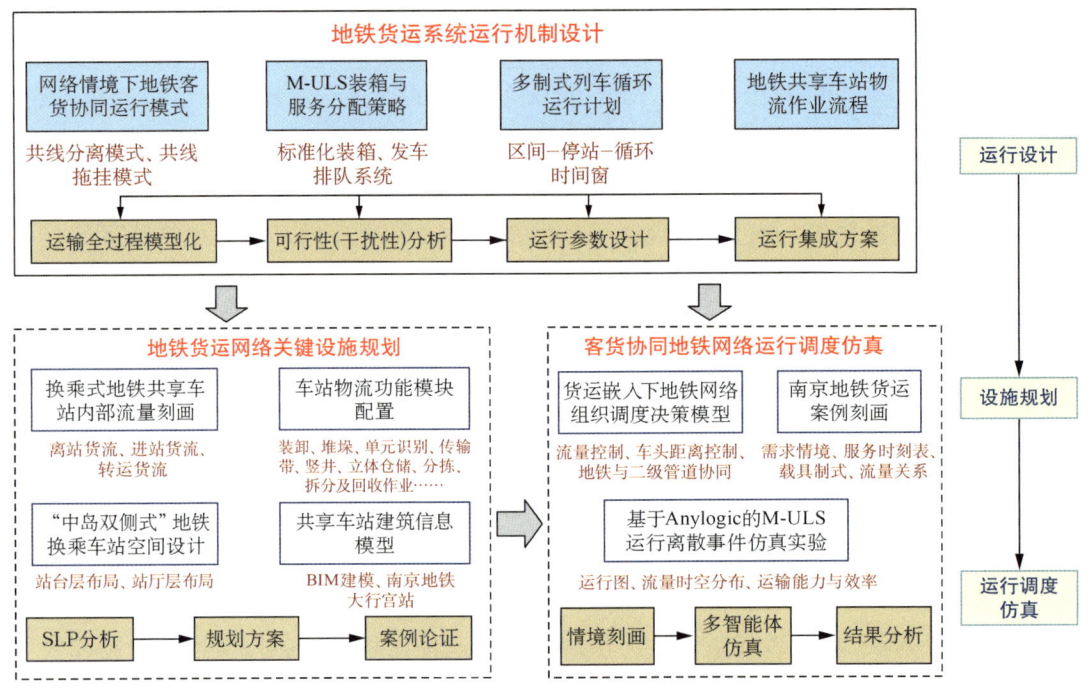

图 10-6　地铁货运系统研究路径

10.4　地下物流网络优化方法研究

城市地下物流系统开发成本高昂，投资巨大，其建设过程不可逆，一旦在网络布局的决策上出现偏差，则代价巨大。地下节点、通道、场站等关键设施的选址以及运作模式的选择在根本上决定了系统的综合效益和服务效能，进而影响系统建设的可行性。学界普遍认为很有必要从理论层面构建数学模型和算法，对地下物流网络设置和扩张（包括拓扑结构、节点选址、系统配置、站点地下空间布局等）进行统筹优化，实现"降本增效"目标。近年来，地下物流网络设计专题在国内外学界引起了广泛关注及研究热潮。

在地下物流系统网络规划理论与方法中，在确定性模型方面，现有研究主要集中在通过以运营成本、运输成本和建设成本最小化为目标，构建单目标或双目标数学模型，获得系统最佳网络布局。李彤等[22]基于斯坦纳最小树理论，采用模拟植物生长算法得到了树状地下物流网络最优拓扑。闫文涛等[78]以广义运输费用最小和客户成本最低为目标，构建了城市地下物流节点双层选址规划模型。Liang 等[79]、Ren 等[80]和 Zhong 等[81]分别采用模拟植物生长算法、加权集合覆盖模型算法和顶点结构不确定图论法研究了地下物流系统最优设施选址-分配-路径问题。Hu 等[82]提出了一类非严格轴辐式双层地下物流系统网络拓扑形式、网络 O-D 运输路径综合建模与优化方法。Zhao 等[83]构建了城市地铁货运站点选址评价模型和客户分配模型。Hu 等[26]以南京市江北新区为例,提出了一种融合城市发展新区建筑垃圾运输、快递包裹运输和固体生活垃圾运输一体化功能的集成式地下物流网络设计与多阶段布局优化方法。Wei 等[84]以综合效益和运营可持续性指标为目标,结合集盖模型和模糊聚类方法对双层地下物流网络选址布局进行优化设计。He 等[85]开发了一种求解大规模地下物流节点选址问题的蝙蝠算法。Sun 等[86]建立了适用于地铁货运网络节点选址-分配-路径决策组合优化的混合整数规划模型,结合多目标粒子群优化算法和 A-star 算法对模型进行求解。华云等[87]分析了影响地下物流节点选址的关键因素,并提出了解释结构模型,揭示了节点选址规律。陈慧等[88]研究解决了地面地下物流系统耦合运作下的货运性能评估问题。Boysen 等[89]考虑了一个由地铁网络和人工循环取货配送网络组成的两梯队运输方案设计问题,提出了基于高效动态规划的启发式算法网络联运绩效进行优化。Liu 等[90]提出了一个大规模的地下垃圾收集系统,并设计了该系统的运输流程,同时以总成本最小为目标构建数学模型,设计了混合优化算法进行求解。Mo 等[91]探讨了地铁辅助配送模型,基于地下物流中的车辆路线问题,对该系统中的最佳车辆路线和货物转运方案进行建模,设计了一种自适应大邻域搜索启发式算法进行求解。任睿等[24]针对一类轴辐式地铁货运网络,提出三阶段布局优化方法,以建设运营成本最小为目标,构建网络选址-分配-路径组合优化模型,结果表明,网络化运作的地铁货运系统能够大幅度削减地面货运量,释放城市道路服务压力。倪洪亮等[92]提出了地下物流系统运营商与配送、仓储和流通加工服务供应商多方合作下的城市物流服务供应模式,基于若干服务场景建立地下物流系统在专列 A 和专列 B 两种模式下的离散事件仿真模型。刘博宇等[93]提出了建立深层隧道运输与浅层管廊运输相结合的多层级地下物流网络,构建多层级地下物流网络优化设计的整数规划模型,通过双层启发式算法进行节点选址和流量分配优化决策,以建设与运营成本最小为目标,通过多次迭代得出地下物流多层网络规划方案。在不确定模型方面,Hu 等[25]提出了一类非严格轴辐式双层地下物流系统网络拓扑形式、随机需求下的地面地下一体化网络可靠设计优化方法。林锦辉等[23]模拟了三种具有代表性的城市地下物流系统网络在随机攻击及物流需求激增情境下的动态可靠性。

综上所述,地下物流系统线网规划要求根据现有城市货运状态,在满足一定覆盖范围、服务能力、客户需求、投资预算、共同安全、环境指标以及时空约束等多方面考虑的条件下,以提高货运网络的综合效能为目标,对地下物流系统的各个方面进行优化,包括节点选址、线路形式、通道布局和系统运行调度等,同时确定相应的特征参数。随着研究的深入,网络优化模型和算法开始考虑不确定性、地下空间障碍、客货协同运输等更多现实条件,以更好地适应城市环境的复杂性和物流需求的多样性。图 10-7 所示为地下物流网络优化方法研究路径。

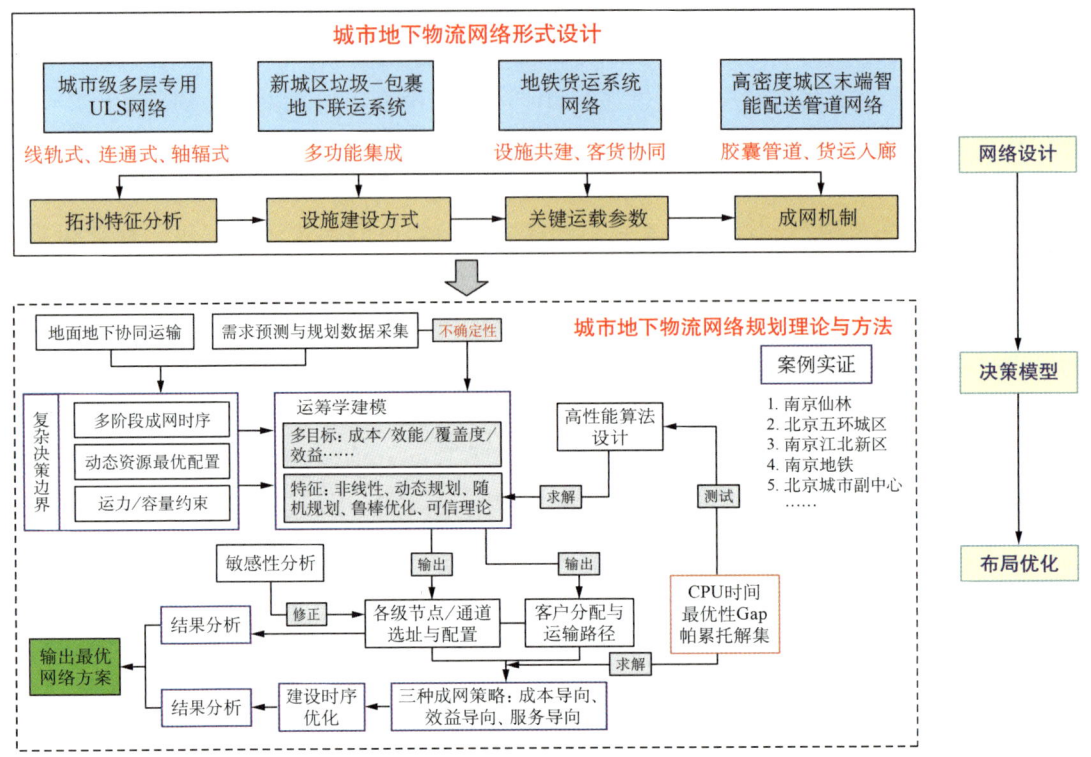

图 10-7　地下物流网络优化方法研究路径

10.5　当前研究的局限性

总体而言,当前学术界和工业界对于地下物流系统的关注度极高,但对其研究仍然存在一定的局限性。

(1) 各界对地下物流的认知和信心不断增加,但理论研究相对滞后。

近十年来,随着一批新试点项目的实施,各界对于地下物流的认知不断更新,"面对未来城市物资供应的挑战,发展地下物流系统"的观点正逐渐被社会所接受。系统开发理念已从以往局限于"单线单层"的简单地下货物运输方式转向适应多种货运需求的集成式地下物流系统解决方案,包括但不限于区域级地下物流专线系统、港口地下集疏运系统、城市地下垃圾收集系统、地铁货运系统、地下冷链运输系统以及末端智慧配送管道系统等。此外,地下物流系统与其他地下基础设施的共同建设方案也正在被广泛讨论,例如将地下物流设施集成至综合管廊、人防廊道等。在此背景下,地下物流系统的应用范围、规划视野和建设可行性得到了极大的丰富和扩充。

尽管各国对地下物流的关注热度逐年升高,发展地下物流的必要性和效益已得到政府和业界的普遍认可。然而,目前世界范围内尚无真正落地应用的成规模的地下物流系统。纵观地下物流 40 年发展历史,大部分试点项目和概念设计最终没有落地成为实际工程,这表明成套研究知识体系的缺失和发展策略的不清晰仍然是阻碍地下物流实施的主要因素。许多关键科学问题还未形成标准的解答范式,无法判断其科学性,甚至还没有被识别。

(2) 中国式现代化新区建设背景下的地下物流发展机理有待剖析。

城市级规模的地下物流网络系统投资大、建设周期长,其规划建设必须综合考虑城市民生、城市安全、地面地下空间协调等多个维度的问题。实施地下物流系统战略要求物流、交通、工程建设、商贸、城市治理在一类新型城市地下基础设施上进行深度融合。这样的多重属性决定了地下物流系统具备重大基础设施工程的性质。从这一角度来看,地下物流不再单纯地是地面物流的替代品,在保证常规城市配送功能的前提下,还需要思考系统如何兼顾更多功能,例如"门到门"的全过程自动化运输、城市应急物流配送以及城市地面地下供应链集成等。为了实现这一目标,需要更多研究探索匹配新型城市多元发展需求(如韧性城市、绿色交通、智慧物流等)的地下物流系统"渐进式"规划-实施目标控制关键技术理论。当前与地下物流系统发展机理相关的研究大多采用系统动力学的宏观分析,仅考虑交通、物流、环境、社会效益等传统分析框架,是单线层面的研究,而缺乏对战术和运营层面问题的深入剖析,难以满足当前我国新区建设对于地下物流系统集成开发的现实需要。

(3) 地下物流系统的规划、设计与运营管理未充分考虑新区发展复杂情景,缺乏成套的决策方法,亟须建立行之有效的模型。

地下物流系统是具有综合交通运输网络、地下基础设施、城市新型物流服务供应链等特性的复杂巨系统,其规划设计应统筹考虑城市发展的多样性和动态性,与城市空间形态、城市物资供给需求等多重要素耦合。目前,以地下物流网络规划为背景的大部分研究仍局限于简单的网络设置或同类设施选址范畴,面向城市真实开发应用场景的地下物流规划实证研究还十分匮乏。地下物流系统运行调度、网络关键参数优化等方面均存在研究空白,现有网络模型难以适用复杂决策场景。

当前物流交通网络规划问题中的建模理论(如不确定性建模)和经典问题类型(如运行调度、设施布局、网络拓扑优化等)尚未纳入地下物流规划设计的主流框架中,鲜有研究能够清晰地界定地下物流系统的规划目标、开发形式和网络特征,同时缺乏以真实城市地理信息为背景的成熟建模途径和仿真解决方案。传统物流交通网络规划或供应链网络规划知识体系能够为地下物流系统规划设计提供广阔思路。海、空、公、铁等传统交通网络多式联运建模优化领域和城市系统规划领域已发展形成成熟的方法论,需要将这些前沿方法与城市地下物流规划、设计与运行决策问题相结合,综合考虑决策过程的不确定性、动态性和泛边界性,开发成套的建模优化途径和智能决策工具。

参考文献

[1] 钱七虎. 建设特大城市地下快速路和地下物流系统:解决中国特大城市交通问题的新思路[J]. 科技

导报,2004(4):3-6.
[2] Ebben M,Van der Zee D J,Van der Heijden M. Dynamic one-way traffic control in automated transportation systems[J]. Transportation Research Part B:Methodological,2004,38(5):441-458.
[3] Vis I F A. Survey of research in the design and control of automated guided vehicle systems[J]. European Journal of Operational Research,2006,170(3):677-709.
[4] Janbaz S,Shahandashti M,Najafi M,et al. Lifecycle cost study of underground freight transportation systems in Texas[J]. Journal of Pipeline Systems Engineering and Practice,2018,9(3):05018004.
[5] Shahooei S,Farooghi F,Zahedzahedani S E,et al. Application of underground short-haul freight pipelines to large airports[J]. Journal of Air Transport Management,2018,71:64-72.
[6] Zahed S E,Shahandashti S M,Najafi M. Financing underground freight transportation systems in Texas:identification of funding sources and assessment of enabling legislation[J]. Journal of Pipeline Systems Engineering and Practice,2018,9(2):06018001.
[7] Turkowski M,Szudarek M. Pipeline system for transporting consumer goods,parcels and mail in capsules[J]. Tunnelling and Underground Space Technology,2019,93:103057.
[8] 钱七虎. 地下磁悬浮交通设计研究的若干问题[J]. 隧道建设,2011,31(2):154-160.
[9] 陈志龙,郭东军. 第五类运输和供应系统:北京建设地下物流系统的战略构想[J]. 北京规划建设,2005(3):77-80.
[10] 郭东军,谢金容,陈志龙,等. 地下集装箱运输系统研究的深层动因及趋势[J]. 地下空间与工程学报,2012,8(2):229-235.
[11] 黄欧龙,郭东军,陈志龙. 运用SLP方法布置地下物流系统配送中心[J]. 地下空间与工程学报,2006,2(1):1-5.
[12] 彭玫贞,董建军,任睿. 城市地下物流系统与地铁的协同运行探析[J/OL]. 解放军理工大学学报(自然科学版).(2017-09-26)[2019-09-19]. https://kns.cnki.net/kcms/detail/detail.aspx.
[13] 马保松,屈川翔,熊志为,等. 武汉地区城市地下物流系统可行性研究中几个问题初探与趋势展望[J]. 隧道建设,2018,38(10):1688-1697.
[14] 马保松,汤凤林,曾聪. 发展城市地下管道快捷物流系统的初步构想[J]. 地下空间,2004(1):94-97,125-141.
[15] 马成林,毛海军,许恒勤. 城市地下物流系统发展模式及相关技术要求[J]. 物流技术,2012,31(5):72-75.
[16] 马成林,杨学春,董景峰,等. 基于ANP与模糊TOPSIS的城市地下物流系统货运单元选择决策方法[J]. 物流技术,2015,34(19):110-114.
[17] 马成林,杨学春,马超,等. 地下配送中心功能区布局方法研究[J]. 地下空间与工程学报,2016,10(4):750-755.
[18] 范益群,钱七虎. 基于地下集装箱运输的城市地下环境物流系统建设[J]. 科技导报,2011,29(7):31-35.
[19] 范益群,游克思. 地下集装箱物流系统在港城融合发展中的应用[J]. 地下空间与工程学报,2018,14(S1):49-54.
[20] 俞明健. 城市货运交通问题与城市地下物流[J]. 交通与运输,2017,33(3):1-3.
[21] 范益群,俞明健,游克思. 中国国家会展中心地下集装箱物流系统概念方案研究[J]. 交通与运输,2015,31(2):49-51.
[22] 李彤,王众托. 大型城市地下物流网络优化布局的模拟植物生长算法[J]. 系统工程理论与实践,2013,33(4):971-980.

[23] 林锦辉,胡万杰,董建军,等.基于动态可靠性评价的城市地下物流网络设计[J].地下空间与工程学报,2022,18(4):1062-1074.

[24] 任睿,胡万杰,董建军,等.轴辐式城市地铁-货运系统网络布局优化[J].系统仿真学报,2021,33(7):1699-1712.

[25] Hu W, Dong J, Yang K, et al. Reliable design of urban surface-underground integrated logistics system network with stochastic demand and social-environmental concern[J]. Computers and Industrial Engineering, 2023, 181: 109331.

[26] Hu W, Dong J, Xu N. Multi-period planning of integrated Underground Logistics System network for automated construction-demolition-municipal waste collection and parcel delivery: A case study[J]. Journal of Cleaner Production, 2022, 330: 129760.

[27] 胡筱渊.基于港口集疏运的地下集装箱物流系统构建与运营优化研究[D].上海:上海海事大学,2022.

[28] 侯龙龙,董建军,潘欣维,等.城市地下物流服务供应链的流程设计:基于着色Petri网模型[J].科技管理研究,2021,41(10):210-220.

[29] Hu W, Dong J, Yang K, et al. Modeling real-time operations of metro-based urban Underground Logistics System network: A discrete event simulation approach[J]. Tunnelling and Underground Space Technology, 2023, 132: 104896.

[30] Chen Z, Dong J, Ren R. Urban Underground Logistics System in China: Opportunities or challenges[J]. Underground Space, 2017, 2(3): 195-208.

[31] Hu W, Dong J, Ren R, et al. Underground Logistics Systems: Development overview and new prospects in China[J]. Frontiers of Engineering Management, 2023, 10(2): 354-359.

[32] Gong D, Tian J, Hu W, et al. Sustainable design and operations management of metro-based Underground Logistics Systems: A thematic literature review[J]. Buildings, 2023, 13(8): 1888.

[33] Hu W, Dong J, Hwang B-G, et al. Is mass rapid transit applicable for deep integration of freight-passenger transport? A multi-perspective analysis from urban China[J]. Transportation Research Part A: Policy and Practice, 2022, 165: 490-510.

[34] Visser J G S N. The development of underground freight transport: An overview[J]. Tunnelling and Underground Space Technology, 2018, 80: 123-127.

[35] 潘欣维,董建军,付光辉,等.基于ANP-TOPSIS的地下物流系统可行性综合评价方法[J].地下空间与工程学报,2019,15(3):684-690.

[36] 李鹏,朱合华,王璇,等.地下物流系统对城市可持续发展的作用探讨[J].地下空间与工程学报,2007(1):1-4.

[37] 杨涛,董建军,郭宗逵.基于系统动力学的地下物流系统对城市发展影响研究[J].地下空间与工程学报,2020,16(1):1-6,34.

[38] Dong J, Xu Y, Hwang B-G, et al. The impact of Underground Logistics System on urban sustainable development: A system dynamics approach[J]. Sustainability, 2019, 11(5): 1223.

[39] Hu W, Dong J, Hwang B-G, et al. Using system dynamics to analyze the development of urban freight transportation system based on rail transit: A case study of Beijing[J]. Sustainable Cities and Society, 2020, 53: 101923.

[40] Hu W, Dong J, Yuan J, et al. Agent-based modeling approach for evaluating Underground Logistics System benefits and long-term development in megacities[J]. Journal of Management Science and Engineering, 2022, 7(2): 266-286.

[41] 陈一村,郭东军,陶西贵,等.城市地下物流系统货运需求量预测分析[J].地下空间与工程学报,2021,17(6):1687-1694,1741.

[42] Hai D, Xu J, Duan Z, et al. Effects of Underground Logistics System on urban freight traffic: A case study in Shanghai, China[J]. Journal of Cleaner Production, 2020, 260: 121019.

[43] Xue D, Zhao X, Dong J, et al. Critical success factors of Underground Logistics Systems from the project life cycle perspective[J]. Buildings, 2022, 12(11): 1979.

[44] Xu Y, Dong J, Ren R, et al. The impact of metro-based Underground Logistics System on city logistics performance under COVID-19 epidemic: A case study of Wuhan, China[J]. Transport Policy, 2022, 116: 81-95.

[45] Pan X, Xu C, Cheng H, et al. Urban Logistics Services supply chain process modelling based on the Underground Logistics System via the hierarchical colored petri net[J]. Mathematical Problems in Engineering, 2022, 2022.

[46] Guo D, Chen Y, Yang J, et al. Planning and application of Underground Logistics Systems in new cities and districts in China[J]. Tunnelling and Underground Space Technology, 2021, 113: 103947.

[47] 姬晓岭,韩晓龙.地下集装箱运输对城市集疏运体系的影响分析[J].计算机应用与软件,2019,36(1):83-87.

[48] 丁一,王玉婷,梁承姬.地下物流系统对集装箱运输网络的影响分析[J].制造业自动化,2019,41(11):118-123.

[49] Zahed S E, Shahandashti S M, Najafi M. Lifecycle benefit-cost analysis of underground freight transportation systems[J]. Journal of Pipeline Systems Engineering and Practice, 2018, 9(2): 04018003.

[50] Zahed S E, Shahandashti S M, Diltz J D. Investment valuation of Underground Freight Transportation Systems under uncertainty[J]. Journal of Infrastructure Systems, 2020, 26(3): 04020029.

[51] 侯雨婕,梁承姬.基于地下物流系统的集装箱多式联运网络优化[J].计算机工程与应用,2024,60(2):314-325.

[52] Davydov S Y, Kosyrev N P, Valiev N G, et al. Theoretical studies of the unloading of containers in the pneumatic transport systems of today and tomorrow[J]. Refractories and Industrial Ceramics, 2013, 54: 178-187.

[53] Chen Y, Guo D, Chen Z, et al. Using a multi-objective programming model to validate feasibility of an underground freight transportation system for the Yangshan port in Shanghai[J]. Tunnelling and Underground Space Technology, 2018, 81: 463-471.

[54] Shahooei S, Najafi M, Ardekani S. Design and operation of Autonomous Underground Freight Transportation Systems[J]. Journal of Pipeline Systems Engineering and Practice, 2019, 10(4): 05019003.

[55] Fan Y, Liang C, Hu X, et al. Planning connections between Underground Logistics System and container ports[J]. Computers and Industrial Engineering, 2020, 139: 106199.

[56] 梁承姬,裴国涛,潘洋,等.基于时间窗的地下集装箱物流系统自动导引车调度研究[J].工程研究-跨学科视野中的工程,2019,11(2):137-145.

[57] Gao Y, Chang D, Fang T, et al. Design and optimization of parking lot in an underground container logistics system[J]. Computers and Industrial Engineering, 2019, 130: 327-337.

[58] Pan Y, Liang C, Dong L. A two-stage model for an urban underground container transportation plan problem[J]. Computers and Industrial Engineering, 2019, 138: 106113.

[59] Chen Y, Dong J, Chen Z, et al. Optimal carbon emissions in an integrated network of roads and UFTS under the finite construction resources[J]. Tunnelling and Underground Space Technology,

2019, 94: 103108.

[60] Rezaeifar F, Najafi M, Kaushal V, et al. Development of a model to optimize the operations of an intermodal Underground Logistics Transportation[J]. Journal of Pipeline Systems Engineering and Practice, 2022, 13(4): 04022039.

[61] 尚鹏程,陈志龙,陈一村,等. 基于 AnyLogic 的城市地下物流系统终端仿真与设计[J]. 地下空间与工程学报,2021,17(3):808-814.

[62] 张同辉,丁一,林国龙. 地下集装箱物流系统协同指派问题研究[J]. 计算机应用与软件,2018,35(10):55-61.

[63] Liang C, Hu X, Shi L, et al. Joint dispatch of shipment equipment considering underground container logistics[J]. Computers and Industrial Engineering, 2022, 165: 107874.

[64] Dong J, Hu W, Yan S, et al. Network planning method for capacitated metro-based Underground Logistics System[J]. Advances in Civil Engineering, 2018: 6958086.

[65] Chen Z, Hu W, Xu Y, et al. Exploring decision-making mechanisms for the metro-based Underground Logistics System network expansion: An example of Beijing[J]. Tunnelling and Underground Space Technology, 2023, 139: 105240.

[66] Hu W, Dong J, Hwang B-G, et al. A preliminary prototyping approach for emerging metro-based Underground Logistics Systems: Operation mechanism and facility layout[J]. International Journal of Production Research, 2021, 59(24): 7516-7536.

[67] Pietrzak K, Pietrzak O, Montwiłł A. Light Freight Railway (LFR) as an innovative solution for sustainable urban freight transport[J]. Sustainable Cities and Society, 2021, 66: 102663.

[68] Motraghi A, Marinov M V. Analysis of urban freight by rail using event-based simulation[J]. Simulation Modelling Practice and Theory, 2012, 25: 73-89.

[69] Behiri W, Belmokhtar-berraf S, Chu C. Urban freight transport using passenger rail network: Scientific issues and quantitative analysis[J]. Transportation Research Part E: Logistics and Transportation Review, 2018, 115: 227-245.

[70] Ozturk, O, Patrick, J. An optimization model for freight transport using urban rail transit[J]. European Journal of Operations Research, 2018, 267(3): 1110-1121.

[71] Li Z, Shalaby A, Roorda M J, et al. Urban rail service design for collaborative passenger and freight transport[J]. Transportation Research Part E: Logistics and Transportation Review, 2021, 147: 102205.

[72] Di Z, Yang L, Shi J, et al. Joint optimization of carriage arrangement and flow control in a metro-based Underground Logistics System[J]. Transportation Research Part B: Methodological, 2022, 159: 1-23.

[73] Ma M, Zhang F, Liu W, et al. A game theoretical analysis of metro-integrated city logistics systems[J]. Transportation Research Part B: Methodological, 2022, 156: 14-27.

[74] Ye Y, Guo J, Yan L. A Metro freight plan for mixed passenger and freight transportation[J]. Journal of Advanced Transportation, 2022, 2022.

[75] Xie C, Wang X, Fukuda D. On the pricing of urban rail transit with track sharing freight service [J]. Sustainability, 2020, 12(7): 2758.

[76] 潘寒川,陆俊波,胡华,等. 客货混运下的城轨时刻表与流量控制协同优化研究[J]. 交通运输系统工程与信息,2023,23(2):187-196.

[77] 戚建国,周厚盛,杨立兴,等. 灵活编组条件下轨道交通客货协同运输方案优化[J]. 交通运输系统工程与信息,2022,22(2):197-205.

[78] 闫文涛,覃燕红. 地下物流节点选址的双层规划模型及算法研究[J]. 地下空间与工程学报,2016,

12(4):870-874.

[79] Liang H, Yuan G, Han J, et al. A multi-objective location and channel model for ULS network[J]. Neural Computing and Applications, 2019, 31(S1):35-46.

[80] Ren M, Fan Z, Wu J, et al. Design and optimization of underground logistics transportation networks[J]. IEEE Access, 2019:83384-83395.

[81] Zhong Y, Luo S, Bao M, et al. Dynamic network planning of Underground Logistics System on uncertainty graph[J]. Mathematical Problems in Engineering, 2019:1-13.

[82] Hu W, Dong J, Hwang B-G, et al. Hybrid optimization procedures applying for two-echelon urban underground logistics network planning: A case study of Beijing[J]. Computers and Industrial Engineering, 2020, 144:106452.

[83] Zhao L, Li H, Li M, et al. Location selection of intra-city distribution hubs in the metro-integrated logistics system[J]. Tunnelling and Underground Space Technology, 2018, 80:246-256.

[84] Wei H, Li A, Jia N. Research on optimization and design of sustainable urban underground logistics network framework[J]. Sustainability, 2020, 12(21):9147.

[85] He M, Sun L, Zeng X, et al. Node layout plans for urban Underground Logistics Systems based on heuristic bat algorithm[J]. Computer Communications, 2020, 154:465-480.

[86] Sun X, Hu W, Dong J, et al. Multi-objective optimization model for planning metro-based Underground Logistics System network: Nanjing case study[J]. Journal of Industrial and Management Optimization, 2021, 19(1):170-196.

[87] 华云,董建军,付光辉,等.城市地下物流网络节点选址影响因素的ISM分析[J].地下空间与工程学报,2018,14(S1):39-48.

[88] 陈慧,胡万杰,陈一村.城市地面地下一体化物流网络货运性能研究[J].隧道建设,2022,42(8):1420-1427.

[89] Boysen N, Briskorn D, Rupp J. Optimization of two-echelon last-mile delivery via cargo tunnel and a delivery person[J]. Computers and Operations Research, 2023, 151:106123.

[90] Liu Q, Chen Y, Hu W, et al. Underground logistics network design for large-scale municipal solid waste collection: A case study of Nanjing, China[J]. Sustainability, 2023, 15(23):16392.

[91] Mo P, Yao Y, D'Ariano A, et al. The vehicle routing problem with underground logistics: Formulation and algorithm[J]. Transportation Research Part E: Logistics and Transportation Review, 2023, 179:103286.

[92] 倪洪亮,侯龙龙,胡万杰,等.基于地下物流的城市物流服务供应系统仿真优化[J].科学技术与工程,2023,23(25):10856-10865.

[93] 刘博宇,梁承姬,王钰.特大型城市地下物流多层级网络优化研究[J].计算机工程,2023,49(12):311-320.

第11章
地下物流系统发展展望

在过去的半个世纪中，世界各国提出并积极尝试了不同的地下物流系统（ULS），虽然地下货物运输技术与隧道施工技术已逐渐成熟，但真正"落地"的地下物流线路却寥寥无几，这说明在地下物流系统的适用性和可行性方面仍存在问题。地下物流系统是一类特殊的系统，首先，它打破了一般物流系统以运营管理为主要内容的知识范畴，是一项结合城市建设、交通运输和社会生产运作的复杂系统工程。其次，地下物流的综合效益及其对城市的影响尚无实际案例参考，各国对该系统的定位并不相同，需要重点考虑地下物流方案与城市综合交通运输体系以及城市发展之间的互动关系。再次，地下物流系统目前仍然是一个新鲜事物，其工程技术系统复杂，建设耗资巨大，地下工程的建设与运营风险高，不成功则损失巨大。最后，系统的发展环境以及组织方式也是影响地下物流能否成功的重要因素。前国际地下物流学会主席 Johan Visser 博士指出，荷兰地下物流系统项目的失败不是地下货物运输概念存在问题，而是新事物的酝酿和发展没有被置于"正确的轨道"上，造成了相关倡议与实际现状"匹配不佳"。作为新型综合交通体系的重要补充，发展地下物流有利于进一步完善城市物流配送系统，有利于改善大城市不断加剧的交通拥堵、环境污染和能耗等问题，也有利于节约城市用地、促进城市可持续发展。从我国城市货运交通的现状来看，快速增长的货运量和交通压力对新型的运输方式有巨大的需求，现代化新区发展战略和庞大的物流市场需求为实施地下物流创造了有利条件。我国对地下物流系统的研究和实践起步较晚，尽管具有良好的发展机遇，但同样面临着巨大的挑战。分析表明，中国已具备发展地下物流系统的内部环境，虽然存在政策缺失、投资风险大、成本高等各方面的束缚，但随着国家相关政策的引导以及综合效益的不断明晰，总体来看，地下物流系统在我国的发展具有广阔的前景。

结合既有研究成果，表 11-1 呈现了中国地下物流系统发展的 PEST-SWOT 分析框架，从政策（P）、经济（E）、社会（S）和技术（T）4 个维度总结了地下物流系统在国内实施环境中的优势（S）、劣势（W）、机遇（O）和威胁/挑战（T）。在此基础上，提出对地下物流系统的研究和发展的若干启示。

表 11-1　中国地下物流系统发展 PEST-SWOT 分析框架

项目		P（政策）	E（经济）	S（社会）	T（科技）
内部	S（优势）	1. 国家及地方已开始关注并支持发展 ULS； 2. 部分城市开始关注 ULS 产业的发展； 3. ULS 的应用能缓解或减少部分当前城市货运管理政策带来的物流效率降低、成本上升等问题	1. 适用各类货物需求，市场前景广阔； 2. 货运能力强大，效率稳定，能够有效提高城市物流效率； 3. 有良好的外部经济性； 4. 可以促进地下空间管理水平提升，带动地下产业的兴起升级	1. 能有效缓解城市交通拥堵，减少交通污染，改善城市生态环境，节约城市用地； 2. 国际地下物流协会与国内部分高校联系紧密，且国内研究也已长达 20 年； 3. 利益相关者对发展 ULS 的呼声越来越高	1. 世界范围内 ULS 的研究逐年增多； 2. 中国隧道工程技术世界领先，地下空间开发利用的规模和速度居全球第一； 3. 物联网技术支持； 4. 强大的机车、设备研发生产企业
	W（劣势）	1. 新兴产业，直接的行业标准、发展政策缺失； 2. 需要政策扶持； 3. 存在不利于行业发展的规定； 4. 物流市场分割	1. 仍需与其他物流系统联运，整体物流水平受制于联运整体水平； 2. 造价昂贵； 3. 运输成本高，存在无效竞争； 4. 运营需要政府的财政补贴； 5. 对当前物流业冲击较大	1. 社会普遍对 ULS 缺乏了解； 2. 投资一直效益容易被忽视，综合效益容易被忽视； 3. 物流服务业水平偏低，物流经济辐射力小； 4. 中国研究 ULS 的机构偏少，且缺乏适应 ULS 的综合型物流人才	1. 我国地下空间开发普遍缺乏系统规划，当前地下空间利用难； 2. 跨专业技术融合难，相关人才稀缺； 3. ULS 技术系统复杂，运营对系统的可靠性、信息化和智能性要求高； 4. ULS 的规划、运营及应急管理方面的研究极度缺乏

(续表)

项目		P(政策)	E(经济)	S(社会)	T(科技)
外部	O(机遇)	1. 符合国家新的发展战略,绿色、节能,节地成为发展主流; 2. 国家重视城市地下空间的发展; 3. 能源成为各国战略竞争的重要因素; 4. 国家加快发展现代物流业和物流标准化	1. 货运需求激增; 2. 物流需求和供给纷纷向关系促进物流向地下发展; 3. 传统物流业高成本时代已经来临; 4. 对ULS有需求的城市总体经济实力强劲;对地下空间的投资开发力度加大	1. 我国人口红利对物流业仍然有正向影响,且国民整体购买力不断增强; 2. 发展地下空间的社会效益巨大; 3. 全球ULS相关产业关注中国市场; 4. 中国地下物流协会成立	1. 网络化、信息化和智能化技术促进智慧物流的推进; 2. 物流企业谋求合作,产业结构升级、多式联运成熟; 3. 经验和新技术为ULS提供经验和保障; 4. 我国ULS发展形式多样
	T(威胁/挑战)	1. 相关政策仍属空白,需要统筹全局; 2. 跨部门政策统一和配套难度大; 3. 政策体系复杂; 4. 地下空间半军事化管理,不利于市场化竞争与运营	1. 需要与上下游环节信息共享,结合成伙伴关系; 2. 在物流路径随机性上表现较差; 3. 与低成本的地面物流有竞争; 4. 当前的交易过程和市场控制使用户在营销渠道上形成路径依赖; 5. 社会效益大于经济效益,融资难度大	1. 绿色物流市场需求不足; 2. 综合效益的定量化不足; 3. 如何与传统物流实现良好的互补; 4. 推广难度大; 5. 综合物流人才需求量大,培养难度大,周期长	1. 学科交叉统筹管理; 2. ULS在地下空间的定位,当前地下空间的有效利用; 3. 技术系统复杂,服务要求高,对二者的可靠性提出巨大挑战; 4. 多式联运下的精准调度要求极高

1. 政策支持地下物流系统度过初期阶段

近年来，为促进现代物流产业的发展，国家陆续出台了多项政策。但总体而言，国内物流行业的发展模式仍相对较为粗放，行业标准体系尚不完善。目前，物流产业市场中私营物流企业占比较大，市场竞争激烈，管理难度较大。地下物流系统作为一种具有公共产品性质的新型物流模式，其优势在于能够提供高质量的服务。然而，在发展初期，地下物流系统的业务运营需要投入大量资金，因此其初期使用成本势必较高。此外，由于用户对该系统的了解不深，接受程度较低，需要强有力的政策支持和引导。目前，国家层面的物流行业政策偏于宏观，尽管政府在多项文件中强调要加强综合交通运输体系的发展，提出物流业要降本增效以实现转型升级，但仍缺乏实质有效的物流运营评价标准，难以支撑大规模新型物流运输设施的建设与发展，尤其在地下物流系统发展初期的关键节点上。因此，针对地下物流系统制定的发展政策应更加注重交叉性和连续性。政策的制定与执行需要多部门相互协调，以确保政策的顺利实施，推动地下物流系统的可持续发展。

此外，公共服务系统相关政策体系十分复杂。实施地下物流系统需要各种政策的协调配合，包括地下空间综合管理制度、风险管理、税收政策、保险制度以及价格补偿机制等。运载技术的标准化和多样化、地下空间整体联动的复杂性均需要管理组织优化、技术创新改造以及装备升级。地下物流系统的出现使得物流系统成为城市基础设施的重要组成部分。目前，地下物流系统仅在少数发达地区的部分路段有所发展，鉴于不同地区的特性，其需求与发展形势也存在差异。因此，要统筹全局、多方面发展，就需要中央与地方政府的积极配合，共同研究制定适当的政策，以填补当前的空白。考虑到地下物流系统初期成本较高，尤其在业务量少或地下物流网络尚未建成的情况下，公众对其接受度普遍偏低。将地下物流整合到物流行业，会给地面和地下运营模式的综合管理带来一定困难。因此，需要创新融入地下物流系统后的物流行业地面地下一体化管理体制、管理方式和运营模式，提升治理能力和政策实施效果，降低各类交易成本，特别是制度性交易成本，优化并提升服务质量。同时，需要制定相应物流行业标准，强化物流安全监管约束，重点解决通行、联运、定价与补偿、地下空间使用审批等关键制度问题，为新动能、新业态、新模式的创新发展提供支撑。

2. 提升起步阶段地下物流与低成本地面物流的竞争能力

城市地下物流系统在严格意义上可以被看作物流供应链的"最后一公里"，是一种全新的配送渠道。由于地下空间的特性，地下物流系统的运营模式与城市轨道交通类似，通常实行半军事化管理。投资主体以政府为主导，这既增加了城市财政的负担，也不利于市场竞争的形成。在系统尚未成网时，地下运输服务无法直接"配送到户"，因此，地下物流与传统地面配送方式必须协同合作。在此情形下，配送的时效性成为物流企业相互竞争的重要因素。仅依靠地下物流系统自身难以满足市场对时间和速度的要求，因此，有必要对上游、地下物流系统和消费者之间的运输环节进行有效组织，将物流链向前拓展至干线物流和物流枢纽，向后延伸至末端配送环节。在合作关系的基础上，通过信息共享实现货